Naturwälder in Niedersachsen
Schutz und Forschung

Band 1

Herausgeber:
Nordwestdeutsche Forstliche Versuchsanstalt, Göttingen
Niedersächsische Landesforsten, Braunschweig
Erscheinungsjahr 2006

Autoren:
Peter Meyer, Anne Wevell von Krüger, Roland Steffens, Wilhelm Unkrig

Gestaltung:
HenryN. Werbeagentur, Braunschweig

Druck:
Leinebergland Druck, Alfeld (Leine)

ISBN – 10: 3-00-019045-7
ISBN – 13: 978-3-00-019045-2

Naturwälder in Niedersachsen Schutz und Forschung

Band 1

„Die Natur ist das einzige
Buch, das auf allen Blättern
großen Gehalt bietet.“

J. W. v. Goethe

Dr. Klaus Merker
Präsident der
Niedersächsischen Landesforsten

Naturwälder – unsere Urwälder von Morgen!

Sehr geehrte Leserin, sehr geehrter Leser,
ich freue mich, dass Sie sich die Zeit nehmen, das erste Standardwerk der Naturwaldforschung für das Niedersächsische Flachland anzuschauen. Die Autoren möchten Ihnen mit diesem Buch einen Einblick in über 30 Jahre Niedersächsische Naturwaldforschung geben.

Die Niedersächsische Landesforstverwaltung, deren Nachfolge im Januar 2005 die Niedersächsischen Landesforsten angetreten haben, hat sich mit Weitsicht schon sehr früh der Naturwaldforschung gewidmet. Da es im dicht besiedelten Niedersachsen keine vom Menschen unbeeinflussten „Urwälder" mehr gab, wurde im Jahre 1969 die erste Fläche im Solling aus der Nutzung genommen und durch Erlass als Naturwald ausgewiesen. Seither ist die Anzahl auf 106 Naturwälder mit einer Gesamtfläche von rund 4 500 Hektar angewachsen, sodass auf 1,5 % unserer Gesamtfläche die Wälder ihrer Eigendynamik überlassen werden.
   Eine naturnahe und ökologische Forstwirtschaft, die den Gleichklang der Nutz-, Schutz- und Erholungsfunktionen gewährleistet, ist auf fundierte Erkenntnisse der Naturwaldforschung genauso angewiesen, wie auf die langjährigen Untersuchungen im Bereich der Ertragskunde. Wie „funktioniert" Natur, wenn der Mensch nicht eingreift? Das wollen wir von ihr lernen. Die vielfältigen Ergebnisse im Bereich der Populationsdynamik, die Veränderungen von Strukturen oder auch die Entwicklungen der Biodiversität liefern uns wichtige Grundlagen für die tägliche Arbeit im Niedersächsischen Landeswald.

In dem Ihnen nun vorliegenden Forschungsband ist quasi der erste Abschnitt der natürlichen Waldentwicklung – 30 Jahre – dargestellt. Die Niedersächsische Naturwaldforschung hat damit sicher einen bedeutenden Meilenstein genommen. Im Vergleich zu den langen Lebenszyklen unserer Wälder, sind diese 30 Jahre allerdings erst der Anfang. Wir dürfen also gespannt sein, was uns die zukünftige Forschung in diesem Bereich an Ergebnissen noch liefern wird. An dieser Stelle möchte ich allen Beteiligten für die Entstehung und das Gelingen dieses fabelhaften Dokuments der Niedersächsischen Naturwaldforschung danken.

Ich wünsche Ihnen viel Freude beim Entdecken und Stöbern.

Herzlichst Ihr

Dr. Klaus Merker

Naturwälder – Verpflichtung für Generationen

Mit Einführung der modernen Forstwirtschaft kam auch bald der Gedanke auf, unbewirtschaftete, weitgehend natürlich entwickelte Wälder wegen ihrer Seltenheit und Schönheit zu schützen. Neben den Naturschutz- und Erlebniswert stellte HESSMER in den dreißiger Jahren des letzten Jahrhunderts auch ihren Erkenntniswert und forderte eine systematische Erforschung der Naturwälder.

LFD Prof. Dr. Hermann Spellmann
Leiter der Nordwestdeutschen Forstlichen Versuchsanstalt und der Abteilung Waldwachstum

In Niedersachsen lassen sich die Anfänge der Naturwaldforschung bis in das Jahr 1969 zurückverfolgen. Seitdem wurde ein Naturwaldnetz ausgewiesen, das die wichtigsten, aber auch seltene Standorte und Waldgesellschaften repräsentiert, es wurden Konzepte für die Naturwaldforschung erarbeitet und laufend weiterentwickelt, die jeweiligen Ausgangszustände wurden erfasst, die Forschungsarbeit Dritter wurde in den Naturwäldern koordiniert sowie dokumentiert und es wurde damit begonnen, durch Wiederholungsaufnahmen Zeitreihen aufzubauen und auszuwerten.

Von 1972 bis 1986 wurde die Naturwaldforschung in Niedersachsen unter Leitung von Professor LAMPRECHT vom Waldbau-Institut der Universität Göttingen koordiniert und durchgeführt. Ende 1986 übertrug die niedersächsische Landesforstverwaltung die Naturwaldforschung der Niedersächsischen Forstlichen Versuchsanstalt als Fachaufgabe, um sie langfristig personell und finanziell abzusichern. Hierzu wurde 1991 ein eigenes Sachgebiet Naturwälder in der Abteilung Waldwachstum geschaffen, dass später um den Aufgabenbereich Waldnaturschutz erweitert wurde und auch in der 2006 gegründeten Nordwestdeutschen Forstlichen Versuchsanstalt weiter Bestand hat.

Ziel der angewandten Naturwaldforschung ist es, Leitbilder für den Waldnaturschutz bereitzustellen, Entscheidungshilfen für eine naturnahe Waldbewirtschaftung abzuleiten und die Umweltkontrolle zu unterstützen. Um diese Ziele zu erreichen, bedarf es eines langfristig ausgerichteten Monitorings, Bestand bei den ausgewiesenen Flächen, Kontinuität in den Aufnahmemethoden und eines laufenden Wissenstransfers in die Forstbetriebe, Verwaltungen und politischen Gremien. Daraus ergibt sich die Notwendigkeit einer langfristigen Finanzierung der Naturwaldforschung.

Mit der Vorstellung der niedersächsischen Naturwälder in zwei Bänden für das Tiefland und das Bergland, einschließlich einer Einführung in die Konzepte der Naturwaldforschung und einer abschließenden Wertung des bisher Erreichten, soll für die Notwendigkeit und die Langfristigkeit der Naturwaldforschung geworben werden, die auf den ersten Blick so gar nicht zur Schnelllebigkeit unserer Zeit passt, aber um so mehr zur Langlebigkeit und Vielfalt unserer Waldökosysteme.

Göttingen, den 23. April 2006

LFD Prof. Dr. Hermann Spellmann

Danksagung

Dieses Buch hätte nicht entstehen können ohne die Initiative, Mithilfe und Unterstützung zahlreicher Personen:

Zu Anfang soll denjenigen gedankt werden, die die Naturwaldforschung in Niedersachsen auf den Weg gebracht haben. Prof. Gisela Jahn, Prof. Hans Lamprecht, Dr. Konrad Peik und Walter Kremser können als die Begründer der niedersächsischen Naturwaldforschung gelten. Dr. Fritz Griese hat die Naturwaldforschung entscheidend weiter entwickelt.

Ohne Generationen von Aufnahmeteams, die oft unter widrigen Witterungs- und Geländeverhältnissen Naturwälder erfasst haben, fehlte der Forschung jede Grundlage. Daher ist es uns ein wichtiges Anliegen, den AußendienstmitarbeiterInnen für ihren Einsatz und ihre präzise Datenerhebung zu danken. Stellvertretend für diese beinah unübersehbar große Gruppe seien Hans-Werner Roloff, Dietger Göttsche, Henning Küper, Peter Rischmüller, Wolfgang Niemeyer, Dirk Müller, Christof Hein und Knut Rang genannt.

Nicht vergessen werden dürfen auch die zahlreichen Revier- und Forstamtsleiter, die uns bei der Naturwaldforschung tatkräftig unterstützen und deren Einsatz vor Ort Gewähr dafür ist, dass Naturwälder sich selbsttätig entwickeln können.

Wertvolle Anregungen und eine konstruktiv-kritische Begleitung des vorliegenden Werkes verdanken die Autoren Dr. U. Hanstein, Dr. F. Griese, H.-J. Kelm, Ludwig Stegink-Hindriks, Christoph Rothfuchs, Andreas Böttcher, Dr. Christoph Schaper, Heino Tielking, Dr. Norbert Menke, Dr. Petra Fischer, Karl-Heinz Pelster, Carsten-Friedrich Streufert, Axel Bunge, Heiko Ehing und Dietmar Roffka.

Die Werbeagentur HenryN. war ein kreativer, verlässlicher und nicht zuletzt geduldiger Partner in allen Fragen des Layouts. Bei der Korrektur haben Ilse Bechthold, Gesa Brauer, Silke Nielebock, Ute Bedarff und Max Schüller viel Geduld und Sachverstand bewiesen.

Abkürzungen

BHD: Brusthöhendurchmesser
GW: Grundwasser
ha: Hektar
Jh.: Jahrhundert
K.A.: Keine Angabe
KF: Kernfläche
KHL: Kurhannoversche Landesaufnahme
L 370: Landesstraße 370
LGN: Landesvermessung und Geobasisinformation Niedersachsen
LÖWE: Programm zur Langfristigen Ökologischen Waldentwicklung der Niedersächsischen Landesregierung
m²/ha: Quadratmeter pro Hektar
m³/ha: Festmeter Derbholz mit Rinde pro Hektar
N/ha: Anzahl pro Hektar
Nds.: Niedersachsen
NFP: Niedersächsisches Forstplanungsamt
NSG: Naturschutzgebiet
NW: Nordwest
NW-FVA: Nordwestdeutsche Forstliche Versuchsanstalt
nWSK: nutzbare Wasserspeicherkapazität
PK: Probekreis
PNV: Potentielle natürliche Vegetation
RL: Rote Liste
SO: Südost
TK25: Topografische Karte 1:25.000
ü. NN: über dem Meeresspiegel
uGOF: unter der Geländeoberfläche

Inhalt

Einleitung

Naturwaldreservate, Naturwälder, Naturwaldzellen, Bannwälder, Totalreservate, Prozessschutzflächen, „Urwald von morgen" oder „Urwald aus zweiter Hand" – mit so unterschiedlichen Begriffen wird eine aus historischer Perspektive erstaunliche Tatsache zum Ausdruck gebracht: Seit mehreren Jahrzehnten gibt es in Deutschland Wälder, in denen der Mensch bewusst auf jegliche Nutzung verzichtet.

Hier findet ein Rollenwechsel statt. Der Mensch überlässt der Natur die Bühne und tritt als Hauptakteur ab. Fortan sitzt er im Zuschauerraum und beobachtet, was sich tut, wenn er nichts tut.

Dass es einiger Gewöhnung bedurfte und z.T. immer noch bedarf, diesen Rollenwechsel zu akzeptieren, ist nur verständlich. Dies gilt auch für Forstleute, deren berufliche Identität überwiegend auf ihren Erfolgen als aktiv Gestaltende beruht. Doch kann das nicht die ganze Wahrheit sein, denn wie wäre es sonst zu erklären, dass die Idee, Wald sich selbst zu überlassen, ganz wesentlich auch auf Forstleute zurückgeht. Eine Ursache mag darin liegen, dass die Arbeit mit einer so naturnahen Lebensgemeinschaft, wie sie der Wald im Allgemeinen darstellt, das Interesse daran weckt, einen Schritt weiter zu gehen. Den Schritt vom menschlich geprägten Wirtschaftswald zum Naturwald. Verbunden mit diesem Interesse sind zwei wichtige Fragen: Inwieweit haben wir Menschen den Wald verändert? und: Was lässt sich von der (Wald)Natur für unsere (Wald)Kultur lernen?

Der Weg zu Antworten setzt zweierlei voraus: Geduld und Konsequenz. Geduld, weil der Wald viel von dem hat, was wir nicht zu haben glauben: Zeit. Und die müssen wir uns nehmen, wenn wir das Naturwald-Schauspiel verstehen wollen. Auch nach mehr als drei Jahrzehnten ist das Ende des ersten Aktes noch lange nicht absehbar! Konsequenz schließlich, um trotz aller Ansprüche, denen jeder Naturwald von vielen Seiten ausgesetzt ist, seine möglichst freie Entfaltung und zielgerichtete Untersuchung zu gewährleisten.

Mit diesem Buch wird der Versuch unternommen, die zurückliegenden drei Jahrzehnte Naturwaldentwicklung in Niedersachsen zusammenzufassen. Damit knüpft es an die erste übergreifende Publikation über Naturwaldreservate in Niedersachsen aus dem Jahr 1974 an.

Die Basis für die Darstellungen der einzelnen Naturwälder bilden eigene Inventurdaten ebenso wie Diplomarbeiten, Dissertationen und Publikationen sowie weitere Quellen wie z.B. die → Forsteinrichtung, die → Standorts- oder die Biotopkartierung. Es galt also, einen sehr heterogenen Informationsbestand mit Blick auf das Wichtigste zu filtern und zusammenfassend darzustellen. Neben den Einzeldarstellungen wird in den ersten beiden Textteilen ein Überblick über die Grundlagen der niedersächsischen Waldentwicklung in zeitlicher und stand-örtlicher Hinsicht gegeben sowie das Forschungsprogramm erläutert.

Die Autoren hoffen, dass es gelungen ist, die wichtigsten Handlungsstränge auf der „Naturwaldbühne" verständlich darzustellen.

Betont sei, dass nur die Naturwälder im engeren Sinne abgehandelt werden, d.h. nur die von den Niedersächsischen Landesforsten in das Naturwaldprogramm aufgenommenen Gebiete. Weitere ungenutzte Wälder wie Prozessschutz- oder im Rahmen einer Zertifizierung ausgewiesene Referenzflächen müssen unberücksichtigt bleiben.

Grundlagen der Waldentwicklung

Bewegte Zeiten

Eine kurze Geschichte des niedersächsischen Waldes

Ende der Eiszeit

Das jüngste Kapitel der nordwestdeutschen Waldgeschichte begann vor rund 10 000 Jahren mit dem Ende der → (Weichsel-)Eiszeit. Damals war das heutige Niedersachsen waldfrei. Den Boden bedeckte eine Tundra aus Moosen, Flechten und Zwergsträuchern. Viele Baum- und Straucharten, die noch die Wälder der vorherigen Warmzeiten aufgebaut hatten, waren ausgestorben. Die übrigen begannen mit zunehmender Erwärmung ihre Rückwanderung aus südlichen Refugien.

Rückwanderung der Baumarten

Auch nach dem Ende der Eiszeit blieb das Klima allerdings keineswegs stabil. Wärmere und kühlere, feuchtere und trockenere Phasen wechselten sich ab. Da zudem die einzelnen Gehölze über eine unterschiedliche Wanderungsgeschwindigkeit verfügten, erfolgte die Wiederbewaldung in verschiedenen Stadien *(Tab. 3.1_1)*:

Stadien der Wiederbewaldung

1. Zuerst erreichten kälteresistente und durch den Wind verbreitete Arten wie Weiden, Birken und Kiefern Nordwestdeutschland. Etwa 6000 – 7000 v. Chr., in einer Phase, die wärmer und trockener war als heute, breitete sich die Haselnuss aus.
2. Die später einwandernden Baumarten Eiche, Ulme, Esche und Linde gelangten ab 5500 v. Chr. bei einem atlantischen, warm-feuchten Klima zur Herrschaft. Sie bildeten artenreiche Eichenmischwälder, die bis ca. 3000 v. Chr. das Waldbild prägten. In dieser Zeit wandelte sich die Lebensweise der Menschen grundlegend. Sukzessive gingen sie von der Jäger- und Sammler-Kultur zu Ackerbau und Viehzucht über.
3. Um 3000 – 1000 v. Chr. begannen schließlich Buche und Fichte Fuß zu fassen. Dies geschah etwa zeitgleich mit dem endgültigen Sesshaft-Werden des Menschen in einer Phase abnehmender Temperaturen und wechselhafter Feuchte. Insbesondere die Buche verdrängte die Eichenwälder zunehmend. Die Fichte dürfte im Wesentlichen auf die höchsten Lagen des Harzes beschränkt geblieben sein.
4. Als sich ab ca. 600 v. Chr. das heutige, feucht-gemäßigte Klima einstellte, wurden die Wälder zunehmend von der Buche beherrscht. Der Mensch nahm einen immer stärkeren Einfluss auf den Wald.

In welchem Ausmaß der Mensch die nacheiszeitliche Waldentwicklung im Einzelnen verändert hat, ist nach wie vor Gegenstand wissenschaftlicher Diskussionen. Unbestritten ist jedoch, dass die Waldnutzung bereits frühzeitig einsetzte und zu erheblichen Veränderungen an der Struktur, Baumartenzusammensetzung und räumlichen Verteilung des Waldes führte. Natürliche Walddynamik und menschliche Einflussnahme sind daher untrennbar miteinander verbunden.

Früher Einfluss des Menschen

Zu ersten größeren Rodungen kam es während der Bronzezeit. Insbesondere in Siedlungsnähe wirkten sich Waldweide und Holznutzung erheblich aus. Das Vieh lebte während des ganzen Jahres draußen und ernährte sich vorwiegend von den Knospen, Trieben und Samen der Waldbäume. Im Winter

Tab. 3.1_1

Zeittafel der nacheiszeitlichen Waldentwicklung in Niedersachsen nach Pott (1999)								
	Allgemeine Gliederung	Klima	Nordsee-spiegel über NN	Vegetations-geschichte			Ablagerungen	Kulturstufen
+1000 Chr. Geb.	Subatlantikum (Nachwärmezeit)	Heutiges gemäßigt-humides Klima (ozeanisch)	±0 m −0,8 m	· Zeit der Forsten · Zeit der stark genutzten Wäl-der und Heiden · Buchenzeit Eichenzeit	Marschbildung	Niedermoortorf	Hochmoorbildung Auelehm Dünensand Jüngerer Sphagnumtorf (Weißtorf)	Neuzeit · Mittelalter · Völkerwanderung · Röm. Kaiserzeit · Vorrömische Eisenzeit
−800 −3000	Subboreal (Späte Wärmezeit)	Warm, einzelne trocknere Perioden	−2 m −5 m	Eichen-Haselzeit				Bronzezeit · Jungsteinzeit (Neolithikum) · Megalithkultur im Geestgebiet · Frühe Bauernkulturen
−6000	Atlantikum (Mittlere Wärmezeit)	Warm, feucht (Klimaoptimum, ozeanisch)	Nordsee erreicht heutiges Küsten-gebiet −20 m	Eichenmisch-wald-Haselzeit (Eichen, Ulmen, Linden, Eschen, Hasel, Erlen)			Älterer Sphagnumtorf (Schwarztorf)	um 5000 v. Chr. erster Ackerbau = Bandkeramische Kultur der Lössgebiete
−7000	Boreal (Frühe Wärmezeit)	Warm, trocken (kontinental)	engl. Kanal überflutet	Kiefern-Haselzeit Kiefernzeit				Mittlere Steinzeit (Mesolithikum)
−8000	Präboreal (Vorwärmezeit)	Erwärmung (kühl, kontinental)	−50 m	Birken-Kiefernzeit			Mudde, Flugsand	Jäger- und Sammlerkultur

war das im Wald gewonnene Laubheu (meist aus Ulme oder Esche) eine wichtige Futterquelle. Eicheln stellten ein willkommenes „Kraftfutter" für Rinder, Ziegen und Schafe dar. Sie waren vor allem für die → Schweinemast unentbehrlich. Die Eiche wurde aus diesem Grund – und nicht zuletzt auch wegen der Dauerhaftig-keit ihres Holzes – gegenüber anderen Baumarten, wie insbesondere der Buche, begünstigt. Die natürliche → Verjüngung der Wälder und die Entwicklung einer → Strauchschicht waren durch den Viehverbiss stark eingeschränkt. Neben der Beweidung wurde der Wald zur Brenn- und Bauholzgewinnung genutzt. So ent-standen um die Siedlungen parkähnlich lichte und vergraste Eichen-Mischwälder, die sog. Hainwälder. Diese waren gegenüber den Urwäldern stark verändert.

Waldweide

Begünstigung der Eiche

Zur Römerzeit waren die Germanen vermutlich Halbnomaden mit großen Rinder- und Schweineherden, die ausgedehnte Waldflächen für den Weide-betrieb beanspruchten. Ackerflächen wurden mit nachlassender Bodenfruchtbar-keit nach einigen Jahren aufgegeben, sodass sich auf den entstehenden Brachen wieder Wald entwickeln konnte. Zur Zeit Cäsars wurden auf diese Weise bereits große Teile des Landes genutzt. Eine ungestörte Waldentwicklung fand nur in den höheren Lagen der Mittelgebirge statt.

Wanderfeldbau

Am Ende des 1. Jahrtausends n. Chr. bot sich ein Landschaftsbild aus insel-artigen Siedlungen in weitflächigen Wäldern, die in Siedlungsnähe stark aufge-lockert waren. Auch in den Feuchtwäldern am Rande der Niederungsmoore sowie in den Flussniederungen war der Wald einer intensiven Beweidung ausge-setzt. Die Siedlungstätigkeit dehnte sich von den → Lössbörden schließlich auf die leichteren Böden des Berglandes und der → Geest im Tiefland aus.

Inselartige Siedlungen

Die Zeit zwischen dem 11. und 14. Jh. n. Chr. war durch einen intensiven Ausbau der Landnutzung geprägt. Rodungen und Entwässerungen erschlos-sen in beträchtlichem Umfang neue Nutzflächen. Parallel dazu wurden Sied-lungen angelegt (Ortsnamen-Endungen: -rode, -hagen) oder erweitert und zahlreiche Städte gegründet. Auf dem verbliebenen Wald lastete ein enormer Nutzungsdruck. Er war nach wie vor wichtigster Energie- und Rohstofflieferant sowie Weidefläche und Nahrungsquelle für das Vieh (Abb. 3.1_1). Holz bildete

Energie- und Rohstofflieferant

die unverzichtbare Grundlage für die Köhlerei, Eisenverhüttung, die Glas- und Aschenbrennerei und das Handwerk. Während dieses „hölzernen Zeitalters" war die bewaldete Fläche kleiner als heute.

Verschiedene Bewirtschaftungsformen bildeten sich wahrscheinlich bereits im frühen Mittelalter heraus, um die unterschiedlichen Bedürfnisse optimal erfüllen zu können.

Frühe nachhaltige Nutzung des Niederwaldes

→ Niederwälder dienten vor allem der Brennholzversorgung. Sie waren aus dünnen und niedrigen, mehrstämmigen Bäumen aufgebaut, die nach der vollständigen Nutzung des vorherigen Waldbestandes von den verbliebenen Stöcken ausgetrieben waren. Die jeweiligen Niederwaldparzellen wurden in einem Turnus von 15–25 Jahre vollständig genutzt. Indem die gesamte Fläche in jährlich zu nutzende Schläge eingeteilt wurde, entstand ein nachhaltiges Nutzungssystem. Baumarten wie Hainbuche, Linde oder Ulme, die leicht vom Stock ausschlagen, wurden durch die Niederwaldwirtschaft gefördert. Nachteilig war sie für die Buche, da diese nach mehrmaligem „Auf den Stock Setzen" (→ Stockausschlag) meist eingeht.

Mittelwald

Sowohl der Brennholz- wie der Bauholzversorgung dienten die so genannten → Mittelwälder. In ihnen stand über der niederwaldartigen, alle 20–40 Jahre genutzten „Hauschicht" ein lockerer Schirm aus starken, großkronigen Bäumen, das sog. → „Oberholz". Es bestand vor allem aus Eichen, die als Bauholz genutzt wurden. Der Mittelwald war die ideale Betriebsform für die ländliche Bevölkerung, bediente er doch gleichzeitig die Nachfrage nach Brenn- wie nach Bauholz.

Hutewald

Nieder- und Mittelwald wurden einige Jahre nach der Nutzung für das Vieh gesperrt, damit sich wieder Stockausschläge entwickeln konnten. Dauerhaft als Viehweide genutzt wurden hingegen die → Hutewälder. Weiträumig stehende Eichen und Buchen trugen reichlich Früchte für die Schweinemast und ließen außerdem Raum für eine Bodendecke aus Gräsern, Kräutern, Zwergsträuchern und verbissenen Gehölzen, die Rinder, Schafe und Ziegen ernährte.

Neben diesen wichtigsten Nutzungstypen gab es noch zahlreiche weitere Betriebsformen. Beispiele sind die Schälwälder zur Gewinnung von Eichenrinde für das Gerben von Leder oder die Kombination von Niederwald und landwirtschaftlicher Nutzung in einer Art Waldfeldbau, ein System, das wir heute noch vor allem aus den Tropen kennen.

Bevölkerungsrückgang

Die Bevölkerungsdichte stieg bis zur Mitte des 14. Jh. stetig an. Ausgelöst durch knapper werdende Ressourcen an Holz und landwirtschaftlich nutzbarer Fläche, die Ausbreitung der Beulenpest und eine Klimaverschlechterung mit häufigen Missernten, kam es danach zu einem dramatischen Bevölkerungsrückgang. Viele Siedlungen wurden verlassen und fielen wüst. Auf den aufgegebenen Ackerflächen konnte sich wieder Wald ansiedeln, der zum Teil noch bis heute Bestand hat. Ein beträchtlicher Teil der heutigen Wälder ist also sekundär auf ehemals landwirtschaftlich genutzten Böden neu entstanden. Selbst viele → historisch alte Wälder dürften in diese Kategorie fallen. Ausreichend genaue Kartenwerke liegen allerdings frühestens aus der zweiten Hälfte des 18. Jh. vor, sodass sich die ältere Waldgeschichte nicht flächenscharf nachvollziehen lässt.

Übernutzung des Waldes

Im 16. Jh. nahm die Bevölkerung wieder zu. Die Versorgung mit Holz wurde erneut zu einem wachsenden Problem. Frühzeitige Versuche, die Waldverjüngung in Gang zu halten oder durch entsprechende Regelungen die Waldnutzung zu beschränken, führten nur in wenigen Fällen zum Erfolg. Die Übernutzung des Waldes nahm immer größere Ausmaße an. Dabei haben sich die Großräume Harz, Berg- und Hügelland sowie Tiefland unterschiedlich entwickelt.

Abb. 3.1_1

So in etwa dürfte ein Mittelwald unmittelbar nach der Nutzung ausgesehen haben. Das Foto stammt aus dem Forstamt Liebenburg, wo heute diese historische Nutzung „wiederbelebt" wird

Im Harz waren die Wälder ursprünglich bis in hohe Lagen von Buche bestimmt. Die Verbreitung der Fichte war offensichtlich auf die Moorrandlagen in Höhen über 700 m über NN und die höchstgelegenen Flächen über 900 m über NN beschränkt. Bereits 936 begann am Rammelsberg südlich von Goslar der intensive Erzbergbau im Harz. Die Nutzung der Wälder war in den folgenden Jahrhunderten hauptsächlich auf die Ansprüche der Berg- und Hüttenwerke abgestimmt. *Erzbergbau im Harz* Allerdings beendete auch hier die mittelalterliche Bevölkerungsabnahme eine erste Bergbauphase, die so genannte Zeit des „Alten Mannes". Sie hatte bereits zu deutlichen Waldveränderungen geführt. Nach der Wiederaufnahme des Bergbaus im 16. Jh. wurde vor allem die Fichte gefördert. Pollenanalysen zeigen eine Zunahme des Fichtenenanteils von ursprünglich ca. 5 % auf über 60 %. Die großflächigen Reinbestände waren gegenüber Windwurf und Borkenkäferbefall *Fichtenreinbestände* besonders anfällig. Mindestens zwei dramatische Bestandeszusammenbrüche *und Waldkatastrophen* waren die Folge. Davon führte allein die „Große Wurmtrocknis" in den Jahren 1780 bis 1800 zu rund 30 000 ha Kahlflächen im Oberharz.

Im übrigen Bergland stand die Vielfachnutzung des Waldes als Viehweide, als Lieferant von Brenn- und Bauholz, von Holzkohle, → Laubstreu, Harz oder auch als Bienenweide im Vordergrund. Enorme Holzmengen verbrauchten die Glas- und *Übernutzung* Eisenhütten sowie die Salinen. Die leichte Holzkohle hatte den Vorteil, dass sie *im übrigen Bergland* gut über weite Entfernungen transportiert werden konnte, beispielsweise aus dem Solling in den Harz zur Versorgung der dortigen Hüttenwerke. Zahlreiche Köhler gingen ihrem Handwerk nach. Meilerplätze waren im Bergland bis zur Mitte des 19. Jh. allgegenwärtig. Daneben erreichte die Waldweide mit Rindern, Schweinen, Schafen, Ziegen und Pferden bis zum Ende des 18. Jh. ein erhebliches Ausmaß. Oft bevölkerten weit über 100 Tiere je km^2 den Wald. Große Flächen waren entweder mit Gras und Heide bewachsen oder stellten spärlich bewaldete Hutungen dar.

Übernutzung im Tiefland

Das Tiefland, insbesondere die Lüneburger Heide, ist seit Jahrhunderten durch eine intensive → Streunutzung, → Plaggenwirtschaft und Schafhaltung geprägt (Abb. 3.1_2). Der Wald bot nicht nur Viehfutter, sondern in Form von Blättern und Nadeln auch Einstreu für die Ställe. Der entstandene Dünger wurde auf den hof- und siedlungsnahen Äckern ausgebracht. So verarmten die Sandböden des Tieflandes zunehmend. Die Wälder verlichteten und wichen schließlich ausgedehnten Heideflächen. Später trat an die Stelle der Streunutzung im Wald die Verwendung von Heideplaggen. Rund 10 Flächenanteile Heide waren notwendig, um einen Flächenanteil Acker zu düngen. Zum Höhepunkt der Heidewirtschaft im 17. Jh. hatte die Übernutzung ein solches Ausmaß angenommen, dass große Flächen weitgehend vegetationslos waren. Sanddünen begannen Gehöfte und Ortschaften zu bedrohen.

Vom Wald zur Heide

Abb. 3.1_2

Heideplaggen dienten als Einstreu in den Ställen und als Dünger für die armen Sandäcker der Lüneburger Heide

Moore prägen das Tiefland

Im westlichen Teil des Tieflandes prägten die nacheiszeitlich entstandenen → Hochmoore über weite Strecken das Landschaftsbild. Sie stellten riesige Barrieren dar und blieben über lange Zeit „weiße", unerschlossene Flächen. Aus Sicht des Menschen der damaligen Zeit waren sie im besten Fall wertloses Ödland, häufig aber gefährliche Gebiete, deren Überquerung nicht wenige mit dem Leben bezahlten. Die größten unter den Hochmooren nahmen Flächen von mehreren tausend km^2 ein, so die „Esterweger Dose" mit 5000 km^2 oder das „Bourtanger Moor" mit 3000 km^2. Allein diese beiden Moore zusammen hatten eine Ausdehnung von rund 80 % der gesamten Waldfläche des heutigen Niedersachsens.

Beschränkungen der Übernutzung häufig wirkungslos

Die neuzeitliche Übernutzung des Waldes hatte – mit regionalen Unterschieden – in etwa in der Mitte der zweiten Hälfte des 18. Jh. ihren Höhepunkt erreicht. Engpässe in der Holzversorgung gaben zwar schon früh den Anstoß für → nachhaltige Nutzungsplanungen, wie die frühen Formen der Schlageinteilung in Nieder- und Mittelwäldern oder lokale Wald- und landesherrliche Forstordnungen (z. B. 1585 für das Land Braunschweig). Hierdurch konnten die Probleme aber nur zeitweise gemildert, keineswegs jedoch gelöst werden.

Erst mit der Entwicklung einer geregelten Forstwirtschaft in der zweiten Hälfte des 18. Jh. setzte sich die → nachhaltige Waldbewirtschaftung flächendeckend durch. Die Grundlagen hierfür hatte 1713 der sächsische Berghauptmann Carl v. Carlowitz in seinem Buch *Sylvicultura oeconomica* oder *Anweisung zur Wilden Baum-Zucht nebst gründlicher Darstellung des grossen Holtzmangel* gelegt. Er sprach als erster explizit von Nachhaltigkeit.

„Erfindung" der Nachhaltigkeit

Entwicklung der geregelten Forstwirtschaft

Das Hauptaugenmerk der Forstwirtschaft richtete sich ab dem ausgehenden 18. Jh. auf die Aufforstung der großen übernutzten Freiflächen und die Ablösung der zahlreichen → Nutzungsrechte der ländlichen Bevölkerung am Wald. Erst ab der Mitte des 19. Jh. gelang es jedoch, die Waldfläche in der Gesamtbilanz zu vergrößern: Von rund 14 % im Jahr 1848 auf schließlich über 23 % in der heutigen Zeit. Voraussetzung dafür war – neben dem forstlichen Wissen und einer effektiven Verwaltung – vor allem auch die technische Entwicklung. Sie entlastete den Wald von einem immensen Nutzungsdruck. Denn erst durch die Einführung des Mineraldüngers konnte die Streu- und Plaggennutzung aufgegeben werden. Nun war die Anlage gedüngter, ertragreicher Wiesen im großen Stil möglich, was die Waldweide bald überflüssig machte. Und mit der Erfindung der Dampfmaschine konnte die Förderung von Stein- und Braunkohle so stark ausgeweitet werden, dass sie die alte Haupt-Energiequelle Holz in kurzer Zeit ersetzte.

Aufforstung

Technische Entwicklung entlastet den Wald

Die Nutzungsinteressen am Wald änderten sich also gravierend. Mit ihnen änderte sich auch der Waldaufbau. An die Stelle der alten Betriebsformen → Nieder-, → Mittel- und → Hutewald trat der → Hochwald. Statt Eicheln, Holzkohle, Brennholz und Weidegründen sollte der Wald von nun an gerade gewachsenes und astfreies Stammholz hervorbringen. Die neu aufgeforsteten Bestände hatten daher wenig Ähnlichkeit mit dem früheren oder gar dem ursprünglichen Wald. Es wurden fast ausschließlich Nadelbäume, insbesondere Fichte und Kiefer, in dichtem Verband gepflanzt. Diese sind so robust und genügsam, dass sie sich für die Kultur auf der Freifläche auch unter ungünstigen → Standortsbedingungen gut eignen. Zudem waren mit dem Nadelbaumanbau, insbesondere im ehemaligen Preußen, hohe Ertragserwartungen verbunden.

Übergang zum Hochwald

Abb. 3.1_3

Pflanzung von Laubholz-Heistern (Großpflanzen), Kupferstich aus Burgdorfs „Vorzügliche Holzarten", 1783. Die Technik der Saat und Pflanzung von Waldbäumen war schon seit dem Mittelalter bekannt. Im großen Stil kam es aber erst ab dem ausgehenden 18. Jh. zu Aufforstungen

Die Fichte wurde in Reinbeständen weit über ihr natürliches Areal hinaus, insbesondere im niedersächsischen Bergland mit einem Schwerpunkt im Harz, angebaut. In den Heidegebieten des niedersächsischen Tieflandes wurde hauptsächlich mit Kiefer aufgeforstet. Auf den offenen → Flugsandflächen gedieh sie deutlich besser als Eiche und Buche. Viele nicht mehr bewirtschaftete Heiden wurden aber auch ohne menschliches Zutun von Kiefern und Birken besiedelt. So entwickelten sich dort in den letzten 200 Jahren große Kiefernwaldgebiete, in denen die offene Heide immer kleinere Flächen einnahm.

Stürme und Waldbrände

Die gelungene Wiederbewaldung war unbestritten eine große Kulturleistung der Forstwirtschaft. Die Bodenerosion konnte aufgehalten, das Lokalklima verbessert und die Holzversorgung sichergestellt werden. Auf großer Fläche entstanden Wald-Lebensräume neu. Allerdings sind mit den einförmigen Reinbeständen bis heute zahlreiche Risiken, vom Schädlingsbefall über Sturmschäden bis hin zur Bodenversauerung, verbunden, die erst nach und nach deutlich wurden. Insbesondere der Orkan am 13. November 1972 und die Waldbrände 1975/76 markieren in Niedersachsen einen Wendepunkt. Sie verwüsteten über 100000 Hektar Nadelwälder und gaben den Impuls für die Abkehr von der → Reinbestandswirtschaft und der Bevorzugung von Fichte und Kiefer.

Historisch alte Wälder

Von unseren heutigen Wäldern existiert also nur ein relativ kleiner Teil seit langer Zeit ununterbrochen. Über Jahrhunderte, vielleicht sogar Jahrtausende bestehende Wälder werden „→ historisch alte Wälder" genannt. Sie haben als Refugialstandorte in Zeiten der Waldverwüstung unzähligen Pflanzen und Tierarten ein Überleben ermöglicht und sind damit zu Keimzellen der Wiederbesiedlung der „neuen" Wälder geworden.

Reparationshiebe

Schwere Schäden am Wald entstanden durch die 2 Weltkriege und ihre Folgen: Übernutzungen, Brennholz- und Reparationshiebe überstiegen die nachhaltige Leistungsfähigkeit bei weitem. Nach den Kriegen wuchs der Bedarf an Bauholz infolge der Zerstörungen stark an, und die Kahlflächen der Reparationshiebe wurden nun in mindestens zweiter Generation mit Nadelbäumen aufgeforstet.

Entwässerung

Entwässerungen in Mooren und Feuchtgebieten sowie Fließgewässerbegradigungen und Deichbauten führten vor allem in den letzten 100 Jahren zu einem deutlichen Rückgang der Feuchtwälder und zu einem weiteren Wandel der Baumartenzusammensetzung. Auf erheblichen Flächen beeinträchtigen auch heute Trinkwasserentnahmen und in deren Folge Grundwasserabsenkungen die Wuchsleistung des Waldes.

Bereits seit Jahrhunderten war ein Interesse mit dem Wald verbunden, das bis zur Mitte des 19. Jh. den Adeligen vorbehalten blieb: die Jagd. Aus jagdlichen Gründen wurden bereits frühzeitig Wälder geschont und für die Nutzung der ländlichen Bevölkerung gesperrt. Viele der früher so genannten „Herrschaftlichen Holtzungen" wie z. B. die Göhrde verdanken ihre Erhaltung dem jagdlichen Interesse der jeweiligen Landesherren. Nach der Revolution 1848 ging das Jagdrecht immer mehr auch auf Bauern und Bürger über. Seit langem schon hatte man den Schalenwildbestand künstlich gefördert. Diese Tradition wird bis in die heutige Zeit fortgesetzt. Daher ist nach wie vor unklar, wie viel Wild von Natur aus in unserer Landschaft leben könnte. Bedingt durch Fütterung und das hohe Nahrungsangebot in der Agrarlandschaft liegt die aktuelle Wilddichte offenbar über einem naturnahen Niveau. Von forstwirtschaftlicher Seite werden seit langem

Hohe Wildbestände und Schäden am Wald

Schäden am Wald durch Verbiss und Rindenschäle beklagt. Auf erheblichen

Flächen wird die Verjüngung beeinträchtigt. Inwieweit auch die Landschafts-gliederung, die Zerschneidung von Lebensräumen und die Störungen durch Waldbesucher und Jäger daran ursächlich beteiligt sind, ist nach wie vor Gegen-stand der Diskussion.

Nach Orkanen und Bränden rückte der „Saure Regen" den Wald in den 1980er Jahren erneut in das Bewusstsein der Bevölkerung. Mit der „Politik der hohen Schornsteine" hatte sich zwar der Himmel über den Industrieregionen aufge-klart, allerdings verbreiteten sich auch die Luftschadstoffe großräumig. Zudem führte der Straßenverkehr zu einem erheblichen Schadstoffausstoß. Waldschäden auf großer Fläche waren die Folge. Das Schreckensszenario vom sterbenden Wald war Antrieb für durchgreifende Maßnahmen. Der Schadstoffausstoß von Indus-trie, Kraftverkehr und Haushalt wurde gesenkt. Durch Bodenschutzkalkungen wird bis heute versucht, die sauren Stoffeinträge zu kompensieren. Wenn auch der Zusammenbruch des Waldes ausgeblieben ist, so bewegt sich der Anteil geschädigter Bäume doch nach wie vor auf einem gleich bleibend hohen Niveau.

„Saurer Regen"

Ausgelöst durch die tatsächlich eingetretenen und die befürchteten Waldkatas-trophen, hat sich in jüngster Zeit ein Wertewandel vollzogen. Der Vielfachnutzen des Waldes steht im Vordergrund. Naturschutz und Erholung sind grundsätzlich gleichrangig neben die traditionelle Funktion der Holzerzeugung getreten. Die 1992 auf der Umweltkonferenz in Rio de Janeiro verabschiedete → Konvention über die biologische Vielfalt ist auch für den niedersächsischen Wald Leitbild einer nachhaltigen, multifunktionalen Nutzung.

Heutige Waldfunktion

Abb. 3.1_4

Heute dient der Wald gleichrangig neben der Holzproduktion auch dem Natur- und Artenschutz sowie der Erholung

Dies spiegelt auch das heutige Bewirtschaftungskonzept der Niedersächsischen Landesforsten wider (→ LÖWE-Programm). Gemischte und strukturreiche Wälder sollen Stabilität gegenüber Stürmen und Schädlingen gewährleisten. Eine Annä-herung der Baumartenzusammensetzung an naturnahe Verhältnisse wird auf großer Fläche angestrebt. Der Laubbaumanteil soll von derzeit rund 1/3 lang-fristig auf 2/3 angehoben werden. Aus Arten- und Biotopschutzgründen bleiben auch im Wirtschaftswald Alt- und → Totholz erhalten.

LÖWE-Programm

Annähernd 30 % der Landesforsten werden als → LÖWE-Waldschutzgebiet vorrangig nach Naturschutzzielen behandelt. Auch die komplett aus der Nutzung genommenen Naturwälder sind Bestandteil dieses Schutzkonzeptes. Sie sind wichtige Kerngebiete einer naturnahen Waldentwicklung und zugleich Anschau-ungs- und Untersuchungsflächen der Naturwaldforschung.

Vielfältige Waldnatur Niedersachsens

Geologische Entwicklung – Zeitreise durch Jahrmillionen

Vielfältiges Niedersachsen

Wie stark auch immer der Mensch die natürlichen Gegebenheiten im Verlauf von Jahrtausenden verändert hat, sie bleiben doch nach wie vor bestimmende Größen für die Ausformung der Vegetationsdecke und die Art der Landnutzung. Dabei verdeutlicht schon allein der Höhenunterschied zwischen dem Meeresspiegel und den Gipfeln des Harzes von annähernd 1000 m die Vielfalt des Naturraumes Niedersachsen. Der Kontrast zwischen der eiszeitlich geprägten nordwestdeutschen Tiefebene und dem südlichen Bergland gibt dem Land seinen besonderen Charakter.

Küste, Moor, Geest und Bergland

Grob betrachtet ist der Naturraum Niedersachsen aus vier Großlandschaften aufgebaut: Küste (einschließlich Inseln, Watt und → Marsch), Moore, → Geest und Mittelgebirge. Die meisten Moore sind natürlicherweise nicht für das Baumwachstum geeignet, durch intensive Entwässerungsmaßnahmen und nachfolgende Aufforstung aber mittlerweile vielfach mit Wald bedeckt. Moore und Geest sind die typischen Elemente des niedersächsischen Tieflandes. Zum Bergland leiten die fruchtbaren → Lössbörden über. Ersteres kann weiter in das Weser-Leine-Bergland und den Harz unterteilt werden.

Im Harz tritt das Erdaltertum zutage

Um die Geologie des Berglandes zu verstehen, müssen wir den Blick in lange zurückliegende Erdzeitalter richten. Eine besondere Stellung nimmt der weit aus der Mittelgebirgslandschaft herausragende Block des Harzes ein. Hier treten Gesteine aus dem Erdaltertum zutage, die von den Kräften der Erosion über einen Zeitraum von rund 80 Millionen Jahren wieder freigelegt wurden. Der so herausgearbeitete Grundgesteinssockel des Harzes besteht zu wesentlichen Teilen aus Sedimentgesteinen, die vor 450–350 Millionen Jahren in Meeresbecken abgelagert wurden. Unterseeisch ausfließende und aufquellende Lava durchtränkte zusätzlich diese Sedimente. Aus dem Erdaltertum stammen auch die schichtweise angeordneten Erzlager des Harzes.

Wechselspiel von Ablagerung und Erosion

Vor rund 310 Millionen Jahren wurde dieses Grundgestein im Zuge der variskischen Gebirgsbildung verfaltet, z.T. verschiefert und aufgeworfen. Die nachfolgende Entspannung der Erdkruste ermöglichte das Aufsteigen „saurer" Schmelzen, aus denen Granite entstanden, z.B. die des Brockenmassivs. In der jüngsten Phase des Erdaltertums überflutete schließlich das Zechsteinmeer die gebildeten Gesteine. Dies leitete eine lang anhaltende Phase der Sedimentation ein, in der sich die 1,5 bis 2 km mächtigen Gesteinsschichten des ausgehenden Erdaltertums und des Erdmittelalters ablagerten. Mit der Hebung der Harzscholle vor rund 80 Millionen Jahren begann der Abtrag dieses Deckgebirges, der mittlerweile die alten Gesteine wieder freigelegt hat.

Das restliche Bergland ist im Wesentlichen aus denjenigen Gesteinen aufgebaut, die im Harz bereits erodiert worden sind. Das Zechsteinmeer hinterließ große Salzmengen, die nach und nach von den marinen Schichtfolgen des Erdmittelalters überdeckt wurden. Im ersten Abschnitt des → Mesozoikums, der → Trias vor 225–195 Millionen Jahren, wurden Buntsandstein, Muschelkalk und Keuper abgelagert. Vor allem der Mittlere Buntsandstein und der Untere Muschelkalk bauen heute große Teile des südniedersächsischen Berglandes auf. Im anschließenden Jura (195–135 Millionen Jahre vor unserer Zeitrechnung) wurden Tongesteine und helle Kalke abgesetzt. Sie bilden heute die typischen Schichtstufen des Weserberglandes. Zum Ende des Jura wich das Wasser zurück und hinterließ im niedersächsischen Raum ein flaches, brackiges Binnenmeer, in dem sich der Wealden-Sandstein bildete.

Erdmittelalter im übrigen Bergland

Die mächtigen Sedimentschichten übten einen zunehmenden Druck auf die Salzlager der Zechsteinzeit aus. Das Salz begann plastisch zu werden, entlang von Bruchzonen nach oben zu dringen und unterirdische Salzdome zu bilden. Dabei wurden die darüber liegenden Gesteinsschichten aufgewölbt und z.T. steil gestellt. In der Kreidezeit, 135–70 Millionen Jahre vor unserer Zeitrechnung, folgten weitere Meeresvorstöße. In dieser Zeit wurde u. a. der helle, fossilreiche Plänerkalk abgesetzt. Gegen Ende der Kreidezeit kam es zur Kollision der eurasischen mit der afrikanischen Kontinentalplatte. Die Alpen entstanden, und es folgte eine Phase hoher vulkanischer Aktivität, die in Niedersachsen nur im südlichen Leinetal in Form basaltischer Vulkankegel ihre Spuren hinterlassen hat. Gleichzeitig entstand der Leinetalgraben. Am Ende der Kreidezeit wurden durch die erneut nach oben dringenden Salzlager die heutigen Mittelgebirgszüge herausgebildet. Das Erdmittelalter endete und mit ihm die Vorherrschaft der Dinosaurier. Säugetiere und Blütenpflanzen begannen sich in der nachfolgenden Erdneuzeit zu entfalten. Im ersten Abschnitt, dem Tertiär, kam es nur zu unbedeutenden Meeresvorstößen. Diese erdgeschichtliche Phase hat daher nur geringe Spuren auf niedersächsischem Gebiet hinterlassen.

Das Mittelgebirge wird geformt

Aufschwung der Säugetiere und Blütenpflanzen

Mit stark sinkenden Temperaturen ging das Tertiär vor 2 Millionen Jahren in den jüngsten Abschnitt der Erdgeschichte, das Quartär, über. Zahlreiche Vorstöße skandinavischer Gletschermassen begannen die norddeutsche Tiefebene zu formen. Aus der ersten nachgewiesenen Vereisung, der → Elster-Eiszeit (ca. 350 000–250 000 vor unserer Zeitrechnung), stammen die → Lauenburger Tone. Dies sind Feinsedimente, die sich in Eisstauseen vor den Gletschern abgesetzt haben. Prägend für die heutigen Verhältnisse war allerdings die nachfolgende → Saale-Vereisung (ca. 235 000–125 000 vor unserer Zeitrechnung). Ihre maximale Ausdehnung reichte bis an den Rand der Mittelgebirge. In mehreren Phasen wichen die saalezeitlichen Gletscher zurück und stießen wieder vor. Sie hinterließen eine Landschaft, die wir heute als Geest bezeichnen und die aus den vier charakteristischen Elementen der so genannten → glazialen Serie besteht:

Die Eiszeiten

Die Geest

1. Unter dem Gletscher befand sich die → Grundmoräne. Aus ihr sind lehmige Böden hervorgegangen. Sie beinhaltet die bekannten „Findlinge", große Gesteinsblöcke aus dem Norden.

2. An der Gletscherstirn wurde die → Endmoräne aufgestaucht. Sie besteht überwiegend aus Sand und Kies. Bekannte Beispiele sind die Dammer und Fürstenauer Berge, der Wilseder Berg oder die Harburger Berge bei Hamburg. Die Endmoränenzüge werden auch als „Hohe Geest" bezeichnet.

Glaziale Serie

3. Da die Gletscherunterseite aufgrund des großen Druckes taute (ähnlich einem Schlittschuh), bildeten sich Schmelzwasserströme, die an der Stirnseite austraten und den mitgeführten Sand auf weiten Flächen vor dem Gletscher ablagerten. So entstanden die so genannten „Sander".

4. Im → Urstromtal flossen die Wassermassen schließlich zum Meer ab. In Niedersachsen bildeten die Aller und die untere Weser die Urstromtäler während der Saale-Vereisung. Die Elbe ist als Urstromtal erst in der nachfolgenden → Weichsel-Eiszeit angelegt worden.

Weichsel-Eiszeit reicht nur bis zur Elbe

Die Gletscher der letzten Weichsel-Eiszeit (ca. 115000 – 10000 vor heute) dehnten sich maximal bis zum Elbtal aus. Sie haben also die nordwestdeutsche Tiefebene nicht mehr erreicht. Daher sind die Böden der niedersächsischen „Altmoränenlandschaft" im Vergleich zum → Jungpleistozän im Nordosten Deutschland stärker ausgewaschen und an Nährstoffen verarmt.

In den nicht von Gletschern bedeckten Gebieten herrschte über lange Zeiträume eine schüttere Tundrenvegetation vor, die wenig Schutz vor Winderosion bot. So konnten große Mengen Sand zu Dünen aufgeweht werden. Die feineren *Verwehung und Ablagerung von Sand und Löss* Partikel wurden über weitere Strecken transportiert und haben sich als fruchtbare Lössschicht vor den Mittelgebirgen und in den Tälern abgesetzt.

In der bis heute andauernden Warmzeit, dem so genannten → Holozän, wurde die ursprüngliche Geestlandschaft durch verschiedene Neubildungen stark verändert. Vor rund 8000 Jahren begann in einer feuchten Klimaphase und bei einem mittlerweile erheblich gestiegenen Meeresspiegel das Wachstum von → Hoch- und Niedermooren. Die ausgedehnten Hochmoore führten zur Verinselung vormals zusammenhängender Geestplatten. Auch die Talauen von Ems *Moore und Dünen entstehen* und Weser sowie ihrer Nebenflüsse haben sich erst im Holozän ausgebildet. Die nacheiszeitlich entstandenen Binnendünen sind nur z.T. natürlichen Ursprungs. Eine erste Aufwehungsphase fällt in den Übergang von der Eis- zur Warmzeit, wo die Vegetationsdecke noch spärlich ausgeprägt war und der Wind große Mengen an Sand aus dem Bereich der Flusstäler aufnehmen konnte. Typischerweise sind diese Binnendünen daher entlang der Flüsse angeordnet. Die nachfolgenden Dünenbildungen während der Bronzezeit und anschließend im Mittelalter bis in die Neuzeit gehen in zunehmendem Maße auf das vom Menschen geschaffene Offenland zurück.

Klima und naturräumliche Gliederung – Aussichten: Waldfreundlich

Aus der Perspektive des Waldes betrachtet, ist die Landschaft ein viel dimensionaler Raum, in dem neben Geologie und Morphologie auch das Klima eine bedeutende Rolle spielt. Für die Zwecke der Forstplanung ist es sinnvoll, die Vielfalt dieser Ausgangsbedingungen in Form von klar abgegrenzten Landschaftseinheiten zu ordnen. Dies ist die Aufgabe der forstlichen Regionalgliederung. Sie scheidet → Wuchsgebiete aus, die sich im Hinblick auf → Makroklima und → Geomorphologie voneinander unterscheiden *(Abb. 3.2.2_1)*. Diese wiederum gliedern sich in → Wuchsbezirke, in denen die Wachstumsbedingungen für die Baumarten weitgehend einheitlich sind.

Wuchsgebiete und -bezirke

Abb. 3.2.2_1

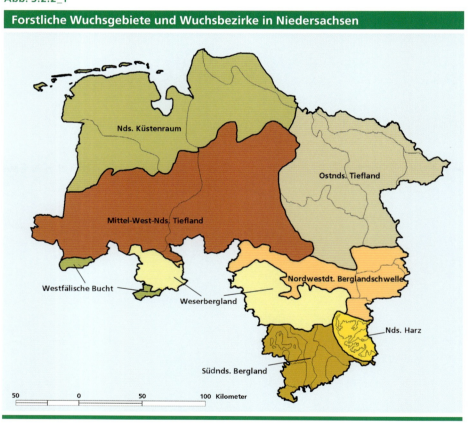

Forstliche Wuchsgebiete und Wuchsbezirke in Niedersachsen

Nds. Küstenraum

Ostnds. Tiefland

Mittel-West-Nds. Tiefland

Westfälische Bucht

Nordwestdt. Berglandschwelle

Weserbergland

Nds. Harz

Südnds. Bergland

50   0   50   100   Kilometer

Vom Meer beeinflusstes Klima

Aufgrund seiner meeresnahen Lage herrscht in Niedersachsen überwiegend ein → subatlantisches Klima vor. Die Nordsee dämpft Temperaturextreme im Winter durch den warmen Golfstrom und im Sommer durch ihre verzögerte Erwärmung ab. Aus westlichen Richtungen herangeführte feuchte Luftmassen bringen recht gleichmäßig über das Jahr verteilte Niederschläge. Die Meereswirkung lässt allerdings in West-Ost-Richtung nach, und mit ihr schwächt sich der → atlantische Klimacharakter ab *(Abb. 3.2.2_2)*. Im Übergang zu einem → subkontinentalen Klima im Osten Niedersachsens vergrößert sich die → Jahrestemperaturspanne, die Niederschläge nehmen insgesamt ab und fallen tendenziell eher in Form von Gewitterregen im Sommer.

Abb. 3.2.2_2

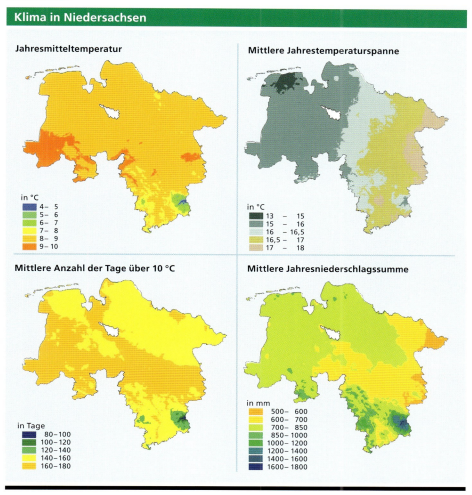

Klima in Niedersachsen

Jahresmitteltemperatur

in °C
- 4– 5
- 5– 6
- 6– 7
- 7– 8
- 8– 9
- 9–10

Mittlere Jahrestemperaturspanne

in °C
- 13 – 15
- 15 – 16
- 16 – 16,5
- 16,5 – 17
- 17 – 18

Mittlere Anzahl der Tage über 10 °C

in Tage
- 80–100
- 100–120
- 120–140
- 140–160
- 160–180

Mittlere Jahresniederschlagssumme

in mm
- 500– 600
- 600– 700
- 700– 850
- 850–1000
- 1000–1200
- 1200–1400
- 1400–1600
- 1600–1800

Das räumliche Muster der Jahresmitteltemperatur, der Temperaturspanne, der Dauer der Vegetationszeit und der Summe der Niederschläge innerhalb Niedersachsens verdeutlicht die Unterschiede zwischen Berg- und Tiefland sowie die in östlicher Richtung zunehmende Kontinentalität. Aus: Gauer, J. und Aldinger, E., 2005

Das Klima wird zudem durch die Höhenlage abgewandelt. Mit zunehmender Höhe über dem Meeresspiegel sinkt die Temperatur, während die Niederschlagsmenge ansteigt. Im Allgemeinen hat das Berglandklima einen atlantischen Charakter. Die Temperaturspanne verringert sich, und die Niederschläge fallen hauptsächlich im Winterhalbjahr. Die Zahl der Frosttage nimmt zu und die Länge der Vegetationszeit ab.

Abwandlung durch die Höhenlage

Wie für die gemäßigte Laubwaldzone Mitteleuropas allgemein typisch, herrscht in Niedersachsen ein sehr waldfreundliches Klima vor. Weder längere Trockenphasen, tiefe Wintertemperaturen noch eine kurze Vegetationszeit schmälern die Vitalität der Wälder. Allerdings treten Herbst- und Winterstürme aufgrund der küstennahen Lage offenbar häufiger auf als in den → kontinentaleren Gebieten Mitteleuropas.

Waldfreundliches Klima

Standorte und Waldgesellschaften –
Auf den Boden kommt es an

Vielfalt der Böden

Wie eine dünne Haut überzieht der Boden den geologischen Untergrund. In ihm durchdringen sich Atmosphäre und Erdmantel, belebte und unbelebte Welt. Er gibt den Pflanzen Halt und versorgt sie mit Wasser und Nährstoffen. Boden ist jedoch nicht gleich Boden. In Abhängigkeit von den klimatischen Bedingungen und dem geologischen Ausgangsmaterial sind im Laufe von Jahrhunderten und Jahrtausenden unterschiedliche → Bodentypen entstanden *(Abb. 3.2.3._1)*. Sie werden nachfolgend mit ihren wesentlichen Eigenschaften vorgestellt.

Abb. 3.2.3_1

Terrestrische Bodentypen

10 cm

20 cm

60 cm

120 cm

Die verschiedenen Bodentypen zeichnen sich durch ihre Schichtfolge und Horizont-färbung aus (von links nach rechts: Rendzina, Braunerde, Podsol, Pseudogley, Gley). Aus: Scheffer / Schachtschabel: Lehrbuch der Bodenkunde, 1982 © Elsevier GmbH, Spektrum Akademischer Verlag, Heidelberg

Flachgründige Rendzina

→ Rendzinen sind nährstoffreichreiche und flachgründige Böden, die sich über Kalkgesteinen gebildet haben, wie sie in Form des Muschel- oder des Plänerkalkes im südniedersächsischen Bergland großflächig vorkommen. Die günstigen Zersetzungsbedingungen führen zu einem raschen Abbau der Streu. Aufgrund der Flachgründigkeit des Bodenkörpers ist das Wasserspeichervermögen vergleichsweise gering. Rendzinen trocknen deshalb recht schnell aus.

Tiefgründige Braunerde

Die typischen Böden auf nicht carbonatischem Gestein sowie den eiszeitlichen und nacheiszeitlichen Sanden sind die → Braunerden. An den obersten humusangereicherten Bodenhorizont schließt sich ein in der Regel tiefgründiger Verbraunungshorizont an. Je nach Ausgangsmaterial unterliegt die Nährstoffversorgung großen Unterschieden. Die typischen Braunerden auf Mittlerem Buntsandstein oder eiszeitlichen Sanden weisen eine schwach → mesotrophe bis gut mesotrophe Nährstoffversorgung auf. Das Wasserspeichervermögen ist bei der überwiegend gegebenen Tiefgründigkeit in den meisten Fällen hoch.

→ Podsole entstehen aus nährstoffarmem, sandigem Substrat unter einem kühl-feuchten Klima und bei Zufuhr von nährstoffarmer → Streu (Nadelwälder, Heiden). Die Zersetzung ist aufgrund der ungünstigen Lebensbedingungen für die Boden- und Streuschichtbewohner gehemmt. Es entsteht eine mächtige Humusauflage, der so genannte → Rohhumus. Im ersten humusangereicherten Bodenhorizont fällt eine gebleichte Zone auf. Sie geht auf die Verlagerung von Eisen und organischen Stoffen in tiefere Schichten zurück, wo diese in Anreicherungshorizonten wieder ausfallen. Dabei kann es auch zur Bildung von → Ortstein kommen. Podsole zeichnen sich durch eine ungünstige Nährstoffversorgung aus.

Arme „Podsole"

Bei periodischem Wasserüberschuss entstehen Stau-, Grundwasser- oder → Aueböden. → Pseudogleye entwickeln sich im grundwasserfernen, → Gleye und Aueböden hingegen im grundwassernahen Bereich.

In Bach- und Flusstälern führen die periodischen Überflutungen zur Bildung von Aueböden. Das fließende, sauerstoffreiche Wasser transportiert Sedimente heran und führt Stoffe ab. Das Wechselspiel von Absetzung und Umlagerung lässt einen geschichteten Aufbau entstehen. Der Oberboden ist humos, und die Nährstoffversorgung sowie die biologische Aktivität sind hoch. Aueböden sind daher in der Regel sehr fruchtbar. Das in ihnen steckende Wachstumspotenzial können sich aber nur diejenigen Baumarten erschließen, die wie Eiche, Erle, Esche oder Ulme eine längere Überstauung ertragen.

Aueböden

Bei den Pseudogleyen staut sich das Niederschlagswasser auf einem verdichteten Unterboden. In der Stauzone bilden sich typischerweise Rostflecken, während die stauende Schicht selbst marmoriert und gebleicht wird. Pseudogleye sind häufig gute Waldböden. Eine lang andauernde und oberflächennahe Vernässung wirkt sich allerdings negativ auf die Durchwurzelung und damit die Standfestigkeit der Waldbäume aus.

Pseudogleye

Gleye entstehen im Unterschied zu den Pseudogleyen unter Grundwassereinfluss. In den ständig sauerstoffarmen, wassergefüllten unteren Schichten wird der Boden gebleicht, Eisen und Mangan werden gelöst. Diese Stoffe fallen wieder in den oberen sauerstoffreicheren Schichten aus. Gleye sind die typischen Böden der wassergeprägten → Waldgesellschaften, wie der Bruchwälder oder auch der feuchten Eichen-Edellaubbaummischwälder. Ihr Nährstoffgehalt schwankt in weiten Grenzen.

Die wassergeprägten Landböden leiten zu den organischen Nassböden, den Mooren, über. Von Mooren wird erst dann gesprochen, wenn der Humusgehalt 30 % übersteigt und/oder die organische Auflage mehr als 30 cm mächtig ist. Organische Auflagen bilden sich, wenn der → Streuabbau durch Luftmangel bei hohen Wasserständen gehemmt wird. Dies ist im Verlandungsbereich stehender Gewässer, in Senken mit hohem Grundwasserstand oder an Hängen im Bereich von Wasseraustritten der Fall. Hier bilden sich → Niedermoore. Wenn diese sich mit weiterem Wachstum aus dem Grundwasserbereich herausheben, werden die oberen Schichten nur noch vom Regenwasser mit (wenigen) Nährstoffen versorgt. Es entstehen die nährstoffarmen → Hochmoore. Auch auf den Rohhumusauflagen von Podsolen oder nährstoffarmen Gleyen können sie sich als so genannte

Moorböden

„wurzelechte" Hochmoore entwickeln. Der Nährstoffgehalt von Niedermooren hängt stark vom Grundwasser ab. In den → Lössgebieten Niedersachsens ist er hoch, in den Sandlandschaften jedoch gering. Niedermoore sind häufig mit Wald bestockt. Die widrigen Bedingungen im Hochmoor erlauben hingegen allenfalls einen schütteren Bewuchs mit wenigen, kümmerlichen Bäumen.

Standortskartierung   Zusätzlich zu den vorgestellten wichtigsten Bodentypen existieren zahlreiche Übergänge und Varianten. Mit der forstlichen → Standortskartierung soll diese enorme Vielfalt erfasst und als Grundlage für Baumartenwahl und Waldbau genutzt werden. Hierzu werden im Gelände drei wesentliche Merkmale kartiert: die Wasserversorgung, die Nährstoffversorgung und das Ausgangsmaterial der Bodenbildung. Diese Größen werden verschlüsselt und zu den so genannten → Standortstypen zusammengefasst. Standortskarten informieren über ihre räumliche Verteilung *(Abb. 3.2.3_2)*.

Abb. 3.2.3_2

Beispiel einer forstlichen Standortskarte

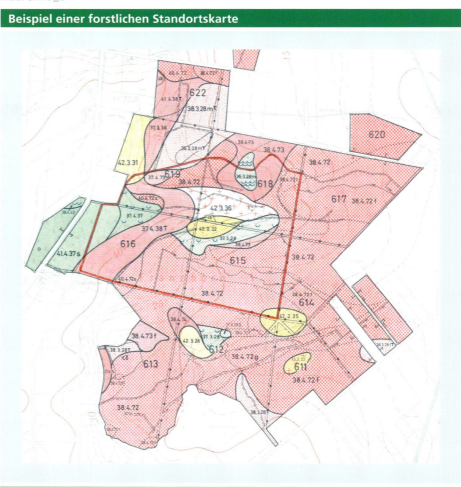

Standortskarten, wie die des Naturwaldes Franzhorn (rote Umrandung), zeigen die Verteilung der unterschiedlichen Standortstypen und geben wichtige Hinweise auf die vorherrschenden Wuchsbedingungen

Den → Standorten können nun die jeweiligen, natürlicherweise dort zu erwartenden → Waldgesellschaften (PNV) zugeordnet werden. So entsteht ein Bild von der natürlichen Waldvegetation und ihrer Variabilität in Abhängigkeit von Höhenlage, → Wasserhaushalt und Nährstoffversorgung *(Abb. 3.2.3_3* und *Abb. 3.2.3_4).* Da wir allerdings heute oft noch nicht eindeutig zwischen menschlich verursachten und natürlichen Entwicklungen trennen können, hat dieses Bild an vielen Stellen einen hypothetischen Charakter. Es ist nicht mehr, aber auch nicht weniger als eine Zusammenfassung unseres gegenwärtigen Wissens und damit eine stark verdichtete Hypothese über die Naturwaldentwicklung auf einem bestimmten Standort.

Natürliche Waldvegetation

Danach herrschen im Bergland potenziell (und oft auch real) Buchenwälder auf allen nicht extremen Standorten vor. Auf Rendzinen sind sie als Kalk-Buchenwald, auf Braunerden je nach Nährstoffversorgung als Waldmeister- oder als Hainsimsen-Buchenwald ausgeprägt. Sonnenexponierte, steile Hänge mit sehr flachgründigen Rendzinen werden von wärmeliebenden Seggen-Buchenwäldern eingenommen. Thermophile Eichenwälder sind hingegen offenbar durchgehend nutzungsbedingt und dürften sich natürlicherweise zu Seggen-Buchenwälder entwickeln. Erst an bewegten Steilhängen endet der Herrschaftsbereich der Rotbuche. Hier ersetzen in kühl-luftfeuchten Lagen die Ahorn-Eschen-Schatthangwälder und an block- oder steinschuttreichen Hängen die Ahorn-Lindenwälder den Buchenwald.

Buchenwälder beherrschen das Bergland

Abb. 3.2.3_3

Verbreitung der wichtigsten natürlichen Waldgesellschaften im niedersächsischen Bergland auf den unterschiedlichen Standorten

Nässegrenze des Buchenwaldes

Eine zweite Grenze der Buchenherrschaft markieren die Standorte mit Wasserüberschuss. So sind Erlen-Eschen-Bachwälder die typische Waldvegetation der Aueböden entlang von Bächen. Erlenbrücher bilden sich bei hoch anstehendem, stagnierendem oder langsam sickerndem Grundwasser auf reicheren Niedermoortorfen. Arme Torfböden außerhalb des Herrschaftsbereichs von Fichte und Kiefer, wie sie vor allem im Solling vorkommen, werden hingegen vom Torfmoos-Birken-Moorwald besiedelt. Unter ähnlichen Bedingungen, nämlich im Randbereich armer Moore in den Hochlagen des Harzes, entsteht der Torfmoos-

Fichtenwälder im Harz

Fichtenwald. Dieser ist häufig eng mit waldfreien Mooren auf der einen Seite und dem Wollreitgras-Fichtenwald auf der anderen Seite verzahnt. Natürliche Fichtenwälder auf Mineralböden kommen allerdings erst in der obermontanen Stufe ab 750 m über NN im Harz vor. Darunter liegt bis zu einer Höhe von etwa 650 m über NN der Gürtel der Buchen-Fichtenmischwälder. Die tiefer gelegenen Höhenstufen werden wieder von Buchenwäldern eingenommen.

Buchenwälder im Tiefland

Auch im Tiefland dürften auf allen Standorten mit einem frischen →Wasserhaushalt Buchenwälder vorherrschen, es sei denn, die Nährstoffversorgung ist →oligotroph *(Abb. 3.2.2_4)*. Wir unterscheiden den Waldmeister-Buchenwald auf reichen Braunerden von dem noch gut versorgten Flattergras- und schließlich dem nur noch mäßig bis schwach versorgten Drahtschmielen-Buchenwald auf ärmeren Braunerden. Erst bei einer sehr schwachen Nährstoffversorgung

Kiefern- und Eichenmischwälder

dürfte es zur Ausbildung von Kiefern-Birken-Eichen-Mischwäldern auf Podsolen kommen, denen jedoch zumindest im frischen Bereich nach wie vor die Buche beigemischt ist. Bei stärker ausgeprägter →Grund-, →Stau- oder →Wechselfeuchte treten nach heutiger Auffassung Eichen-Mischwälder an die Stelle der Buchenwälder. Liegt die Nährstoffversorgung im oberen Bereich, so sind dies

Abb. 3.2.3_4

Verbreitung der wichtigsten natürlichen Waldgesellschaften im niedersächsischen Tiefland auf den unterschiedlichen Standorten

Hainbuchen-Stieleichenwälder, ist sie nur mäßig oder schwach, so herrschen Birken-Stieleichenwälder vor. Der Buchen-Stieleichenwald vermittelt zwischen diesen Waldgesellschaften und weist darauf hin, dass selbst unter den extremeren Wasserhaushaltsverhältnisse die Buche eine Rolle als Mischbaumart spielen kann. Dies ist auch auf dem trockeneren Flügel der Standortspalette der Fall, wo Traubeneichen-Buchen-Mischwälder vorherrschen.

Entlang der Wasserläufe bilden auch im Tiefland verschiedene Auenwald-gesellschaften die → potenzielle natürliche Vegetation. Die Erlen-Eschen-Bachwälder umgürten die kleineren Wasserläufe. An den Flüssen bilden die Weichholzaue in Gewässernähe mit verschiedenen Weidenarten und die oberhalb anschließende Hartholzaue mit Flatter- und Feldulme, Eiche, Spitzahorn sowie einer artenreichen Strauchschicht die natürliche Waldvegetation. Bis auf geringe Reste sind die Auenwälder durch Eindeichung, Begradigung und Umwandlung in Grünland verschwunden. Der Erlen-Eschenwald entsteht in Niederungen an langsam fließenden Gewässern oder in quelligen Bereichen. Obwohl er zu den Auenwaldgesellschaften gestellt wird, entwickelt er sich häufig auch sekundär nach Grundwasserabsenkungen auf Bruchwaldstandorten. Aufgrund der vormals ausgedehnten Moore zählten die Bruchwälder einstmals zu den typischen und großflächig verbreiteten Waldgesellschaften des Tieflandes. Wir unterscheiden Erlenbruchwald auf reicheren und den Moorbirken-Kiefern-Bruchwald auf ärmeren Moorböden.

Bruch- und Auenwälder

Abb. 3.2.3_5

Hainsimsen-Buchenwald – typische Waldgesellschaft des niedersächsischen Berglandes

Umsetzung des Naturwaldprogramms

Entwicklung des Naturwaldgedankens – Eine Idee wird Wirklichkeit

Keine Urwälder in Deutschland

Wie der geschichtliche Abriss zeigt, ist der heutige Wald stark von menschlichen Einflüssen geprägt. Urwälder gibt es in Deutschland nicht mehr. Dennoch existieren vergleichsweise naturnahe Waldbestände. Erste Bestrebungen, sie zu schützen, gehen auf den Beginn des 20. Jh. zurück. In den 1930er Jahren regte H. Hesmer die Einrichtung eines Netzes sich selbst überlassener Wälder, der sog. „Naturwaldzellen", an. Deren Untersuchung sollte Rückschlüsse auf die natürliche Walddynamik und – daraus abgeleitet – die Behandlung von Wirtschaftswäldern ermöglichen.

Frühe Naturwaldkonzepte

Umsetzung ab 1970

Zeitgleich mit vielen anderen Bundesländern gab auch in Niedersachsen das Europäische Naturschutzjahr 1970 den entscheidenden Impuls zur Umsetzung der ursprünglichen Idee. Nach intensiver Auswahl geeigneter Waldgebiete wurden 1972 – 1974 die ersten Naturwaldreservate ausgewiesen. Hier unterblieb fortan jegliche Nutzung.

Mit dem Programm zur „Langfristigen ökologischen Waldentwicklung" (→ LÖWE) hat sich die Niedersächsische Landesregierung im Jahr 1991 zu einer naturnahen Waldwirtschaft verpflichtet. Doch was ist angesichts der bereits Jahrtausende alten Überprägung des Waldes eigentlich naturnah? Wie lassen sich menschlich hervorgerufene und natürliche Entwicklungen unterscheiden? An welcher Stelle und zu welchem Zeitpunkt ist ein Laufen-Lassen der aktiven Steuerung der Waldentwicklung vorzuziehen? Die sich selbst überlassenen Naturwälder können und sollen Antworten auf diese wichtigen Fragen geben. Sie sind Referenzflächen und „loci typici" der natürlichen Waldentwicklung. Ihre Erforschung ist für Waldnaturschutz und -bewirtschaftung gleichermaßen relevant.

Stellenwert der Naturwaldforschung

Naturschutz

Gleichberechtigt neben Forschung und Lehre ist selbstverständlich auch der Naturschutz ein wichtiges Ziel des Naturwaldprogramms. Dieser Schutz kann sich allerdings nur auf diejenigen Arten und Biotope beschränken, die nicht auf menschliche Pflege angewiesen sind.

NW-FVA zuständig

Die Untersuchung der niedersächsischen Naturwälder wird seit 1986 von der Nordwestdeutschen Forstlichen Versuchsanstalt (NW-FVA) durchgeführt und koordiniert. Diese Aufgabe hat sie von dem ursprünglich hierfür zuständigen Institut für Waldbau der Universität Göttingen übernommen.

Das derzeitige Naturwaldnetz ist das Ergebnis zweier Ausweisungsphasen. Die erste Tranche wurde Anfang der 1970er Jahre ausgewiesen und hatte einen Umfang von 63 Gebieten mit zusammengenommen rund 1 000 Hektar. In den folgenden Jahren blieb das Flächennetz weitgehend unverändert. Erst das Ziel, 1 % der Landesforsten aus der Nutzung zu nehmen, läutete Ende der 1980er Jahre eine intensive Umbauphase des Naturwaldnetzes ein. Gleichzeitig wurden die früheren Naturwaldreservate in Naturwälder umbenannt. Ein Teil der „Alt-reservate" erwies sich wegen zu großer Störungen oder zu geringer Fläche als ungeeignet, ein weiterer Teil wurde erheblich erweitert, und zahlreiche neue Naturwälder wurden ausgewählt, um Repräsentanzlücken zu schließen. Dabei wurden durchaus auch Bestockungen aus → Pionierbaumarten oder weniger naturnahe Bestände integriert. Mit einem Flächenanteil von rund 1,3 % konnte das anvisierte Ziel schließlich erreicht werden. Was Anfang der 1970er Jahre unter Federführung des Waldbau-Instituts der Universität Göttingen begonnen hatte, ist schließlich 2002 mit den letzten Flächenabrundungen zu einem (vorläufigen) Abschluss gekommen.

Zwei Phasen der Flächenauswahl

Im Vergleich zu den „Altreservaten" hat sich die Flächengröße der heutigen Naturwälder deutlich erhöht. Waren sie früher nur durchschnittlich 16 Hektar groß, so liegt die mittlere Flächengröße heute bei rund 43 Hektar. Der über-wiegende Teil umfasst mehr als 20 Hektar *(Abb. 4.2_2)*. Das größte Gebiet – der Saubrink – erreicht sogar 240 Hektar.

Heutige Naturwälder deutlich größer

Abb. 4.2_2

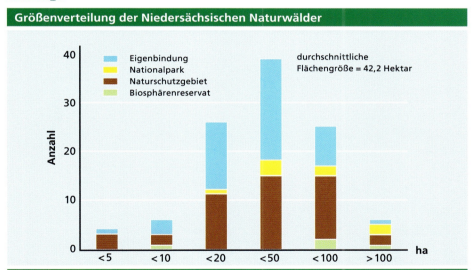

Heute ist der größte Teil der Naturwälder über 20 Hektar groß. Viele Naturwälder sind auch als Naturschutzgebiete geschützt. Einige liegen im Nationalpark Harz oder im Bio-sphärenreservat Elbtalaue

Die Repräsentanz des Naturwaldnetzes fällt je nach Waldgesellschaft unter-schiedlich aus *(Abb. 4.2_3)*. Buchenwälder verschiedener Ausprägung stellen den Löwenanteil der Naturwaldfläche im Bergland. Daneben spielen die armen Sumpf- und Bruchwälder noch ein gewisse Rolle. Hierunter fallen auch größere Teile der Naturwälder in den Harzhochlagen, wo sich natürlicher Fichtenwald und

Repräsentanz im Bergland

Moorflächen eng miteinander verzahnen. Da das niedersächsische Bergland auf der überwiegenden Fläche natürlicherweise von Buchenwäldern bedeckt wäre, ist für den Buchenwald eine gute Repräsentanz erreicht worden. Andere Waldtypen sind auf meist kleinflächige Extremstandorte beschränkt und können daher auch im Naturwaldnetz nicht den Stellenwert der vorherrschenden Buchenwälder erhalten.

Abb. 4.2_3

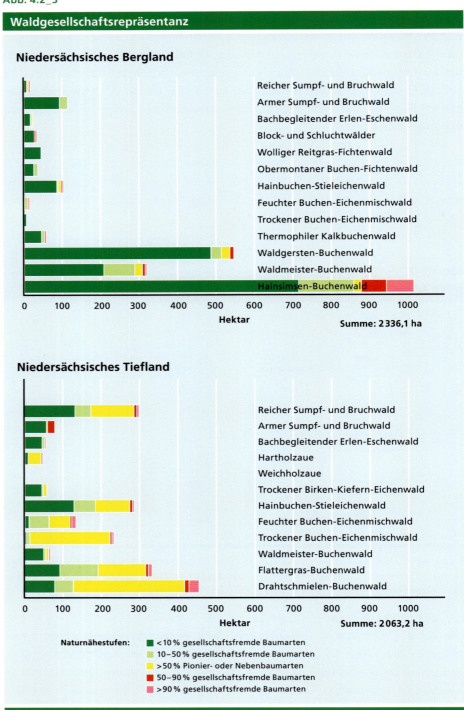

Die verschiedenen Waldgesellschaften werden in etwa proportional zu ihrer Flächenausdehnung im Naturwaldnetz (Niedersächsische Landesforsten) repräsentiert. Ein Schwerpunkt liegt auf den Buchen- und Eichenmischwäldern

Im Tiefland verteilt sich die Naturwaldfläche sehr viel gleichmäßiger auf die Waldgesellschaften. Neben den Buchenwäldern spielen auch Eichenmischwälder und Feuchtwälder eine bedeutende Rolle. Auf annähernd der Hälfte der Naturwaldfläche herrschen hier → Pionier- oder Mischbaumarten vor. Der Wald befindet sich in einer → Sukzession in Richtung → Schlusswald, die noch Jahrhunderte in Anspruch nehmen kann. Die Einschätzung der künftigen Waldentwicklung ist allerdings für das Tiefland wesentlich unsicherer als im Bergland. Tiefgreifende Entwässerungen und eine ungleich stärkere Verarmung der Böden durch menschliche Übernutzungen als im Bergland machen eine Prognose schwierig. Nährstoffimporte aus der Luft (Stickstoff) überlagern die natürliche Erholung der Böden. Trotz intensiver Suche konnten im Tiefland keine Feuchtwälder gefunden werden, in denen der Wasserhaushalt natürlichen Verhältnissen entspricht. Diese einstmals typischen Wälder können demnach nur bedingt repräsentiert werden. Dies gilt insbesondere auch für die Auenwälder. Außerhalb der wassergeprägten Standorte sind die verschiedenen Waldgesellschaften allerdings gut im Naturwaldnetz vertreten.

Repräsentanz im Tiefland

Naturnahe Feucht- und Auenwälder fehlen

Abb. 4.2_4

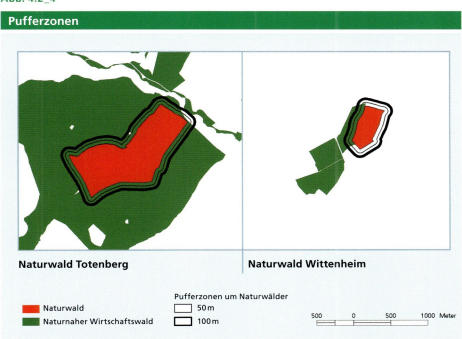

Pufferzonen

Naturwald Totenberg | **Naturwald Wittenheim**

Naturwald

Naturnaher Wirtschaftswald

Pufferzonen um Naturwälder
50 m
100 m

500   0   500   1000 Meter

Naturwälder sollten möglichst durch naturnahen Wirtschaftswald gegen Außeneinflüsse gepuffert werden

Das Ziel, Naturwälder überwiegend in naturnahen Wirtschaftswald mit einer Tiefe von mindestens 100 m einzubetten *(Abb. 4.2_4)*, ist bei 75 % der Naturwälder und damit weitgehend erreicht worden. Insbesondere bei der zersplitterten Waldverteilung im westlichen Tiefland und bei kleinräumig wechselnden Besitzverhältnissen mussten Abstriche an den idealen Vorstellungen in Kauf genommen werden, um repräsentative Flächen in das Netz aufnehmen zu können.

Pufferzone naturnaher Wirtschaftswald

Schutz und Betreuung von Naturwäldern –
Was beliebt, ist nicht erlaubt

Vielfältige Einflüsse

Naturwälder sollen von menschlichen Einflüssen unberührt bleiben, so weit dies in unserer dicht erschlossenen und intensiv genutzten Landschaft überhaupt möglich ist. In vielfacher Hinsicht sind sie allerdings den gleichen Rahmenbedingungen wie ihre unmittelbare Umgebung unterworfen, seien es Schadstoffeinträge aus der Luft, Grundwasserabsenkungen oder hohe Wildbestände. Davon abgesehen, werden viele direkte menschliche Einflüsse von Naturwäldern ferngehalten *(Tab. 4.3_1)*.

Tab. 4.3_1

Die für Naturwälder bestehenden Regelungen im Überblick	
Abgrenzung	Klare Abgrenzung; ggf. kenntlich machen; Beschilderung
Benachbarte Hiebsmaßnahme	Naturwald muss unberührt bleiben; Abtrennen von Stämmen auf der Grenze, Hereinfällen von aus Gründen der Verkehrssicherung gefällten Bäumen
Betreten	Allgemeines Betretensverbot außerhalb der freigegebenen Wege
Bodenschutzkalkungen	Grundsätzlich keine Kalkung, Ausnahmen durch die NW-FVA bestimmt; Pufferzone von 50 m (Streuen) bzw. 150 m (Verblasen, Hubschrauber) bei der Kalkung benachbarter Bestände einhalten
Forstwege	Grundsätzlich: alle Forst- und Rückewege einziehen bzw. sperren, auch in ihrer Funktion als Spazier- und Wanderwege. Abteilungslinien nicht freihalten
Gatterungen	Für Forschungszwecke; Absprache mit NW-FVA
Holzlagerung, Holzrückung	Kein Holz durch den Naturwald hindurch rücken; kein Holz naturwaldseitig poltern
Jagd	Keine Schongebiete für Schalenwild; Schalenwild wird bejagt
Jagdausübung	Keine Treibjagden mit dichten Treiberwehren; Drückjagden mit weiträumiger Abstellung zulässig; kein Befahren der Bestände zur Wildbergung
Jagdeinrichtung	Keine Anlage von Fütterungen, Kirrungen, Salzlecken, Äsungsflächen und Schussschneisen; Hochsitze und Leitern freistehend
Jagdverpachtung	Keine Verpachtung; keine Jagderlaubnisse
Kenntnis der Lage	Genaue Information aller im Forstbetrieb tätigen Personen
Lockstoff-Fallen	Abstand 20 m (Borkenkäfer), bis 100 m (Schmetterlingsfallen, Köderstationen)
Nisthilfen	Anbringen unterlassen
Pflanzenschutzmittel	Pufferzone von 50 m
Schädlingsbefall	NW-FVA informieren; Prognose; Abstimmung des weiteren Vorgehens; ein den Bestand benachbarter Wirtschaftswaldflächen gefährdender Befall ist grundsätzlich zu verhindern
Umgebung	Wegebaumaßnahmen und größere Freiflächen vermeiden; Neueinrichtung von Leitungen ausschließen; umgebender Wald sollte Naturwirtschaftswald sein
Verkehrssicherung	Nur an Bestandesrändern, die an dem öffentlichen Verkehr gewidmete Straßen angrenzen; ansonsten erfolgt die ordnungsgemäße Wahrnehmung der Verkehrssicherungspflicht durch die Beschilderung; keine Erholungseinrichtungen, keine Vermerk auf Wanderkarten
Waldbrand	Bekämpfen
Wege	Alle Wege und Pfade nach Möglichkeit herausverlegen, sperren, verbauen oder Verbotsschilder aufstellen

An erster Stelle sind sicherlich der Verzicht auf jegliche Holznutzung oder Pflanzung und das Betretensverbot außerhalb der Wege zu nennen. Nur an öffentlichen Straßen und Einrichtungen dürfen aus Sicherheitsgründen in Naturwäldern Bäume gefällt werden. Würden alle kranken und absterbenden Bäume in Wegenähe entfernt, so wäre auf großer Fläche keine echte Naturwaldentwicklung möglich. Schließlich gehört das Absterben genau so zum Lebenslauf von Naturwäldern wie das Aufwachsen. An einfachen Forstwegen wird daher der Waldbesucher mit einem Warnschild auf die erhöhte Gefahr durch herabfallende Äste und umstürzende Bäume hingewiesen *(Abb. 4.3_1)*. Weitere Maßnahmen erfol-

Nutzung und Betreten verboten

Abb. 4.3_1

Das Naturwaldschild weist die Waldbesucher auf die besondere Unfallgefahr durch umstürzende und abbrechende Bäume hin

gen nicht.
Zuständig für die Betreuung sind die jeweiligen Revierförstereien und Forstämter in Zusammenarbeit mit der Nordwestdeutschen Forstlichen Versuchsanstalt (NW-FVA).

Betreuung durch Forstleute

Formal sind viele Naturwälder mehrfach geschützt. Zunächst genießen sie in Form der Selbstbindung des Landes Niedersachsen eine Grundsicherung, die per Runderlass im Jahr 2004 erneuert wurde. Ein erheblicher Teil der Naturwälder liegt zudem ganz oder teilweise in Naturschutzgebieten und ist damit außerdem noch durch Rechtsverordnungen geschützt *(Abb. 4.2_2)*. Acht Gebiete befinden sich im Nationalpark Harz (Naturwaldforschungsflächen) und unterliegen dem „Gesetz

Schutzstatus

Das Untersuchungskonzept

Grundlagen – Naturwaldforschung als Generationenvertrag

Vielfalt der Fragestellung

Was kann und soll in Naturwäldern untersucht werden? Je nach Blickwinkel und Zeitströmung wird eine Antwort unterschiedlich ausfallen. Aus Sicht des Naturschützers interessiert vielleicht die Frage, wie viele und welche Arten in einem Naturwald leben können. Ein um die Gesundheit des Waldes besorgter Bürger wird möglicherweise wissen wollen, ob ein Naturwald sich ebenso vital entwickelt wie ein gepflegter und vor Schadorganismen geschützter Wirtschaftswald. Und Forstleute interessiert vielleicht vor allem, wie sich Naturwälder → verjüngen, welche Baumarten sich ohne menschliche Unterstützung durchsetzen und wie sich die Erkenntnisse der Naturwaldforschung für die praktische Forstwirtschaft nutzen lassen.

Abb. 4.4.1_1

Die Inventuren in Naturwäldern erfolgen mittlerweile mit mobilen Datenerfassungsgeräten

Dieser willkürliche Ausschnitt aus der breiten Palette möglicher Fragen offenbart eine große Herausforderung für die Naturwaldforschung. Sie hat es in Form des Waldes mit einem sehr komplexen und sich sehr langfristig verändernden Ökosystem zu tun. Entsprechend vielfältig sind die möglichen Fragestellungen. Grundsätzlich soll sie die Entwicklung von Naturwäldern aufzeichnen, interpretieren und die Ergebnisse für Waldwirtschaft und Naturschutz nutzbar machen. Dazu müssen die Untersuchungen mit vergleichbaren Verfahren von Forschergeneration zu Forschergeneration kontinuierlich fortgeführt werden. Naturwaldforschung ist eine Art Generationenvertrag, der erfüllt wird, wenn die gewonnenen Ergebnisse auch noch für die Enkel der heutigen Wissenschaftler relevant sind. Es muss also nach einem Konzept vorgegangen werden, dass unabhängig von der jeweiligen Zeitströmung aktuelle Ergebnisse garantiert. Daneben sind Geduld und die langfristige Kontinuität von Naturwaldnetz und -forschung die Schlüssel zum Erfolg.

Naturwaldforschung als Generationenvertrag

Im Verlauf von mehr als drei Jahrzehnten Naturwaldforschung hat sich das folgende Untersuchungskonzept herauskristallisiert:

1. Die wichtigsten Entwicklungsprozesse des Baumbestandes sollen aufgezeichnet werden. Im Einzelnen handelt es sich um Verjüngung, Wachstum und Absterben. Als wichtiges „Nebenprodukt" ergeben sich umfassende Daten über die Waldstruktur. Darüber hinaus wird das → Totholz erfasst.

Verjüngung, Wachstum und Absterben beobachten

2. Die Untersuchungen sind überwiegend als Dauerbeobachtungen angelegt; d. h., dieselben Forschungsflächen werden regelmäßig erfasst, um ihre Entwicklung zu dokumentieren. Dies setzt die dauerhafte Vermarkung von Probeflächen voraus.

Langfristiger Ansatz

3. Alle Untersuchungen müssen möglichst störungs- und zerstörungsfrei sein.

Zerstörungsfrei forschen

4. Fachübergreifende Untersuchungen werden angestrebt. Die NW-FVA kann solche Forschungsarbeiten jedoch nur in Einzelfällen selbst durchführen. Naturwälder werden stattdessen als „Forschungsplattformen" für die Kooperation mit anderen Wissenschaftlern aktiv angeboten. Ihre Naturnähe, die Tatsache, dass sie unbewirtschaftet bleiben, und die gute wissenschaftliche „Infrastruktur" (Naturwaldarchiv, Waldstrukturdaten, Verpflockung) machen sie zu attraktiven Forschungsobjekten.

Naturwälder als „Forschungsplattformen"

Waldaufnahme – Wie wird was gemessen

Weiterentwicklung der Methoden

Nicht nur das Naturwaldnetz war in der Vergangenheit Veränderungen unterworfen. Auch die wissenschaftlichen Methoden wurden mehrfach überarbeitet, um mit gewachsenen Anforderungen Schritt halten zu können.

Kernfläche

Die ersten, Anfang bis Mitte der 1970er Jahre durchgeführten Untersuchungen fanden auf sog. Kern- oder Repräsentationsflächen statt. Damit sind Aufnahmeflächen von meist einem Hektar Größe gemeint, auf denen der Baumbestand ab einem bestimmten Durchmesser in Brusthöhe (→ BHD) vollständig erfasst wird *(Abb. 4.4.2_1)*. Von Anfang an war beabsichtigt, diese Flächen regelmäßig alle 10 Jahre aufzunehmen. Das konnte in vielen Fällen verwirklicht werden, sodass wir anhand der „alten" Kernflächen mittlerweile rund 30 Jahre Naturwaldentwicklung nachvollziehen können.

Abb. 4.4.2_1

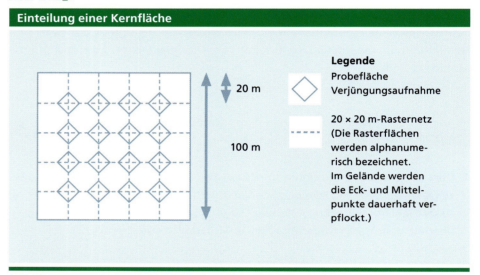

Einteilung einer Kernfläche

20 m

100 m

Legende
Probefläche
Verjüngungsaufnahme

20 × 20 m-Rasternetz
(Die Rasterflächen werden alphanumerisch bezeichnet. Im Gelände werden die Eck- und Mittelpunkte dauerhaft verpflockt.)

Kernflächen wurden von Anfang an bei der Naturwaldforschung eingesetzt

Einführung eines Stichprobenverfahrens

Kernflächen geben zwar aufgrund ihrer Größe einen guten Einblick in die räumliche Struktur der Waldlebensgemeinschaft. Sie können jedoch insbesondere bei größeren Naturwäldern die standörtliche und strukturelle Vielfalt nicht adäquat widergeben. Zudem werfen sie bei der Anwendung statistischer Verfahren Probleme auf, da sie keine beobachterunabhängigen Stichproben darstellen. Angesichts dessen wurde das Aufnahmeverfahren Ende der 1980er Jahre um Probekreise ergänzt, die in einem regelmäßigen Abstand von 100 × 100 oder 50 × 50 m über die ganze Naturwaldfläche verteilt wurden *(Abb. 4.4.2_2)*.

Abb. 4.4.2_2

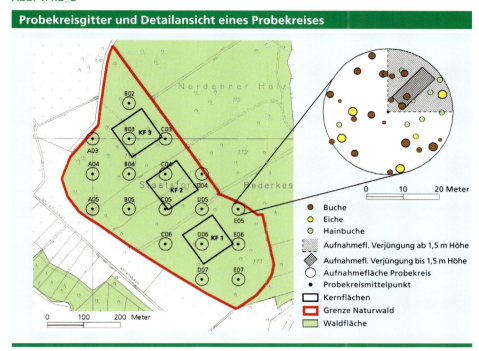

Probekreisgitter und Detailansicht eines Probekreises

0   10   20 Meter

● Buche
○ Eiche
○ Hainbuche
▨ Aufnahmefl. Verjüngung ab 1,5 m Höhe
▨ Aufnahmefl. Verjüngung bis 1,5 m Höhe
○ Aufnahmefläche Probekreis
· Probekreismittelpunkt
□ Kernflächen
□ Grenze Naturwald
□ Waldfläche

0   100   200 Meter

Heute werden in vielen Naturwäldern sowohl Probekreise als auch Kernflächen erfasst

Auf diesen Probekreisen wird ebenfalls der Baumbestand ab einem bestimmten Mindest-BHD erfasst. Die Probekreise sind Stichproben, die unverzerrte – nicht durch subjektive Momente gefärbte – Aussagen über den gesamten Naturwald zulassen. Meist werden die arithmetischen Mittelwerte einer → Probekreisinventur benutzt, um einen Naturwald oder Teile desselben zu charakterisieren. Doch auch das Probekreisverfahren hat nicht nur Vorteile. Neben der Tatsache, dass der Aufwand in größeren Naturwäldern recht hoch sein kann, sind Probekreise anfälliger für Randeffekte, was u. U. die Ergebnisinterpretation erschwert.

Mittelwerte

Es gibt also gute Argumente für die Beibehaltung beider Verfahren. In den meisten Naturwäldern finden sich daher sowohl Probekreise als auch Kernflächen.

Kombiniertes Verfahren

Was aus Sicht der Forschung optimal ist, lässt sich jedoch aus Aufwandsgründen nicht in allen 106 Naturwäldern durchführen. Nach der endgültigen Festlegung des Naturwaldnetzes wurden daher verschiedene Intensitätsstufen für die Forschung gebildet *(Tab. 4.4.2_1)*. Jeder Naturwald ist einer dieser Stufen zugeordnet.

Intensitätsstufen

Welche Größen werden schließlich im Wald gemessen? Im Laufe der Zeit wurde deutlich, dass der ursprüngliche Satz klassischer Messgrößen wie BHD oder Baumhöhe erweitert werden musste, um stehendes und liegendes → Totholz oder die → Naturverjüngung zu charakterisieren *(Tab. 4.4.2_2)*.

Messgrößen

Tab. 4.4.2_1

Intensitätsstufen der Naturwälder

Stufe	Gitternetz	Probe-kreise	Kernfläche	Luftbild-auswertung	Begang/Bericht	Anzahl	Hektar
1	NW-FVA	NW-FVA	NW-FVA	NW-FVA	Revierleitung	34	1 680,6
2	NW-FVA	NFP/NW-FVA	NW-FVA	optional NW-FVA	Revierleitung	36	1 962,2
3	optional NW-FVA				Begang obligatorisch, Bericht bei Besonderheiten, Revierleitung	36	826,5
Summe						106	4 469,3

Konzept der abgestuften Forschungsintensität in niedersächsischen Naturwäldern

Heute werden bei der Waldaufnahme drei Kompartimente unterschieden:

1. stehende Bäume mit einem BHD > 7 cm,
2. liegendes Holz (einschl. liegender lebender Bäume) > 7 cm Durchmesser am dickeren Ende,
3. stehende Gehölze < 7 cm BHD außer Keimlingen und Zwergsträuchern.

Nicht alles lässt sich messen

Trotz eines mittlerweile maßgeschneiderten Verfahrens entziehen sich jedoch einige naturwaldtypischen Strukturelemente nach wie vor der standardisierten Messung. Sie können daher nur fotografisch dokumentiert werden *(Abb. 4.4.2_3)*.

Tab. 4.4.2_2

Übersicht über die in Naturwäldern erhobenen Messgrößen

Messgröße	Stehender Bestand ≥ 7 cm		Liegender Bestand		Verjüngung	
	KF	PK	KF ≥ 7 cm	PK ≥ 20 cm	KF	PK
Botanische Art	•	•	•	•	L⊙	L⊙
Anzahl je Höhenklasse	—	—	—	—	L⊙	L⊙
Durchmesser	•	•	•	•	—	—
Höhe/Länge	⊙	⊙	⊙	⊙	—	—
Kronenansatz	L⊙	L⊙	—	—	—	—
Koordinaten	•	•	• ≥ 20 cm	•	—	—
Baum-/Objektklasse	•	•	•	•	—	—
Zersetzungsgrad	T•	T•	T•	T•	—	—
Absterbeursache	T•	T•	T•	T•	—	—

•	= vollständige Erfassung auf der Untersuchungs-fläche	L	= nur lebender Bestand	
⊙	= Stichprobe auf der Untersuchungsfläche	PK	= Probekreise	
KF	= Kernfläche	T	= nur toter Bestand	
		≥ 20 cm	= Durchmessergrenze für die Erfassung	

Informationsverarbeitung – Über allen Datenbergen

Die Datenmenge wächst

Mit zunehmender Beobachtungszeit wachsen die Daten- und Informationsberge immer steiler an. Besteht zu Anfang die größte Herausforderung darin, Informationen aus den Naturwäldern zu beschaffen, so wird bald deren zeitnahe Prüfung, Sicherung und Verarbeitung zu einer vorrangigen Aufgabe.

Schnelllebige EDV

Daten- und Programmpflege als Daueraufgabe

Datenfluss

Der Bereich EDV hat sich in den letzten Jahrzehnten rasant entwickelt. Zahlreiche Programmversionen haben sich abgelöst. In den letzen 30 Jahren wechselten sich allein fünf verschiedene Speichermedien ab. Den Anfang machten Lochkarten und Magnetbänder, gefolgt von 5 1/4- und 3 1/2-Zoll-Disketten. Den vorläufigen Abschluss bildet die CD-Rom. Jedes langfristig angelegte Untersuchungsprogramm braucht daher eine kontinuierliche Daten-, Programm- und Hardwarepflege. Dies wird am effektivsten von einer zentralen Stelle mit dauerhaftem Bestand wahrgenommen, wie sie die Nordwestdeutsche Forstliche Versuchsanstalt darstellt. Sie sammelt, prüft und archiviert die Naturwaldinformationen und führt selbst die Dauerbeobachtungen der Waldstruktur durch. Karten, Diplomarbeiten, Dissertationen, Bereisungsprotokolle, Naturwaldberichte und Schriftwechsel werden in einem Naturwaldarchiv aufbewahrt. Die verschiedenen wissenschaftlichen Quellen sowie Fotos und Dias sind über entsprechende Datenbanken zugänglich. Die Urdaten der Waldaufnahmen werden mit speziellen Programmen ausgewertet und ebenfalls in Datenbanken abgelegt *(Abb. 4.4.3_2)*.

Abb. 4.4.3_1

Die Nordwestdeutsche Forstliche Versuchsanstalt sammelt, prüft und archiviert die Naturwaldinformationen. Die verschiedenen wissenschaftlichen Quellen sowie Fotos und Dias sind über entsprechende Datenbanken zugänglich

Abb. 4.4.3_2

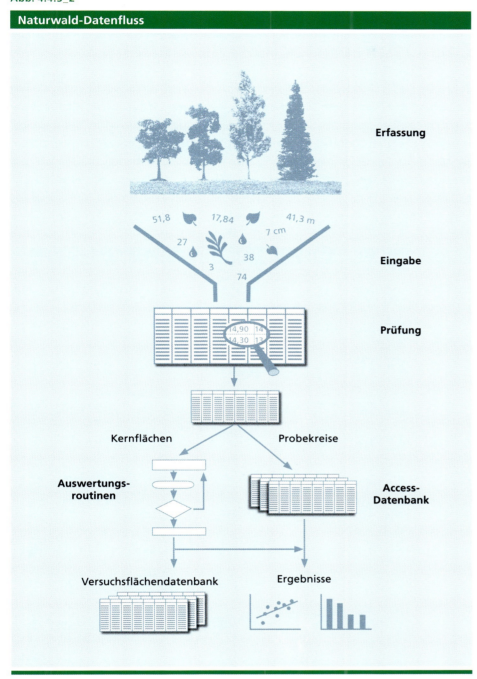

Naturwald-Datenfluss

Datenfluss von der Naturwalderfassung bis zur Erstellung standardisierter Auswertungs-
berichte

Die Naturwälder des Tieflandes

Das Ostniedersächsische Tiefland

Zum „Ostniedersächsischen Tiefland" werden alle → Wuchsbezirke östlich einer gedachten Linie zwischen Hamburg und Hannover *(Abb. 5.1_2)* zusammengefasst. Im Westen begrenzen die → Endmoränenzüge des → Warthe-Stadiums der → Saale-Eiszeit, im Süden das vorwiegend landwirtschaftlich genutzte → Urstromtal der Aller und die niedersächsischen → Lössbörden sowie im Norden das Elbe-Urstromtal das „Ostniedersächsische Tiefland". Im Osten reicht es bis zur Landesgrenze.

Abb. 5.1_1

Abb. 5.1_2

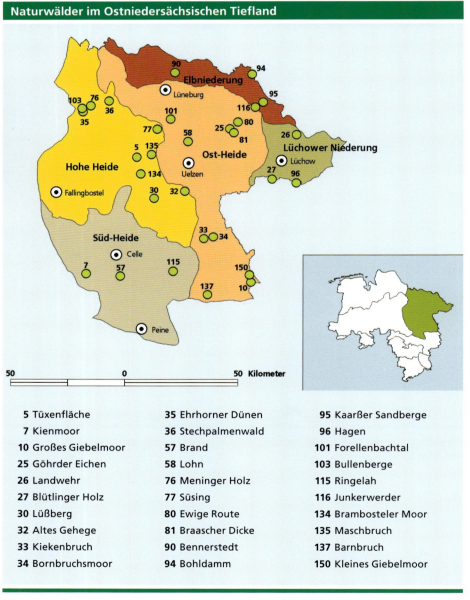

5 Tüxenfläche	35 Ehrhorner Dünen	95 Kaarßer Sandberge
7 Kienmoor	36 Stechpalmenwald	96 Hagen
10 Großes Giebelmoor	57 Brand	101 Forellenbachtal
25 Göhrder Eichen	58 Lohn	103 Bullenberge
26 Landwehr	76 Meninger Holz	115 Ringelah
27 Blütlinger Holz	77 Süsing	116 Junkerwerder
30 Lüßberg	80 Ewige Route	134 Brambosteler Moor
32 Altes Gehege	81 Braascher Dicke	135 Maschbruch
33 Kiekenbruch	90 Bennerstedt	137 Barnbruch
34 Bornbruchsmoor	94 Bohldamm	150 Kleines Giebelmoor

Verteilung der Naturwälder in den Wuchsbezirken des Ostniedersächsischen Tieflandes

Tab. 5.1_1

Klimawerte im Ostniedersächsischen Tiefland					
Wuchsbezirk	Hohe Heide	Südheide	Ostheide	Elb-niederung	Lüchower Niederung
Jahresmittel Lufttemperatur (°C)	8,4	8,9	8,5	8,7	8,6
Jahresmittel Schwankung der Lufttemperatur (°C)	16,6	16,8	16,9	16,8	17,4
Jahresmittel Niederschlag (mm)	761	680	657	637	573
Jahresmittel Niederschlag Mai bis September (mm)	346	322	307	302	279

Aus: Gauer, J. und Aldinger, E., 2005

Klima

Die klimatischen Unterschiede innerhalb des „Ostniedersächsischen Tieflandes" sind erheblich *(Tab. 5.1_1)*. So ist es im nordwestlichen Wuchsbezirk „Hohe Heide" deutlich kühler und feuchter als in den bereits → subkontinental getönten Wuchsbezirken „Elbniederung" und „Lüchower Niederung".

Das Ausgangsmaterial der Bodenbildung stammt überwiegend aus dem letzten Eisvorstoß auf niedersächsischem Gebiet, dem sog. „Warthe-Stadium" der Saale-Vereisung. Dieser hinterließ vor allem unverlehmte → Schmelzwasser- und → Geschiebesande sowie auf geringerer Fläche auch reichere → Geschiebelehme.

Standortsveränderungen

Nach Entwaldung, Beweidung, → Plaggennutzung und Erosion sind daraus die typischen, an → Humus verarmten Heidestandorte hervorgegangen. Die neuzeitlichen Waldverwüstungen haben also zu tief greifenden Veränderungen der ursprünglichen → Standorte geführt. So sind die meisten → Podsole erst durch Einwirkung des Menschen entstanden. Noch bis in die Anfänge des letzten Jahrhunderts bezeugten zahlreiche Sandverwehungen und Binnendünen die Übernutzungen aus der Hochzeit der Heidebauernwirtschaft. Mittlerweile haben sich diese Wunden bis auf wenige Reste wie die „Einemer Düne" bei Ehrhorn durch Wiederbewaldung geschlossen. Neben den saalezeitlich geprägten Bereichen finden sich im Uelzener Becken und in den Harburger Bergen → Sandlössdecken aus der Zeit der → Weichselvereisung. Vorherrschende → Bodentypen sind mäßig bis ziemlich gut nährstoffversorgte Podsol-Braunerden oder → Braunerden, auf reinen Sandstandorten auch arme Podsole.

In den Urstromtälern der Aller und Elbe haben sich Talsande abgesetzt. Durch Überschwemmung und Sedimentation entstandene → Aueböden flankieren die Flussläufe. Moore, vor allem → Niedermoore, kommen gegenwärtig auf vergleichsweise kleiner Fläche vor. Ein bekanntes Beispiel ist das im Südosten des → Wuchsgebietes gelegene Niedermoorgebiet des „Drömlings", das sich auf sachsen-anhaltinischer Seite fortsetzt. In jüngerer Zeit wurde der Wasserstand durch Entwässerungen, Flussbegradigungen und Trinkwassergewinnung abgesenkt. Die Eindeichung der ehemaligen Auwälder begann z. T. schon vor längerer Zeit, wurde aber insbesondere in den letzten Jahrzehnten intensiviert. Mittlerweile gibt es nur noch kleinste Auwaldreste, die weiter der natürlichen Überflutungs- und Sedimentationsdynamik ausgesetzt sind.

Tab. 5.1_2

Aufnahmen und Naturwälder je Standort								
Nährstoff-versorgung	Wasserhaushalt	Naturwald	Fläche (ha)	Anzahl der Aufnahmen				
				PK	KF1	KF2	KF3	KF4
eutroph	stau- und grund-wasserbeeinflusst, Moore und Auen	Blütlinger Holz	84,3	2	4	4	—	—
		Großes Giebelmoor	121,6	1	2	—	—	—
		Bohldamm	84,8	—	—	—	—	—
		Maschbruch	6,6	—	—	—	—	—
		Hagen	65,5	—	—	—	—	—
		Forellenbachtal	37,6	—	—	—	—	—
		Altes Gehege	23,9	2	—	—	—	—
		Brand	14,0	—	2	—	—	—
	sehr frisch bis mäßig frisch	Lohn	37,1	2	4	2	—	—
mesotroph	stau- und grund-wasserbeeinflusst, Moore und Auen	Ringelah	42,9	—	—	—	—	—
		Landwehr	101,4	2	4	3	2	—
		Barnbruch	39,0	—	—	—	—	—
		Kleines Giebelmoor	38,4	—	—	—	—	—
		Kienmoor	16,6	—	—	—	—	—
		Kiekenbruch	5,0	—	—	—	—	—
		Junkerwerder	7,0	—	1	—	—	—
		Bennerstedt	29,9	—	—	—	—	—
	sehr frisch bis mäßig frisch	Lüßberg	29,1	2	3	2	—	—
		Süsing	64,5	1	1	—	—	—
		Meninger Holz	68,3	2	3	1	—	—
		Ewige Route	41,0	—	—	—	—	—
		Göhrder Eichen	2,0	—	—	3	—	—
		Braascher Dicke	47,5	—	—	—	—	—
		Stechpalmenwald	5,5	—	3	—	—	—
	trockener	Ehrhorner Dünen	71,7	2	4	4	1	3
		Bullenberge	83,9	1	—	—	—	—
oligotroph	stau- und grund-wasserbeeinflusst	Bornbruchsmoor	11,0	—	2	2	—	—
		Brambosteler Moor	11,9	—	—	—	—	—
	trockener	Kaarßer Sandberge	83,8	1	1	1	—	—
		Tüxenfläche	12,1	1	4	—	—	—

Verteilung der Naturwälder auf die unterschiedlichen Standorte im Ostniedersächsischen Tiefland sowie die bisher vorliegenden waldkundlichen Aufnahmen

Standortsrepräsentanz

Die auf großer Fläche vorkommenden → frischen Standorte mit einer → meso-trophen Nährstoffversorgung werden durch insgesamt 6 Naturwälder gut reprä-sentiert *(Tab. 5.1_2)*. Ein weiterer Schwerpunkt liegt mit 5 Gebieten auf den trockeneren Sandstandorten. Daneben sind verhältnismäßig viele Naturwälder auf → stau- und → grundwasserbeeinflussten Böden bzw. im Moor- und Auen-bereich ausgewiesen worden. Da es schwierig war, in diesem Standortsbereich naturnahe Wälder zu finden, ist die mittlere Flächengröße hier vergleichsweise gering. Insbesondere die kleineren Flächen wurden der Forschungsintensitäts-stufe 3 zugeordnet.

Gegenwärtig beherrschen Kiefernbestände das Waldbild im „Ostnieder-sächsischen Tiefland". Im Kontrast hierzu stellen Buchenwälder basenarmer

Standorte, die so genannten Drahtschmielen-Buchenwälder, auf großer Fläche die → potenzielle natürliche Vegetation *(Abb. 5.1_3)*. Charakteristisch ist zudem der hohe Anteil an Eichen- und Buchenmischwäldern, gefolgt von Buchenwäldern auf mesotrophen Standorten (Flattergras- und Waldmeister-Buchenwälder). Breite Auenwaldstreifen würden natürlicherweise die Täler von Elbe und Aller begleiten. Feucht- und Moorwälder sowie → Hochmoore kämen nur stellenweise großflächig zur Ausbildung.

Aktuelle Bewaldung

Abb. 5.1_3

Potenzielle natürliche Vegetation im Ostniedersächsischen Tiefland

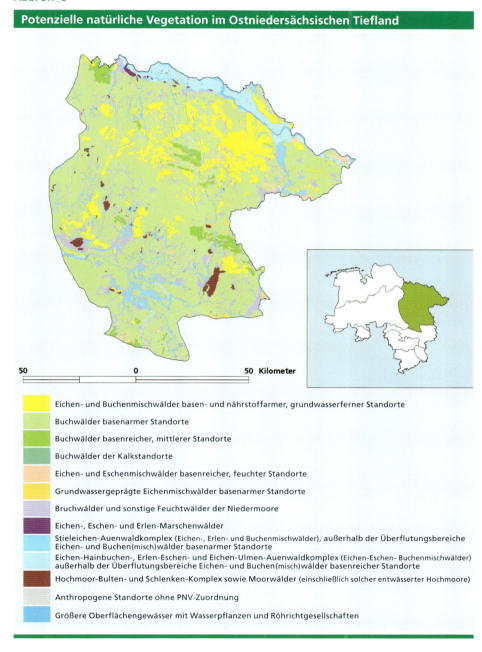

50   0   50 Kilometer

Eichen- und Buchenmischwälder basen- und nährstoffarmer, grundwasserferner Standorte

Buchwälder basenarmer Standorte

Buchwälder basenreicher, mittlerer Standorte

Buchwälder der Kalkstandorte

Eichen- und Eschenmischwälder basenreicher, feuchter Standorte

Grundwassergeprägte Eichenmischwälder basenarmer Standorte

Bruchwälder und sonstige Feuchtwälder der Niedermoore

Eichen-, Eschen- und Erlen-Marschenwälder

Stieleichen-Auenwaldkomplex (Eichen-, Erlen- und Buchenmischwälder), außerhalb der Überflutungsbereiche Eichen- und Buchen(misch)wälder basenarmer Standorte

Eichen-Hainbuchen-, Erlen-Eschen- und Eichen-Ulmen-Auenwaldkomplex (Eichen-Eschen- Buchenmischwälder) außerhalb der Überflutungsbereiche Eichen- und Buchen(misch)wälder basenreicher Standorte

Hochmoor-Bulten- und Schlenken-Komplex sowie Moorwälder (einschließlich solcher entwässerter Hochmoore)

Anthropogene Standorte ohne PNV-Zuordnung

Größere Oberflächengewässer mit Wasserpflanzen und Röhrichtgesellschaften

Kiefern- und Kiefernmischwälder

Kaarßer Sandberge – Ein Meer aus Kiefern

Lage und Größe des Naturwaldes

Die Elbniederung zwischen Lenzen und Boizenburg wird im Nordosten durch einen lang gestreckten, bis über 20 Meter hohen Dünenzug, den sog. Carrenziener Forst, begrenzt. Zusammen mit der Gemeinde Amt Neuhaus kam er erst 1993 von Mecklenburg-Vorpommern zu Niedersachsen. Das gesamte Gebiet ist seit dem Jahr 2002 Bestandteil des Biosphärenreservates „Niedersächsische Elbtalaue". In seiner Mitte liegt der knapp 84 ha große Naturwald Kaarßer Sandberge. Mit dem Ausweisungsjahr 1996 ist er einer der „jüngsten" Naturwälder Niedersachsens.

Trockene, arme Dünensande

Ein kleinräumiges Relief prägt das Erscheinungsbild der Kaarßer Sandberge. Trockene Dünenkuppen wechseln mit feuchteren Dünentälern ab. In den Tälchen haben die Bäume z. T. sogar Anschluss an das Grundwasser. Überwiegend sind die → Standortsverhältnisse aber durch trockene, nährstoffarme Sande geprägt, die im Ausgang der → Weichsel-Eiszeit aus dem Elbe-→ Urstromtal aufgeweht wurden. Als → Bodentypen überwiegen → Podsole. Verhältnismäßig geringe Jahresniederschläge sowie häufige Trockenperioden im Frühjahr und Sommer kennzeichnen die klimatischen Verhältnisse.

Abb. 5.1.1.1_1

TK25 Kaarßer Sandberge

0   500   1000 Meter   *LGN*

Abb. 5.1.1.1_2

Übernutzung und Wiederaufforstung

Wie viele andere Wälder Norddeutschlands haben auch die Kaarßer Sandberge eine wechselvolle und sehr bewegte Geschichte durchlebt *(Tab. 5.1.1.1_1)*. Jahrhunderte lang waren sie allenfalls locker mit Laubwald bestockt bzw. in Ortsnähe vollkommen waldfrei. Exzessive Holznutzungen, vor allem für die Saline in Lüneburg, der Verbiss durch die eingetriebenen Schafe sowie → Streu- und → Plaggennutzung führten zur Entstehung großer offener Sandflächen. Um das Verwehen des Sandes zu unterbinden, wurde ab der Mitte des 18. Jh. versucht, den Carrenziener Dünenzug vorwiegend mit Kiefer aufzuforsten. Letztendlich erfolgreich war dieses Unterfangen jedoch erst im 19. Jh. Zug um Zug wurden schließlich die Wanderdünen festgelegt und auf großer Fläche durch gleichaltrige Kiefernreinbestände ersetzt. Die Streunutzung wurde allerdings erst nach dem Zweiten Weltkrieg vollständig aufgegeben. Bis heute zeugt ein südwestlich an den Naturwald grenzender Sandmagerrasen mit z. T. sogar gänzlich vegetationsfreien Bereichen von der „bewegten" Geschichte der Kaarßer Sandberge *(Abb. 5.1.1.1_3)*.

Tab. 5.1.1.1_1

Chronik des Naturwaldes Kaarßer Sandberge

— **16. Jh.**: Der Carrenziener Dünenrücken ist durch offene Sandflächen geprägt. In den Randbereichen gehen die Dünen in Heideflächen mit Eichen- und z. T. Buchen-Grenzbäumen über

— **1678**: „Santberge", „worin noch eine ziemliche Anzahl Eichenstubben" vorhanden sind

— **1670 und 1702**: Verordnungen zum Anpflanzen von Nadelholz auf flüchtigen Sanden im Carrenziener Forst

— **ab 1720**: Einfuhr von Kiefernsaat aus Thüringen und dessen Ausbringung auf den Dünen

— **ab 1749**: Beginn kleinerer Aufforstungsmaßnahmen im Amt Neuhaus. Bemühungen zur Sandfestlegung: Einzäunen der Sandschellen mit Flechtzäunen, Abdecken mit Heideplaggen und Reisig oder Anpflanzungen von Gräsern (Strandroggen, Strandhafer)

— **ab 1760**: Dünenzüge in der Region werden mit Kiefer aufgeforstet, teilweise durch Zapfensaat. Exzessive Holznutzungen, Schafweide und Streunutzung führen zu einer erneuten Dynamik bereits festgelegter Dünen. Bestehende Humushorizonte wurden im Carrenziener Forst wieder mit Sand überdeckt

— **1776**: Das Gebiet „In den Caarßer Sandbergen" ist im östlichen Teil locker mit Laubbäumen bewachsen, im westlichen Teil (Ortsnähe Caarßen) unbestockt

— **1782**: Die Dorfschaft Zeetze-Gutitz (nördl. des heutigen Naturwaldes) klagt über verwehtes Ackerland

— **ab 1820**: Planmäßig organisierte große Aufforstungen durch die Hannoversche Forstverwaltung im Amt Neuhaus. Grundherren beginnen mit Kultivierungen, Bauern folgen. Im Carrenziener Forst: Einfuhr von Kiefernsaat aus Thüringen. In den Kiefernkulturen werden „Windcoupierzäune" errichtet und Deckreisig ausgelegt, deren Entfernung mit Geldstrafen oder mit 6 Wochen Gefängnis geahndet wird

— **Ende 19. Jh.**: Schäden haben sich noch nicht wesentlich verringert

— **20. Jh.**: Weitere Aufforstungen (Höhepunkt 1950er Jahre) führen zu großflächigen Kiefernforsten

— **1976–1978**: Dreimalige Düngung des Carrenziener Forstes mit Harnstoff (200 kg/ha) aus der Luft. Wegen deutlicher Vegetationsveränderungen (Zunahme konkurrenzstarker Gräser, Rückgang des Pfifferlings) wurde die Düngung 1978 zum letzten Mal ausgeführt

— **1995**: Letzter forstlicher Eingriff im heutigen Naturwald

— **1997**: Dauerhafte Sicherung als Naturwald

— **1998–2000**: Massenvermehrung des Kiefernspanners, der 1998 die Altkiefern im Naturwald vollständig kahl frisst; Folgebefall durch Blauen Kiefernprachtkäfer, Großen und Kleinen Waldgärtner

— **2002**: Ausweisung des Biosphärenreservates „Niedersächsische Elbtalaue" unter Einschluss der Kaarßer Sandberge

Abb. 5.1.1.1_3

Sandmagerrasen südwestlich vom Naturwald Kaarßer Sandberge

Abb. 5.1.1.1_4

Naturwald Kaarßer Sandberge: Die stark gefährdeten Flechtenarten *Cladonia rangifera* (oben) und *Cetraria islandica* (unten)

Seltener Flechten-Kiefernwald

Eine Besonderheit zeichnet die Kaarßer Sandberge gegenüber allen anderen Naturwäldern Niedersachsens aus: Wie die Kartierungen von H. J. Kelm aus dem Jahr 1994 sowie von P. Fischer, B. Günzl und G. Waesch aus dem Jahr 2005 ergeben, kommt hier der seltene Flechten-Kiefernwald noch auf einer vergleichsweise großen Fläche von rund 14 Hektar vor. Den größten Teil des Naturwaldes bedeckt allerdings gegenwärtig der Weißmoos-Kiefernwald *(Abb. 5.1.1.1_5)*. Von 1994 bis 2005 haben sich die Grenzen der einzelnen Biotoptypen kaum verändert. Auffällig ist allerdings eine starke Zunahme der → Drahtschmiele. Die Ausbreitung der Drahtschmiele ist nach Aussagen des ehemaligen Revierleiters bereits seit Beginn der 1980er Jahre zu beobachten. Offensichtlich wird diese Entwicklung durch Stickstoffeinträge aus der Umgebung begünstigt.

Der Flechten-Kiefernwald in den Kaarßer Sandbergen zeichnet sich durch das Vorkommen von 4 gefährdeten und 3 niedersachsen- und bundesweit stark gefährdeten Flechtenarten aus *(Abb. 5.1.1.1_4)*. Durch die starke Zunahme der Drahtschmiele sind insbesondere diese sehr seltenen Flechtenarten akut in ihrem Bestand bedroht, da sie z.T. wenig konkurrenzkräftig gegenüber höheren Pflanzen sind.

Die Kaarßer Sandberge sind ein reines Kiefernwaldgebiet, in das Laubbaumarten nur sehr spärlich eingestreut sind. Die überwiegend einschichtigen
Bestände wurden fast ausschließlich gepflanzt. Sie weisen eine Altersspanne von
20 bis 120 Jahren mit einem deutlichen Schwergewicht auf dem Altersbereich ab
60 Jahren auf *(Abb. 5.1.1.1_6)*.

Zwei Jahre nach der Naturwaldausweisung kam es in den Kaarßer Sandbergen
zu einer Massenvermehrung des Kiefernspanners. Die Raupen dieses Schmetter-
lings fraßen 1998 große Teile des Naturwaldes vollständig kahl. Erst zwei Jahre
später brach die Massenvermehrung zusammen. Folgebesiedler wie der Blaue
Kiefernprachtkäfer sowie die beiden Borkenkäferarten Großer und Kleiner
Waldgärtner haben die Kiefern weiter geschwächt. Dennoch hat der größte
Teil des Waldbestandes den Befall bis zum Frühjahr 2000 überlebt. So ergibt die
Naturwaldaufnahme nur einen Anteil von rund 5 % stehenden toten Kiefern
(Tab. 5.1.1.1_2).

*Kahlfraß durch
den Kiefernspanner*

Abb. 5.1.1.1_5

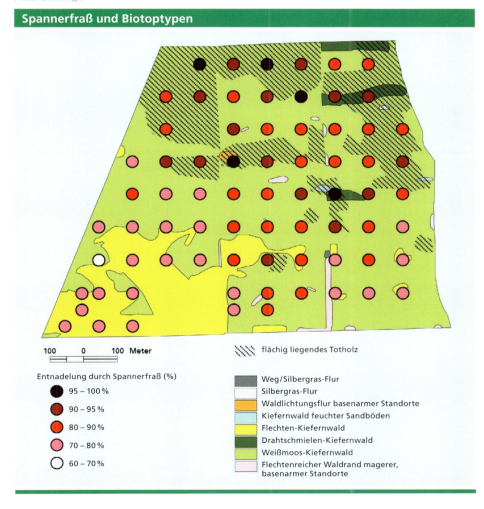

Spannerfraß und Biotoptypen

100   0   100 Meter

░░░ flächig liegendes Totholz

Entnadelung durch Spannerfraß (%)
- ● 95 – 100 %
- ● 90 – 95 %
- ● 80 – 90 %
- ● 70 – 80 %
- ○ 60 – 70 %

- Weg/Silbergras-Flur
- Silbergras-Flur
- Waldlichtungsflur basenarmer Standorte
- Kiefernwald feuchter Sandböden
- Flechten-Kiefernwald
- Drahtschmielen-Kiefernwald
- Weißmoos-Kiefernwald
- Flechtenreicher Waldrand magerer, basenarmer Standorte

Abb. 5.1.1.1_6

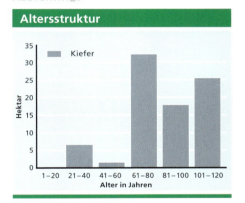

Altersstruktur

Naturwald Kaarßer Sandberge: Altersstruktur nach Baumartengruppen (Forsteinrichtung 2000)

Die Absterberaten variieren allerdings von Bestand zu Bestand erheblich. So sind insbesondere im nördlichen Teil des Naturwaldes bis zum Jahr 2002 20 % bis 40 % der Kiefern ausgefallen. Das Befallsmuster hängt offenbar entscheidend von der Wasser- und Nährstoffversorgung ab. Während die Bäume in den besser versorgten Dünentälchen am stärksten entnadelt sind, weisen die Kiefern auf den Dünenkuppen kaum Befall auf *(Abb. 5.1.1.1_7)*. Über den ganzen Naturwald betrachtet, konzentrieren sich die Schäden auf die Teilflächen des Weißmoos-Kiefernwaldes *(Abb. 5.1.1.1_5)*. Der an Nährstoffen deutlich ärmere und auch trockenere Flechten-Kiefernwald wurde hingegen erheblich weniger stark befallen.

Arme Standorte mit geringem Befall

Abb. 5.1.1.1_7

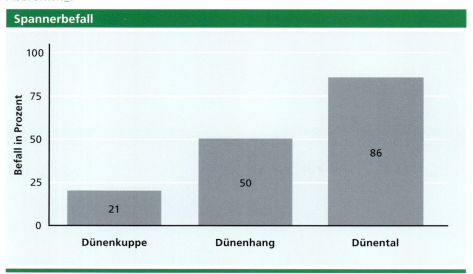

Unterschiedlicher Kiefernspannerbefall im Weißmoos-Kiefernwald der Kaarßer Sandberge

Eine vergleichsweise hohe Baumzahl und ein geringer → Derbholzvorrat sind charakteristisch für die Waldbestände im Naturwald *(Tab. 5.1.1.1_2)*. Als Folge des Kiefernspannerbefalls liegt der → Totholzanteil bereits bei durchschnittlich 9 m³ je Hektar. Während im Jahr 2000 nur stehendes Totholz vorhanden war, fielen bei der Biotopkartierung im Jahr 2005 umfangreiche Flächen mit liegendem Totholz auf *(Abb. 5.1.1.1_5)*. Die durch den Kiefernspanner und/oder die Folgebesiedler abgetöteten Kiefern sind offenbar in wenigen Jahren umgestürzt.

Totholzflächen

Auch in der → Verjüngungsschicht dominiert die Kiefer *(Tab. 5.1.1.1_3)*. Mit geringen Anteilen sind Eiche, Sandbirke und Eberesche vertreten. Immerhin findet sich → Naturverjüngung auf mehr als der Hälfte aller Probekreise. Diese erreicht allerdings bislang selten Höhen über 0,5 m, ein deutlicher Hinweis auf starken Wildverbiss.

Verjüngung (fast) ohne Laubholz

Tab. 5.1.1.1_2

Strukturdaten						
Baumart	**Stehend**				**Liegend**	**Totholz**
	lebend			**tot**	**tot**	**gesamt**
	Stammzahl [N/ha]	Grundfläche [m²/ha]	Volumen [m³/ha]	Stammzahl [N/ha]	Volumen [m³/ha]*	Volumen [m³/ha]*
Kiefer	692	24,0	191	32	—	9
Sonstige	2	0,1	0	—	—	—
Summe	694	24,1	192	32	—	9

* = Derbholzvolumen aller stehenden Objekte mit einem BHD ≥ 7 cm und aller liegenden Objekte mit einem Durchmesser am stärksten Ende ≥ 20 cm. Nähere allgemeine Erläuterungen siehe Anhang

Naturwald Kaarßer Sandberge: Ergebnisse der Probekreisaufnahmen für den Derbholzbestand (2000)

Die Tatsache einer bisher nur sehr spärlichen Laubholzverjüngung wirft die Frage auf, in welche Richtung die ungelenkte Wald- → Sukzession in den Kaarßer Sandbergen zukünftig laufen wird. Die Störungsflächen bieten schon jetzt Ansatzpunkte für die Ansamung und Entwicklung einer neuen Waldgeneration. Welche Rolle die Laubbaumarten darin spielen, wird nicht unwesentlich vom Wildverbiss abhängen. Möglicherweise gelingt es unter den gegenwärtigen Bedingungen auch der Kiefer, sich weiterhin in den Kaarßer Sandbergen zu behaupten.

Tab. 5.1.1.1_3

Naturverjüngung				
Baumart	**Höhenklasse**			**Summe**
	< 0,5 m [N/ha]	≥ 0,5–2 m [N/ha]	> 2,0 m [N/ha]	[N/ha]
Eiche	93	0	0	93
Kiefer	2 707	10	132	2 849
Sonstige	33	1	0	33
Summe	2 833	11	132	2 976

Nähere allgemeine Erläuterungen siehe Anhang

Naturwald Kaarßer Sandberge: Ergebnisse der Probekreisaufnahmen für die Naturverjüngung (2000)

Bullenberge – Beginnende Sukzession

Unweit des Wilseder Berges, des markanten Wahrzeichens des Naturschutzgebietes „Lüneburger Heide", befinden sich drei nahe beieinander liegende Kiefern-Naturwälder: die Bullenberge, die Ehrhorner Dünen und das Meninger Holz.

Drei Naturwälder um den Wilseder Berg

Steigungsregen am Wilseder Berg führt hier zur Ausbildung eines vergleichsweise kühl-humiden „kleinen Berglandklimas". So wurde in unmittelbarer Nähe der Naturwälder Bullenberge und Ehrhorner Dünen ein durchschnittlicher Jahresniederschlag von 854 mm ermittelt (Zeitraum: 1956 bis 2001).

Abb. 5.1.1.2_1

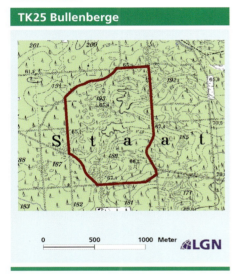

TK25 Bullenberge

0   500   1000 Meter   LGN

Abb. 5.1.1.2_2

Die knapp 84 Hektar großen Bullenberge liegen ca. 4,5 km nordwestlich des Wilseder Berges in einem geschlossenen Waldgebiet *(Abb. 5.1.1.2_1)*. Unterschiedlich mächtige Deckschichten aus ➔ Flugsand geben dem Gelände ein teilweise stark welliges Erscheinungsbild. Unter dem Flugsand befinden sich ➔ Geschiebesande oder -lehme. Den größten Flächenanteil nehmen mäßig ➔ frische und mäßig ➔ sommertrockene ➔ Standorte ein, die überwiegend eine ➔ oligotrophe bis ➔ mesotrophe Nährstoffversorgung aufweisen.

Deckschicht aus Flugsand

Das gegenwärtig durch 100–120 Jahre alte Kiefern geprägte Waldbild ist aus den Heideaufforstungen in der zweiten Hälfte des 19. Jh. hervorgegangen *(Tab. 5.1.1.2_1* und *Abb. 5.1.1.2_3)*. Die ältesten Bäume stammen also aus der ersten Waldgeneration. In der Zeit davor waren die Bullenberge ein reines Heide- und Sandgebiet, wie dies die ➔ Kurhannoversche Landesaufnahme aus dem Jahr 1776 zeigt *(Abb. 5.1.1.2_4)*.

Tab. 5.1.1.2_1

Chronik des Naturwaldes Bullenberge

— **1776**: Nach der Kurhannoverschen Landesaufnahme bestehen die Bullenberge ausschließlich aus Heideflächen und Sandwehen (Heidhügel)

— **1850**: Der Waldanteil im NSG Lüneburger Heide beträgt 3 %

— **1860**: Planmäßige Aufforstungen der Heide im Bereich des Forstamtes Sellhorn setzen in großem Stil ein (mit bis zu 150 Hektar Aufforstungsfläche je Jahr)

— **1897**: Die Bullenberge sind mit 3- bis 20-jährigen Kieferndickungen aus Pflanzung und Anflug bestockt

— **Ende 19. Jh.**: Heideaufforstungen im Bereich des Forstamtes Sellhorn weitgehend abgeschlossen

— **1911**: Gründung des Naturschutzparkes „Lüneburger Heide"

— **1921**: Ausweisung des Naturschutzgebietes „Lüneburger Heide"

— **1992**: Ausweisung der Bullenberge als Naturwald

— **1993**: Erneuerung der Naturschutzgebietsverordnung „Lüneburger Heide"

Aus Gründen der Übersichtlichkeit wird in der Darstellung der Altersstruktur *(Abb. 5.1.1.2_3)* nur der sog. → Hauptbestand dargestellt. In den Bullenbergen hat sich allerdings besonders im Süden ein flächendeckender Unter- und Zwischenstand herausgebildet. Natürlich angesamte Birken und vom Menschen eingebrachte Fichten spielen in diesen → Bestandesschichten die Hauptrolle. Dies spiegeln auch die Strukturdaten des → Derbholzbestandes wider *(Tab. 5.1.1.2_2)*.

Mischbaumarten im Unter- und Zwischenstand

Abb. 5.1.1.2_4

Historisches Landschaftsbild

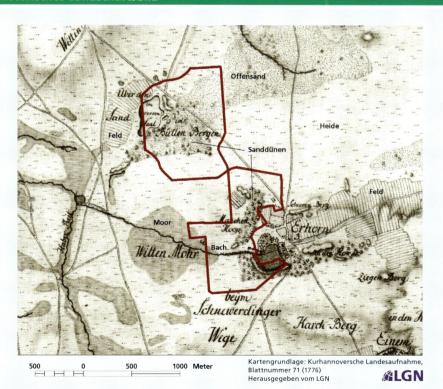

Kartengrundlage: Kurhannoversche Landesaufnahme, Blattnummer 71 (1776)
Herausgegeben vom LGN

Landschaftsbild im Bereich der heutigen Naturwälder Bullenberge (nördliche Fläche) und Ehrhorner Dünen (südliche Fläche) um 1776

Abb. 5.1.1.2_3

Altersstruktur

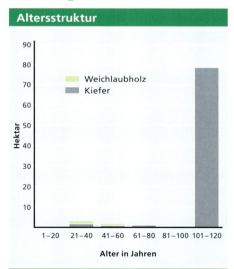

Naturwald Bullenberge: Altersstruktur nach Baumartengruppen (Forsteinrichtung 1998)

Tab. 5.1.1.2_2

Strukturdaten				
Baumart	Stehender lebender Bestand			Totholz gesamt
	Stammzahl [N/ha]	Grundfläche [m²/ha]	Volumen [m³/ha]	Volumen [m³/ha]*
Kiefer	300	23,7	240	1
Birke	63	0,7	4	—
Fichte	12	0,3	1	—
Sonstige	1	0,1	2	—
Summe	375	24,8	247	1

* Derbholzvolumen ab einem Durchmesser ≥ 30 cm. Nähere allgemeine Erläuterungen siehe Anhang

Naturwald Bullenberge: Ergebnisse der Probekreisaufnahmen für den Derbholzbestand (1998)

Während Birke und Fichte bereits nennenswerte Stammzahlanteile einnehmen, liegt ihr → Grundflächen- und → Vorratsanteil noch auf einem recht geringen Niveau, da es sich vorwiegend um nachwachsende jüngere Bäume handelt. Stärkeres → Totholz war bei der letzten Inventur aus dem Jahr 1998 kaum vorhanden.

In der → Verjüngungsschicht finden sich neben natürlich angesamten Kiefern, Birken, Ebereschen und Fichten auch einige Buchen und Eichen *(Tab. 5.1.1.2_3)*. Zum Teil stammen die letztgenannten Baumarten aus → Naturverjüngung, zum Teil wurden sie aber auch vor der Naturwaldausweisung gepflanzt.

Tab. 5.1.1.2_3

Naturverjüngung				
Baumart	Höhenklasse			Summe
	<0,5 m [N/ha]	0,5–1,3 m [N/ha]	>1,3 m [N/ha]	[N/ha]
Kiefer	26	229	660	915
Eberesche	173	168	13	354
Birke	78	13	147	237
Eiche	99	22	39	160
Buche	4	0	73	78
Fichte	22	0	47	69
Summe	401	431	979	1812

Nähere allgemeine Erläuterungen siehe Anhang

Naturwald Bullenberge: Ergebnisse der Probekreisaufnahmen für die Naturverjüngung (1998)

Die Kiefer stellt zwar rund 2/3 der Jungpflanzen über 1,3 m Höhe, ist jedoch in der Schicht unter 0,5 m Höhe nur in erheblich geringeren Anteilen vertreten. Offenbar etabliert sie sich weniger erfolgreich als Eberesche und Birke. Größere Jungpflanzen der Buche sind in nennenswerter Zahl aus Pflanzung vorhanden. Wie die geringe Pflanzenzahl in der untersten Höhenklasse zeigt, findet sich aber kaum neu angekommene Naturverjüngung.

Abb. 5.1.1.2_5

Baumartenverteilung

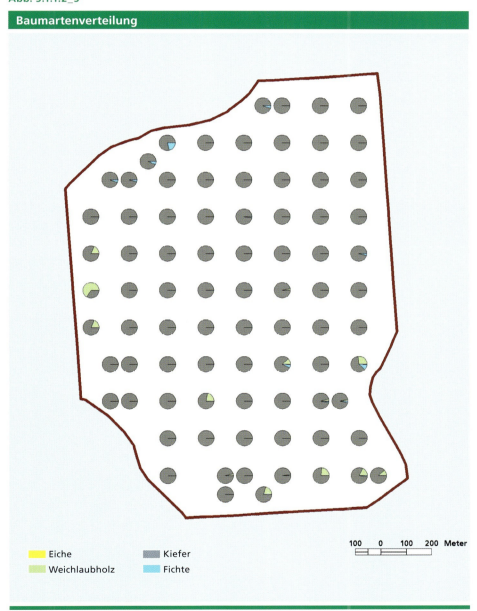

Eiche
Weichlaubholz
Kiefer
Fichte

100 0 100 200 Meter

Naturwald Bullenberge: Baumartenverteilung in den Probekreisen (1998)

Ehrhorner Dünen – Von der Wüste zum Wald

Abb. 5.1.1.3_1

Abb. 5.1.1.3_1

TK25 Ehrhorner Dünen

0   500   1000 Meter *LGN

In der Dreiergruppe der Naturwälder um den Wilseder Berg sind die Ehrhorner Dünen das älteste und am intensivsten untersuchte Reservat. Es liegt unmittelbar südöstlich der Bullenberge und umfasst heute eine Fläche von rund 71 Hektar. Die L 211 zerschneidet die Ehrhorner Dünen in eine nördliche und eine südliche Teilfläche. In Letzterer befindet sich der Quellbereich der Este *(Abb. 5.1.1.3_1)*.

Die Ehrhorner Dünen zeichnen sich durch eine bemerkenswert große standörtliche Vielfalt mit bis zu 8 m hohen Binnendünen aus. Die ursprünglich aus der → warthestadialen → Endmoräne gebildeten Böden sind auf rund 3/4 der gesamten Fläche unter meterdicken → Flugsandschichten verschüttet worden. Innerhalb des sehr bewegten Kleinreliefs wechseln ärmere und trockenere Dünenkuppen mit → frischen, → mesotrophen → Geschiebelehm- oder → Geschiebedecksand-Standorten in den Dünentälchen ab. Mäßig frische und mäßig → sommertrockene → Standorte machen mit ca. 60 % den größten Flächenanteil aus. Mit K. Kohls und F. Griese können die folgenden drei Standortstypen in den Ehrhorner Dünen unterschieden werden:

1. Dünenstandorte und → Ausblasungsmulden mit nährstoffarmen, grundwasserfernen, mäßig sommertrockenen, unverlehmten Sanden ohne ursprüngliches → Humusprofil,
2. Grundwasserferne Sandstandorte mit höherem Lehmanteil und mehr oder weniger erhaltenem Humusprofil,
3. Grundwassernahe Sandstandorte mit höherem Lehmanteil und mehr oder weniger erhaltenem Humusprofil (ausschließlich im südlichen Teil der Ehrhorner Dünen).

Abb. 5.1.1.3_2

Die Ehrhorner Dünen sind ein eindrucksvolles Beispiel für die Entwicklung von der „Wüste zum Wald" in der Lüneburger Heide. Die → Kurhannoversche Landesaufnahme zeigt, dass das heutige Naturwaldgebiet im 18. Jh. vollkommen waldfrei war *(Abb. 5.1.1.2_4)*. Nur im Dorf Ehrhorn gab es alte Buchen- und Eichen-Hofbäume, die wahrscheinlich die letzten Reste der ursprünglichen Bestockung waren. Durch die starke Übernutzung waren Heideflächen und Dünen entstanden, deren Sand die Ortschaft Ehrhorn zu verschütten drohte *(Tab. 5.1.1.3_1)*.

Dünensand bedrohte Ehrhorn

Immer wieder hatte man erfolglos versucht, das große Dünengebiet zum Schutz des Dorfes und seiner östlich gelegenen Ackerfluren mit Buschwerk und Heide-→ plaggen festzulegen. Schließlich gelang es in der ersten Hälfte des 19. Jh., den Wehsand der Ehrhorner Dünen durch die Aufforstung mit Kiefern endgültig zu binden. Demnach ist der Naturwald aus den ersten Dünenaufforstungen im Bereich des Forstamtes Sellhorn hervorgegangen, während der größte Teil der übrigen Flächen, einschließlich der Bullenberge, einige Jahrzehnte später aufgeforstet wurde. Die Ehrhorner Dünen wurden als einer der ersten Dünenschutzwälder immer recht zurückhaltend → plenterartig bewirtschaftet.

Tab. 5.1.1.3_1

Chronik des Naturwaldes Ehrhorner Dünen

— **1553**: Die ausgedehnten Sandfelder der „Ehrhorner Dünen" legen einen der Kirche zu Bispingen zehntpflichtigen Hof wüst

— **1649**: „Ehrhornhorst" wird zum Schutz von Ehrhorn und seiner östlich gelegenen Ackerfluren zuerst mit Buschwerk und Heideplaggen, nachfolgend durch Aufforstung festgelegt

— **1776**: Nach der Kurhannoverschen Landesaufnahme bestehen die Ehrhorner Dünen überwiegend aus Heideflächen und Sandwehen (Heidhügel)

— **1835**: Eine Sandwehe bedroht das Dorf Ehrhorn aus westlicher Richtung

— **1836–1867**: Bepflanzungen der Ehrhorner Dünen mit Kiefern und „Tannen" (= Fichten) sowie Deckung mit Plaggen

— **1840**: Von den Dünen bei Ehrhorn geht keine Gefahr mehr aus

— **1850**: Der Waldanteil im NSG Lüneburger Heide beträgt 3 %

— **1860**: Planmäßige Aufforstungen der Heide im Bereich des Forstamtes Sellhorn setzt in großem Stil ein

— **Ende 19. Jh.**: Heideaufforstungen im Bereich des Forstamtes Sellhorn weitgehend abgeschlossen

— **1911**: Gründung des Naturschutzparkes „Lüneburger Heide"

— **1921**: Ausweisung des Naturschutzgebietes „Lüneburger Heide"

— **1972**: Ausweisung der Ehrhorner Dünen als Naturwaldreservat auf einer Fläche von 30,4 Hektar

— **1976**: 1. Flächenerweiterung auf ca. 45 Hektar

— **1988**: 2. Flächenerweiterung

— **1993**: Erneuerung der Naturschutzgebietsverordnung „Lüneburger Heide"

— **1997**: 3. Flächenerweiterung und -arrondierung, Flächengröße 71,1 Hektar

Vegetationskundliche und floristische Kartierung

K. Kohls führte im Sommer des Jahres 1989 eine vegetationskundliche und floristische Kartierung der Ehrhorner Dünen durch. Nach seinen Ergebnissen kommen drei großflächig verbreitete → Waldgesellschaften vor: der Weißmoos-Kiefernwald, die Drahtschmielen-Kiefern-Gesellschaft und der Eichen-Birkenwald. Vielfältige Übergänge zwischen diesen Grundtypen und kleinflächig ausgeprägte weitere Pflanzengesellschaften wie ein Birken-Erlenbruch, ein Birkenwald südlich der Straße, Fichten-→ Stangenhölzer und der Rest eines Sandtrockenrasens lassen ein reich gegliedertes Vegetationsmosaik entstehen. Im Zuge der Flächenabrundung 1997 sind weitere Fichten-Stangenhölzer und auch jüngere Kiefernbestände hinzugekommen.

Nach wie vor prägt die Baumart Kiefer das Erscheinungsbild der Ehrhorner Dünen *(Abb. 5.1.1.3_3)*. Die Altersstruktur *(Abb. 5.1.1.3_4)* lässt verschiedene Kiefern-generationen, von den Altkiefern aus der Zeit der Dünenfestlegung bis hin zu mittelalten und jungen Bäumen, erkennen. Vermutlich hat sich ein gewisser Teil dieser Nachfolgegeneration natürlich angesamt.

Abb. 5.1.1.3_4

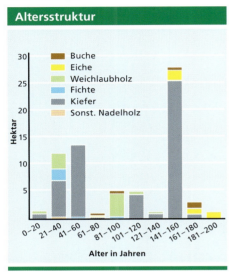

Naturwald Ehrhorner Dünen: Altersstruktur nach Baumartengruppen (1998)

Abb. 5.1.1.3_3

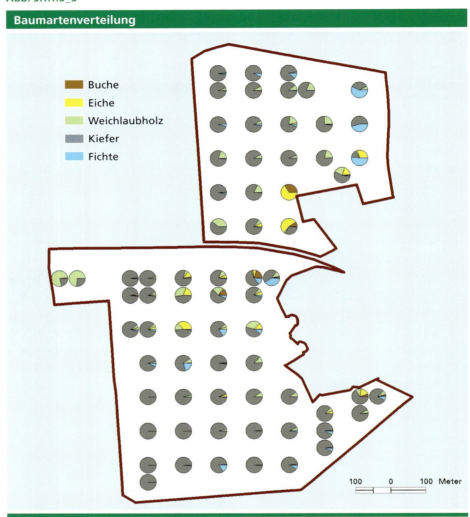

Naturwald Ehrhorner Dünen: Baumartenverteilung in den Probekreisen (2000)

Die Kiefern tragen zwar auf der einen Seite den größten Teil der ➔ Vorrats-zunahme, sie fallen jedoch auf der anderen Seite vermehrt aus *(Tab. 5.1.1.3_2)*. Dies dürfte mit ihrer erheblichen Altersspreitung zusammenhängen. Während die jüngeren Teile der Kiefernpopulation noch einen nennenswerten Zuwachs leisten, sterben ältere Kiefern infolge natürlicher Alterung ab. Der ➔ Totholzanteil hat sich hierdurch deutlich erhöht. Die hohe Stammzahlzunahme um 93 Bäume je Hektar in 10 Jahren geht vor allem auf ➔ Einwuchs von Birken, Eichen und Fichten zurück. Junge Kiefern können sich nicht mehr im ➔ Derbholzbestand etablieren. Die Buche spielt im Altbestand nach wie vor eine geringe Rolle. Allerdings verdeut-lichen einige gepflanzte Altbuchen im südlichen Teil der Ehrhorner Dünen die Wuchs-potenz dieser Baumart selbst auf den hier vorhandenen armen Sandstandorten.

Untersuchungen zur Verbreitung von Buchenjungpflanzen weisen in die gleiche Richtung. So stellt F. Griese im Rahmen einer detaillierten ➔ Verjün-gungsaufnahme fest, dass Buchen bereits auf mehr als 70 % aller Probekreise

Noch prägt Kiefer das Erscheinungsbild

Tab. 5.1.1.3_2

Strukturdaten							
Baumart	Aufnahme-jahr und Differenz	Stehend				Liegend Tot	Totholz gesamt
		Lebend			Tot		
		Stammzahl [N/ha]	Grundfläche [m²/ha]	Volumen [m³/ha]	Stammzahl [N/ha]	Volumen [m³/ha]*	Volumen [m³/ha]*
Kiefer	1998	281	23,2	256	19	6	14
	Diff.	−11	+3,3	+64	+13	+2	+4
Birke	1998	132	2,4	18	4	1	2
	Diff.	+25	+0,5	+3	+2	0	−1
Stieleiche	1998	72	2,3	25	2	0	1
	Diff.	+35	+0,6	+6	+2	0	0
Fichte	1998	77	1,6	12	0	0	0
	Diff.	+37	+0,8	+7	0	0	0
Rotbuche	1998	7	0,6	7	0	1	3
	Diff.	+2	+0,1	0	0	+1	+3
Eberesche	1998	17	0,2	1	1	0	0
	Diff.	+1	+0,0	0	+1	0	0
Sonstige	1998	15	0,2	2	0	0	0
	Diff.	+3	+0,1	0	0	0	0
Summe	**1998**	**601**	**30,5**	**320**	**27**	**9**	**20**
	Diff.	**+93**	**+5,3**	**+80**	**+18**	**+4**	**+7**

* Derbholzvolumen aller stehenden Objekte mit einem BHD ≥7 cm und aller liegenden Objekte mit einem Durchmesser am stärksten Ende ≥20 cm. Nähere allgemeine Erläuterungen siehe Anhang

Naturwald Ehrhorner Dünen: Ergebnisse der Probekreisaufnahmen für den Derbholzbestand (letzte Aufnahme 1998 und deren Differenz zu 1988)

in der → Strauchschicht der Ehrhorner Dünen vorkommen. Nach den Inventurergebnissen gehört die Buche zusammen mit der Eberesche zu den beiden einzigen Baumarten, die in der Höhenklasse >0,5 m zunehmen *(Tab. 5.1.1.3_3)*. Insgesamt sinken allerdings die Pflanzenzahlen von 1988 auf 1998 erheblich. Die „Verjüngungsfreundlichkeit" des Naturwaldes hat offenbar drastisch abgenommen; eine Entwicklung, die sich auch in anderen Kiefernnaturwäldern abzeichnet. Aufgrund der stark nachlassenden Etablierung von Jungpflanzen ergibt sich das Bild einer „Verjüngungswelle", deren „Kamm" sich nach 10 Jahren entweder in die nächsten Höhenklassen vorangeschoben hat, wie dies bei Eberesche und Buche der Fall ist, oder infolge hoher Ausfälle abebbt.

Die „Verjüngungswelle" ebbt ab

Tab. 5.1.1.3_3

Naturverjüngung					
Baumart	Aufnahmejahr und Differenz	Höhenklasse			Summe [N/ha]
		<0,5 m [N/ha]	0,5–2,0 m [N/ha]	>2,0 m [N/ha]	
Eberesche	1998	1 211	1 180	148	2 540
	Diff.	−2 842	+719	+43	−2 079
Sonstige	1998	9 74	768	185	1 927
	Diff.	−3 298	−516	−29	−3 843
Eiche	1998	977	222	251	1 451
	Diff.	−2 495	−284	−87	−2 865
Rotbuche	1998	72	164	25	260
	Diff.	−203	+134	+21	−49
Fichte	1998	91	36	20	147
	Diff.	+49	−49	−113	−113
Birke	1998	11	11	112	135
	Diff.	−87	−95	−306	−487
Kiefer	1998	0	7	23	30
	Diff.	−215	−25	−231	−472
Summe	**1998**	**3 336**	**2 389**	**765**	**6 490**
	Diff.	**−9 090**	**−116**	**−701**	**−9 908**

Ehrhorner Dünen: Ergebnisse der Probekreisaufnahmen für die Naturverjüngung (1988, 1998)

Baumartenwechsel

Der zurzeit in den Ehrhorner Dünen erkennbare Baumartenwechsel von der Kiefer zu Laubbäumen bzw. der Fichte zeigt sich auch in zwei Dauerflächen im Süden des Naturwaldes *(Abb. 5.1.1.3_5)*. Eine aus dem Jahr 1979 stammende Zeichnung der gezäunten Untersuchungsfläche gibt einen Eindruck von der Waldstruktur vor rund 25 Jahren *(Abb. 5.1.1.3_6)*. Am Unterschied zwischen den beiden Flächen wird deutlich, welch erheblichen Einfluss der Wildverbiss hat. Ein typischerweise anzunehmendes Eichenstadium, das den Kiefernwald auf dem Weg zum Drahtschmielen-Buchenwald ablöst *(Abb. 5.1.1.3_7)*, kann offenbar durch Wildverbiss weitgehend unterbunden werden.

Abb. 5.1.1.3_5

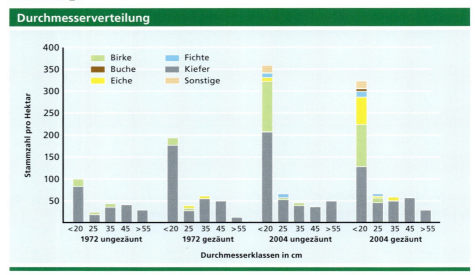

Naturwald Ehrhorner Dünen: Durchmesserverteilungen der Kernflächen 1 (gezäunt) und 4 (ungezäunt)

Eichen-Nachwuchs nur ohne Wild?

Die Untersuchungen von M. Müller zeigen, dass sich bei Ausschluss des Wildverbisses ein qualitativ befriedigender Eichen- → Nachwuchs aus → Naturverjüngung entwickeln kann. So befanden sich in einer weiteren gezäunten Fläche 1 600 Eichen zwischen 0,5 m Höhe und 7 cm → BHD, von denen 154 von hoher und 668 immerhin von mittlerer Qualität waren.

In Zukunft: Buche, Eiche oder Fichte?

Bei der Betrachtung des angenommenen → Sukzessionsverlaufs *(Abb. 5.1.1.3_7)* schließt sich die Frage an, welche Baumarten zukünftig in den Ehrhorner Dünen dominieren werden. Wird das Eichenwaldstadium übersprungen und gelangt die Buche unmittelbar zur Herrschaft? Welche Rolle kommt der Fichte zu? In welchem Umfang werden → Pionierbaumarten wie Birke und Eberesche weiterhin am Sukzessionsgeschehen beteiligt sein?

Aufgrund des außerordentlichen Engagements des Forstamtes Sellhorn haben sich die Ehrhorner Dünen zu einem Schwerpunkt der Naturwaldforschung entwickelt. Die Liste der Arbeiten zur Artenvielfalt dieses Naturwaldes ist außerordentlich lang und reicht von ornithologischen Aufnahmen über Erfassungen der Schmetterlinge, Spinnen, Totholzkäfer und Schwebfliegen bis zu pilz- oder auch flechtenkundlichen Inventuren (s. Bibliographie). Abgerundet wird das Bild von den Ehrhorner Dünen durch geologische und forstgeschichtliche Untersuchungen.

Abb. 5.1.1.3_6

Strukturprofil

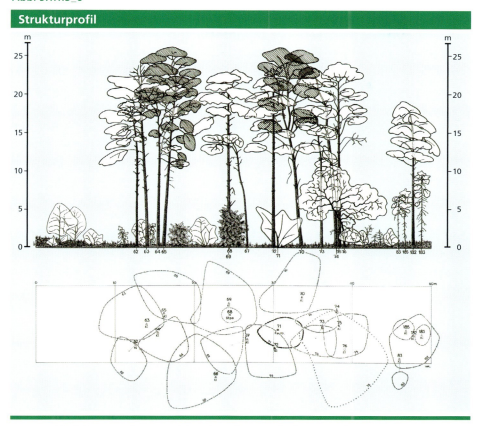

Abb. 5.1.1.3_8

Naturwald Ehrhorner Dünen: Waldstruktur der Kernfläche 1 im Jahr 1979

Naturwald Ehrhorner Dünen: Waldbild 1979

Diese Materialfülle kann im Rahmen des vorliegenden Buches nicht angemessen gewürdigt werden. Sie wird daher nur stark zusammengefasst und auszugsweise im nachfolgenden Kapitel über den Naturwald Meninger Holz für eine vergleichende Betrachtung der Artenvielfalt genutzt.

Abb. 5.1.1.3_7

Sukzession auf Sandstandorten nach Kohls (1994) und Heinken (1995)

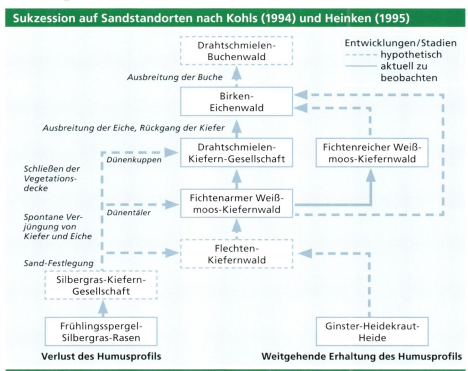

Meninger Holz – Fichte und Buche im Wettstreit

Abb. 5.1.1.4_1

TK25 Meninger Holz

Ebenfalls im Einflussbereich des Wilseder Berges befindet sich der 68 Hektar große Naturwald Meninger Holz. Hier ist das „kleine Berglandklima" mit einem mittleren Jahresniederschlag von rund 880 mm noch stärker ausgeprägt als in den nahe gelegenen Naturwäldern Bullenberge und Ehrhorner Dünen.

Eiszeitliche → Geschiebelehm- und → Geschiebesandablagerungen mit unterschiedlich mächtigen → Flugsanddecken stellen im Meninger Holz das Ausgangsmaterial der Bodenbildung dar. Kleinstdünen im Westteil zeugen von der Zeit der Waldverwüstung. Von diesen Flächen abgesehen, ist im Gegensatz zu den Ehrhorner Dünen das → Humusprofil der Oberböden weitgehend erhalten geblieben. Auf den durch Sand geprägten → Standorten wird nur eine → oligotrophe Nährstoffversorgung bei einem mäßig → sommertrockenen Wasserhaushalt erreicht, während die Böden mit höherem Lehmgehalt eine → mesotrophe Nährstoffversorgung und einen mäßig → frischen oder sogar frischen bis → staufrischen Wasserhaushalt aufweisen.

Unterschiedliche Waldgeschichte

Der östliche Teil des Meninger Holzes war ehemals eine königliche Holzung und daher nur kurzzeitig in der ersten Hälfte des 19. Jh. entwaldet *(Tab. 5.1.1.4_1)*. Der westliche Teil war über längere Zeit waldfrei. Nach der Überführung in Landeseigentum wurde mit Kiefer aufgeforstet. Die heute eingemischten Buchen und Eichen im Ostteil sind → Stockausschläge der vorhergehenden Waldgeneration oder haben sich natürlich angesamt. Die Fichte stammt aus Samenanflug von angrenzenden Aufforstungsflächen.

Baumartenzusammensetzung spiegelt die Waldgeschichte wider

Nach den Vegetationskartierungen von K. Kohls und B. Albrecht kommen im Meninger Holz vor allem vier → Waldgesellschaften vor: Der Weißmoos-Kiefernwald mit einem kleinflächigen Wechsel von fichtenarmen und fichtenreichen Ausprägungen bedeckt große Teile im historisch jungen Westen des Gebietes.

Abb. 5.1.1.4_2

Tab. 5.1.1.4_1

Chronik des Naturwaldes Meninger Holz

— **1700:** Das Kernstück im Osten des Naturwaldes Meninger Holz gehört zu den Königlichen Haverbecker und Undeloher Holzungen und besteht aus überalterten lückigen Buchenbeständen

— **1742:** Eine genaue Vorratsaufnahme des Meninger Holzes ergibt ein Holzvolumen von ca. 17 Raummetern pro Hektar. Dies lässt auf Blößen und Jungholz schließen

— **1776:** Das Meninger Holz ist von Heide und Flugsandfeldern umgeben, die im Westen und Südwesten in das Waldgebiet vordringen. Im Osten befinden sich Laubholzbestandesreste

— **1823:** Ein Drittel des Meninger Holzes sind Blößen oder flüchtiger Sand, auf der übrigen Fläche stocken wahrscheinlich verheidete oder vergraste Bestandesreste oder Baumgruppen

— **1828:** Die „Holzung" fällt an umliegende Dörfer, die „sie in kürzester Zeit völlig ruinieren"

— **1847:** Die allergnädigste Herrschaft kauft das Meninger Holz und bekommt in der Generalteilung weitere Heideflächen hinzugelegt

— **1857–1863:** Der neue größere Komplex Meninger Holz wird mit Kiefern aufgeforstet

— **1860:** Planmäßige Aufforstungen der Heide im Bereich des Forstamtes Sellhorn setzen in großem Stil ein

— **1879:** Die Bestockung im Osten des Meninger Holzes besteht aus jungen Kiefern mit eingemischten Eichen und Buchen aus Stockausschlag (Reste des ursprünglichen Bestandes) und Vogelsaat sowie Birken

— **Ende 19. Jh.:** Die Heideaufforstungen im Bereich des Forstamtes Sellhorn sind weitgehend abgeschlossen

— **1910:** Gründung des Naturschutzparks „Lüneburger Heide"

— **1921:** Ausweisung des Naturschutzgebietes „Lüneburger Heide"

— **1922:** Bericht über Fichten-Anflug im Süden des Meninger Holzes

— **1928:** Eiche ist Hauptbaumart im Meninger Holz

— **1978:** Auszug von Fichte und Kiefer, letzter planmäßiger Hieb

— **1986:** Erklärung zum Naturwald

— **1993:** Erneuerung der Naturschutzgebietsverordnung „Lüneburger Heide"

Östlich schließt sich ein Kiefernforst mit Dornfarn an. Der ➜ historisch alte Teil des Meninger Holzes wird schließlich dem Birken-Eichenwald zugeordnet, in dem aber Kiefer, Fichte und Buche eine größere Rolle spielen. Bis heute spiegelt sich in der Baumartenzusammensetzung also noch die Waldgeschichte des Gebietes wider *(Abb. 5.1.1.4_3* und *Abb. 5.1.1.4_4)*. Die Altersspanne ist vergleichsweise groß *(Abb. 5.1.1.4_4)* und reicht von über 140 Jahre alten Laubholzmischbeständen im Nordosten bis zu jungen Kiefernbeständen im Westen.

Abb. 5.1.1.4_3

Historisches Landschaftsbild und heutige Baumartenverteilung

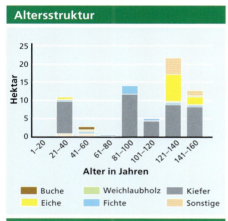

Abb. 5.1.1.4_4

Altersstruktur

| Buche | Weichlaubholz | Kiefer |
| Eiche | Fichte | Sonstige |

Naturwald Meninger Holz: Altersstruktur nach Baumartengruppen (Forsteinrichtung 1998)

| Buche | Weichlaubholz | Kiefer |
| Eiche | Fichte | Sonstige |

Kartengrundlage:
Kurhannoversche Landesaufnahme,
Blattnummer 71 (1960)
Herausgegeben vom LGN

LGN

Der Naturwald Meninger Holz auf der Kurhannoverschen Landesaufnahme aus dem Jahr 1776 sowie Baumartenverteilung nach der Probekreisaufnahme von 1988

Nach den Strukturdaten *(Tab. 5.1.1.4_2)* stellt die Kiefer den größten → Grundflächen- und → Vorratsanteil. Allerdings sinkt ihre Stammzahl von 1988 bis 1999 recht deutlich, während Fichte und Birke erheblich zunehmen. Der → Totholzvorrat ist in den 11 Jahren zwischen der ersten und der zweiten Inventur beträchtlich angestiegen. Dies geht zu einem großen Teil auf abgestorbene ältere Kiefern zurück, im Westteil auf den Windwurf 1990.

Nadelbaum- und Laubbaum-Mischbestand im Vergleich

In einer vertiefenden Auswertung der Inventurdaten wurde der Frage nach den Unterschieden zwischen dem laubbaumbetonten, historisch alten und dem nadelbaumbetonten historisch jungen Teil des Meninger Holzes nachgegangen. Wegen ihrer ausreichenden Belegung mit jeweils 10 Stichprobenpunkten wurden dabei die Nadelbaum- und die Laubbaum-Mischbestände auf den schwach verlehmten Sandstandorten näher betrachtet.

Im Nadelbaum-Mischbestand wird die Vitalität der Fichte sowohl durch eine hohe Zuwachs- als auch durch eine erstaunlich hohe → Einwuchsrate von durchschnittlich 58 Bäumen je Hektar unterstrichen. Hingegen sterben im Mittel 7 Kiefern je Hektar ab. In der → Verjüngungsschicht fehlt die Kiefer vollständig *(Abb. 5.1.1.4_5)*. Stattdessen dominiert die Fichte, begleitet von wenigen Buchen und Eichen. Im Laubbaum-Mischbestand sind Buche, Eiche und Fichte die wichtigsten Baumarten. Die Verjüngung wird von der Buche beherrscht. Auffällig ist wiederum die hohe Zahl an Fichten, die in den → Derbholzbestand eingewachsen sind.

Tab. 5.1.1.4_2

Strukturdaten							
Baumart	**Aufnahme-jahr und Differenz**	**Stehend**				**Liegend**	**Totholz**
		Lebend			**Tot**	**Tot**	**gesamt**
		Stammzahl [N/ha]	Grundfläche [m²/ha]	Volumen [m³/ha]	Stammzahl [N/ha]	Volumen [m³/ha]*	Volumen [m³/ha]*
Kiefer	1999	204	18,5	197	14	13	18
	Diff.	−13	+2,9	+42	+10	+12	+14
Fichte	1999	156	6,6	61	5	4	5
	Diff.	+30	+1,7	+18	+4	+4	+5
Buche	1999	28	3,7	50	0	2	2
	Diff.	+1	+0,5	+7	0	+1	+2
Eiche	1999	26	3,6	49	2	2	3
	Diff.	−3	+0,3	+5	+1	+2	+3
Birke	1999	39	0,5	3	2	1	1
	Diff.	+28	+0,2	0	+2	+1	+1
Sonstige	1999	0	0	0	—	—	—
	Diff.	0	0	0	—	—	—
Summe	**1999**	455	32,9	360	25	21	30
	Diff.	−43	+5,7	+72	+17	+19	+25

* Derbholzvolumen aller stehenden Objekte mit einem BHD ≥ 7 cm und aller liegenden Objekte mit einem Durchmesser am stärksten Ende ≥ 20 cm. Nähere allgemeine Erläuterungen siehe Anhang

Naturwald Meninger Holz: Ergebnisse der Probekreisaufnahmen für den Derbholzbestand (letzte Aufnahme 1999 und deren Differenz zu 1988)

In beiden Bestandestypen samen sich kaum noch neue Jungpflanzen an. Als Ursachen kommen vor allem der Wildeinfluss und die Tatsache, dass die geeigneten Kleinstandorte entweder bereits besetzt oder seltener geworden sind, in Betracht. In einer Parallele zu den Ehrhorner Dünen zeigt sich also auch im Meninger Holz das Bild einer abebbenden „Verjüngungswelle".

Die Auswirkung des Wildes

Die Auswirkungen des Wildes auf die Verjüngung werden am Vergleich zwischen einer seit 1986 gegatterten Kernfläche und den umgebenden Probekreisen außerhalb des Zaunes deutlich. So war die Zahl der Sämlingspflanzen innerhalb des Gatters im Jahr 1999 um das Vierfache höher als außerhalb. Insbesondere Eiche und Eberesche profitierten erheblich vom Zaunschutz. Noch 1988 stellte die Eiche im Gatter den größten Teil der Jungpflanzen unter 0,5 m Höhe. 11 Jahre später waren allerdings auch innerhalb des Zaunes 95 % der ursprünglich vorhandenen Eichen-Jungpflanzen wieder abgestorben.

Abb. 5.1.1.4_5

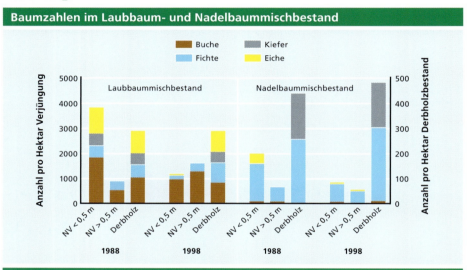

Entwicklung der Baumzahlen in Naturverjüngung und Derbholzbestand von Laubbaummischbestand und Nadelbaummischbestand (NV = Naturverjüngung)

Sukzession Richtung Buche

Die Ergebnisse unterstützen die von B. Albrecht vertretene Auffassung über den zu erwartenden → Sukzessionsverlauf *(Abb. 5.1.1.3_7)*. Demnach dürfte die Kiefer in den nadelbaumdominierten Bestandesteilen von der Fichte verdrängt werden. Mit Einwanderung der Buche ist der Übergang zu einem bodensauren Buchenwald wahrscheinlich, der zumindest anfänglich höhere Fichtenanteile aufweist. In den bereits von Laubbäumen dominierten Teilflächen dürfte sich ebenfalls ein bodensaurer Buchenwald entwickeln, dessen Fichtenanteil allerdings schwer abzuschätzen ist. Die Eiche wird sicherlich deutlich abnehmen, da ein → Nachwuchs aus der Sämlingsschicht durch Wildverbiss und Konkurrenz weitgehend unterbunden wird. Kiefern könnten allenfalls auf den kleinflächig verbreiteten Dünenstandorten noch längere Zeit vorherrschen. Die große Konkurrenzkraft der Fichte im Meninger Holz führt B. Albrecht auf das hohe Samenpotenzial aus angrenzenden Beständen und die Benachteiligung der Laubbäume durch Wildverbiss zurück. Daneben sind sicherlich das ihr zusagende niederschlagsreiche Klima und die recht hohe Schattenerträgnis zu nennen.

Die vollflächigen floristischen Kartierungen des Meninger Holzes durch K. Kohls im Jahr 1989 und B. Albrecht im Jahr 1998 geben nicht nur einen interessanten Einblick in die momentane Pflanzenwelt, sondern zeigen auch erste Entwicklungstendenzen: Die Anzahl von Gefäßpflanzen und Moosen stieg zwischen 1989 und 1998 an *(Tab. 5.1.1.4_3)*. Pflanzen, die als Relikte aus der Heidezeit gelten, zeigen eine abnehmende Tendenz, während Pflanzenarten zunehmen, die Nährstoffe und insbesondere Stickstoff anzeigen. Dies ist ein Hinweis auf die Beeinflussung der Vegetationsentwicklung durch die allgegen-wärtigen Stoffeinträge aus der Luft. Die Moose scheinen von der Einstellung der Nutzung zu profitieren: Hinzugekommen sind vor allem an ältere Waldbestände oder Totholz gebundene sowie → epiphytische Arten.

Entwicklung der Pflanzenwelt

Das Meninger Holz war zusammen mit den Ehrhorner Dünen häufig Gegenstand gemeinsamer Untersuchungen zur Artenausstattung. Eine vergleichende Über-sicht der erfassten Artenzahlen *(Tab. 5.1.1.4_3)* zeigt, dass das Meninger Holz zwar etwas reicher an Moosarten ist, die Ehrhorner Dünen aber eine höhere Viel-falt an Flechten, Gefäßpflanzen, Vögeln, Schwebfliegen, Webspinnen und Käfern aufweisen. Offenbar wird der Artenreichtum durch den reich strukturierten, licht- und wärmebetonten Kiefernwald der Ehrhorner Dünen gefördert.

Vergleich mit Ehrhorner Dünen

Tab. 5.1.1.4_3

Artenzahlen Meninger Holz / Ehrhorner Dünen						
Artengruppe	**Aufnahme-jahr**	**Artenzahl**		**davon Rote Liste Nds.**		**Quelle**
		MH	**ED**	**MH**	**ED**	
Gefäßpflanzen	1989	78	86	5	5	Kohls (1994)
	1998	84	—	5	—	Albrecht (2000)
Moose	1989	45	38	8	2	Kohls (1994)
	1995	39	—	6	—	Vullmer (1996)
	1998	51	—	10	—	Albrecht (2000)
Flechten[*]	1997–00	34	39	14	16	Ernst & Hanstein (2001)
Vögel	1998	41	57	1	0	Ellenberg (1989)
Pilze	1990	191	—	8	—	Schmidt-Stohn (1990)
	1998–00	—	178	—	16	Albers (2002)
Schwebfliegen	1995	22	51	k. A	k. A	Stuke (1995)
Webspinnen	1998	37	53	k. A	k. A	Finch (2001)
Zweiflügler	1988	43	41	k. A.	k. A.	Kretschmer & Schauer-mann (1991)
Käfer	1988	108	126	k. A.	k. A.	
Holzkäfer	1988–89	—	71	—	3	Winter (1991)
Laufkäfer	1988	12	12	k. A	k. A	Kretschmer (1990)

[*] epiphytische Flechten

Übersicht über die erfassten Artenzahlen in den Naturwäldern Meninger Holz (MH) und Ehrhorner Dünen (ED)

Braascher Dicke – Dickicht bei Braasche

Naturwald der zweiten Generation

Die Braascher Dicke zählt zu der Gruppe der Naturwälder der „zweiten Generation" mit einer erst kurzen nutzungsfreien Geschichte. Das Gebiet wurde im Jahr 1996 auf einer Fläche von rund 48 Hektar ausgewiesen. Es liegt in der Ostheide nordwestlich von Zernien in dem großen Waldgebiet „Göhrde" *(Abb. 5.1.1.5_1)*.

Zweischichtige Böden

Die Böden in der Braascher Dicke haben einen zweischichtigen Aufbau aus oberflächennah anstehenden, überwiegend lehmigen → Geschiebesanden, unter denen sich eine Schicht aus reinem Sand befindet. Die → Standorte sind überwiegend schwach → mesotroph und mäßig → frisch. Im Süden des Naturwaldes ist der Standort trockener und die Nährstoffversorgung oligotroph.

Abb. 5.1.1.5_1

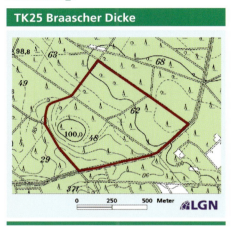

TK25 Braascher Dicke

Abb. 5.1.1.5_2

Am Waldrand der Göhrde

Der Naturwald befindet sich in einem jagdhistorisch berühmten Waldgebiet. Über Jahrhunderte war die Göhrde durch die jagdlichen Interessen der jeweiligen Landesherren mehr oder weniger gut vor der Waldverwüstung geschützt *(Tab. 5.1.1.5_1)*. Der Name des Forstortes Braascher Dicke kommt wahrscheinlich von dem südöstlich gelegenen Ort Braasche. „Dicke" ist eine niederdeutsche Bezeichnung für Dickicht. Die Braascher Dicke bezeichnet also das zum Ort Braasche gehörende Dickicht. Sie bildete den alten Waldrand der Göhrde und blieb deshalb nicht vollständig von der Bedrohung durch → Flugsandfelder verschont: Ende des 18. Jh. war die Bestockung insbesondere in Waldrandnähe spärlicher, und Dünen reichten in das Waldgebiet hinein. Die Traubeneiche spielte in der Göhrde schon immer eine wichtige Rolle, während die Buche durch den Menschen stark zurückgedrängt wurde. 1777 betrug der Eichenanteil 70 %. Birken waren immerhin mit 25 % vertreten. Die Buche erreichte hingegen nur einen spärlichen Anteil von 5 %.

Bei der Waldbiotopkartierung wurde die Braascher Dicke den natürlichen → Waldgesellschaften Buchen-Traubeneichen- und Drahtschmielen-Buchenwald zugeordnet. Aktuell ist allerdings die Kiefer mit einem Alter von 100 – 140 Jahren die wichtigste Baumart in der herrschenden Baumschicht *(Abb. 5.1.1.5_3)*. Zudem sind über 230-jährige Traubeneichen und einzelne alte Buchen auf Teilflächen eingemischt.

Tab. 5.1.1.5_1

Chronik des Naturwaldes Braascher Dicke

- **Ende des Mittelalters:** Die Göhrde ist ein riesiges, dünn besiedeltes Waldgebiet, in dem vor allem die Herzöge von Braunschweig-Lüneburg große Jagden veranstalten
- **1706:** Die Göhrde besteht aus „mehrentheils Eichen, stellenweise etwas Buchen, Birken, Baumespen, wenig Hainbuchen und Dannenholtz in 2 Örtern" (aus: Specificatio der im Amt Hitzacker vorhandenen Holtzungen)
- **bis 1776:** Das Landschaftsbild der Göhrde wird durch die landwirtschaftliche Waldnutzung mit Waldweide, Streunutzung und Plaggenhieb bestimmt
- **1776:** Oberforstmeister von Haren nimmt eine forstliche Neuordnung der Göhrde vor. Im Folgenden werden die Hutebestände in Nadelholz umgewandelt. Nur im Bereich der Revierförsterei Riebrau bleiben Laubwaldflächen erhalten
- **1777:** Der heutige Naturwald ist ein Laubwald am Rande des Waldgebietes Göhrde. Im Süden reichen Dünen in das Waldgebiet hinein, dort ist die Waldbestockung spärlicher (vor allem am „Timmeitzer Schlagbaum")
- **1766–1837:** Die Jagd in der Göhrde ist verpachtet, der Wald wird vor allem forstwirtschaftlich genutzt
- **ab 1837:** Die Göhrde wird wieder zum fürstlichen Jagdrevier und nach der Annexion Hannovers durch Preußen auch Jagdgebiet der deutschen Kaiser
- **1996:** Ausweisung als Naturwald

Abb. 5.1.1.5_3

Altersstruktur

Naturwald Braascher Dicke: Altersstruktur nach Baumartengruppen (Forsteinrichtung 2002)

Unter den überwiegend aufgelockert stehenden Altkiefern sind zahlreiche Fichten, aber auch Laubbäume wie Birke, Eberesche und Eiche zu einer inzwischen ca. 20- bis 30-jährigen Unterschicht herangewachsen. Die zuständige Revierförsterei berichtet, dass sich jährlich nach wie vor → Naturverjüngung von Birke, Fichte, Buche und sogar Traubeneichen ansamen. Die jungen Bäume werden jedoch durch den Wildverbiss (Reh-, Rot-, Dam- und Muffelwild) dauerhaft kurz gehalten, nur die Fichte schafft es, höher zu wachsen. In der Krautschicht dominieren Heidelbeere, Adlerfarn, Pfeifengras sowie Brombeere und Himbeere.

Die Braascher Dicke ist ein typisches Beispiel für die → Sukzession auf Sandstandorten des Ostniedersächsischen Tieflandes. Der Naturwald wurde als Vergleichsgebiet zu den Ehrhorner Dünen und dem Meninger Holz ausgewählt, um die unbeeinflusste Waldentwicklung bei wechselnder Fichten-Beteiligung zu untersuchen. Die Ergebnisse aus dem Meninger Holz belegen, dass die Frage nach der Rolle der Fichte in der natürlichen Vegetation bis heute unbeantwortet geblieben ist. Daneben stehen das Fortkommen der Laubholzverjüngung von Birke, Eberesche, Eiche und Buche bei sehr hohem Verbissdruck sowie die Ausbreitung der Buche in Kiefern- → Pionierwäldern im Blickfeld der Forschung. Eigene Untersuchungsergebnisse liegen bis jetzt jedoch noch nicht vor.

Eine Besonderheit im Hinblick auf die Strukturentwicklung stellt das Vorkommen des Kiefern-Kienzopfes in der Braascher Dicke dar. Durch diesen parasitischen Pilz wird am Baumwipfel – dem so genannten Zopf – eine starke Bildung von Harz (= Kien) ausgelöst, die schließlich zum Absterben des Baumes führt. Der Kienzopf-Pilz ist eine → kontinentale Art und fehlt deshalb im „Kiefernwald-Vergleichskollektiv" Ehrhorner Dünen, Bullenberge und Meninger Holz. Zukünftige Aufnahmen in der Braascher Dicke werden zeigen, ob sich durch die Aufgabe der Bewirtschaftung ein erhöhter Befall durch den Pilz einstellt.

Vergleichsgebiet zu Ehrhorner Dünen und Meninger Holz

Kiekenbruch – Strukturvielfalt durch Totholz

Abb. 5.1.1.6_1

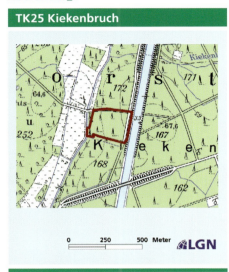

TK25 Kiekenbruch

0   250   500 Meter   LGN

Das nur 5 Hektar große Naturwaldgebiet Kiekenbruch existiert seit 1972. Es liegt im gleichnamigen Waldgebiet westlich von Knesebeck zwischen der Ise und dem Elbe-Seitenkanal.

Trotz des Namens handelt es sich beim Kiekenbruch nicht um einen Wald auf Moorstandorten. Der Wasserhaushalt ist z. T. → staufeucht und z. T. → grundfrisch. Bei einer gut → mesotrophen Nährstoffversorgung sind die Wuchsbedingungen günstig.

1779 gehörte der heutige Naturwald zu dem großen nadelholzgepräg-ten Königlichen Waldgebiet „Kiekenbruch". Die → Kurhannoverschen Karte zeigt für das Gebiet eine bachbegleitende Wiese im Übergang zum Wald. Durch den Novembersturm 1972 wurden fast alle damals 177-jährigen Fichten und ein Großteil der gleich alten Kiefern geworfen. Ausnahmsweise konnte erreicht werden, dass das Holz auf der Fläche verblieben ist. Die nach-folgende Beobachtung der Borkenkäferentwicklung ergab keinen Anlass zur weiteren Sorge, sodass auch später nicht eingegriffen werden musste.

Abb. 5.1.1.6_2

Heute ist der Naturwald mit Resten 200-jähriger Kiefern sowie Fichten, Stiel-eichen, Buchen, Roterlen, Hainbuchen und jüngeren Kiefern bestockt *(Abb. 5.1.1.6_4)*. In der → Strauchschicht und der → Verjüngung kommen zusätz-lich Ebereschen, Birken und Weiden vor. Charakteristisch ist die große Menge an stehendem und liegendem → Totholz.

Abb. 5.1.1.6_3

Fotodokumentation der Zersetzung einer 1972 geworfenen Fichte (links 1996, Mitte 2001, rechts 2005)

Auf einer Fotoserie der zuständigen Revierförsterei kann nachvollzogen werden, wie sich einige der durch den Sturm entstandenen Totholzstrukturen im Laufe der Zeit verändern *(Abb. 5.1.1.6_3)*. Der Umriss der vom Orkan 1972 geworfenen Fichte ist 24 Jahre nach dem Sturm noch relativ intakt. Bis 2005 hat er sich durch den Einfluss von holzzersetzenden Pilzen und Insekten schon weitgehend auf-gelöst. Während seines langsamen Zersetzungsprozesses bietet der Baum zahl-reichen Tieren Nahrung und Unterschlupf. Insbesondere Moose können sich auf dem Stamm gegen die Konkurrenz der höher wachsenden Pflanzen behaupten. Bisher ist weitgehend unbekannt, wie lange das Holz der verschiedenen Baum-arten zur Zersetzung braucht. Das seltene Beispiel einer belassenen Windwurf-fläche im Kiekenbruch kann hierzu wichtige Aufschlüsse geben.

Ähnlich wie beim Naturwald Kienmoor wurde auch der Naturwald Kieken-bruch u. a. ausgewiesen, um die → Autochthonie der Fichte zu untersuchen. Deren mögliche Einwanderung, ausgehend von einer nahe gelegenen Moorrandzone, sollte beobachtet werden. Bisher sind allerdings keine intensiveren Naturwald-untersuchungen zu diesem Thema erfolgt.

Abb. 5.1.1.6_4

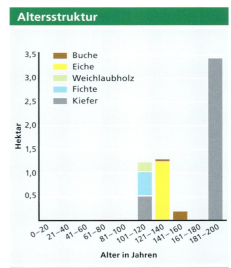

Naturwald Kiekenbruch: Altersstruktur nach Baumartengruppen (Forsteinrichtung 1994)

Eichen- und Eichenmischwälder

Landwehr – Von der Aue zum Buchenwald?

Naturwald in der Elbniederung

Der rund 100 Hektar große Naturwald Landwehr liegt östlich von Dannenberg in der Lüchower Niederung. Er ist Bestandteil des NSG „Pretzetzer Landwehr" und Teil des Biosphärenreservates „Niedersächsische Elbtalaue". Geringe Jahresniederschläge und eine ausgeprägte Neigung zu warmen und trockenen Sommern kennzeichnen die klimatischen Verhältnisse in der Lüchower Niederung.

Abb. 5.1.2.1_1

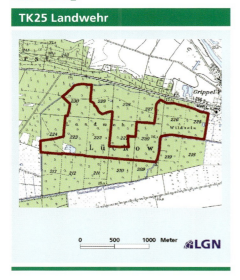

TK25 Landwehr

0   500   1000 Meter   LGN

Abb. 5.1.2.1_2

Veränderung des Wasserhaushalts

Am Ende der → Weichselvereisung füllten die → Schmelzwasserströme der tauenden Gletscher die Lüchower Niederung. Die über das Elbe- → Urstromtal abfließenden Wassermassen hinterließen schließlich die für diesen → Wuchsbezirk typischen Talsande. Mit einem Mosaik aus grundwassernahen → Standorten auf Sanden und → holozänen Wasserabsätzen repräsentiert der Naturwald Landwehr die charakteristischen Böden der Lüchower Niederung. Innerhalb des Naturwaldes variiert der Grundwassereinfluss hauptsächlich zwischen den Stufen mäßig und stark. Allerdings sind die ehemals häufig auftretenden hohen Wasserstände seit der intensiven Regulierung der Elbezuflüsse und ihrer Vorfluter (insbesondere Dannenberger Landgraben) ab der zweiten Hälfte des letzten Jahrhunderts *(Tab. 5.1.2.1_1)* erheblich seltener geworden. In niederschlagsreichen Perioden und bei hohem Wasserstand der Elbe kommt es aber auch heute noch auf Teilflächen zu Überstauungen, wie im Frühjahr 1994 und 1995 oder beim Elbehochwasser 2002. Wenn dann ein trockener Sommer folgt, ist die Vegetation einem ausgeprägten Wechsel zwischen Wasserüberschuss und Wassermangel ausgesetzt. Die Nährstoffversorgung ist in Abhängigkeit vom Grundwasserspiegel meist schwach bis gut → mesotroph, stellenweise sogar → eutroph.

Die Pretzetzer Landwehr ist ein → historisch alter Wald *(Tab. 5.1.2.1_1)*. Lediglich außerhalb des heutigen Naturwaldes deuten → Wölbäcker auf eine mittelalterliche Ackernutzung hin. Vor den bereits im Mittelalter durchgeführten Deichbauten dürfte die Landwehr Teil der elbebegleitenden Auenwälder gewesen sein. Wichtigste Baumart war schon immer die Eiche. Sie wuchs noch im 18. Jh. hauptsächlich auf kleinen Erhebungen, während Erlen die feuchteren Standorte dazwischen einnahmen. Mit voranschreitender Entwässerung fielen auch die ehemals mit Erlen bestockten Flächen an die Eiche, später sogar in Teilen an die Kiefer. In der Landwehr befindet sich noch ein 8 Hektar großer → Hutewaldrest mit über 300-jährigen Alteichen. Diese Fläche wurde bereits 1966 zum „Nichtwirtschaftswald" erklärt und 1972 aus der Nutzung genommen. 1985 wurde der Naturwald schließlich auf die heutige Flächengröße erweitert.

Auenwald vor vielen Jahrhunderten

Tab. 5.1.2.1_1

Chronik des Naturwaldes Landwehr

— **Mittelalter**: Die Landwehr gehört wahrscheinlich zum ehemaligen Reichsforst „Mägdeheide", in dem das Jagdrecht dem Bischof zu Verden zusteht. Teile der Landwehr außerhalb des Naturwaldes werden ackerbaulich genutzt

— **12. Jh.**: Erste Deichbauten an der Elbe

— **1668**: Bei einer Visitation der Holzungen im Amte Dannenberg im Auftrag des Landesherrn Rudolf-August von Braunschweig-Lüneburg wird der junge Eichen-Aufwuchs gelobt und die Nutzung von Eichen-Stämmen geplant

— **1743**: Umfangreiches Eichensterben in der Lucie (zu der die Landwehr gehört) als Folge eines nassen, kalten Winters. Die meisten alten Eichen stehen auf Bülten

— **1747**: Der „Forstdistrict" Landwehr ist „in kurzer Zeit sehr bestohlen, ausgehacket und ruinieret" worden

— **1755**: Auf den trockeneren Standorten stocken alte abgängige und viele junge wüchsige Eichen mit gutem Hainbuchen-Unterwuchs, der aber von der Bevölkerung zu stark geköpft und auf den Stock gesetzt wurde. Die feuchteren Standorte dazwischen werden von Erlen dominiert, die infolge einer nicht vollständigen Nutzung unterschiedlich alt sind. Daneben existieren „Eichel-Cämpe" zur Nachzucht von Eichen

— **1759**: „Tannen"-Saaten in der Umgebung

— **ab 1791**: Beendigung der Waldweide, natürlicher Aufschlag von Eiche, Hainbuche und Birke. Die Erlenbestände leiden unter Entwässerung und werden durch Eichen- und Birken-Pflanzungen ersetzt

— **1776**: In der Landwehr stockt ausschließlich Laubwald

— **1805**: Der größte Teil des heutigen Naturwaldes gehört zum herrschaftlich privativen Teil: Eichenwald mit Kopfhainbuchen, Birken und Erlen, für die der Boden durch „Abwässerung" zu trocken geworden ist. Die Lücken in den Erlen werden mit Eichen und Birken ausgepflanzt. Der östliche Teil des Naturwaldes gehört zum herrschaftlichen Interessentenforst Communion-Landwehr: Auf den Anhöhen wachsen Eichen, darunter Kopf-Hainbuchen, Birken und Erlen. In den Senken stehen Eichen, meist mit Erlen gemischt

Abb. 5.1.2.1_3

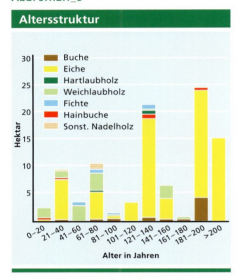

Naturwald Landwehr: Altersstruktur nach Baumartengruppen (Forsteinrichtung 1999)

— **1819**: Auf 380 Morgen soll Eichen-Hochwald mit plenterartiger Verjüngung und auf 177 Morgen Erlen-„Schlagholz" im 26-jährigen Umtrieb angezogen werden. Der Birken- und Hainbuchen-„Unterbusch", die Schlagholzbestände sowie die Kopfhainbuchen sollen während der Umwandlung als Zwischennutzung genutzt werden.

— **1850**: Entwässerung durch den Dannenberger Landgraben

— **ab Mitte 19. Jh.**: Eichenwirtschaft im Kahlschlagverfahren

— **1855/56**: Abfindung der Forstberechtigungen in der Ober- und Unterlandwehr

— **1881**: In Teilen der Landwehr weitständiger Laubwald, Nadelbäume auf weniger als 10 Hektar

— **1889**: Wegen der Verschlechterung der Bedingungen für die Erle durch Grundwasserabsenkungen werden Erlenbestände in Eichen- und Kiefernbestände umgewandelt. Freiflächen werden durch Rabattenkultur aufgeforstet. Eiche und Kiefer werden im Kahlschlagsbetrieb mit anschließender Saat bewirtschaftet.

— **1956**: In den feuchten Teilen der Eichen-Bestände werden Windwurflücken mit Sitkafichte und Lärchen ausgepflanzt. Bau der Staustufe Geesthacht.

— **1950/60er Jahre**: Umfangreiche Hochwasserschutzmaßnahmen an den Nebenflüssen der Elbe, Erhöhung der Deiche beiderseits der Elbe.

— **ca. 1960–1980**: Erneuerung der Elbdeiche im Raum Pretzetze. Weiterer Ausbau der Nebengewässer der Elbe, Grundwasserabsenkungen.

— **1972**: Ausweisung als Naturwaldreservat auf rund 12 Hektar (nordwestlicher Teil der heutigen Fläche) nach vorheriger Nutzung bzw. Reduktion von Sitkafichten und Kiefern.

— **1980er Jahre**: Beginn des „Eichensterbens"

— **1985**: Dauerhafte Sicherstellung und Erweiterung des Naturwaldes auf 101 Hektar

— **2002**: Ausweisung des Biosphärenreservates „Niedersächsische Elbtalaue" unter Einschluss des Naturwaldes

Die aktuelle Vegetation in der Landwehr setzt sich im Wesentlichen aus Hainbuchen-Stieleichenwäldern mit stellenweise eingemischter Buche zusammen. Daneben kommen Erlenbrücher in der Nähe von Stillgewässern vor. Reiner Buchenwald nimmt nur eine geringe Fläche ein. Die meist weit über 100 Jahre alten Eichenmischbestände *(Abb. 5.1.2.1_3* und *5.1.2.1_4)* weisen häufig einen nahezu flächendeckenden → Unterstand aus Hainbuchen auf. Einzelne Eichen haben bereits ein stattliches Alter von bis zu 340 Jahren erreicht. Obwohl sie in den alten Bestandesbeschreibungen keine Erwähnung fanden, sind auch einzeln oder gruppenweise verteilte Altbuchen in den Eichenbeständen vorhanden. Auch im → Nachwuchs ist die Buche nicht selten vertreten.

Eiche dominiert im Altbestand

Anhand der Strukturdaten wird die nach wie vor dominante Stellung der Eiche im Naturwald Landwehr deutlich *(Tab. 5.1.2.1_2)*. Obwohl von 1989 bis zum Jahr 2000 rund 15 % der Eichen dem → „Eichensterben" zum Opfer gefallen sind, nimmt ihre Stammzahl unter dem Strich zu. Dies ist überwiegend darauf zurückzuführen, dass einige mit in den Naturwald einbezogene gepflanzte Eichenkulturen die → Kluppschwelle von 7 cm → BHD überschritten haben. Aus → Naturverjüngung sind hingegen keine Eichen nachgewachsen *(Tab. 5.1.2.1_3)*.

Abb. 5.1.2.1_4

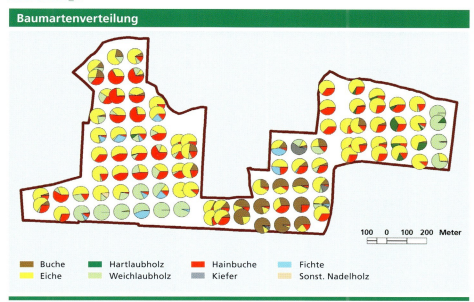

Baumartenverteilung

Legend	
▦ Buche	▦ Hartlaubholz
▦ Eiche	▦ Weichlaubholz
▦ Hainbuche	▦ Kiefer
▦ Fichte	▦ Sonst. Nadelholz

100 0 100 200 Meter

Naturwald Landwehr: Baumartenanteile in den Probekreisen (2000)

Gemessen an → Grundfläche und → Vorrat, folgen der Eiche Hainbuche, Erle und Buche als die wichtigsten weiteren Baumarten. Bedingt durch das „Eichensterben", ist der → Totholzvorrat in den 11 Jahren zwischen den beiden Inventuren enorm angestiegen. Auffällig ist die hohe Anzahl stehender toter Bäume. Aus dem Herbststurm 1972 sind noch geworfene Alteichen erhalten, die mittlerweile zum ältesten Totholz der Region gehören.

Tab. 5.1.2.1_2

Strukturdaten

Baumart	Aufnahme-jahr und Differenz	Stehend				Liegend	Totholz
		Lebend			Tot	Tot	gesamt
		Stammzahl [N/ha]	Grundfläche [m²/ha]	Volumen [m³/ha]	Stammzahl [N/ha]	Volumen [m³/ha] *	Volumen [m³/ha] *
Eiche	2000	190	13,9	180	15	8	32
	Diff.	+78	+0,6	−9	+13	+7	+28
Hain-buche	2000	204	6,2	51	8	1	2
	Diff.	−5	+0,5	−6	+6	+1	+2
Roterle	2000	63	3,0	32	3	0	1
	Diff.	+4	+0,5	−8	+2	0	0
Buche	2000	41	2,6	31	0	1	1
	Diff.	+5	+0,5	−7	0	+1	+1
Birke	2000	58	0,9	7	1	1	2
	Diff.	+42	+0,3	−2	+1	+1	+1
Kiefer	2000	3	0,2	2	0	0	0
	Diff.	+2	+0,1	−1	0	0	0
Fichte	2000	19	0,8	8	1	0	1
	Diff.	0	+0,2	−2	+1	0	+1
Sonstige	2000	22	1	15	1	0	1
	Diff.	+2	+0,2	−4	+1	0	+1
Summe	**2000**	**601**	**28,8**	**326**	**30**	**12**	**41**
	Diff.	**+128**	**+2,9**	**+37**	**+25**	**+10**	**+34**

* = Derbholzvolumen aller stehenden Objekte mit einem BHD ≥7 cm und aller liegenden Objekte mit einem Durchmesser am stärksten Ende ≥20 cm. Nähere allgemeine Erläuterungen siehe Anhang.

Naturwald Landwehr: Ergebnisse der Probekreisaufnahmen für den Derbholzbestand (letzte Aufnahme 1989 und deren Differenz zu 2000)

In der → Verjüngungsschicht hat trotz der Auflichtung durch das „Eichensterben" die Pflanzenzahl von 1989 bis 2000 stark abgenommen *(Tab. 5.1.2.1_3)*. Offenbar sind viele junge Bäumchen abgestorben, ohne dass sich in gleichem Maß neue Individuen angesamt haben. Dies betrifft vor allem Eiche und Hainbuche. Im Gegensatz zur Eiche gelingt es allerdings einigen Arten unter mehr oder weniger großen Verlusten die Höhenklassen über 0,5 m zu erreichen, so z. B. Eberesche, Buche, Faulbaum und Hainbuche.

Eberesche, Buche, Faulbaum und Hainbuche in der Verjüngung

Tab. 5.1.2.1_3

Naturverjüngung					
Baumart	**Aufnahme-jahr und Differenz**	**Höhenklasse**			**Summe**
		<0,5 m [N/ha]	**0,5–2,0 m [N/ha]**	**>2,0 m [N/ha]**	**[N/ha]**
Eberesche	2000	408	312	124	843
	Diff.	−636	+180	+16	−440
Bergahorn	2000	836	6	0	842
	Diff.	+692	+6	0	698
Faulbaum	2000	288	246	114	648
	Diff.	−612	+122	+2	−488
Hainbuche	2000	132	89	208	429
	Diff.	−1890	+18	+104	−1768
Esche	2000	276	13	71	360
	Diff.	+70	−50	+58	78
Birke	2000	4	3	216	223
	Diff.	−152	−212	−283	−647
Eiche	2000	36	8	165	209
	Diff.	−660	−266	−343	−1269
Buche	2000	76	34	46	156
	Diff.	−232	+10	+18	−204
Sonstige	2000	248	46	127	420
	Diff.	−130	−33	+23	−140
Summe	**2000**	**2304**	**756**	**1072**	**4132**
	Diff.	**−3550**	**−225**	**−405**	**−4180**

Nähere allgemeine Erläuterungen siehe Anhang.

Naturwald Landwehr: Ergebnisse der Probekreisaufnahmen für die Naturverjüngung (letzte Aufnahme 1989 und deren Differenz zu 2000)

Buche weitet ihre Standorts-amplitude aus

Nach ergiebigen Regenfällen von Dezember 1993 bis März 1994 entstanden im Naturwald Landwehr größere offene Wasserflächen. An ihnen ließ sich able-sen, dass der weitgehend eben erscheinende Naturwald wichtige Unterschiede in der Geländehöhe aufweist. So ragte eine „Altbuchengruppe" als Trocken-insel aus dem Wasser. Diese Beobachtungen wurden zum Anlass genommen, die Geländeoberfläche in einer der Kernflächen genauer zu vermessen. Dabei zeigte sich, dass die einzelnen Baumarten in charakteristische Tiefen „hinabsteigen" *(Abb. 5.1.2.1_5)*. Die bekanntermaßen geringe Überflutungstoleranz der Buche findet sich bestätigt. Es zeigt sich aber auch, dass sie ihre Amplitude ausweitet, während sich die Eiche eher aus den tiefer gelegenen Bereichen zurückzieht.

Abb. 5.1.2.1_5

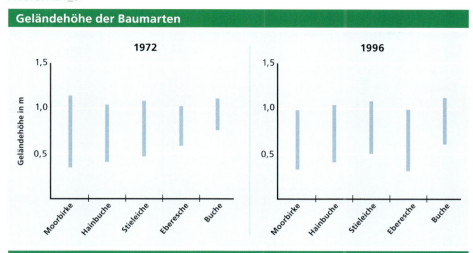

Im Naturwald Landwehr besiedeln die einzelnen Baumarten bestimmte Geländehöhen. Die Abb. zeigt die minimale und die maximale Geländehöhe der Baumstandpunkte in der Kernfläche 1

Das Eichensterben hat die Walddynamik in der Landwehr seit den 1980er Jahren stark bestimmt. Auf Initiative des zuständigen Revierleiters H. J. Kelm wurde diesem Phänomen näher nachgegangen und von 1990 bis 2001 jedes Jahr die Anzahl absterbender und abgestorbener Eichen in 50×50 m großen Rasterfeldern erfasst. Ch. Heuer kartierte nachträglich den lebenden Eichenbestand auf einer rund 69 Hektar großen Teilfläche, sodass nun jährliche Absterberaten für jedes einzelne Rasterfeld berechnet werden konnten. Die mittlere Sterberate beträgt 1,3 % je Jahr, variiert aber erheblich zwischen den Jahren (*Abb. 5.1.2.1_6*).

„Eichensterben"

Abb. 5.1.2.1_6

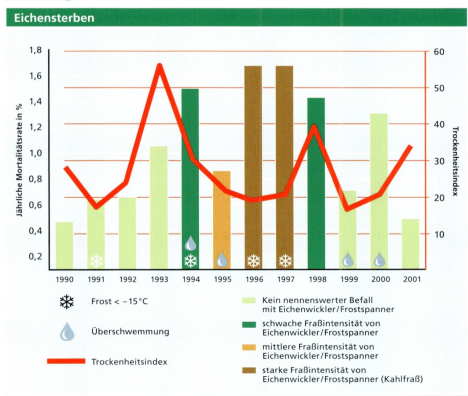

Absterberaten der Eichen in Abhängigkeit von Spannerbefall, Starkfrost, Überschwemmungen und Trockenheitsindex (je geringer der Wert, desto trockener)

Eine statistische Analyse zeigt, dass sich die Absterberate signifikant erhöht, wenn die → Grundwasserbeeinflussung abnimmt, die Nährstoffversorgung besser wird und tiefe Winterfröste in Kombination mit Trockenjahren und Befall durch Insekten auftreten. Bei der ungünstigsten Faktorenkombination kann die Sterberate auf etwa das Fünffache des Mittelwertes ansteigen.

Vielfältige Flora und Fauna

Die Flora des Naturwaldes ist mit 229 Pflanzenarten, davon 18 Arten der → Roten Liste Niedersachsen, außerordentlich vielfältig. Darüber hinaus wurden im Jahr 1992 40 verschiedene Flechtenarten gefunden, von denen 19 als gefährdet einzustufen sind. Zwei weitere, vom Aussterben bedrohte Bartflechten wurden in den Folgejahren im Naturwald bestätigt. Weitere Arten der Roten Liste leben in der Landwehr, darunter 12 Tagfalterarten, 11 Vogelarten, z. B. Mittelspecht und Zwergschnäpper sowie in den Stillgewässern im Südwesten und Nordosten 4 Amphibienarten – sogar die auentypische Rotbauchunke.

H. J. Kelm führte 1990, 1996 und 2003 Brutvogelkartierungen im Naturwald durch. Er konnte mit 58 Brutvogelarten rund ¾ der bei uns im Wald lebenden Arten nachweisen. Diese enorme Vielfalt ist auf das sehr reichhaltige Angebot unterschiedlicher Lebensräume von Freiflächen über Eichen- und Erlenjungbestände bis zu dem erwähnten Hutewaldrelikt zurückzuführen. Die Untersuchung zeigt darüber hinaus, dass Boden- und Strauchbrüter mit zunehmendem Bestandesalter abnehmen, während der Anteil der Höhlenbrüter deutlich ansteigt: auf fast 80 % in den über 170-jährigen Eichenmischbeständen.

Holzkäfer und „Eichensterben"

Vor dem Hintergrund des „Eichensterbens" in der Landwehr untersuchte M. Zörner von 1996 bis 1999 die Käferfauna an geschwächten, erkrankten und abgestorbenen Alteichen. Die insgesamt rund 24 800 gefangenen Käfer verteilten sich auf 433 Arten, unter denen sich wiederum 235 Holzkäfer befanden. Mit zunehmender Erkrankung der Eichen stieg die Artenzahl der Holzkäfer an, erreichte im ersten Jahr nach dem Absterben ihr Maximum und sank in den längere Zeit abgestorbenen Bäumen wieder ab. Der im Zusammenhang mit dem „Eichensterben" häufig als Ursache angeführte Eichen-Zweipunkt-Prachtkäfer wurde ausschließlich 1996 mit wenigen Exemplaren gefangen. Dennoch zeigte der Austritt von Blutungssaft an vielen Eichen starke Abwehrreaktionen der Bäume an. M. Zörner stellt fest, dass die hohe Zahl gefangener Holzkäfer nicht als Auslöser für das Absterben der Eichen zu werten ist. Umgekehrt dürfte das „Eichensterben" in der Landwehr aber die Arten- und Individuenzahl der Käferfauna gefördert haben.

Vergleich mit dem Wirtschaftswald

L. Ebrecht führte 1997 einen vegetationskundlichen Vergleich zwischen einem seit 1979 nicht mehr bewirtschafteten Teil des Naturwaldes und einer weiterhin bewirtschafteten Vergleichsfläche durch. Dabei zeigt sich, dass die Unterschiede in der Flora hauptsächlich auf eine unterschiedliche Zusammensetzung nach → Waldgesellschaften zurückgehen. Wird der Vergleich auf den bodensauren Buchenwald beschränkt, so erweist sich die Flora des Wirtschaftswaldes als artenreicher. Die Zunahme an Arten geht allerdings in erster Linie auf → Störungszeiger zurück, die im Naturwald aufgrund der fehlenden Bodenverwundung und Auflichtung in geringerer Anzahl vertreten sind.

Brand – Die Eiche wird überwachsen

Naturwaldreservat der ersten Stunde

Der 14 Hektar große Naturwald Brand zählt zu den „Altreservaten" der ersten Ausweisungsphase zu Beginn der 1970er Jahre. Die Fläche liegt im gleichnamigen Waldnaturschutzgebiet westlich von Wathlingen in der Südheide.

Der Naturwald Brand ist ein ehemaliger Auenwald in der Allerniederung, der durch wasserbauliche Maßnahmen sowohl von Überflutungen abgeschnitten wurde als auch eine Grundwasserabsenkung erfahren hat. Die Böden sind mehrschichtig aufgebaut und bestehen aus Feinsanden und verlehmten → Geschiebesanden. Das für die Baumwurzeln leicht erreichbare Grundwasser und eine → eutrophe Nährstoffversorgung schaffen günstige Wachstumsbedingungen.

Abb. 5.1.2.2_1

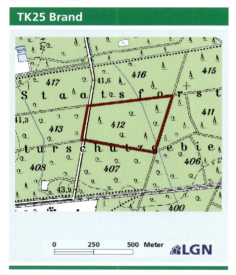

TK25 Brand

Abb. 5.1.2.2_2

Lange Besiedlungsgeschichte

Sinkender Grundwasserspiegel

Die Besiedlung des Waldgebietes lässt sich bis auf das 13. Jh. zurückverfolgen *(Tab. 5.1.2.2_1)*. Zur Zeit der → Kurhannoverschen Landesaufnahme war die heutige Fläche des Naturwaldes schütter bewaldet, während Feuchtwiesen die umgebende Landschaft prägten. Der Name des Naturwaldes sowie der des angrenzenden Forstortes „Hellmannskohlen" belegen eine intensive Nutzung für die Herstellung von Holzkohle. Mittlerweile ist der Naturwald Brand in ein größeres Waldgebiet eingebettet, in dem feuchte bis → frische Eichen-Hainbuchenwälder sowie im Bereich kleiner Bachläufe außerdem Erlen-Eschenwälder einen erheblichen Anteil einnehmen. In den letzten Jahrzehnten ist in Folge der Flurbereinigung der Grundwasserspiegel stark gesunken *(Tab. 5.1.2.2_1)*. Dies lässt sich u. a. daran ablesen, dass der sog. „Fließgraben", ein ca. 1870 gebauter Entwässerungsgraben, häufig trocken fällt. Die Entwicklungsbedingungen für den Wald haben sich also entscheidend geändert.

Tab. 5.1.2.2_1

Chronik des Naturwaldes Brand

— **1221**: Nienhagen: Klostergründung mitten im Wald

— **1228**: Zur Unterstützung des Klosters wird einigen Bauern das Recht zur Ansiedlung eingeräumt. Nach wenigen Jahren wird das Kloster zugunsten des Klosters Wienhausen wieder aufgegeben. Die Siedler dürfen bleiben

— **1781**: Schüttere Laubwaldbestockung in einer ansonsten durch Feuchtwiesen geprägten Landschaft

— **1898**: Entdeckung eines Salzstocks; Aufbau des Kaliwerkes „Niedersachsen" in Wathlingen

— **1920er Jahre**: Entdeckung von Erdölvorkommen in Nienhagen

— **1930–1940**: Nienhagen ist das größte deutsche Erdölfördergebiet. In der NW-Ecke des Naturwaldes befindet sich ein Öl-Bohrplatz, der nach der Einstellung der Förderung mit Lärche aufgeforstet wurde

— **1945**: Bombardierung der Ölförderanlagen und Servicebetriebe im Wald; es entsteht ein Bombenkrater im Naturwald

— **1972**: Windwürfe und -brüche, vor allem bei Fichten, die einen geringen Anteil an der Bestockung hatten

— **1973**: Eichen bilden die Oberschicht, Hainbuchen und Buchen die Mittelschicht

— **1974**: Ausweisung als Naturwald. In niederschlagsreichen Perioden häufig Oberflächenwasser

— **1970er Jahre**: Flurbereinigung mit nachfolgender Grundwasserabsenkung

— **1976**: Starker Wilddruck. Fichten sind aus dem Naturwald herausgezogen worden

— **1985**: Ausweisung des 478 Hektar großen Naturschutzgebietes Brand

— **1993**: Stilllegung und vollständige Renaturierung des Erdöl-Betriebsgeländes

— **1996**: Einstellung der Kaliproduktion

— **1997**: Starker Gewittersturm im Sommer: ca. 3000–4000 Fm Schadholzanfall im gesamten Forstort, der Naturwald ist auch betroffen

Abb. 5.1.2.2_3

Altersstruktur

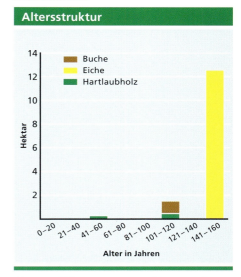

Naturwald Brand: Altersstruktur nach Baumartengruppen (Forsteinrichtung 1996)

Abb. 5.1.2.2_4

Die Altersstruktur des Naturwaldes ist recht einheitlich. Rund 150-jährige Stieleichen und eine vollflächig vorhandene → Unter- und → Zwischenschicht aus ca. 100-jährigen Hainbuchen bestimmen das Waldbild *(Abb. 5.1.2.2_3)*. Einzelne ebenfalls rund 100-jährige Buchen sind zusammen mit Eschen eingemischt. Nach der Waldbiotopkartierung wurde der Naturwald vollständig dem feuchten Stieleichen-Hainbuchenwald als → natürlicher Waldgesellschaft zugeordnet.

Seit seiner Ausweisung als Naturwald hat sich im Brand die Dichte der Baumschicht stetig erhöht, bis ein Gewittersturm im Jahr 1997 zahlreiche Bäume gebrochen und geworfen hat *(Abb. 5.1.2.2_4)*. Schlagartig gelangten mehr Licht und Wärme an den Waldboden. Im Wurzelraum hat sich die Konkurrenz um Wasser und Nährstoffe entspannt. So haben nun auch junge Bäume die Chance, sich zu entwickeln. Dabei ist anzunehmen, dass Buche, Hainbuche und Esche diese Gelegenheit besser nutzen können als die Stieleiche.

Die Strukturdaten der letzten beiden Aufnahmen der Kernfläche spiegeln noch die Verhältnisse vor dem Sturm wider *(Tab. 5.1.2.2_2)*. Sie zeigen die Dominanz der Eiche und die damals vergleichsweise hohen → Grundflächen- und → Vorratswerte. Neben Eiche und Hainbuche erreichen Buche und Esche – bezogen auf die Grundfläche – Anteile von 7–8 %.

Tab. 5.1.2.2_2

Strukturdaten					
Baumart	**Aufnahmejahr**	**Stehend**			
	und Differenz	**Lebend**			**Tot**
		Stammzahl [N/ha]	Grundfläche [m²/ha]	Volumen [m³/ha]	Stammzahl [N/ha]
Stieleiche	1985	112	22,3	327	2
	Diff.	+1	+2,7	+50	—
Hainbuche	1985	263	7,3	71	14
	Diff.	+2	+0,8	+14	+11
Esche	1985	11	2,3	37	2
	Diff.	+2	+0,3	+8	+2
Buche	1985	60	2,7	31	2
	Diff.	+2	+0,6	+9	+2
Sonstige	1985	1	0	0	—
	Diff.	+1	0	0	—
Summe	**1985**	**468**	**35,0**	**466**	**20**
	Diff.	**+18**	**+4,7**	**+81**	**+15**

* Derbholzvolumen aller stehenden und liegenden Objekte mit einem BHD ≥ 7 cm. Nähere allgemeine Erläuterungen siehe Anhang.

Naturwald Brand: Strukturdaten der Kernfläche (letzte Aufnahme 1985 und deren Differenz zu 1975)

Gewittersturm 1997

Durch den Sturm sind große Mengen an → Totholz entstanden. Eine noch im gleichen Jahr durchgeführte Erhebung ergab rund 419 m³ stehendes und liegendes Totholz auf der gesamten Naturwaldfläche. Davon stammten allerdings 70 m³ aus Störereignissen vor 1997. Allein durch den Gewittersturm wurde jedoch der Totholzvorrat innerhalb weniger Minuten von 5 m³ auf 30 m³ je Hektar angehoben *(Abb. 5.1.2.2_5)*. Am häufigsten kam es zu Windbruch. Die Baumarten der → Oberschicht wurden in etwa gleich stark geschädigt. Selbst bei der als besonders standfest bekannten Eiche entspricht ihr Anteil an der Totholzmenge in etwa ihrem Anteil im lebenden Bestand. Nur die Hainbuche ist glimpflich davongekommen, offenbar weil sie in der Mittel- und Zwischenschicht vor den Windböen besser geschützt war.

Abb. 5.1.2.2_5

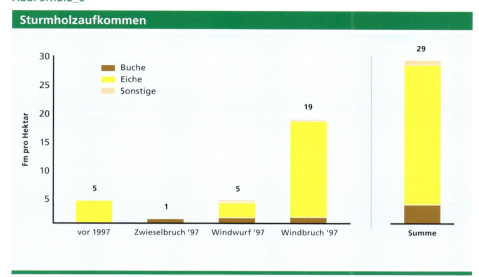

Naturwald Brand: Sturmholzaufkommen nach Gewittersturm 1997

Im Gegensatz zu der früheren Einordnung als natürlicher Sternmieren-Eichen-Hainbuchenwald ist heute anzunehmen, dass der Flattergras-Buchenwald die natürliche → Waldgesellschaft im Brand darstellt. In der Kronenschicht zeichnet sich bereits ab, dass die Eiche den mitwachsenden Buchen, Eschen und z.T. sogar den Hainbuchen unterlegen ist *(Abb. 5.1.2.2_5)*. Die Buche holt die Eiche in ihrem Höhenwachstum schon bei einem Durchmesser von 30 cm ein und bedrängt sie in der Krone. Als Ursache für diese Entwicklung dürfte die Absenkung des Grundwasserspiegels eine entscheidende Rolle spielen.

Buche wächst schneller als Eiche in die Höhe

Abb. 5.1.2.2_6

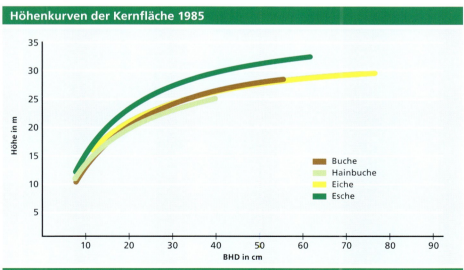

Naturwald Brand: Höhenkurven der wichtigsten Baumarten der Kernfläche 1985

Altes Gehege – Mosaik der Waldgesellschaften

Laubwald in Nadelwaldgebiet

Das Alte Gehege liegt in einem durch Nadelbäume geprägten Waldgebiet südlich von Uelzen und südwestlich der Ortschaft Stadensen. Der heute rund 24 Hektar große Naturwald wurde Anfang der 1970er Jahre zunächst auf einer Fläche von etwa 14 Hektar ausgewiesen und schließlich in den Jahren 1996 und 2000 auf seine heutige Größe erweitert.

Ein kleiner Bach sowie mehrere Entwässerungsgräben durchziehen das Gebiet. Daneben gibt es insbesondere im Süden, Westen und Nordosten zahlreiche abflusslose Senken. Innerhalb des Naturwaldes steigt das Gelände von Ost nach West um 10 m an. Im Naturwald herrschen tonige → Beckenabsätze als geologisches Ausgangssubstrat vor. Diese sind z. T. kalkhaltig und z. T. von Sand überlagert. Daneben finden sich mosaikartig eingestreut → Geschiebedecksande mit unterschiedlichem Lehmgehalt. Auf etwa drei Viertel seiner Fläche werden die Böden des Naturwaldes mehr oder weniger stark durch Grundwasser beeinflusst. Dabei ist ein kleinflächiger Wechsel von sehr hohem Grundwasserstand und grundwasserferneren Bereichen typisch. Im Zuge der letzten Erweiterung wurde zudem ein Erlen-Quellmoor integriert, ein → Standort, der sonst im Flachland sehr selten ist. Nur auf ca. 10 % der Naturwaldfläche finden sich → frische oder → sommertrockene Standorte. Die Nährstoffversorgung ist je nach Beeinflussung durch das kalkhaltige Grundwasser → mesotroph bis → eutroph und zeigt einen nach Süden ansteigenden Trend.

Kleinflächig wechselnde Standorte

Abb. 5.1.2.3_1

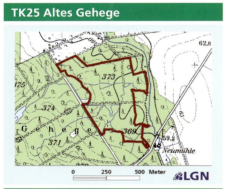

Abb. 5.1.2.3_2

Beim Alten Gehege handelt es sich um einen → historisch alten Laubwald *(Tab. 5.1.2.3_1)*, der sich über Jahrhunderte im landesherrlichen Besitz befunden hat. Nach dem Brand von Stadensen im beginnenden 19. Jh. wurden die Altbestände nahezu vollflächig genutzt. Nur junge und mittelalte Partien blieben verschont. Danach war die Bewirtschaftung des Gebietes durch eine laubholzbetonte und vergleichsweise schonende, spätestens ab den 1950er Jahren auch einzelstammweise Nutzung gekennzeichnet. Anders als in weiten Teilen Nordwestdeutschlands wurde das Alte Gehege offenbar nur wenig beweidet.

Jahrhundertelang in landesherrlichem Besitz

Tab. 5.1.2.3_1

Chronik des Naturwaldes Altes Gehege

— **1335**: Ein Ritter aus Wrestedt verkauft die Mastnutzung in den „Buchenwäldern bei Stadensen" an das Kloster Oldenstadt

— **1531**: Der Name „Altes Gehege" taucht in den Quellen erstmalig auf, als das Gebiet in Folge der Säkularisation des Klosters zusammen mit dem übrigen Klosterbesitz unter die Verwaltung des Klosteramtes Oldenstadt kommt. Zusammen mit den Forsten „Breitenhees" und „Barnbruch" wird es unter die Aufsicht des reitenden Försters zu Stadensen gestellt. Seitdem befindet sich das Alte Gehege in landesherrlichem Besitz

— **17. Jh.**: Der Baumbestand besteht aus Eichen und Buchen sowie Weichholz. Mast- und Weiderechte sowie Holznutzung stehen allein der Herrschaft zu. Trotz kleinerer Übergriffe scheint die Waldweide im Alten Gehege wohl niemals größere Ausmaße erreicht zu haben

— **18. Jh.**: Erste Entwässerungsmaßnahmen

— **1777**: Der heutige Naturwald ist ein geschlossenes Laubwaldgebiet

— **1802**: Brand von Stadensen. Der Wiederaufbau dauert Jahre: Im Alten Gehege werden fast alle Altbestände als Bauholz genutzt

— **1819**: Bis auf einen kleinen Buchen-Altholzrest sind alle Bestände (mittelalte Buchen und Eichen sowie junge Birken und Erlen) unter 60 Jahre alt

— **1848**: Übergang zum Hochwaldbetrieb mit Eichen- und Fichtenpflanzungen

— **1889**: Der nördliche Teil des heutigen Naturwaldes ist mit einem 120- bis 160-jährigen, aufgelichteten Buchenbestand mit eingemischten Eichen und Birken bewachsen. Darunter finden sich 5- bis 10-jährige Buchen sowie Eichen aus Naturverjüngung

— **1. Weltkrieg**: Der Eintrieb von Schweinen und Rindern in die Staatsforsten wird erlaubt, um die Not der Bevölkerung zu lindern

— **1950er Jahre**: Der Mischbestand aus Buchen, Eichen und Edellaubholz wird im Hochwaldbetrieb mit z. T. einzelstammweiser Nutzung bewirtschaftet Birken werden entnommen, Eschen und Eichen freigestellt. Es finden regelmäßig Grabenräumungen statt. Die Feuchtwiesen im Bornbachtal östlich des Naturwaldes werden mit Schwarzerle aufgeforstet

— **ca. ab 1960**: Langsame, stetige Grundwasserabsenkung

— **1961**: Letzte forstliche Eingriffe: Durchforstung und Brennholznutzung durch Selbstwerber

— **1972**: Ausweisung als Naturwald

— **1994**: Erweiterung des Naturwaldes um Abt. 373c3

— **1996**: Erweiterung auf die heutige Größe

*Reiche
Baumartenpalette*

Bei großer Altersspanne weist das Alte Gehege eine reiche Palette an Baumarten auf *(Abb. 5.1.2.3_3* und *5.1.2.3_4)*. Prägend sind mittelalte bis alte, meist mehrschichtige Bestände, die trotz des hohen Anteils an Standorten mit Wasserüberschuss von der Buche dominiert werden.

Auf dem Quellmoor dominiert die Erle. Als Mischbaumarten finden sich hauptsächlich Stiel- und Traubeneiche, Hainbuche, Erle, Esche und Fichte. Daneben kommen auch Bergahorn, Strobe, Douglasie, Birke, Weißtanne und Sandbirke in geringeren Anteilen vor.

Abb. 5.1.2.3_3

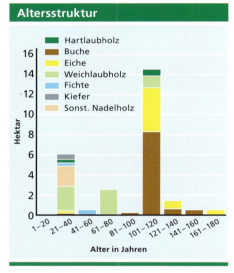

Naturwald Altes Gehege: Altersstruktur nach Baumartengruppen (Forsteinrichtung 1994)

Abb. 5.1.2.3_4

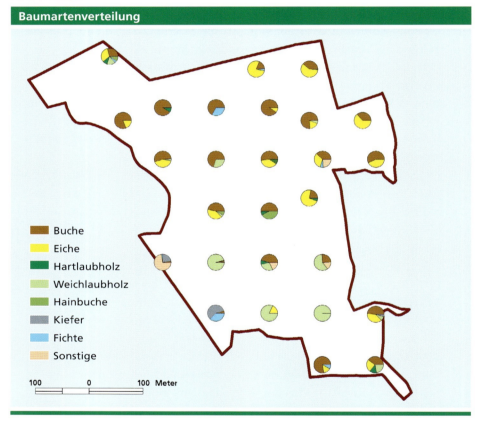

Naturwald Altes Gehege: Baumartenanteile in den Probekreisen 2003

Die Ergebnisse der jüngsten Inventur aus dem Jahr 2003 ergeben einen mittleren → Derbholzvorrat von rund 500 m³ je Hektar, von dem allein die Buche mehr als 40 % ausmacht *(Tab. 5.1.2.3_2)*. Es folgen Eiche und Erle, während die anderen Baumarten in deutlich geringeren Anteilen vertreten sind. Die → Totholzmenge bewegt sich mit 12 m³ je Hektar angesichts des hohen lebenden Vorrates auf einem vergleichsweise niedrigen Niveau.

Von besonderem wissenschaftlichen Interesse ist im Naturwald Altes Gehege die Frage nach der Konkurrenzkraft der vorhandenen Baumarten in Abhängigkeit von den Standortsverhältnissen, und hier insbesondere der kleinflächig wechselnden Wasserversorgung. H. Schöffel ist 1989 dieser Frage im Rahmen seiner Diplomarbeit nachgegangen und kam dabei für den „alten" Teil des Naturwaldes zu interessanten Ergebnissen. So konnte er zeigen, dass die Buche der Eiche auf nahezu allen Standorten überlegen ist. Mit zunehmender Vernässung lässt allerdings ihre Wuchsleistung nach, während diejenige der Eiche steigt. Letztere kann aber erst in den nassesten Bereichen das Niveau der Buche erreichen, sodass sie nur in Senken oder in größeren Gruppen vor ihrer Konkurrenz geschützt ist.

Buche ist Eiche überlegen

Aufgrund seiner Vegetationsaufnahmen scheidet H. Schöffel insgesamt 11 derzeit im Alten Gehege vorkommende Waldgesellschaften aus: Buchen- und Buchen-Eichenwälder verschiedener Feuchte- und Trophiestufen wechseln mit (Eschen-)-Erlen-Eichenwald, Bacheschenwald und Erlenbruchwald ab. Bemerkenswert ist, dass die Buche als Mischbaumart selbst in den → azonalen → Waldgesellschaften vertreten ist. Insgesamt geht H. Schöffel davon aus, dass in der → potenziellen natürlichen Waldvegetation des Alten Geheges Buchenwälder bis auf die nassen Senken und die Standorte entlang der Bäche vorherrschen würden.

Tab. 5.1.2.3_2

Strukturdaten				
Baumart	**Stehender lebender Bestand**			**Totholz gesamt**
	Stammzahl [N/ha]	Grundfläche [m²/ha]	Volumen [m³/ha]	Volumen [m³/ha]*
Buche	249	15,4	214	0
Eiche	68	8,8	131	11
Erle	60	5,8	77	0
Fichte	37	1,4	14	0
Kiefer	22	1,2	12	0
Esche	13	0,6	8	0
Hainbuche	11	0,6	7	—
Sonstige	34	2	32	1
Summe	**496**	**36,0**	**494**	**12**

* = Derbholzvolumen ab einem Durchmesser ≥ 30 cm. Nähere allgemeine Erläuterungen siehe Anhang

Naturwald Altes Gehege: Ergebnisse der Probekreisaufnahmen für den Derbholzbestand (2003)

Ringelah – Mit Technik zurück zum Laubwald

Am Westrand des Ringelah nordwestlich von Gifhorn wurde im Jahr 2000 der knapp 43 Hektar große Naturwald Ringelah ausgewiesen.

In Folge von hoch anstehendem Grundwasser haben sich auf mehr als der Hälfte der Naturwaldfläche schwach → mesotrophe Moorstandorte mit einer Torfauflage von 15–30 cm über silikatarmen → Geschiebesanden entwickelt. Im Osten und Norden gehen diese in sehr stark → grundwasserbeeinflusste, → anmoorige → oligotrophe → Standorte über.

Große Teile des Naturwaldes werden von mehreren kleinen und zwei größeren Gräben nach Westen hin entwässert: dem „Alten Graben", mit einem relativ naturnahen Verlauf und dem nördlich davon schnurgerade verlaufenden „Neuen Graben" *(Abb. 5.1.2.4_1)*. Einige Jahre vor der Naturwaldausweisung wurden erste Maßnahmen zur Wiedervernässung des Gebietes ergriffen. Dadurch verlandet der „Neue Graben" inzwischen zunehmend, während der „Alte Graben" sich langsam zu einem natürlichen Fließgewässer zurückentwickelt.

Abb. 5.1.2.4_1

TK25 Ringelah

Abb. 5.1.2.4_2

Aufgrund der immer noch anhaltenden Entwässerung entspricht die → natürliche Waldgesellschaft im Osten des Gebietes dem Buchen-Stieleichen-Mischwald, während im nährstoffärmeren Westen und Norden ein feuchter Birken-Stieleichen-Mischwald als natürlich anzunehmen ist.

Der Naturwald Ringelah ist ein → historisch alter Waldstandort, der jedoch insbesondere ab den 1950er Jahren tief greifend verändert wurde *(Tab. 5.1.2.4_1)*. Ende des 18. Jh. war er als „Königliches Gehäge" von einem Grenzwall umgeben und locker mit Laubbäumen bestockt. Rund 100 Jahre später wurden Nadelbäume auf die zuvor durch Gräben entwässerten Kulturflächen eingebracht. Ab den 1980er Jahren wurde schließlich der Laubholzanbau mit Stieleiche, Hainbuche und Buche intensiviert.

Tief greifende Standortsveränderungen

Charakteristisch für den Naturwald ist eine bunte Mischung aus Laub- und Nadelbäumen in einer weiten Altersspanne *(Abb. 5.1.2.4_3)*. Die wichtigsten Baumarten in der herrschenden Schicht sind Stieleiche, Kiefer, Fichte und Birke. Da viele Bestände erst nach dem Krieg entstanden sind, finden sich auf großer Fläche junge bis mittelalte Wälder in einem Alter unter 60 Jahren.

Große Baumartenvielfalt

Der Naturwald repräsentiert die in Niedersachsen weit verbreiteten armen Sandstandorte im Grundwasserbereich. Da er erst seit relativ kurzer Zeit besteht, liegen noch keine eigenen Untersuchungsergebnisse vor. Im Blickfeld der künftigen Untersuchungen steht die Wald- → Sukzession auf grundwassergeprägten, armen Standorten, ausgehend von unterschiedlich naturnahen Beständen.

Tab. 5.1.2.4_1

Chronik des Naturwaldes Ringelah

— **1780**: „Der Ringelah Königl. Gehäge" ist ein Laubwald
— **Ende 19. Jh.**: Beginn des Einbringens von Nadelbaumarten
— **ab 1950**: Weitere Anlage von Nadelholzkulturen und Bau von Entwässerungsgräben
— **ab 1980**: Laubholzanbau mit Stieleiche, Hainbuche und Buche. Bewirtschaftung im Kahlschlag mit anschließender Schlagräumung und tief greifender Bodenbearbeitung. Anlage von Entwässerungsgräben zur Erleichterung der anschließenden Pflanzmaßnahmen
— **2000**: Ausweisung als Naturwald, Maßnahmen zur Wiedervernässung
— **2000–2004**: Absterbeprozesse bei Eiche

Abb. 5.1.2.4_3

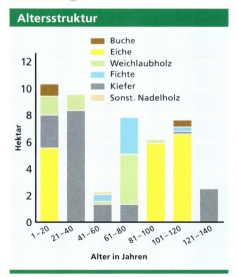

Altersstruktur

Naturwald Ringelah: Altersstruktur nach Baumartengruppen (Forsteinrichtung 1996)

*Im Naturschutzgebiet
„Breeser Grund"*

Abb. 5.1.2.5_1

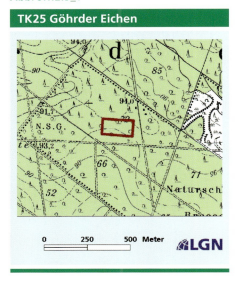

TK25 Göhrder Eichen

0   250   500 Meter **LGN**

Buchenanteil gestiegen

Göhrder Eichen – Zeugen des Weidewaldes

Die Göhrder Eichen zählen zu den Naturwäldern der ersten Generation. Mit einer Flächengröße von 2 Hektar sind sie gleichzeitig das kleinste Gebiet im niedersächsischen Naturwaldprogramm. Der Naturwald ist Bestandteil des seit 1985 existierenden Naturschutzgebietes „Breeser Grund".

Die aus verlehmten → Geschiebesanden über unverlehmten Sanden hervorgegangenen Oberböden weisen einen mäßig → frischen Wasserhaushalt und eine schwach → mesotrophe Nährstoffversorgung auf.

In dem → historisch alten Laubwaldgebiet „Göhrde" wurde die Buche durch den Menschen stark zurückgedrängt *(Tab. 5.1.2.5_1)*. Als → Mastbaum und → Oberständer spielt stattdessen bis heute die Traubeneiche eine herausragende Rolle. 1777 betrug der Eichenanteil in der Göhrde 70 %, während die Buche nur mit 5 % vertreten war. Bis heute zeugen die knorrigen Alteichen im Naturschutzgebiet „Breeser Grund" von der langen → Hutewaldtradition des Gebietes. Hier konnten die historischen Waldstrukturen auf einer Fläche von 37 Hektar erhalten und damit die Heimat des Hirschkäfers vorerst gesichert werden. Einzigartig in Niedersachsen ist in den Alteichen ein Vorkommen von baumbrütenden Mauerseglern. Das Bestandesbild der Göhrder Eichen lässt noch den Aufbau des früheren Weidewaldes erkennen *(Abb. 5.1.2.5_3)*.

Aktuell dominieren im Naturwald ca. 290-jährige Traubeneichen, wahrscheinlich ehemalige Mastbäume bzw. Oberständer der historischen → Mittel- und Hutewaldwirtschaft, denen 125- und 175-jährige Buchen beigemischt sind. Die Unter- und Mittelschicht bilden etwas mehr als 60 Jahre alte Buchen. Als → natürliche Waldgesellschaft kann der Drahtschmielen-Buchenwald angenommen werden.

Derzeit besteht der Naturwald aus einer gezäunten und einer ungezäunten Untersuchungsfläche. Von der Fläche im Zaun liegen Vollaufnahmen aus den Jahren 1973, 1983 und 1992 vor. Die entsprechenden Strukturdaten zeigen, dass die Buche ihren Anteil insbesondere durch → Einwuchs erheblich erhöht hat *(Tab. 5.1.2.5_2)*.

Abb. 5.1.2.5_2

Traubeneiche und Buche besetzen deutlich getrennte Bereiche der Durchmesserverteilung: Die Traubeneichen nehmen das Spektrum ab 55 cm bis zu einem
maximalen Durchmesser von 100 cm ein *(Abb. 5.1.2.5_4)*. Dagegen wachsen viele
junge Buchen erst in die niedrigeren Durchmesserklassen ein und erreichen maximal eine Dimension von 74 cm.

Von verschiedener Seite wird das Vorhandensein von → Naturverjüngung hervorgehoben. Junge Eichen finden sich allerdings nur innerhalb des Zaunes. Wie
die Inventur aus dem Jahr 1992 zeigt *(Abb. 5.1.2.4_5)*, nimmt die Stückzahl der
jungen Eichen mit zunehmender Höhe deutlich ab, während die Buche einen
gegenläufigen Trend zeigt: ein deutlicher Hinweis auf die überlegene Durchset-
zungskraft der Buchen-Naturverjüngung, die sich letztendlich auch in der Entwicklung der Durchmesserverteilung widerspiegelt.

Junge Eichen nur im Zaun

Tab. 5.1.2.5_1

Chronik des Naturwaldes Göhrder Eichen

- **Ende des Mittelalters**: Die Waldbewohner in der Göhrde werden wegen
  der Jagdleidenschaft der niedersächsischen Landesfürsten zwangsausge-
  siedelt. Die Dörfer verfallen, und die Göhrde wird zu einem großen, dünn
  besiedelten Waldgebiet, in dem vor allem die Herzöge von Braunschweig-
  Lüneburg große Jagden veranstalten
- **1706**: Die Göhrde besteht aus „mehrentheils Eichen, stellenweise etwas
  Buchen, Birken, Baumespen, wenig Hainbuchen und Dannenholtz in
  2 Örtern" (aus: Specificatio der im Amt Hitzacker vorhandenen Holtzungen)
- **bis 1776**: Das Landschaftsbild der Göhrde wird durch die landwirtschaftliche
  Waldnutzung mit Waldweide, Streunutzung und Plaggenhieb bestimmt
- **1776**: Oberforstmeister von Haren nimmt eine forstliche Neuordnung der
  Göhrde vor. Im Folgenden werden die Hutebestände in Nadelholz umgewandelt. Nur im Bereich der Revierförsterei Riebrau bleiben Laubwaldflächen erhalten
- **1777**: Die Göhrder Eichen sind als Laubwaldgebiet auf der Kurhannoverschen Landesaufnahme verzeichnet. Der Eichenanteil in der Göhrde
  beträgt 70 %. Birken kommen mit 25 % und die Buche nur mit 5 % vor
- **1766 – 1837**: Die Jagd in der Göhrde ist verpachtet, der Wald wird vor allem
  forstwirtschaftlich genutzt
- **1789**: In der Göhrde weiden noch 1166 Stück Hornvieh und 27 Pferde aus
  den umliegenden Dörfern
- **1873**: Das heutige NSG „Breeser Grund" (inkl. Naturwald) ist mit Eichenwald, bestockt, z. T. in Mischung mit Buchen, Fichten oder Kiefern
- **1937**: Abteilungen 93, 94 und 71 außerhalb des heutigen Naturwaldes
  werden aus der Nutzung genommen
- **1960**: Umwandlung der Abteilung 71 in Fichte
- **1972**: Ausweisung als Naturwald auf einer Fläche von rund 16 Hektar.
  Die vorsichtige Nutzung von absterbenden oder geworfenen Wertholz-
  stämmen außerhalb der Kernflächen bleibt erlaubt
- **1976**: Zäunung der östlichen (früher westlichen) Kernfläche 2
- **1985**: Ausweisung des 187 ha großen Naturschutzgebietes „Breeser Grund"
- **1990**: Reduktion des Naturwaldes auf die alte Kernfläche 2 und eine westlich anschließende 1 Hektar große Fläche

Abb. 5.1.2.5_3

Strukturprofil

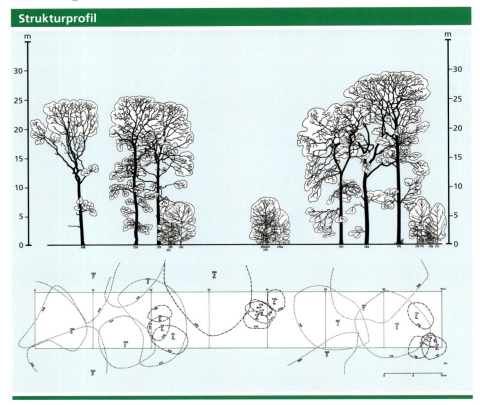

Naturwald Göhrder Eichen: Waldstruktur der gezäunten Kernfläche im Jahr 1973

Ein Paradies für Höhlenbrüter

R. Alpers, J. und T. Grützmann sowie P. Mannes führten im Jahr 1973 vogelkundliche Erhebungen im Naturwald Göhrder Eichen durch. Sie konnten insgesamt 50 verschiedene Vogelarten nachweisen, die sich auf rund 38 % Freibrüter und 62 % Höhlenbrüter verteilten. Auffällig war die hohe Brutpaardichte des Stars, der offenbar durch die zahlreichen Spechthöhlen gefördert wurde.

R. Alpers und seine Kollegen betonen insgesamt die optimalen Voraussetzungen für Höhlenbrüter in diesem Naturwald. Hingegen waren die Bedingungen für Buschbrüter wie Zaunkönig, Heckenbraunelle, Mönchs- und Gartengrasmücke ungünstig, da die Buchen-Stangenhölzer keine Ansätze für die Anlage von Nestern und keinen Bewegungsraum für die Nahrungssuche

Tab. 5.1.2.5 _2

Strukturdaten

Baumart	Aufnahme-jahr und Differenz	Stehend			
		Lebend			Tot
		Stammzahl [N/ha]	Grundfläche [m²/ha]	Volumen [m³/ha]	Stammzahl [N/ha]
Traubeneiche	1992	51	21,6	324	1
	Diff.	−2	+2,3	+51	+1
Buche	1992	315	7,8	76	—
	Diff.	+162	+4,2	+40	—
Fichte	1992	2	0	0	—
	Diff.	+2	0	0	—
Summe	1992	369	29,7	401	1
	Diff.	+163	+6,8	+91	+1

Nähere allgemeine Erläuterungen siehe Anhang

Naturwald Göhrder Eichen: Strukturdaten der Kernfläche 2 (letzte Aufnahme 1992 und deren Differenz zu 1972)

geboten haben. Drosseln fehlten ebenfalls als Brutvögel, da offenbar die Boden-
fläche ohne Vegetationsdecke zu gering war. Der Baumpieper wurde wiederum
durch die Auflichtungen im Zuge der Ernte von Furniereichen begünstigt. Nach
wie vor dürften die Göhrder Eichen eine große Bedeutung für höhlenbrütende
Vogelarten haben. So weist der zuständige Revierleiter Ende der 1990er Jahre
auf das Vorkommen von Hohltaube und Raufußkauz hin.

Abb. 5.1.2.5_4

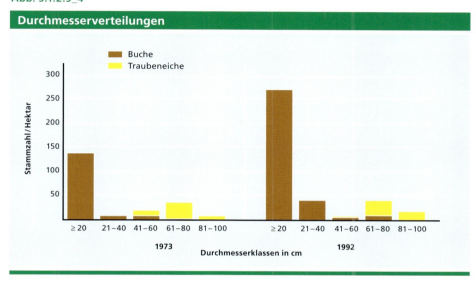

Abb. 5.1.2.5_5

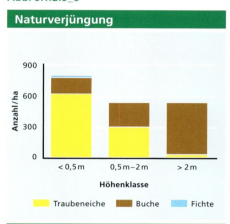

Naturwald Göhrder Eichen: Durchmesserverteilung der Kernfläche 1973 und 1992

Durch M. Hauck wurden Anfang der 1990er Jahre umfassende Kartierungen
der Flechtenflora in 7 buchen- und eichenreichen Laubwäldern Niedersachsens
durchgeführt. Zu den ausgewählten Flächen zählten auch das Naturschutzgebiet
„Breeser Grund" sowie ein in der Nähe liegender Laubwald mit alten Eichen und
Buchen. Neben der Landwehr *(Kap. 5.1.2.1)* weist der „Breeser Grund" mit 47
→ epiphytischen Flechten die höchste Artenzahl auf. Davon sind 5 Arten nach der
→ Roten Liste für Niedersachsen und Bremen vom Aussterben bedroht. Insgesamt
zählt fast die Hälfte zu den seltenen oder gefährdeten Arten. Die Untersuchungen unterstreichen die herausragende Bedeutung von → Hutewäldern mit altem
Baumbestand und einer langen → Habitatkontinuität für den Schutz der ausbrei-
tungsschwachen und daher stark gefährdeten Flechtenarten.

*Reiche Flechtenflora
im „Breeser Grund"*

Trotz ihrer geringen Flächengröße sind die Göhrder Eichen ein interessantes
Naturwaldgebiet. Hier kann der Übergang von den Strukturen des Weidewaldes
zu denen eines Naturwaldes dokumentiert werden. Wichtig ist die Frage, welche
Unterschiede zwischen den beiden Waldtypen bestehen und inwieweit der Hutewald über Jahrhunderte bis Jahrtausende Ersatzlebensraum für Arten war, die
auf die spezifischen Strukturen der → Alters- und → Zerfallsphase von Urwäldern
angewiesen sind.

Tüxenfläche – Auf der Suche nach dem Eichen-Birkenwald

Dass der Wald sich nicht immer so entwickelt, wie selbst namhafte Experten es erwarten, zeigt eindrucksvoll der Naturwald Tüxenfläche. Er befindet sich am Rand des Staatsforstes Oerrel nordwestlich von Lintzel an der Bahnstrecke Munster-Uelzen. Auf Anregung des berühmten norddeutschen Vegetationskundlers R. Tüxen wurden hier in den 1930er Jahren Sandbirke und Stieleiche eingesät. Damals ging man davon aus, dass der Birken-Eichenwald die natürliche → Schluss-waldgesellschaft in weiten Teilen des nordwestdeutschen Tieflandes bilden würde. Am Beispiel der Tüxenfläche sollte dessen natürliche Entwicklung beobachtet werden. Im Jahr 1972, rund 40 Jahre später, wurde das Gebiet schließlich in das niedersächsische Naturwaldprogramm aufgenommen.

Der Naturwald liegt auf einem Sandergebiet im Osten der Hohen Heide. Auf etwa 70 % der Fläche bilden über 2 m mächtige, einschichtige, nicht nennenswert verlehmte Sande das geologische Ausgangsmaterial. Im Westen der Fläche gehen diese in besser verlehmte Sande mit Sandunterlagerung über. Die Böden sind → oligotroph und mäßig → sommertrocken.

Die Tüxenfläche stellte im 18. und 19. Jh., ebenso wie große Teile ihrer Umgebung, eine weitgehend baumlose Heide dar. 1878–1884 wurde sie vorwiegend mit Kiefer, z. T. aber auch mit Birke und Eiche, aufgeforstet *(Tab. 5.1.2.6_1)*. Als im Jahr 1929 ein Teil der Fläche einem Waldbrand zum Opfer gefallen war, wurden dort auf Anregung von R. Tüxen flächig Birken und streifenweise Stieleichen nach Pflugkultur eingesät. Bis auf die Pflanzung von Fichten und Japanlärchen Anfang der 1950er Jahre erfolgten offenbar keine weiteren forstlichen Eingriffe.

Die in den 1930er Jahren gesäten Birken sind heute stark abgängig, aber durchaus noch bestandesprägend *(Abb. 5.1.2.6_2)*. Sie sind mit sehr unterschiedlich alten vitalen Fichten gemischt, die in der Regel aus → Naturverjüngung stammen.

Saat von Eichen und Birken

Abb. 5.1.2.6_1

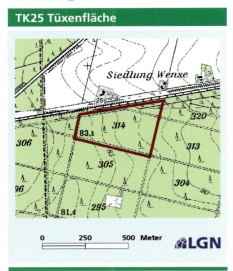

TK25 Tüxenfläche

Abb. 5.1.2.6_2

Tab. 5.1.2.6_1

Chronik des Naturwaldes Tüxenfläche

— **1775**: Unbewaldete Heidefläche

— **1878–1884**: Das Forstamt Oerrel entsteht durch den Ankauf von mehreren Höfen um Oerrel, Lintzel und Brambostel und die Aufforstung von ca. 5000 Hektar bisher landwirtschaftlich genutzter Flächen

— **1929**: Das Kiefern-Stangenholz auf der heutigen Naturwaldfläche brennt ab.

— **1935**: Auf Anregung von R. Tüxen wird nach Pflugkultur flächig Birke und streifenweise Stieleiche eingesät. In einem unbewirtschafteten Dauerversuch soll die unbeeinflusste Entwicklung dieser als Baumarten der natürlichen Waldgesellschaft angesehenen Arten beobachtet werden

— **1935–1971**: Weitgehend ungestörte Waldentwicklung

— **1972**: Erklärung zum Naturwald auf einer Fläche von 12,4 Hektar

— **1976**: Eichen-Naturverjüngung aus Hähersaat setzt ein

— **1977**: Zäunung der Kernfläche

— **1987**: Bestrebungen, den Naturwald wegen zu hohen Nadelholzanteils aufzulösen, wird nicht nachgegeben, da Kiefer und Fichte auf natürlichem Wege angekommen sind

Einzel- oder gruppenweise sind Kiefern eingestreut. Alte Eichen stehen noch zusammen mit Birken am Bahndamm im Norden des Naturwaldes. Jüngere Eichen sind selten, doch ist eine Ausbreitung von Eiche aus → Hähersaat innerhalb der gezäunten Kernfläche festzustellen (s. u.). Im Südwesten des Naturwaldes befindet sich ein mittelalter Bestand aus Fichten, Kiefern und Japanlärchen.

Die 1971 angelegte Kernfläche wurde anfangs vor allem von den beiden Birkenarten dominiert. Dies wird auch auf dem von G. Jaworski 1989 erstellten Bestandesprofil deutlich *(Abb. 5.1.2.6_4)*. Dort ist allerdings schon die nachwachsende Fichte deutlich erkennbar.

Fichte als wichtige Mischbaumart

Abb. 5.1.2.6_4

Strukturprofil

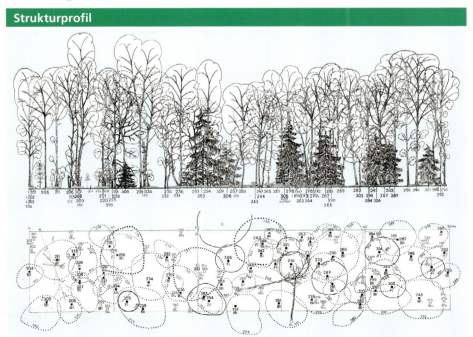

Naturwald Tüxenfläche: Waldstruktur der gezäunten Kernfläche im Jahr 1989

Abb. 5.1.2.6_3

Altersstruktur

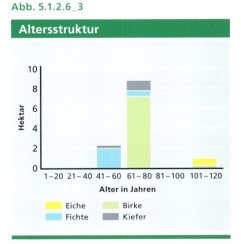

Eiche · Birke · Fichte · Kiefer

Naturwald Tüxenfläche: Altersstruktur nach Baumartengruppen (Forsteinrichtung 2002)

In den vergangenen 34 Jahren ist die Zahl der Birken stark zurückgegangen *(Tab. 5.1.2.6_2* und *Abb. 5.1.2.6_7)*. Parallel dazu hat sich die aus Anflug stammende Fichte zur dominanten Baumart entwickelt.

Abb. 5.1.2.6_5

Absenkerbildung bei der Fichte

Tab. 5.1.2.6_2

Strukturdaten

Baumart	Aufnahme-jahr und Differenz	Stehend				Liegend Tot	Totholz gesamt
		Lebend			Tot		
		Stammzahl [N/ha]	Grundfläche [m²/ha]	Volumen [m³/ha]	Stammzahl [N/ha]	Volumen [m³/ha]*	Volumen [m³/ha]*
Fichte	2005	490	15,6	110	—	0	0
	Diff.	+464	+15,3	+109	—	k.A.	k.A.
Sandbirke	2005	169	4,4	32	225	14	37
	Diff.	−835	−8,6	−33	+224	k.A.	k.A.
Moorbirke	2005	103	1,6	9	72	1	4
	Diff.	−72	−0,5	−1	+72	k.A.	k.A.
Kiefer	2005	65	1,4	9	10	0	0
	Diff.	+47	+1,1	+8	+10	k.A.	k.A.
Traubeneiche	2005	26	0,1	0	—	—	—
	Diff.	+26	+0,1	0	—	k.A.	k.A.
Eberesche	2005	0	—	—	—	0	0
	Diff.	−3	0	0	—	k.A.	k.A.
Summe	**2005**	**854**	**23,1**	**160**	**307**	**15**	**41**
	Diff.	**−372**	**+7,4**	**+83**	**+306**	**k.A.**	**k.A.**

* = Derbholzvolumen aller stehenden und liegenden Objekte mit einem BHD ≥ 7 cm. Nähere allgemeine Erläuterungen siehe Anhang

Naturwald Tüxenfläche: Strukturdaten der Kernfläche (letzte Aufnahme 2005 und deren Differenz zu 1995)

Bemerkenswert ist die häufig zu beobachtende →vegetative Vermehrung der Fichte über sich bewurzelnde Zweige (Absenker: *Abb. 5.1.2.6_5)*. Die „Mutterbäume" sind angesichts der lichten Überschirmung mit Birken tief beastet und die untersten Äste häufig von einer üppigen Moosschicht überwachsen, in der sie sich dann bewurzeln können. Diese vegetative Vermehrungsform wird ansonsten vor allem in der borealen Zone oder im Hochgebirge beobachtet und als Reaktion auf ungünstige Wuchsbedingungen wie eine kurze Vegetationszeit oder nährstoffarme Böden gedeutet. Sie ist eine effektive Strategie, um, ausgehend von samenbürtigen Einzelbäumen, den zur Verfügung stehenden Raum schnell zu erobern. G. Jaworski stellte fest, dass etwa die Hälfte aller Fichten-Jungpflanzen aus vegetativer Vermehrung stammten.

Eiche in der Verjüngung

Auch einigen Traubeneichen ist es gelungen, in den →Derbholzbestand einzuwachsen. Nach der jüngsten →Probekreisinventur ist die Traubeneiche in der Naturverjüngung die häufigste Baumart und dürfte ihren Anteil im Derbholzbestand zukünftig ausbauen können *(Abb. 5.1.2.6_6)*.

Viel stehendes Totholz

Ein hoher Anteil an →Birken-Totholz erhöht neben dem liegenden Totholz den Strukturreichtum der Fläche. Bemerkenswert ist die Menge des stehenden Totholzes, das auf die zahlreichen abgebrochenen Birken zurückgeht und hier ausnahmsweise den Wert des liegenden Totholzes deutlich übertrifft.

G. Jaworski untersuchte auch die Bodenvegetation und die Naturverjüngung. Dabei verglich er die Verhältnisse innerhalb und außerhalb des 1977 gebauten Zaunes.

Es ergaben sich erhebliche Unterschiede: Die Jungpflanzen innerhalb des Zaunes waren deutlich höher und zahlreicher. Junge Eichen hatten nur im Schutz des Zaunes überlebt. Nur außerhalb des Zaunes fanden sich in der Bodenvegetation die typischen Heide-Arten wie Besenheide, Feld-Hainsimse und Pillensegge. Dies dürfte mit den lichteren Verhältnissen zusammenhängen, da die → Verjüngungs- und die → Strauchschicht nur sehr spärlich ausgebildet waren. Einmal mehr erweist sich also der Wildverbiss als entscheidende Weichenstellung für die Waldentwicklung, die sich bis auf die Bodenvegetation auswirkt.

Weichenstellung durch Wildverbiss

In wenigen Jahrzehnten hat sich in der Tüxenfläche ein Artenwechsel vollzogen, der, gemessen an dem üblichen Tempo der Waldentwicklung, mit Recht als rasant bezeichnet werden kann. Sicherlich ist in einer Parallele zum Meninger Holz *(Kap. 5.1.1.4)* der hohe Sameneintrag aus den umgebenden Fichtenforsten eine wesentliche Ursache für die massive Einwanderung der Fichte. Interessant bleibt die Beobachtung der weiteren Entwicklung: Erhält die Eiche inmitten der Fichte noch eine Entwicklungschance, wie die Verjüngungsaufnahmen dies nahe legen? Oder beherrscht die Fichte bald alleinig das Bild? In jedem Fall hat der Versuch, den Eichen-Birkenwald zu etablieren, zu einer vor 70 Jahren so nicht erwarteten Entwicklung geführt.

Rasanter Baumartenwechsel

Abb. 5.1.2.6_7

Baumstandpunktkarten

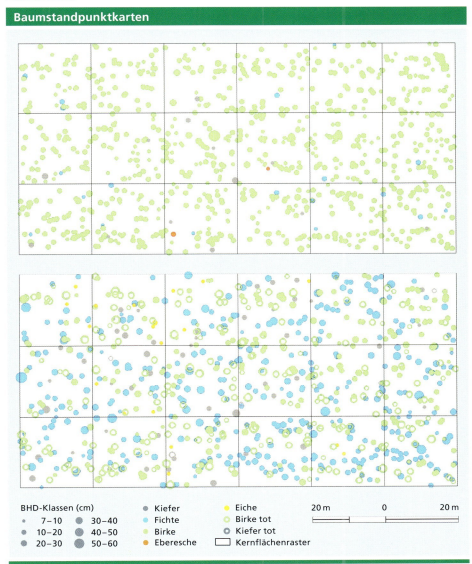

BHD-Klassen (cm)

7–10	● Kiefer	● Eiche
10–20	● Fichte	○ Birke tot
20–30	● Birke	◎ Kiefer tot
30–40	● Eberesche	▭ Kernflächenraster
40–50		
50–60		

20 m   0   20 m

Abb. 5.1.2.6_6

Naturverjüngung

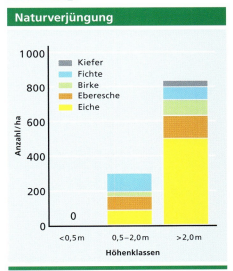

Naturwald Tüxenfläche: Ergebnisse der Kernflächenaufnahme für die Naturverjüngung (2005)

Naturwald Tüxenfläche: Vergleich der Baum-Standpunkte auf der Kernfläche 1971 und 1995

Buchenwälder

Lüßberg – Buchenwald seit Jahrhunderten

Nur wenige Buchenwälder der Hohen Heide haben die Zeit der Waldverwüstung und die nachfolgende Umwandlung von Laubwäldern in Nadelholzforste überlebt. Eine dieser seltenen, → historisch alten Buchenwälder ist der Lüßberg. Das Gebiet wurde 1974 als Naturwald ausgewiesen. Es befindet sich in einem großen, zusammenhängenden Waldgebiet östlich von Unterlüß. Nach Erweiterungen in den Jahren 1989 und 1996 beträgt die Naturwaldfläche heute rund 29 Hektar.

Buchenwaldrelikt in der Hohen Heide

Der Lüßberg stellt mit 130 m über NN die höchste Erhebung auf dem gleichnamigen „Lüßplateau" dar. Die Jahresniederschläge liegen hier mit rund 800 mm deutlich über dem Durchschnitt der „Hohen Heide".

Bodensaurer Standort

Das „Lüßplateau" wird aus Moränenbänken und → Schmelzwassersanden des → Drenthe- und → Warthe-Stadiums der → Saale-Vereisung aufgebaut. Die oberen Horizonte sind oft durch Schmelzwassersande geprägt, denen eine 30–70 cm starke Schicht schwach verlehmten → Geschiebedecksandes aufliegt. Die Wasserversorgung ist überwiegend mäßig → frisch und die Nährstoffversorgung schwach → mesotroph. Stellenweise finden sich auch Ein- und Zwischenlagerungen aus → Geschiebelehmen. Dort steigt die Nährstoffversorgung auf gut mesotroph und die Wasserversorgung auf frisch bis vorratsfrisch. Als Bodentyp herrschen stark podsolige → Braunerden vor. Die natürliche Vegetation ist der Drahtschmielen-Buchenwald.

Abb. 5.1.3.1_1

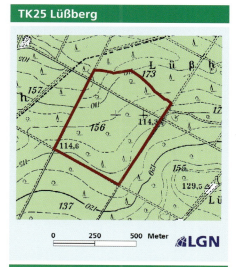

TK25 Lüßberg

Abb. 5.1.3.1_2

Schon die → Kurhannoversche Landesaufnahme von 1777/78 erfasste den Lüßberg als Laubwald. Das Gebiet war eine „Königliche Höltzung" und damit
ursprünglich Jagdgebiet der Herzöge von Celle. Damals dürfte die Eiche einen
erheblich höheren Anteil als heute gehabt haben. Von der Umwandlung vieler
Laubwälder der Umgebung in Kiefernbestände im 19. Jh. blieb der Lüßberg ausgenommen.

*Historisches Jagd-
gebiet*

Heute bestimmt ein über 180-jähriger Buchenbestand mit stamm- bis horst-
weise eingemischten, gleich alten Traubeneichen das Erscheinungsbild des Lüß-
bergs *(Abb. 5.1.3.1_3)*. Bereits 1973 war der Bestand, vermutlich aufgrund von
→ Schleimfluss- und Sturmschäden, stark aufgelockert. Des Weiteren liegen im
Naturwald ein derzeit 31-jähriger Buchen/Traubeneichen-Jungbestand sowie ein
60-jähriger Mischbestand aus Buche, Traubeneiche und Europäischer Lärche.

Alter Buchenwald

Tab. 5.1.3.1_1

Chronik des Naturwaldes Lüßberg
— **Mitte 18. Jh.**: Der „Lüßwald" wird als großes Waldgebiet mit Eichen, Buchen und Birken beschrieben
— **1778**: „Königliche Höltzung", Laubwald innerhalb eines großen Laub- und Laubmischwaldkomplexes, Jagdgebiet der Herzöge von Celle
— **1838**: Laubwald
— **1878**: Die Laubwaldflächen in der Umgebung sind zugunsten der Kiefer zurückgegangen. Die heutige Naturwaldfläche ist bis auf einen kleinen Teil im Südwesten mit Buche bestockt
— **1971**: Letzte Durchforstungs-Eingriffe im heutigen Naturwald
— **1972**: Einzelwürfe
— **1974**: Ausweisung als Naturwaldreservat
— **1976**: Mast von Buche und Eiche
— **1989**: Erweiterung des Naturwaldes
— **1991–1993**: Mastjahre von Buche und Eiche
— **1996**: Erweiterung des Naturwaldes. Die Buchen-Naturverjüngung wächst aus dem Rehwildäser heraus. Die Eichennaturverjüngung ist stark verbissen und vergeht infolge Lichtmangels. Befall der Eichen durch Frostspanner und Eichenwickler

Abb. 5.1.3.1_3

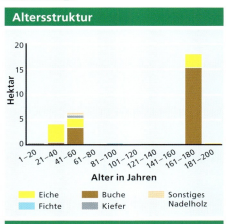

Naturwald Lüßberg: Altersstruktur nach
Baumartengruppen (Forsteinrichtung 1996)

Dominante Buche

Die Ergebnisse der → Probekreisinventuren aus den Jahren 1990 und 2000 zeigen die Dominanz der Buche bei insgesamt geringer Stammzahl-, → Grundflächen- und → Vorratshaltung *(Tab. 5.1.3.1_2)*. Auch der Vorratsaufbau fällt gering aus. Vereinzelt sind junge Buchen, Fichten und Lärchen aus der → Verjüngung in den → Derbholzbestand eingewachsen.

Abb. 5.1.3.1_4

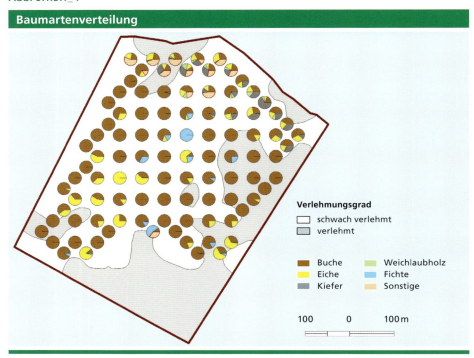

Baumartenverteilung

Verlehmungsgrad
☐ schwach verlehmt
☐ verlehmt

■ Buche   ■ Weichlaubholz
■ Eiche   ■ Fichte
■ Kiefer   ■ Sonstige

100   0   100 m

Naturwald Lüßberg: Baumartenanteile in den Probekreisen (2000) und Lehmgehalt des Bodens

Wuchskräftigere Böden mit höherem Lehmanteil

Als Hauptgründe für den geringen Vorratsaufbau kommen das vergleichsweise hohe Alter, der Ausfall von Buchen durch → Zunderschwammbefall und schließlich die ungünstige Nährstoffversorgung auf den überwiegend schwach verlehmten → Standorten in Betracht. Auf die Bedeutung des Lehmanteils für das Waldwachstum weisen Unterschiede in der Vorratshaltung hin: Der mittlere Vorrat auf verlehmten Standorten übertrifft mit 407 m³/ha den Wert der nur schwach verlehmten Standorte um rund 80 m³/ha.

Abb. 5.1.3.1_5

Trotz des zeitweise auffälligen Zunderschwammbefalls an den Altbuchen ist der → Totholzanteil recht gering. Dies geht u. a. darauf zurück, dass die vom Orkan 1972 geworfenen Bäume vor der Naturwaldausweisung genutzt wurden, der Lüßberg also mit einem sehr geringen Totholzvorrat seine Naturwaldentwicklung begonnen hat. Weitere Stürme und der Befall durch Zunderschwamm haben offenbar keinen relevanten Teil des Altbestandes zum Absterben bringen können.

R. Dietzel hat das Ausmaß und die Ursachen des Zunderschwammbefalls im Lüßberg näher untersucht. Er ermittelte eine Infektionsrate von rund 5 % des Buchenbestandes. Ob Rindenwunden als Eintrittspforten für diesen Holz zerstörenden Pilz dienen, hängt offenbar von der Art der Verletzung ab. Während

Konsole des Zunderschwammes

große offene Wunden, die schnell abtrocknen, selten befallen werden, scheinen kleinere Wunden, grobrissige Rinde und Astabbrüche, offensichtlich bessere Bedingungen für ein Eindringen des Pilzes zu bieten.

Auch in der → Verjüngungsschicht des Altbestandes dominiert die Buche *(Abb. 5.1.3.1_7)*. Die aus dem → Mastjahr 1990 stammenden Eichensämlinge waren bei der Wiederholungsaufnahme nach 10 Jahren nicht mehr vorhanden. Innerhalb des Gatters hat sich die Eichenverjüngung allerdings stellenweise noch bis ins Jahr 2004 gehalten, wird dort jedoch massiv von der Buchenverjüngung bedrängt.

Eiche im Zaun

Abb. 5.1.3.1_6

Naturwald Lüßberg: Entwicklung von jungen Eichen in der gezäunten Kernfläche von 1996 (links) bis 2004 (rechts)

Tab. 5.1.3.1_2

Strukturdaten							
Baumart	**Aufnahmejahr und Differenz**	**Stehend**				**Liegend Tot**	**Totholz gesamt**
		Lebend			**Tot**		
		Stammzahl [N/ha]	Grundfläche [m²/ha]	Volumen [m³/ha]	Stammzahl [N/ha]	Volumen [m³/ha]*	Volumen [m³/ha]*
Buche	2000	317	19,2	257	2	4	6
	Diff.	+30	+2,8	+44	0	0	0
Eiche	2000	91	3,9	46	13	1	3
	Diff.	−21	+0,3	+6	+12	0	+2
Kiefer	2000	26	1,6	15	1	0	0
	Diff.	−1	+0,4	+5	0	0	0
Fichte	2000	22	1,2	13	1	1	1
	Diff.	+6	+0,2	+3	—	0	0
Sonstige	2000	27	2,0	25	0	0	0
	Diff.	+5	+1,0	+8	0	0	0
Summe	**2000**	**483**	**28,0**	**356**	**17**	**6**	**10**
	Diff.	**+19**	**+4,2**	**+66**	**+13**	**0**	**+1**

* = Derbholzvolumen aller stehenden Objekte mit einem BHD ≥ 7 cm und aller liegenden Objekte mit einem Durchmesser am stärksten Ende ≥ 20 cm. Nähere allgemeine Erläuterungen siehe Anhang

Naturwald Lüßberg: Ergebnisse der Probekreisaufnahmen für den Derbholzbestand (letzte Aufnahme 2000 und deren Differenz zu 1990)

Abb. 5.1.3.1_7

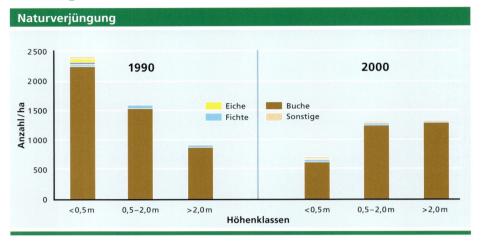

Naturwald Lüßberg: Ergebnisse der Probekreisaufnahmen für die Naturverjüngung 1990 und 2000

Kaum neue Verjüngung

Immerhin zeigt der Unterschied zur ungezäunten restlichen Fläche, dass die Entwicklung der Eiche durch Wildverbiss vollständig unterbunden werden kann. Die noch 1990 vorkommenden Kiefern fehlen ebenfalls bis auf wenige Einzelexemplare. Die Pflanzenzahl ist vor allem bei den Sämlingen stark zurückgegangen. Gegenwärtig gelingt es offenbar kaum noch Jungpflanzen, sich anzusamen.

Genetische Struktur

Im Lüßberg wurde die Buchen-Verjüngung von G. Schütte genetisch untersucht. Die Ergebnisse zeigen keinerlei Besonderheiten der genetischen Struktur im Vergleich zu anderen → pleistozänen Buchenwäldern. Ähnlich wie in anderen Buchenwäldern treten auch im Lüßberg gehäuft Jungpflanzen mit gleichen Erbinformationen im Radius einer Altbuchenkrone auf. Es bilden sich also „Familienstrukturen" heraus.

Das Kronendach schließt sich

Zusammen mit zwei weiteren Buchen-Naturwäldern im Bergland war der Lüßberg zudem Gegenstand einer detaillierten Untersuchung der Entwicklung des Kronenraumes. Auf der Basis von Luftbildern aus den Jahren 1977, 1990 und 2001 wurden alle Kronendachlücken über 20 m² Größe vermessen, um ein Bild von den

Abb. 5.1.3.1_8

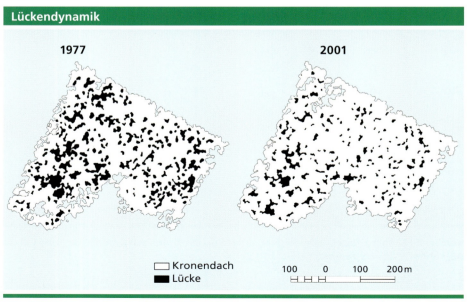

Naturwald Lüßberg: Entwicklung der Lücken im Kronendach von 1977 bis 2001

Wachstums- und Absterbeprozessen in der herrschenden Schicht dieses Naturwaldes zu gewinnen *(Abb. 5.1.3.1_8)*. Trotz des fortgeschrittenen Alters der
Buchen hat sich das anfangs aufgelockerte Kronendach deutlich geschlossen.
Betrug der Lückenanteil 1977 18 %, so waren 24 Jahre später nur noch 8 % der
Naturwaldfläche nicht von Baumkronen überschirmt. Die Altbäume am Lücken-
rand haben ihre Kronen je Jahr durchschnittlich um 9 cm in die Lücken ausge-
dehnt. Nach dem Novemberorkan 1972 ist im Lüßberg in einem Jahrzehnt
durchschnittlich nur eine neue Kronendachlücke pro Hektar entstanden. Würde
diese Entwicklung so weitergehen, so wären erst nach rund 1 600 Jahren alle
Altbäume in der herrschenden Schicht ausgetauscht. Da Buchen niemals ein so
hohes Alter erreichen können, muss in Zukunft eine erhebliche Beschleunigung
der Lückenbildung einsetzen.

M. Koperski kartierte 1997 die im Lüßberg vorkommenden Moose und Flechten.
Sie fand mit 9 Lebermoos-, 36 Laubmoos- und 12 Flechtenarten einen großen
Reichtum an z. T. auch seltenen Arten. So stehen 16 dieser Moos- und Flechtenarten auf der → Roten Liste. Etwa 7 Arten werden sogar als stark gefährdet oder
vom Aussterben bedroht eingestuft. Die alten Buchen bieten offenbar aufgrund
ihrer z. T. stark verborkten Rinde ein gut geeignetes Moos- und Flechtenhabitat.
Außerdem dürfte die stellenweise lichtere Bestandesstruktur die Entwicklung
von Flechten begünstigen. Möglicherweise spielt auch die → Habitatkontinuität
dieses historisch alten Buchenwaldes eine wichtige Rolle.

*Reiche Moos- und
Flechtenflora*

Der Lüßberg repräsentiert als seltenes Buchenwald-Relikt die großflächig
verbreiteten ärmeren Sandstandorte des Altpleistozäns in der „Hohen Heide".
Forschungsschwerpunkte sind das Konkurrenzverhalten von Eiche und Buche,
die Entwicklung von Fichtenbeimischungen auf Sandstandorten der Lüneburger
Heide sowie die Lücken- und Verjüngungsdynamik in dem vergleichsweise alten
und aufgelockerten Bestand.

Abb. 5.1.3.1_9

Stechpalmenwald – „Ilse bilse...

Vom christlichen Symbol zum Kulturhindernis

...niemand will'se, die böse Hülse". Dieser Spruch aus dem Bergischen Land verdeutlicht das zwiespältige Verhältnis des Menschen zu dem auch als Ilex oder Stechpalme bekannten Gehölz. Auf der einen Seite war die Stechpalme als forstliches Kulturhindernis unbeliebt. Auf der anderen Seite kommt ihr in der Volksmythologie eine bis in vorchristliche Zeiten zurückreichende besondere Bedeutung zu. Als immergrünes Gehölz war sie Inbegriff des ewigen Lebens. Die Bezeichnung Stechpalme geht auf die Verwendung des Baumes in der christlichen Tradition zurück: Am Palmsonntag wurden in Ermangelung an echten Palmen die Zweige immergrüner Gehölze von Buchsbaum oder Ilex verwendet. Die besondere Wertschätzung bis in die Gegenwart ist ihr aber auch zum Verhängnis geworden. Ihre Bestände wurden u. a. für den Export ins Ausland ausgebeutet, sodass die Art heute selten geworden ist und dem besonderen Schutz der → Bundesartenschutzverordnung unterliegt.

Abb. 5.1.3.2_1

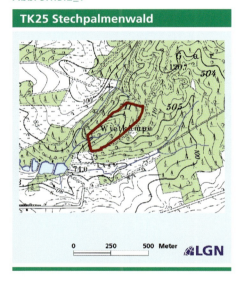

TK25 Stechpalmenwald

0　　250　　500 Meter　　🌿LGN

Abb. 5.1.3.2_2

Abb. 5.1.3.2_3

Blüte und Frucht der Stechpalme

Der Naturwald Stechpalmenwald führt uns wie kein anderes Gebiet die potenzielle Bedeutung des Ilex in unserer Waldvegetation vor Augen. Er liegt im Westen des Forstortes „Wietkämpe", zwischen Schätzendorf und Garlstorf. Die nur knapp 6 Hektar große Fläche wechselte im Zuge eines großen Flächentausches im Jahr 1980 von den Niedersächsischen Landesforsten in das Eigentum der Klosterforsten Soltau. Mit seiner Ausweisung im Jahre 1972 gehört der Stechpalmenwald zu den ältesten Naturwäldern in Niedersachsen.

Der Waldbestand stockt auf Böden aus gut verlehmten → Geschiebedecksanden über → Geschiebelehmen, die aus einem → Endmoränenzug des → Warthestadiums der → Saale-Eiszeit stammen. Die Nährstoffversorgung ist schwach → mesotroph und die Wasserversorgung überwiegend frisch bis vorratsfrisch. Auf Teilen der Fläche kommt es auch zur Ausbildung von staufeuchten Verhältnissen. Der Naturwald ist charakteristisch für die besseren → Standorte im → Wuchsbezirk Hohe Heide und durch das vitale Wachstum der Stechpalme an deren östlicher Verbreitungsgrenze eine pflanzengeographische und -soziologische Besonderheit.

Bereits 1776 wird der Stechpalmenwald auf der → Kurhannoverschen Landesaufnahme als Wald verzeichnet und stellt damit einen → historisch alten Wald dar *(Tab. 5.1.3.2_1)*. Die rechtliche Grundlage für den Naturwaldstatus ist derzeit eine freiwillige Vereinbarung zwischen der Nord-Westdeutschen Forstlichen Versuchsanstalt und den Klosterforsten aus dem Jahr 2004. Demnach ist der Naturwald für die nächsten 15 Jahre gesichert.

Vermutlich altes Stechpalmenvorkommen

Das heutige Bestandesbild erklärt sich aus den sehr starken Eingriffen in den Buchenaltbestand gegen Ende der 1960er Jahre und Windwürfe im Zuge des Novemberorkans 1972. Nach der starken Auflichtung kam es zu einer sehr vitalen Entwicklung der im → Unterstand vorhandenen Stechpalme. Teilflächen, auf denen sie damals fehlte, sind noch heute als Adlerfarnlücken erkennbar. Die günstigen Wuchsbedingungen für die Stechpalme sind neben der Auflichtung auch auf das → atlantische Kleinklima zurückzuführen, da sich der Bestand am Westrand einer deutlich herausgehobenen Geländestufe mit einem entsprechenden Luv-Effekt befindet.

Tab. 5.1.3.2_1

Chronik des Naturwaldes Stechpalmenwald
— **Mitte 18. Jh.**: Waldweide im Garlstorfer Wald auf 2 650 Hektar mit 1 000 Schweinen
— **1776**: Die Kurhannoversche Landesaufnahme zeigt die heutige Naturwaldfläche als Wald
— **Ende der 1960er Jahre**: Sehr starke Eingriffe
— **1972**: Ausweisung als Naturwald. Vor der Ausweisung beginnt die Endnutzung der Buchen. Der Novemberorkan reißt den Bestand weiter auf. Die Stechpalme ist stark vertreten, erreicht aber maximal Brusthöhe
— **ab 1972:** Nach der Auflichtung starke Ausbreitung der Stechpalme und rasches Höhenwachstum (max. 1 m/Jahr)
— **1976**: Stechpalmenbestand hat sich üppig entwickelt
— **1980**: Wechsel der Fläche vom Staatlichen Forstamt Garlstorf durch Flächentausch zum Klosterforstamt Soltau
— **ab 1982:** Verjüngung von Eberesche, Birke und Weide hat eingesetzt. Buchen- und Eichenverjüngung werden stark verbissen. Ilex breitet sich offensichtlich nicht in die vorhandenen Löcher aus. Einige Altbuchen beginnen abzusterben
— **1986**: Stechpalme wird als besonders geschützte Art in die Bundesartenschutzverordnung aufgenommen
— **1996**: In den Stechpalmenhorsten setzt Absterben durch Dichtschluss ein. Die Stechpalme fehlt auf den Adlerfarnflächen und im geschlossenen Altbestand mit Buchen-Vorverjüngung. Sie wird stark vom Rehwild verbissen
— **2002**: Unter dem Altholzschirm hat sich eine sehr dichte Stechpalmenverjüngung entwickelt, die in den Derbholzbestand einwächst. Mischbaumarten wie Birke, Eberesche und Buche finden sich nur in geringen Anteilen innerhalb der Stechpalmenverjüngung

Lückiger Altbestand

Der sehr lückige Buchenaltbestand hat mittlerweile ein Alter von bis zu 190 Jahren erreicht *(Abb. 5.1.3.2_4)*. Als Mischbaumarten sind einzelne Birken, Eichen, Fichten und verschiedene Weichlaubhölzer auf der Fläche vorhanden. Der nahezu flächendeckende → Unter- und → Zwischenstand besteht allerdings in erster Linie aus Stechpalmen und Buchen, die zunehmend in den → Derbholzbestand einwachsen.

Abb. 5.1.3.2_4

Naturwald Stechpalmenwald: Lage des Naturwaldes und der Kernfläche (Color Infrarot Luftbild 2005)

Üppige Entwicklung der Stechpalme

Die Veränderung der Durchmesserverteilung verdeutlicht eindrucksvoll die Entwicklung der nachwachsenden → Bestandesschicht in den letzten 30 Jahren *(Abb. 5.1.3.2_5)*. Während 1975 nur einige Individuen die unterste → BHD-Klasse besetzten, steigt hier die Stammzahl im Jahre 2005 auf über 600 Bäume je Hektar.

Dies spiegeln auch die Strukturdaten des Derbholzbestandes wider *(vgl. Tab. 5.1.3.2_2)*. Neben der Stechpalme zeigt auch die Buche eine sehr hohe → Einwuchsrate. Der → Totholzanteil hat sich in den letzten 30 Jahren, bedingt durch das Absterben einiger alter Buchen und weniger sog. → Pionierbaumarten, erhöht. Insgesamt betrachtet ist das Aufkommen allerdings eher gering, was zum Teil auch darin begründet liegt, dass nach dem Windwurf 1972 die geworfenen Stämme genutzt wurden.

Abb. 5.1.3.2_5

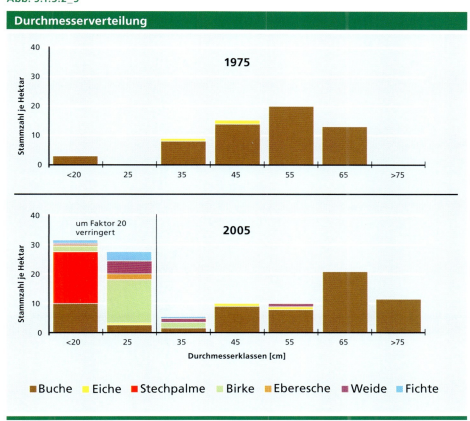

Naturwald Stechpalmenwald: Veränderung der Durchmesserverteilung von 1975 bis 2005

Tab. 5.1.3.2_2

Strukturdaten

Baumart	Aufnahme-jahr und Differenz	Stehend				Liegend	Totholz
		Lebend			Tot	Tot	gesamt
		Stammzahl [N/ha]	Grundfläche [m²/ha]	Volumen [m³/ha]	Stammzahl [N/ha]	Volumen [m³/ha] *	Volumen [m³/ha] *
Buche	2005	255	20,5	306	4	20	23
	Diff.	+200	+8,3	+112	+3	k.A.	k.A.
Eiche	2005	10	0,7	10	—	0	0
	Diff.	+8	+0,5	+6	—	k.A.	k.A.
Birke	2005	72	2,3	22	1	—	—
	Diff.	+72	+2,3	+22	+1	k.A	k.A
Eberesche	2005	15	0,3	3	—	—	—
	Diff.	+15	+0,3	+3	—	k.A	k.A
Weide	2005	16	0,9	9	1	—	—
	Diff.	+16	+0,9	+9	+1	k.A	k.A
Stechpalme	2005	352	2,2	8	—	—	—
	Diff.	+349	+2,2	+8	—	k.A	k.A
Fichte	2005	29	0,7	6	3	0	0
	Diff.	+29	+0,7	+6	+3	k.A	k.A
Sonstige	2005	7	0,7	7	—	0	0
	Diff.	+7	+0,7	+7	—	k.A	k.A
Summe	**2005**	**756**	**28,3**	**371**	**9**	**20**	**24**
	Diff.	**+696**	**+15,7**	**+148**	**+8**	**k.A**	**k.A**

* = Derbholzvolumen aller stehenden und liegenden Objekte mit einem BHD ≥7 cm.
  Nähere allgemeine Erläuerungen siehe Anhang

Naturwald Stechpalmenwald: Strukturdaten der Kernfläche (letzte Aufnahme 2005 und deren Differenz zu 1975)

Konkurrenz in der Verjüngung

In der → Verjüngungsschicht dominiert eindeutig die Stechpalme. Daneben finden sich Buchen und Fichten mit geringeren Anteilen. Offenbar verhindert die Stechpalme durch den starken Dichtstand das Auflaufen und/oder die Entwicklung weiterer Verjüngung. Selbst konkurrenzstarke Baumarten haben unter diesen Bedingungen Schwierigkeiten.

Tab. 5.1.3.2_3

Naturverjüngung				
Baumart	**Höhenklasse**			**Summe**
	<0,5m [N/ha]	0,5–2,0m [N/ha]	>2,0m [N/ha]	[N/ha]
Stechpalme	7406	6488	5450	19344
Buche	31	56	413	500
Fichte	0	0	88	88
Summe	**7437**	**6544**	**5951**	**19932**

Nähere allgemeine Erläuerungen siehe Anhang

Naturwald Stechpalmenwald: Verjüngung auf der Kernfläche (2005)

Auffallend ist, dass die Stechpalme offenbar bevorzugt geschält wird. Die Stämme weisen in ca. 80 % der Fälle zum Teil frische, zum Teil auch alte, bereits überwallte Schälschäden auf. Im Gegensatz dazu ließen sich bei den anderen Baumarten kaum Schälschäden feststellen.

Räumliches Muster der Waldstruktur

Bei der Kernflächenaufnahme im Jahr 2005 wurden die ehemaligen und derzeitigen Standpunkte aller Bäume >7cm BHD rekonstruiert, sodass die Walddynamik auch räumlich dargestellt werden kann *(Abb. 5.1.3.2_6)*. Überraschenderweise sind nur wenige Altbuchen nach dem Orkan 1972 abgestorben. Das Verteilungsmuster der Baumarten lässt eine gewisse räumliche Trennung erkennen. Während in den dichteren Partien des Altbestandes kaum Einwuchs vorhanden ist, finden sich die jungen Buchen vor allem in der Nähe der Mutterbäume. Im Nordwesten der Kernfläche haben sich vor allem Birken, Ebereschen und Weiden durchsetzen können. Dazwischen werden große Partien vom Stechpalmeneinwuchs beherrscht.

Am Beispiel des Stechpalmenwaldes wird die enorme Vitalität der „Hülse" in unserer Waldvegetation deutlich. Interessant ist die weitere Dynamik: Werden sich die Konkurrenzverhältnisse im Laufe der Zeit wieder in Richtung Buche verschieben? Wie lange bleibt der Altbuchenschirm erhalten? Vor dem Hintergrund der → FFH-Richtlinie ist der Naturwald Stechpalmenwald ein seltenes Beispiel für den dort unter Schutz gestellten Ilex-Buchenwald.

Abb. 5.1.3.2_6

Baumstandpunktkarten

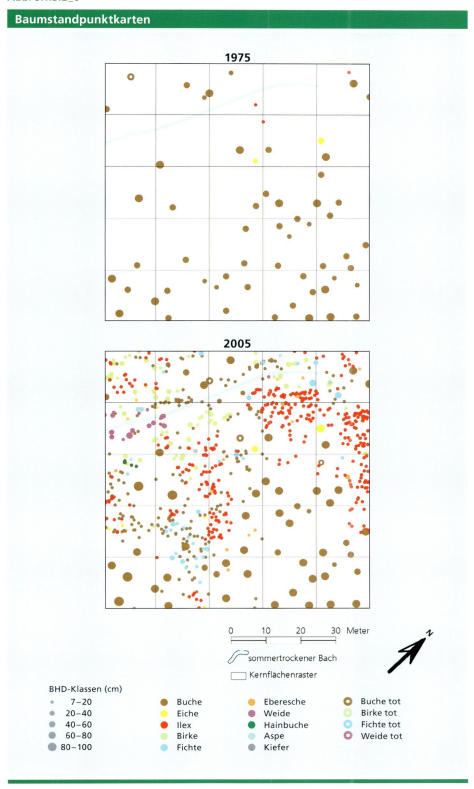

1975

2005

0 10 20 30 Meter		

sommertrockener Bach

Kernflächenraster

BHD-Klassen (cm)

7–20		Buche		Eberesche		Buche tot
20–40		Eiche		Weide		Birke tot
40–60		Ilex		Hainbuche		Fichte tot
60–80		Birke		Aspe		Weide tot
80–100		Fichte		Kiefer		

Naturwald Stechpalmenwald: Stammverteilungsmuster in der Kernfläche 1975 und 2005

Ewige Route – Buchenwald in der Göhrde

Weitere Naturwälder in der Göhrde

Neben den Göhrder Eichen und der Braascher Dicke stellt die Ewige Route das dritte Naturwaldgebiet in der Göhrde, einem der größten → historisch alten Wälder des Ostniedersächsischen Tieflandes, dar. Der Naturwald wurde im Jahr 1996 ausgewiesen und ist 41 Hektar groß.

Abb. 5.1.3.3_1

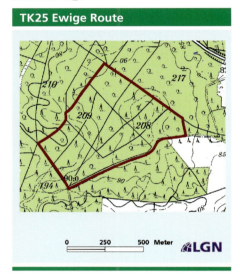

TK25 Ewige Route

0   250   500 Meter   LGN

Abb. 5.1.3.3_2

Auf der gesamten Fläche sind die Böden zweischichtig aufgebaut: Über weitgehend unverlehmten Sanden liegt eine Schicht aus → Geschiebesanden mit höherem Lehmanteil. Deren Mächtigkeit bestimmt die Wasserversorgung, die überwiegend mäßig → frisch, kleinflächig frisch bis vorratsfrisch ist. Die Nährstoffversorgung ist durchgehend schwach → mesotroph.

Seltene Buchenwälder

In der vormals stark von der Eiche dominierten Göhrde (vgl. *Kap. 5.1.1.5* und *5.1.2.5*) waren Buchenwälder selten. Samenbäume, von denen aus eine → Naturverjüngung hätte erfolgen können, fehlten. Daher mussten Buchenwälder wie die Ewige Route künstlich begründet werden *(Tab. 5.1.3.3_1)*. Zwar ist der Naturwald vermutlich nicht seit mehreren Baumgenerationen mit Buchen bestanden, allerdings zählt er doch zu den historisch alten Laubwäldern und ist gegenwärtig nach wie vor einer der wenigen flächenhaften Buchenwälder in der Göhrde.

So prägen rund 120-jährige Buchen das Erscheinungsbild der Ewigen Route *(Abb. 5.1.3.3_3)*. Sie sind mit überwiegend gleichaltrigen Stieleichen gemischt, die ungefähr einen Anteil von 10 % einnehmen. Auf einer kleinen Fläche von etwas mehr als 1 Hektar findet sich zudem ein Bestand aus Kiefern und Fichten.

Tab. 5.1.3.3_1

Chronik des Naturwaldes Ewige Route

— **1. Hälfte 15. Jh.:** Die unmittelbar westlich des heutigen Naturwaldes gelegene Ortschaft Wiekow fällt wüst

— **Ende des Mittelalters:** Die Göhrde ist ein großes und dünn besiedeltes Waldgebiet, in dem vor allem die Herzöge von Braunschweig-Lüneburg große Jagden veranstalten

— **1649:** Gründung der ersten Oberförsterei

— **1706:** Die Göhrde besteht aus „mehrentheils Eichen, stellenweise etwas Buchen, Birken, Baumespen, wenig Hainbuchen und Dannenholtz in 2 Örtern"(aus: „Specificatio der im Amt Hitzacker vorhandenen Holtzungen")

— **bis 1776:** Das Landschaftsbild der Göhrde wird durch die landwirtschaftliche Waldnutzung mit Waldweide, Streunutzung und Plaggenhieb bestimmt

— **1776:** Die Kurhannoversche Landesaufnahme stellt die heutige Naturwaldfläche als lichtes Wald-Buschland dar

— **1766–1837:** Die Jagd in der Göhrde ist verpachtet, der Wald wird vor allem forstwirtschaftlich genutzt

— **1775:** Einführung der Hochwaldwirtschaft durch von Haren

— **1789:** In der Göhrde weiden noch 1166 Stück Hornvieh und 27 Pferde aus den umliegenden Dörfern

— **ab 1837:** Die Göhrde wird nach der Annexion Hannovers durch Preußen wieder zum fürstlichen Jagdrevier

— **um 1880:** Saaten von Buche und Stieleiche sowie Pflanzungen von Buche, Stieleiche, Kiefer und Fichte

— **1987–89:** Letzte forstliche Eingriffe

— **seit 1991:** Absterben von Eichen

— **1996:** Naturwaldausweisung

Die Ewige Route repräsentiert im Kontrast zu den beiden anderen Naturwäldern in der Göhrde schon heute den Drahtschmielen-Buchenwald. Das Gebiet befindet sich demnach nicht in einer → sukzessionalen Entwicklung, sondern wird bereits von der Buche als → Schlusswaldbaumart dominiert. Als zweiter bodensaurer Buchenwald im Ostniedersächsischen Tiefland bildet der Naturwald eine Vergleichsfläche zum Lüßberg *(Kap. 5.1.3.1)*, allerdings in einem weniger niederschlagsreichen Regionalklima.

Im Rahmen der künftigen Forschungen soll am Beispiel der Ewigen Route die Walddynamik von Drahtschmielen-Buchenwäldern mit beigemischter Eiche auf ärmeren Sandstandorten des östlichen Tieflandes untersucht werden. Eigene Untersuchungsergebnisse liegen bis jetzt jedoch noch nicht vor.

Abb. 5.1.3.3_3

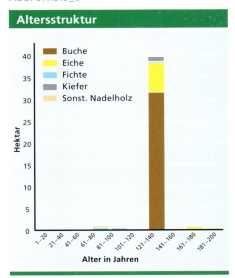

Naturwald Ewige Route: Altersstruktur nach Baumartengruppen (Forsteinrichtung 2002)

Süsing – Ein Platz für die Fichte?

Übergang zu den reicheren Buchenwäldern

Mit dem Süsing reiht sich ein Naturwald in die Gruppe der Buchenwälder des Ostniedersächsischen Tieflandes ein, der den Übergang von bodensauren zu besser nährstoffversorgten Verhältnissen markiert. Wie die Ewige Route ist auch der Süsing erst seit dem Jahr 1996 als Naturwald ausgewiesen. Er liegt ca. 6 km nördlich von Ebstorf in dem gleichnamigen geschlossenen Waldgebiet und umfasst eine Fläche von rund 65 Hektar. Damit ist der Süsing einer der wenigen Buchenwälder dieser Größe im → Wuchsbezirk Hohe Heide.

Das Naturwaldgebiet wird von den → Endmoränen der → Saale-Eiszeit durchzogen, die ein welliges bis stark kuppiges Gelände mit Geländehöhen zwischen 75 und 105 m über NN hinterlassen haben. Im Untergrund befinden sich → Geschiebelehme, die von schwach lehmigen Sanden überdeckt werden. Dies führt zu einer überwiegend → frischen, z.T. aufgrund stauender Schichten im Untergrund aber auch → wechselfeuchten Wasserversorgung. Die Nährstoffversorgung ist überwiegend gut → mesotroph.

Abb. 5.1.3.4_1

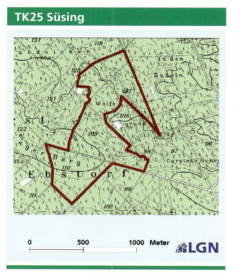

Abb. 5.1.3.4_2

Historisch alter Wald

Der Naturwald war vor 200 Jahren Teil des zusammenhängenden herrschaftlichen Laubwaldgebietes Süsing zwischen Velgen, Wettenbostel und Tellmer *(Tab. 5.1.3.4_1)*. Damals verlief die alte Waldgrenze wahrscheinlich knapp westlich des heutigen Naturwaldes. Ab dort ging der Wald in ausgedehnte Heideflächen über. In wenigen Jahren wurden rund 300 Hektar Kiefern- und Fichtenwälder begründet. Die → Niederwaldwirtschaft spielte damals noch eine bedeutende Rolle. Mit dem Übergang zur → Hochwaldwirtschaft bildeten sich schließlich die heutigen Waldstrukturen heraus.

Heute ist der Naturwald überwiegend mit Buchen- und Buchen-Fichtenmischbeständen in einer weiten Altersspanne bestockt *(Abb 5.1.3.4_3)*. Die ältesten Buchen stammen noch aus der Zeit vor der Heideaufforstung. Auf Teilflächen sind Altkiefern oder auch Lärchen eingemischt. Daneben kommen im Norden alte Kiefern- oder Eichenbestände mit Buche oder Fichte als Beimischung vor.

Tab. 5.1.3.4_1

Chronik des Naturwaldes Süsing

— **Ende 12. Jh.**: Der „Süsingwald" gehört zum größten Teil zum Kloster des Amtes Ebstorf. Die Schweinemast ist wichtiger Bestandteil der Eigenwirtschaft

— **1776**: Der heutige Naturwald ist Teil des großen zusammenhängenden „Königlichen Geheges Süsing" zwischen Velgen, Wettenbostel und Tellmer. Nach der Kurhannoverschen Landesaufnahme besteht der Naturwald überwiegend aus teils lückigem, teils dichterem Laubwald. Nur im Nordosten sind 2 Teilflächen waldfreie Heide

— **1773/74–1808**: Erste Nadelholzanbauten im Süsing, Saaten von „Fuhren" (= Kiefern) und „Tannen" (= Fichten)

— **1833**: Beginn der Aufforstung der umliegenden Heideflächen mit Nadelholz

— **1846**: Ca. 300 Hektar des Süsings sind mit jungen Kiefern und Fichten bestockt, ca. 460 Hektar werden niederwaldartig genutzt

— **1945**: Letzte Nutzungen auf der Naturwaldfläche

— **1996**: Naturwaldausweisung

Abb. 5.1.3.4_3

Altersstruktur

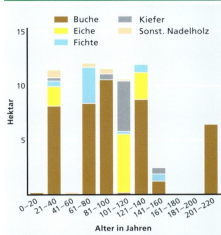

Naturwald Süsing: Altersstruktur nach Baumartengruppen (Forsteinrichtung 2002)

Ein Jahr nach der Naturwaldausweisung führte T. Niemeyer eine vollflächige floristische, vegetations- und bodenkundliche Kartierung des Süsings durch. Als zentrale Pflanzengesellschaft scheidet er mit einem Anteil von mehr als 70 % den bodensauren Buchenwald aus. Im Vergleich hierzu klassifiziert die Forstliche Biotopkartierung den überwiegenden Teil der Naturwaldfläche als Flattergras-Buchenwald. Daraus wird deutlich, dass es sich bei dem von T. Niemeyer ausgeschiedenen bodensauren Buchenwald vorwiegend um den besser nährstoffversorgten Flügel handelt. Auf immerhin noch 20 % der Fläche kartierte er zudem Birken-Eichenwälder. Diese haben ihren Verbreitungsschwerpunkt zum einen im Norden des Naturwaldes, wo nährstoffarme und trockene → Podsole vorherrschen, sowie zum anderen im Süden auf nährstoffreicheren und sehr nassen → Pseudogleyen. Neben diesen wichtigsten Gesellschaften kommen noch auf kleinerer Fläche Fichten- und Lärchenforste sowie Quellflur- und Flutrasengesellschaften vor.

Vegetationskartierung

T. Niemeyer fand im Naturwald Süsing insgesamt 194 Pflanzenarten: Allein 141 verschiedene krautige Pflanzen und 50 Arten in der Moosschicht. Davon gelten 10 Farn- und Blütenpflanzen sowie 9 Moose nach der → Roten Liste Niedersachsens und Bremens als gefährdet bis stark gefährdet. Eine Besonderheit im Naturwald ist das reiche Vorkommen von Baumflechten, u. a. der vom Aussterben bedrohten Bartflechten *Usnea filipendula* (Gewöhnlicher Baumbart, *Abb. 5.1.3.4_ 4*) und *Usnea subfloridana* (ohne deutschen Namen). Bartflechten genießen nach der → Bundesartenschutzverordnung einen besonderen Schutz, da sie deutschlandweit als stark gefährdet gelten. Das ausgesprochen zahlreiche Vorkommen des Gewöhnlichen Baumbartes im Norden des Naturwaldes hat T. Niemeyer zum Anlass genommen, diesen Bereich näher zu kartieren. Im unteren Stammabschnitt vor allem von Stieleichen, aber auch von Buchen und an → Totholz fand er insgesamt 20 verschiedenen Flechtenarten, von denen 5 in der Roten Liste Niedersachsens und Bremens aufgeführt sind.

Die Fauna des Gebietes ist noch nicht untersucht worden. Ein Vorkommen des Feuersalamanders in einer Sickerquelle wurde im Rahmen der Waldbiotopkartierung festgestellt.

Abb. 5.1.3.4_4

Eine Besonderheit im Naturwald Süsing: Der Gewöhnliche Baumbart

Mischbaumarten von geringer Bedeutung

Die Ergebnisse der → Probekreisinventur aus dem Jahr 1996 unterstreichen die dominante Rolle der Buche im Naturwald Süsing. Sie beherrscht fast durchgehend das Bild *(Abb. 5.1.3.4_5)*. Nur im Nordosten sind Eiche, Kiefer und stellenweise Fichte die dominanten Baumarten.

Abb. 5.1.3.4_5

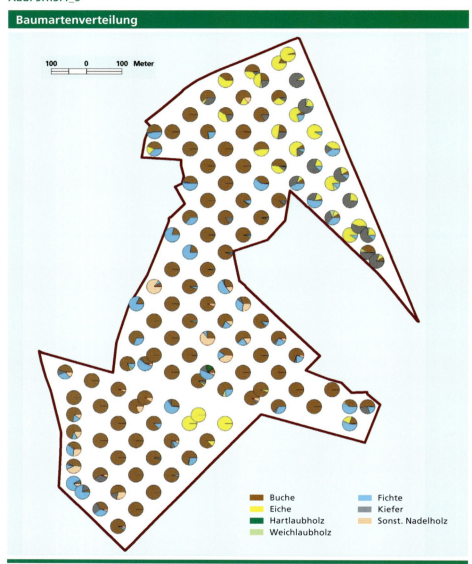

Baumartenverteilung

100   0   100 Meter

Buche
Eiche
Hartlaubholz
Weichlaubholz
Fichte
Kiefer
Sonst. Nadelholz

Naturwald Süsing: Baumartenanteile in den Probekreisen (1996)

Selbstausdünnung in den Jungbeständen

Da der Naturwald erst seit vergleichsweise kurzer Zeit ungenutzt ist, liegen die → Grundflächen- und → Vorratswerte trotz des vergleichsweise guten → Standortes noch auf einem mittleren Niveau *(Tab. 5.1.3.4_2)*. Gegenüber der Buche fallen sowohl die Stammzahl- als auch die Grundflächen- und Vorratsanteile aller anderen Baumarten stark ab. Auffällig ist die sehr hohe Zahl stehender toter Bäume. Es handelt sich vorwiegend um dünne, unterdrückte Exemplare, die trotz ihrer großen Menge nur ein recht geringes → Volumen ergeben.

Verjüngung von Buche dominiert

Auch in der → Verjüngung dominiert die Buche das Bild *(Tab. 5.1.3.4_3)*. In keiner Höhenklasse erreicht eine andere Baumart auch nur annähernd die Dichte der Buchenjungpflanzen. Selbst die Fichte ist im Vergleich dazu recht selten. Ihren geringen Anteil in der Verjüngung verdankt die Eiche einem gepflanzten Eichen- → Jungbestand.

Tab. 5.1.3.4_2

Strukturdaten						
Baumart	**Stehend**				**Liegend**	**Totholz**
	Lebend			**Tot**	**Tot**	**gesamt**
	Stammzahl [N/ha]	Grundfläche [m²/ha]	Volumen [m³/ha]	Stammzahl [N/ha]	Volumen [m³/ha] *	Volumen [m²/ha] *
Buche	427	19,2	266	32	1	3
Fichte	93	5,1	58	21	2	6
Kiefer	31	3,1	36	2	1	2
Eiche	65	2,7	33	2	1	1
Sonstige	38	1,6	22	2	0	1
Summe	**654**	**31,7**	**415**	**59**	**4**	**12**

* = Derbholzvolumen aller stehenden Objekte mit einem BHD ≥7 cm und aller liegenden Objekte mit einem Durchmesser am stärksten Ende ≥20 cm. Nähere allgemeine Erläuterungen siehe Anhang

Naturwald Süsing: Ergebnisse der Probekreisaufnahmen für den Derbholzbestand (1996)

Aufgrund des relativ kühl-feuchten Klimas wird die Hohe Heide als eines der wenigen natürlichen Verbreitungsgebiete der Fichte im Niedersächsischen Tiefland angesehen. Wie die Ergebnisse aus dem Meninger Holz (Kap. 5.1.1.4) und der Tüxenfläche (Kap. 5.1.2.6) zeigen, muss bei der Frage nach der natürlichen Fichtenverbreitung allerdings auch berücksichtigt werden, dass der Mensch in Form von Fichtenforsten zahlreiche Samenquellen künstlich geschaffen hat. Während er also die Ausgangsbedingungen für die Fichte massiv verbessert hat, wurde die Position der Buche in der Vergangenheit drastisch verschlechtert (vgl. Kap. 3.1). Nach wie vor sind großflächige Buchenwälder im Tiefland selten. Daher ist es insbesondere im Süsing interessant zu beobachten, ob sich die Fichte in diesem vergleichsweise großen Buchenwald ohne stützende Maßnahmen durch den Menschen behaupten wird. Die vorliegenden Zahlen sprechen eher dagegen. Allerdings sind sie auch nur eine Momentaufnahme am Beginn der eigendynamischen Entwicklung des Naturwaldes Süsing.

Rolle der Fichte in der Hohen Heide

Tab. 5.1.3.4_3

Naturverjüngung				
Baumart	**Höhenklasse**			**Summe**
	<0,5 m [N/ha]	0,5–2,0 m [N/ha]	>2,0 m [N/ha]	[N/ha]
Buche	3 367	772	782	4 921
Fichte	102	167	114	383
Eiche	34	4	138	176
Eberesche	57	3	5	64
Kiefer	0	0	9	9
Sonstige	95	58	14	166
Summe	**3 655**	**1 004**	**1 061**	**5 720**

Nähere allgemeine Erläuterungen siehe Anhang

Naturwald Süsing: Ergebnisse der Probekreisaufnahmen für die Naturverjüngung (1998)

Lohn – Reicher Buchenwald

Waldoase

Das Waldgebiet Lohn liegt wie eine Waldoase am Nordrand des landwirtschaftlich geprägten Uelzener Beckens. Hier wurde bereits 1974 ein knapp 10 Hektar großer Naturwald ausgewiesen, der 1992 auf seine heutige Größe von rund 37 Hektar erweitert wurde. Der Naturwald Lohn komplettiert die Gruppe der Buchenwälder im Ostniedersächsischen Tiefland mit einem Gebiet auf nährstoffreichen Böden.

→ Geschiebemergel und sandig-tonige → Geschiebelehme der → warthe-stadialen → Grundmoräne sind hier das Ausgangsmaterial der Bodenbildung. Über diesem Substrat wurde aus dem Ilmenautal stammender, nährstoffärmerer → Sandlöss abgelagert. Die Nährstoffversorgung reicht je nach Vorhandensein und Mächtigkeit dieser Überlagerung von gut → mesotroph bis → eutroph. Die Wasserversorgung bewegt sich zwischen den Stufen stärker → wechselfeucht bis → frisch.

Abb. 5.1.3.5_1

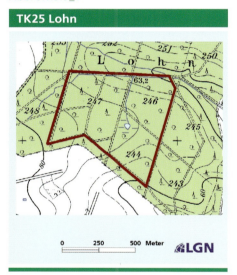

TK25 Lohn

Abb. 5.1.3.5_2

Geschrumpfte Waldfläche

Der Lohn ist mit Ausnahme seiner westlichen Waldränder ein → historisch altes Laubwaldgebiet, das im 16. Jh. etwa 10fach größer war als heute *(Tab. 5.1.3.5_1)*. Noch in der 2. Hälfte des 18. Jh. handelte es sich überwiegend um reinen Buchen-wald. Umwandlungen in Ackerflächen und starke Übernutzungen hatten das Gebiet aber bereits zu diesem Zeitpunkt auf die heutige Fläche verkleinert. Ab Anfang des 19. Jh. wurde mit Erfolg Nadelholz eingebracht, sodass 1851 der Nadelholzanteil auf 25 % gestiegen war *(Abb. 5.1.3.5_3)*. Gleichzeitig wurde aber auch versucht, den Eichenanteil zu erhöhen. Mit der Verwaltung des Forstortes durch das Forstamt Medingen ab 1873 begann die Ablösung der althergebrach-ten Weide- und Holznutzungsrechte. Der letzte Eintrieb von Schweinen fällt in das 19. Jh. Die Berechtigung zur → Schweinemast erlosch schließlich 1915 wegen 30-jähriger Nichtausübung. Noch bis Ende der 1930er Jahre durfte jedoch Rind-vieh im Lohn geweidet werden.

Tab. 5.1.3.5_1

Chronik des Naturwaldes Lohn

- **1587:** Nach dem Winsener Amtslagerbuch hat der „Lohn" etwa die zehnfache Ausdehnung wie heute und ist im Besitz des Amtes Winsen. Nutzungsberechtigt sind u.a. das Amt Winsen, das Amt Medingen, das Kloster und der Klosterhof Medingen. Plaggenhieb ist verboten. Durch Übernutzungen beginnen sich die Bestände aufzulichten
- **1773:** Nach einem Bereisungsprotokoll ist der Lohn weitgehend reiner Buchenwald
- **1774:** Übergabe des „Lohnforstes" an das Amt Medingen
- **1776:** Auf der Kurhannoverschen Landesaufnahme wird das Gebiet als „Im Lohn, königlich" bezeichnet und hat in etwa die heutige Flächengröße
- **1781:** Das Forstregister weist 12 Eichenkämpe nach. Dies belegt die Versuche, Eichen in die Buchenbestände einzubringen. Vor allem wurden Eichenheister in lückige Buchenjungwüchse gepflanzt. Die Pflanz- und Pflegarbeiten wurden durch die Interessenten durchgeführt und blieben meist mangelhaft
- **Anfang 19. Jh.:** Verstärktes Einbringen von Nadelholz
- **1840:** Am Westrand reichen Ackerflächen in das Waldgebiet hinein, die nach der Verkoppelung mit Eiche aufgeforstet wurden
- **1851:** Der Nadelholzanteil beträgt knapp 25%; am südlichen Rand des Lohn kommen viele Stechpalmen vor
- **1873:** Der Forstort wird von nun an vom Forstamt Medingen verwaltet. Die Holzberechtigungen werden finanziell abgefunden
- **1881:** Letzter Schweineeintrieb in den Lohn
- **1891:** Das Forstregister weist 9 Eichenkämpe nach. Das noch 1781 erwähnte reiche Unterholz ist verschwunden
- **1915:** Berechtigung zur Schweinemast erlischt wegen 30-jähriger Nichtausübung
- **1937:** Die letzten Weidescheine für Rindvieh werden durch die Försterei ausgestellt
- **1953 und 1956:** Kalkung des östlichen Naturwaldteils mit 4,5 bzw. 4t Kalkmergel pro Hektar
- **1963:** Im Nordwesten wird ein Wasserwerk für das Heilbad Bad Bevensen in Betrieb genommen. Seitdem werden dort steigende Mengen Wasser abgepumpt
- **1972:** Windwurf; letzter Eingriff: Aufarbeitung des Windwurfholzes
- **1974:** Ausweisung als Naturwald auf einer Fläche von 9,6 Hektar
- **1975:** Hohe Verbissbelastung
- **1976:** Einzelwürfe, Einzäunung der Kernfläche 1, Buchenmast
- **1977:** Stellenweise Buchen-Naturverjüngung
- **1988:** Letzter Eingriff auf der künftigen Erweiterungsfläche (siehe S. 126)
- **1992:** Erweiterung auf 37,1 Hektar. Der Grenzstreifen zur Ackerfläche im Süden des ursprünglichen Zuschnitts wird von der Naturwaldfläche ausgenommen. Zäunung einer zweiten Kernfläche im Westen des Naturwaldes

Abb. 5.1.3.5_3

Entwicklung der Baumanteile

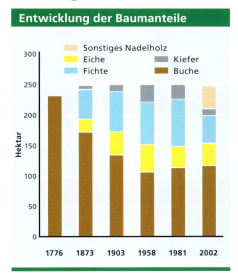

Die Entwicklung der Baumanteile im Forstort Lohn seit 1776

Abb. 5.1.3.5_4

Altersstruktur

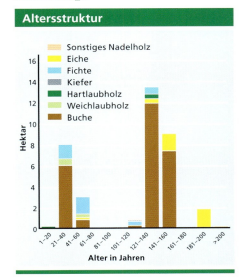

Naturwald Lohn: Altersstruktur nach Baumartengruppen (Forsteinrichtung 2002)

*Wandel der
Baumarten-
zusammensetzung*

Während der Nadelholzanteil im gesamten Forstort Lohn knapp 40 % beträgt, liegt er im Naturwald mit ca. 15 % deutlich darunter. So überwiegen hier Buchenalthölzer, in die z.T. Eichen, Fichten und Europäische Lärchen eingemischt sind *(Abb. 5.1.3.5_4)*. Im Nordosten entwickelt sich unter einem → Eichen-Überhalt seit Ende der 1970er Jahre ein Jungbestand aus Buche in Mischung mit Bergahorn, Birke, Weide, Eberesche und Hainbuche. In den Laubholzgrundbestand des Naturwaldes sind einige kleine Nadelholzforste aus Gemeiner Fichte, Sitkafichte und Küstentanne eingeschlossen. Die ältesten Bäume des Naturwaldes sind über 200-jährige Eichen.

Im nordwestdeutschen Tiefland zählen reiche Buchenwaldgesellschaften mit einer naturnahen Baumartenzusammensetzung auf historisch altem Waldboden zu den ausgesprochen seltenen Waldtypen. Der Lohn nimmt als Repräsentant dieser Wälder eine besondere Stellung im niedersächsischen Naturwaldnetz ein. Hier kommen entsprechend den → Standortsverhältnissen vor allem zwei Pflanzengesellschaften vor: Den größten Anteil hat der Waldmeister-Buchenwald auf den reicheren, nur wenig von Flottsand überlagerten Böden, während die etwas ärmeren, stark von → Sandlöss geprägten Teilflächen vom Flattergras-Buchenwald eingenommen werden. Eine Besonderheit sind drei kleinere Stillgewässer, in deren Umfeld stärker → wechselfeuchte bis → staufeuchte Bodenverhältnisse vorherrschen. Möglicherweise wird dort die Grenze der Buchenherrschaft erreicht und der Wechsel in Richtung einer → Waldgesellschaft mit höherem Stieleichenanteil vollzogen.

Abb. 5.1.3.5_5

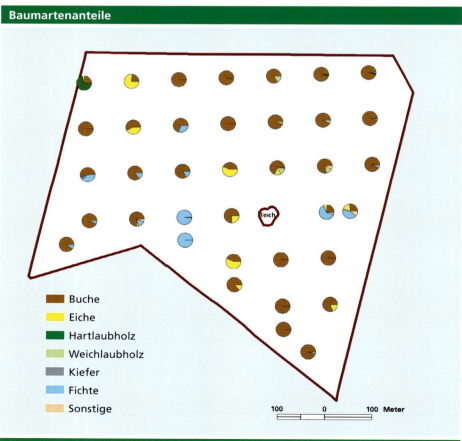

Naturwald Lohn: Baumartenanteile in den Probekreisen (2002)

Auch hinsichtlich des Vorkommens seltener Tier- und Pflanzenarten erweist sich der Lohn als bemerkenswertes Waldgebiet. Das größte der Stillgewässer, das so genannte „Hohe Meer", ist Habitat des Springfrosches, einer stark gefährdeten, waldtypischen Amphibienart *(Abb. 5.1.3.5_6)*. Im Zuge mehrerer Kartierungen wurden außerdem 24 Gefäßpflanzenarten gefunden, die nach der → Roten Liste Niedersachsens und Bremens als gefährdet gelten. Unter ihnen befinden sich einige Arten, die typisch für historisch alte Wälder sind. Die kontinuierliche Laubwaldbestockung im Lohn dürfte neben den reichen Böden eine Ursache für die hohe Zahl seltener Pflanzenarten sein.

Aus den Ergebnissen der → Probekreisinventur des Jahres 2002 wird deutlich, dass zwar die Buche vorherrscht, Mischbaumarten aber durchaus eine nicht zu vernachlässigende Bedeutung zukommt. *(Abb. 5.1.3.5_5)*. Dies gilt insbesondere für Eiche und Fichte.

Sowohl → Grundfläche als auch → Vorrat haben von 1990 bis 2002 erheblich zugenommen und erreichen trotz der stellenweise jüngeren Bestände ein hohes Niveau *(Tab. 5.1.3.5_2)*. Auffällig ist die große Zahl eingewachsener Buchen. Die Werte gehen auf den mittlerweile rund 30-jährigen Jungbestand unter Eichen-Überhalt zurück, in dem zahlreiche Buchen seit 1990 über die → Kluppschwelle von 7 cm → BHD gewachsen sind. Auch die → Totholzmenge hat deutlich zugenommen und liegt nun im Durchschnitt bei fast 20 m³ je Hektar. Die ausgesprochen günstigen Wuchsbedingungen im Lohn zeigen sich u. a. an den maximalen Baumhöhen. So wurden im Jahr 2002 Buchen mit Höhen von knapp 44 m gemessen. Die Eichen bleiben mit einem Maximalwert von rund 37 m deutlich darunter.

Abb. 5.1.3.5_6

Der Springfrosch, eine stark gefährdete Amphibienart, lebt im Naturwald Lohn

Hohe Buchen

Tab. 5.1.3.5_2

Strukturdaten							
Baumart	**Aufnahmejahr und Differenz**	**Stehend**				**Liegend**	**Totholz**
		Lebend			**Tot**	**Tot**	**gesamt**
		Stammzahl [N/ha]	Grundfläche [m²/ha]	Volumen [m³/ha]	Stammzahl [N/ha]	Volumen [m³/ha]*	Volumen [m³/ha]*
Buche	2002	518	21,5	321	6	11	12
	Diff.	+278	+6,1	+85	+5	+7	8
Fichte	2002	72	4,7	56	10	3	5
	Diff.	−12	+1,5	+25	+8	+2	3
Eiche	2002	21	3,1	52	8	2	2
	Diff.	−13	+0,2	+9	+7	+1	1
Birke	2002	11	0,1	1	—	—	—
	Diff.	+10	+0,1	+1	—	—	—
Sonstige	2002	30	1,5	23	2	0	1
	Diff.	+11	+0,5	+9	+2	0	0
Summe	**2002**	**651**	**30,9**	**453**	**25**	**15**	**19**
	Diff.	**+275**	**+8,5**	**+129**	**+21**	**+11**	**+12**

*Derbholzvolumen aller stehenden Objekte mit einem BHD ≥ 7 cm und aller liegenden Objekte mit einem Durchmesser am stärksten Ende ≥ 20 cm. Nähere allgemeine Erläuterungen siehe Anhang.

Naturwald Lohn: Ergebnisse der Probekreisaufnahmen für den Derbholzbestand (letzte Aufnahme 2002 und deren Differenz zu 1990)

Jungpflanzen nehmen ab

In der → Verjüngung hat sich die Pflanzenzahl annähernd halbiert *(Tab. 5.1.3.5_3)*. Dies ist zum einen auf den → Einwuchs von jungen Bäumchen – allen voran der Buche – aus der obersten Höhenklasse in den → Derbholzbestand zu erklären (siehe S. 125). Zum anderen sind dafür aber auch erhebliche Verluste an Jungpflanzen in den untersten beiden Höhenklassen verantwortlich. Neben dem zunehmenden Dichtschluss der Bestände und der Konkurrenz innerhalb der Verjüngung ist sicherlich auch der oftmals erwähnte Wildverbiss in dieser „Waldoase" eine Ursache für diese Entwicklung. Als einzige Baumart zeigt die Stechpalme mit ihrer → vegetativen Ausbreitungsstrategie eine positive Entwicklung.

Tab. 5.1.3.5_3

Naturverjüngung					
Baumart	**Aufnahme-jahr und Differenz**	**Höhenklasse**			**Summe**
		<0,5 m [N/ha]	0,5–2,0 m [N/ha]	>2,0 m [N/ha]	[N/ha]
Buche	2002	2 227	165	845	3 238
	Diff.	− 130	− 952	− 1 571	**− 2 653**
Stechpalme	2002	173	0	0	173
	Diff.	+ 173	− 17	0	**+ 156**
Eiche	2002	22	0	0	22
	Diff.	− 195	− 11	− 12	**− 217**
Fichte	2002	0	2	4	6
	Diff.	− 49	− 11	− 12	**− 71**
Eberesche	2002	0	0	0	0
	Diff.	− 54	− 3	− 6	**− 64**
Birke	2002	0	0	4	4
	Diff.	− 38	− 16	− 5	**− 59**
Sonstige	2002	562	93	59	715
	Diff.	− 541	− 92	− 51	**− 683**
Summe	2002	2 443	169	863	3 475
	Diff.	− 832	− 1 103	− 1 657	**− 3 592**

Nähere allgemeine Erläuterungen siehe Anhang

Naturwald Lohn: Ergebnisse der Probekreisaufnahmen die Naturverjüngung (letzte Aufnahme 2002 und deren Differenz zu 1990)

Effekt des Nutzungsverzichts

Inwieweit sich der Nutzungsverzicht auf die Waldstruktur im Naturwald Lohn ausgewirkt hat, lässt sich an einem Vergleich der alten Naturwaldfläche mit dem erst seit 1992 ausgewiesenen Teil verdeutlichen. Hierzu werden die zum Stichjahr 2002 130- bis 140-jährigen Buchenbestände des Erweiterungsteils und des alten Naturwaldes auf dem gleichen → Standortstyp miteinander verglichen. Es handelt sich um einen nachhaltig frischen, eutrophen Geschiebemergel mit Sandlössüberlagerung. Während die Unterschiede hinsichtlich der Grundfläche und des Vorrats nicht sehr erheblich sind, liegen die Totholzmengen sehr weit auseinander *(Abb. 5.1.3.5_7)*. Im alten Naturwaldteil finden sich mittlerweile mehr als 64 m³ Totholz je Hektar. Hierbei handelt es sich vor allem um liegende Buchen, die seit 1992 geworfen wurden. Wird das Totholz ebenfalls zur Holzmasse hinzugerechnet, so konnte der alte Naturwaldteil etwa 90 m³ je Hektar mehr Holzmenge als der neue Teil akkumulieren. Dies erscheint realistisch, wurde hier doch rund 14 Jahre länger auf jegliche Nutzung verzichtet.

Abb. 5.1.3.5_7

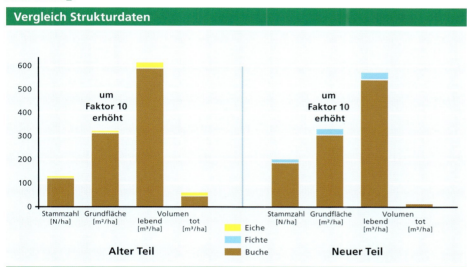

Naturwald Lohn: Strukturdaten der alten und neuen Naturwaldfläche

Der Lohn komplettiert die Reihe der Buchen-Naturwälder am reichen Ende des Standortsspektrums. Diese Gruppe von Buchenwäldern im Ostniedersächsischen Tiefland ist daher gut geeignet, um den Standortseinfluss auf die Dynamik der Waldstruktur und das Konkurrenzgefüge näher zu beleuchten.

Standörtliche Abstufung der Buchenwälder

Feucht- und Auenwälder

Blütlinger Holz – Naturnaher Bruchwald im Wendland

Alter und neuer Naturwald

Im Wendland, südlich von Lüchow, befindet sich der Naturwald Blütlinger Holz. Er setzt sich aus drei räumlich voneinander getrennten Teilflächen innerhalb eines Waldgebietes zusammen, die insgesamt eine Größe von rund 84 Hektar umfassen. Der Naturwald ist ursprünglich aus zwei „Altreservaten" von jeweils 8 bzw. 23 Hektar Größe hervorgegangen. Das Blütlinger Holz ist Teil des gleichnamigen Naturschutzgebietes und des Vogelschutz-Gebietes „Landgraben und Dummeniederung".

Abb. 5.1.4.1_1

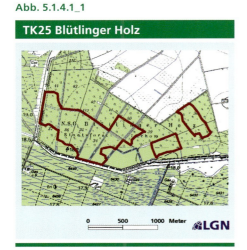

TK25 Blütlinger Holz

0   500   1000 Meter   LGN

Im Naturwald Blütlinger Holz besteht der mineralische Untergrund aus → Geschiebelehmen und -mergeln der → saaleeiszeitlichen → Grundmoräne, die während der → Weichsel-Eiszeit umgelagert und mit → Geschiebedecksanden vermengt wurden. Stellenweise hinterließen frühere Überflutungen auch Auensedimente. Auf dieser Unterlage haben sich mehr oder weniger mächtige → Niedermoortorfe entwickelt. Der Naturwald befindet sich im Einzugsbereich der Jeetzel und der Neuen Dumme. Je nach Höhe des Grundwasserstandes weisen die Niedermoore Torfmächtigkeiten zwischen 30 und 100 cm oder im zentralen, grundwassernahen Bereich auch von mehr als 150 cm auf. Insbesondere durch die Einrichtung eines Sperrgrabens an der innerdeutschen Grenze sowie den Ausbau der Dumme im Jahr 1974 wurde der Grundwasserspiegel abgesenkt. Dies hatte einen Abbau der Torfauflage zur Folge *(Tab. 5.1.4.1_1)*. Längere Überschwemmungen im Winterhalbjahr waren früher die Regel, sind nun aber auf nasse Jahre beschränkt. Dennoch ist das Blütlinger Holz mit seinen bindigen Böden weniger stark von Entwässerungen betroffen als andere Niedermoore auf Talsanden in der Lüchower

Abb. 5.1.4.1_2

Niederung. Die Moorstandorte gehen in den Randbereichen, insbesondere im Nordosten und Südwesten, in → grundwasserbeeinflusste und mäßig bis stärker → wechselfeuchte → Standorte über. Die Nährstoffversorgung ist aufgrund des kalkhaltigen Grundwassers → eutroph.

Schon in der → Kurhannoverschen Landesaufnahme von 1776 wird das Blütlinger Holz als Laubwaldkomplex dargestellt *(Tab. 5.1.4.1_1)*. In den trockeneren Bereichen außerhalb des Naturwaldes befinden sich allerdings → Wölbäcker, die vermutlich vor 1770 beackert und anschließend mit Eiche aufgeforstet wurden. Durch Umwandlung in Grün- und Ackerland wurden die umgebenden Sumpfwälder in der Umgebung stark dezimiert. Bis zum Ende des 19. Jh. waren fast 60 % des 1776 vorhandenen Bestandes gerodet worden.

Historisch alter Laubwald

Tab. 5.1.4.1_1

Chronik des Naturwaldes Blütlinger Holz

— **Mittelalter:** In Teilbereichen ackerbauliche Nutzung

— **1776:** Die Kurhannoversche Landesaufnahme zeigt den Naturwald als Laubwaldkomplex, möglicherweise mit extensiver Hutewaldnutzung

— **1840:** Von Papen'sche Karte zeigt überwiegenden Teil des Blütlinger Holzes als Wald

— **ab 1969:** Ausbau des Entwässerungssystems der Weißen Laake mit der Folge von Grundwasserabsenkungen

— **1972:** Ausweisung zweier getrennter Naturwaldflächen, des Blütlinger Holzes I und II von 8 und 23 Hektar Größe; Stopp sämtlicher forstlicher Eingriffe inklusive Reinigung der Gräben

— **1974:** Ausbau der Neuen Dumme; weiteres Absinken des Grundwasserspiegels; Zusammensacken der Torfauflagen auf den Moorstandorten

— **1985:** Erweiterung der Teilfläche I

— **1987:** Verwaltungstechnische Zusammenführung der Teile I und II zu einem Naturwald mit drei räumlich getrennten Teilen

— **1989:** Ausweisung des NSG Blütlinger Holz auf einer Fläche von 308 Hektar unter Einschluss des Naturwaldes

— **1993–95:** Z.T. langandauernde Überschwemmungen

— **1994:** Absterben von einzelnen Frühblühenden Traubenkirschen, Birken und Eschen sowie großflächig der Eschen-Naturverjüngung infolge des Hochwassers

— **1997–2000:** „Eichensterben" nach wiederholtem Auftreten von Großem und Kleinem Frostspanner sowie Eichenwickler

— **seit 1999:** Auftreten und Ausbreiten des Erlensterbens überwiegend in den nassen Bereichen des Naturwaldes

— **2000:** Erweiterung des Naturwaldes auf 84 Hektar

Abb. 5.1.4.1_3

Altersstruktur

Naturwald Blütlinger Holz: Altersstruktur nach Baumartengruppen (Forsteinrichtung 1999). Über 50 % des Weichholzes sind Schwarzerle, ca. 15 % Birke

Das Blütlinger Holz blieb hiervon jedoch weitgehend verschont. 193 Hektar des heute 285 Hektar großen Forstortes können als → historisch alter Wald gelten. Die menschliche Einflussnahme auf die Baumartenzusammensetzung war aufgrund der hohen Grundwasserstände geringer als anderswo.

Naturnahe Bestockung

Auf dem größten Teil seiner Fläche weist das Blütlinger Holz eine naturnahe Baumartenzusammensetzung auf. Den überwiegenden Anteil nimmt die aus → Stockausschlag hervorgegangene Schwarzerle in einem Alter von 20 bis 120 Jahren ein *(Abb. 5.1.4.1_3)*. Sie kommt im → Reinbestand oder in stamm- bis gruppenweiser Mischung mit Birke (meist Moorbirke), Esche oder Stieleiche vor.

Der → Unterstand wird in weiten Teilen durch die Frühblühende Traubenkirsche beherrscht. In den Randbereichen des Naturwaldes bilden Traubenkirschen-Erlen-Eschenwälder den Übergang zum feuchten Hainbuchen-Stieleichenwald. Die Baumartenzusammensetzung folgt insgesamt sehr genau den standörtlichen Verhältnissen *(Abb. 5.1.4.1_4)*.

E. Büscher führte im Jahr 1995 eine vegetationskundliche Kartierung des gesamten Naturschutzgebietes Blütlinger Holz durch. Als wichtigste → Waldgesellschaften fand sie Erlenbrücher, Traubenkirschen-Erlen-Eschenwälder und Hainbuchen-Stieleichenwälder.

Abb. 5.1.4.1_4

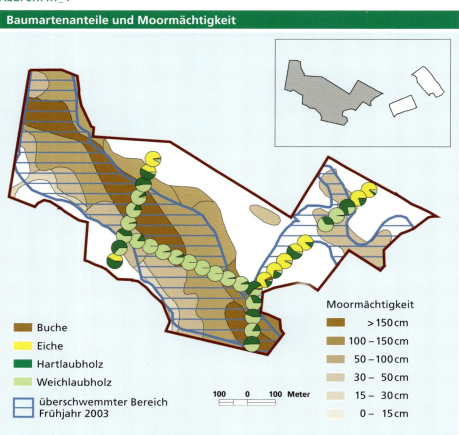

Baumartenanteile und Moormächtigkeit

Buche
Eiche
Hartlaubholz
Weichlaubholz
überschwemmter Bereich Frühjahr 2003

100   0   100 Meter

Moormächtigkeit
> 150 cm
100 – 150 cm
50 – 100 cm
30 – 50 cm
15 – 30 cm
0 – 15 cm

Naturwald Blütlinger Holz: Baumartenanteile in den Probekreisen (2004), Moormächtigkeit und Überschwemmung (2003)

In den nassesten, mehrere Monate überstauten Partien haben sich Erlenbrücher entwickelt, in denen echte Wasserpflanzen wie Wasserfeder, Kleine Wasserlinse oder das Sternlebermoos vorkommen *(Abb. 5.1.4.1_5)*. Typisch für diese intakten Bruchwälder ist außerdem eine → Bulten-Schlenken-Struktur des Oberbodens: Auf den erhöhten Bulten stehen die Erlen zusammen mit denjenigen Pflanzenarten, die lange Überstauung nicht ertragen. Die tief gelegenen Schlenken werden hingegen von Wasserpflanzen sowie von Großseggen und Röhrichten besiedelt. Neben den Erlenbrüchern in verschiedenen weiteren Varianten finden sich im Blütlinger Holz auch Traubenkirschen-Erlen-Eschenwälder, die z.T. als naturnahe Waldgesellschaft, z.T. aber auch als Entwicklungsstufe des Erlenbruchs nach Störungen des Wasserhaushaltes aufzufassen sind. Sie weisen eine reichere Vertikalgliederung als die Erlenbrücher auf, weil die unteren → Bestandesschichten bis hinunter zur → Verjüngung deutlich üppiger entwickelt sind. Typisch ist das Vorkommen der Frühblühenden Traubenkirsche als namengebende Art. Mit abnehmendem Wasserstand schließen sich Hainbuchen-Stieleichenwälder an die beiden feuchtesten Waldgesellschaften an. Diese haben stellenweise noch den Charakter von Auenwäldern, möglicherweise ein Hinweis darauf, dass sie vor der Begradigung und dem Ausbau der Dumme in deren Überflutungsbereich gelegen haben. Neben diesen drei naturnahen Waldgesellschaften werden kleinere Teilflächen des Naturschutzgebietes auch von Fichten- und Pappelbeständen sowie Grünland eingenommen.

Abb. 5.1.4.1_5

Wasserfeder

Abb. 5.1.4.1_6

Stelzwurzeln der Schwarzerle im Blütlinger Holz

Wirkung der Entwässerung

Um herauszufinden, inwieweit der sinkende Wasserstand sich auf die Walddynamik auswirkt, wurden bereits in den 1970er Jahren zwei Kernflächen angelegt. Die Kernfläche 1 repräsentiert einen relativ intakten Erlenbruch, die Kernfläche 2 liegt hingegen in einem stärker von der Entwässerung betroffenen Teil des Naturwaldes. Im Rahmen der Waldbiotopkartierung wurden zusätzlich verschiedene Bodenvegetationstypen im gesamten Naturwald abgegrenzt.

Abb. 5.1.4.1_7

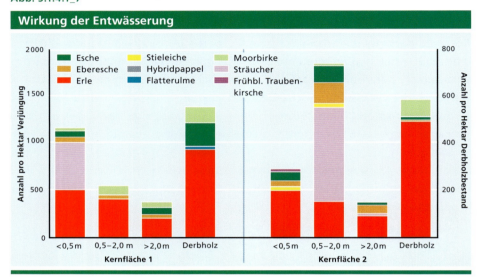

Naturwald Blütlinger Holz: Baumzahlen in Naturverjüngung und Derbholzbestand im relativ intakten (Kernfläche 1) und stärker entwässerten Erlenbruchbereich (Kernfläche 2)

Großseggen oder Brennnessel

Diese Kartierung zeigt auffällige Unterschiede zwischen den beiden Kernflächen: Während in Kernfläche 1 Klein- und Großseggen, Schilf und auch Wasserfenchel das Bild bestimmen, sind in Kernfläche 2 u. a. Rasenschmiele, Brennnessel und Klebkraut die dominierenden Arten. Ein Seggenried kommt hier allenfalls in einer trockenen Ausprägung vor. Die → Verjüngungsschicht ist in der entwässerten Kernfläche deutlich üppiger entwickelt *(Abb. 5.1.4.1_7)*. Hier wachsen junge Bäume mittlerweile auch in den Schlenken, während sie in der nassen Fläche auf Bulten, Wurzelteller oder → Totholz angewiesen sind. Im → Derbholzbestand spiegelt sich die Entwässerung bisher nicht eindeutig wider. Daran wird deutlich, dass die einzelnen Vegetationsschichten sehr unterschiedliche „Reaktionsgeschwindigkeiten" besitzen. Der Altbestand reagiert verzögert, während Verjüngung und Bodenvegetation bereits die aktuelle Entwässerung anzeigen. Sehr deutlich weisen allerdings die Stelzwurzeln der Altbäume auf die erfolgten Torfsackungen hin *(Abb. 5.1.4.1_6)*.

Auch im Naturwald Blütlinger Holz hat der hohe Wildbestand einen erheblichen Einfluss auf die Verjüngungsdynamik. Dies zeigen Messungen der jährlichen Trieblängen an jungen Eschen in den Jahren 1994 bis 1996 durch den zuständigen Revierleiter R. Behn, nachdem der Rehwildabschuss um 40 % erhöht wurde.

Die Eschen-Jungpflanzen reagierten nach der Entlastung vom Verbissdruck innerhalb kurzer Zeit mit einem beachtlichen Zuwachssprung und konnten z.T. ihre Höhe verdoppeln. Eine zusätzliche Förderung dürften sie aber auch durch den Wegfall der Brennnessel-Konkurrenz infolge der lang anhaltenden Frühjahrs-Überschwemmung im Jahr 1994 erfahren haben *(Tab. 5.1.4.1_1)*. In den Jahresberichten des Revierleiters ist ebenfalls dokumentiert, dass sich in dem „kleinen Zeitfenster" fehlender Brennnesselkonkurrenz neue → Naturverjüngung etablieren konnte. Durch Extreme des Wasserhaushaltes werden offenbar die Weichen für die Verjüngungsdynamik und damit die langfristige Waldentwicklung gestellt.

Wild, Brennnessel und Baumverjüngung

Das Blütlinger Holz beherbergt eine außerordentlich reiche Tier- und Pflanzenwelt. E. Büscher fand im gesamten Naturschutzgebiet 237 verschiedene Samenpflanzen. 43 Arten gelten nach der → Roten Liste Niedersachsens und Bremens als gefährdet bis stark gefährdet. Zudem wurden hier 34 Schmetterlings- und 63 Brutvogelarten gefunden. Viele von ihnen gehören ebenfalls zu den seltenen und in ihrem Bestand gefährdeten Arten.

Flora und Fauna

Abb. 5.1.4.1_8

Dies unterstreicht die besondere Bedeutung des Blütlinger Holzes für den Naturschutz in Niedersachsen als großes naturnahes Bruch- und Sumpfwaldgebiet. Als wichtiger Repräsentant der Bruchwälder im Naturwaldnetz hat es zudem aus Sicht der Forschung einen hohen Stellenwert. Auch künftig werden die Strukturentwicklung und die Konkurrenzdynamik der beteiligten Baumarten in den verschiedenen Waldgesellschaften in Abhängigkeit vom Wasserhaushalt im Blickfeld der Forschung stehen. Es stellt sich die Frage, ob es bei fehlender Grabenunterhaltung zur Regeneration der gestörten Bereiche kommt.

Großes und Kleines Giebelmoor – Zwischen den Gräben

Die Bundesländer Sachsen-Anhalt und Niedersachsen teilen sich eines der größten deutschen Feuchtgebiete: Der Drömling ist eine vielgestaltige, von zahlreichen Gräben durchzogene Landschaft aus Feuchtwiesen, Röhrichten, → Riedern, Wasserläufen, Bruch- und Auenwaldresten mit europaweiter Bedeutung für den Vogelschutz. Hier brüten u. a. Weißstorch, Schwarzstorch, Großer Brachvogel, Wachtelkönig und Kranich. Im Frühjahr und Herbst macht eine große Zahl an Zugvögeln Station. Aber auch Fischotter und Biber finden in dieser störungsarmen Landschaft ihren Lebensraum. Diese besondere Naturausstattung des Drömlings gab den Anstoß für die Förderung als Naturschutzgroßprojekt des Bundesamtes für Naturschutz bis zum Jahr 2012.

Feuchtgebiet von landesweiter Bedeutung

Abb. 5.1.4.2_1

TK25 Großes und Kleines Giebelmoor

Abb. 5.1.4.2_2

Im Drömling befinden sich auch zwei nahe beieinander liegende Naturwälder, das Große und das Kleine Giebelmoor. Beide sind Bestandteil des Naturschutzgebietes „Giebelmoor". Während das Große Giebelmoor bereits 1972 zunächst auf einer Fläche von rund 23 Hektar als Naturwald ausgewiesen und 2002 auf seine heutige Größe von ca. 122 Hektar erweitert wurde, ist das Kleine Giebelmoor erst im Jahr 2002 zum Naturwald erklärt worden. Es umfasst eine Fläche von rund 38 Hektar und ist seit mehreren Jahrzehnten nicht mehr forstwirtschaftlich genutzt worden. Im Süden grenzt auf Sachsen-Anhaltinischer Seite der Oebisfelder Stadtwald an, ein rund 500 Hektar großes Feuchtwaldgebiet, das seit Jahrzehnten unbewirtschaftet geblieben ist und heute ebenfalls den Status eines Naturwaldes hat. Zusammen mit den beiden Giebelmooren existiert hier also mit über 600 Hektar eines der größten Naturwaldgebiete Deutschlands.

Grenzüberschreitendes Naturwaldgebiet

Das Gebiet des heutigen Drömlings stellt vermutlich ein Erosionsbecken aus der → Saale-Eiszeit dar. Diese weitgehend abflusslose Senke füllte sich nach der → Weichsel-Eiszeit mit dem Wasser von Aller und Ohre, sodass sich schlickige und → schluffige Sande sowie → Auenlehme über einem Untergrund aus → Geschiebesanden und z. T. auch → Geschiebemergeln absetzten. Der Wasserüberschuss führte zur Entwicklung eines ausgedehnten → Niedermoorgebietes.

Abflusslose Senke

Auch in den beiden Naturwäldern nehmen Niedermoore mit Torfmächtigkeiten von 1 m und mehr den größten Teil der Fläche ein. Daneben existieren auch → grundfeuchte, → anmoorige → Standorte. Die Nährstoffversorgung ist im Großen Giebelmoor aufgrund des kalkhaltigen Grundwassers gut → mesotroph bis → eutroph, im Kleinen Giebelmoor nur noch schwach mesotroph, da der Kalkgehalt des Untergrundes geringer ist.

Tab. 5.1.4.2_1

Chronik der Naturwälder Großes und Kleines Giebelmoor

- **10. Jh.:** Der Corveyer Mönch Widukind erwähnt den Drömling mit der Bezeichnung „Thrimining" (= schwankende Gegend)
- **um 1500:** Weidenutzung der inselartig in das Moor eingestreuten höher gelegenen „Horstwälder"
- **1737:** Walther schreibt in „Der VII. Theil der Magdeburgischen Merckwürdigkeiten": „… Niemand kann in dem Drömling wohnen, teils wegen des Morastes, teils weil keine Passage darin ist …". Seine Beschreibung weist auf eine ungeregelte Holz- und Weidenutzung hin. Die von ihm erstellte Karte zeigt überwiegend Erlen- und Birkenbruchwald sowie Weidengebüsche
- **1742:** Nach einem Forst-Bereitungsprotokoll bestehen die höheren Lagen des Drömlings aus Eichen- und Buchen-Mittelwäldern und die tiefer gelegenen Flächen aus Erlen-Niederwäldern
- **1779:** Auf der Kurhannoverschen Landesaufnahme sind die heutigen Naturwaldflächen als Wald verzeichnet
- **1777:** Ausbau der Ohre im preußischen Teil des Drömlings. Ein quer durch das Ohre- und Allertal gebauter Damm führt zu stärkeren Hochwasserschäden in den zum Herzogtum Braunschweig und Kurfürstentum Hannover gehörenden Teilen des Drömlings
- **Beginn 19. Jh.:** Das Giebelmoor ist ein unwegsames Sumpfgelände, das nur per Kahn zu bereisen ist
- **1827:** Im braunschweigischen Teil beginnen Entwässerungsarbeiten an der Aller, die bis zur Mitte des 19. Jh. fortgesetzt werden. Trotzdem alljährliche Überschwemmung des „Großen Moores" von Herbst bis Mai/Juni
- **Mitte 19. Jh.:** Ablösung der Weideberechtigungen und Holznutzungsrechte der lokalen Bevölkerung; Anbau nicht heimischer Gehölze insbesondere der Pappel
- **1843:** In der forstlichen Betriebsordnung für das ehemalige Revier Vorsfelde wird der Mittelwaldbetrieb eingeführt und die Niederwaldwirtschaft aufgegeben
- **1859:** Staatsvertrag zwischen Hannover, Braunschweig und Preußen zur Regulierung von Aller und Ohre. Überschüssiges Allerwasser kann nach Abschluss der Arbeiten Ende der 1860er Jahre in das Entwässerungssystem der Ohre geleitet werden
- **1864:** Beginn der systematischen Trockenlegung des Drömlings („Moordamm-Kultur" nach Rimpau). Die Aller-Ohre-Regulierung und lokale Entwässerungen führen zu einer Absenkung des Grundwasserspiegels in den Giebelmooren. In der Folge kommt es zum großflächigen Zusammenbrechen der Birken- und Erlen-Altbestände

— **ab 1875:** Einbringen von Nadelhölzern (Kiefer, Fichte, Strobe, Lebensbaum und Blaufichte); Pflanzungen von Erle misslingen; Stieleiche wird eingebracht und/oder die vorhandene Moorbirke übernommen

— **1892:** Im Forsteinrichtungswerk wird der Mittelwaldbetrieb zugunsten des Hochwaldbetriebes aufgegeben

— **1938:** Fertigstellung des Mittellandkanals, der ca. 1 km südlich der beiden Naturwälder verläuft. Das Allerhochwasser wird ab nun direkt in den Mittellandkanal geleitet

— **1940er Jahre:** Moorbrand im Südosten des Großen Giebelmoores. Die seitdem tiefer gelegene Fläche ist ganzjährig nass bis feucht, sodass hier Torfwachstum stattfinden kann und mittlerweile wieder Moormächtigkeiten von 30–50 cm erreicht werden

— **ab 1945:** Intensivierung der Landwirtschaft, weitere Grundwasserabsenkungen durch Anlage von Entwässerungsgräben

— **ca. 1950–1989:** Der Pappelanbau wird in großem Stil im Niedersächsischen Drömling vorangetrieben, kommt dann aber nach Ausbleiben des wirtschaftlichen Erfolgs zum Erliegen

— **1972:** Ausweisung des Großen Giebelmoores als Naturwald auf 23 Hektar

— **1979:** Ausweisung der Naturschutzgebiete „Kleines Giebelmoor" und „Großes Giebelmoor", sie beinhalten die heutigen Flächen der beiden Naturwälder

— **1980er Jahre:** Einbau von Stauwehren im Sechzehnfüßer- und im Zwanzigfüßergraben

— **1992:** Die Naturschutzgebiete „Großes Giebelmoor" und „Kleines Giebelmoor" werden durch eine neue NSG-Verordnung zum Naturschutzgebiet „Giebelmoor" zusammengefasst

— **2002:** Erweiterung des Naturwaldes Großes Giebelmoor auf eine Fläche von 122 Hektar und Ausweisung des Kleinen Giebelmoores als Naturwald auf 38 Hektar. Der Drömling wird in das „Förderprogramm zur Errichtung und Sicherung schutzwürdiger Teile von Natur und Landschaft mit gesamtstaatlich repräsentativer Bedeutung" aufgenommen

„Schwankende Gegend"

Erstmalige Erwähnung findet der Drömling im 10. Jh. unter dem Namen „Thrimining", was auf altsächsisch so viel wie „sich hin und her bewegende, schwankende Gegend" heißt *(Tab. 5.1.4.2_1)*. Der extreme Wasserhaushalt hat lange Zeit nur eine Besiedlung der Randbereiche des Drömling-Beckens erlaubt. Allerdings wurden die inselartig in das Moor eingestreuten Wälder mindestens seit dem Übergang zur Neuzeit beweidet. Um dort hin zu gelangen, mussten Mensch und Vieh lange durch schultertiefes Wasser und Sumpfstellen waten. Friedrich der Große leitete schließlich die ersten größeren Entwässerungsmaßnahmen ein. Das Gebiet des heutigen Naturwaldes trug damals die Bezeichnung „Großes Gehage Holtz" und war bewaldet. Noch bis zum Beginn des 19. Jh. blieb das Giebelmoor ein unwegsames Sumpfgelände. Im 19. Jh. wurde die systematische Trockenlegung des Drömlings fortgesetzt. Damit einher gingen großflächige Rodungen. Feuchtwald wurde durch Wiesen und Äcker ersetzt.

Auch in den Giebelmooren kam es nun zu einer Absenkung des Grundwasserspiegels mit der Folge zusammenbrechender Feuchtwälder auf großer Fläche. Die Austrocknung und Lichtstellung der Moore führten zu einer starken Vergrasung. Weder die natürliche noch die künstliche → Verjüngung der Schwarzerle wollte unter diesen Bedingungen weiter gelingen. An die Stelle der Erle trat die Moorbirke. Teilweise wurden auch Stieleichen eingebracht. Nach dem Bau des Mittellandkanals und der Intensivierung von Landwirtschaft und Trinkwassernutzung kam es zu weiteren Grundwasserabsenkungen im Bereich des Giebelmoores. Ab Mitte des 19. Jh. wurden im Drömling in großem Umfang nicht heimische Baumarten angebaut. Vor allem mit der Pappel waren hohe Erwartungen verbunden, die aber in der zweiten Hälfte des 20. Jh. enttäuscht wurden. In jüngerer Zeit wurden die Pappelbestände verstärkt genutzt und damit auf größerer Fläche ein Bestockungswandel vollzogen. Seit den 1980er Jahren wird außerdem die Wiedervernässung des Giebelmoores vorangetrieben. Die Maßnahmen haben sich vor allem auf den westlichen Teil des Großen Giebelmoores positiv ausgewirkt, sodass heute der Sumpffarn und andere Nässezeiger wieder zahlreich vertreten sind.

Heute ist der Naturwald Großes Giebelmoor mit Schwarzerlen- und Moorbirkenbeständen in einer weiten Altersspreitung bestockt *(Abb. 5.1.4.2_3)*. Daneben kommen auch Stieleiche, Esche, Aspe, Schwarzpappel, Weißerle, Weide und Flatterulme vor. Erlen und auch Moorbirken sind stellenweise wenig vital und sterben ab. Wo die Lichtverhältnisse es zulassen, bilden sich Verjüngungshorste aus Esche. Das Kleine Giebelmoor wird vor allem von alten Kiefern und z.T. auch Moorbirken geprägt *(Abb. 5.1.4.2_4)*. In Teilbereichen sind alte Stieleichen und Kiefern eingemischt. Auf der gesamten Naturwaldfläche findet sich → Naturverjüngung von Eiche, Eberesche und Moorbirke.

Im Zuge der Pflege- und Entwicklungsplanung für den Niedersächsischen Drömling hat E. Büscher im Jahr 1998 eine Waldbiotopkartierung durchgeführt. Sie weist im Naturwald Großes Giebelmoor 7 verschiedene Biotoptypen aus. Übergänge von einem Erlenwald entwässerter Standorte zu einem Traubenkirschen-Erlen-Eschenwald nehmen westlich des Zwanzigfüßergrabens eine große Fläche ein. In diesem Bereich liegt der bereits 1972 ausgewiesene Teil des Naturwaldes. Östlich des Zwanzigfüßergrabens sind Erlenwälder entwässerter Standorte vorhanden, an die sich in südlicher Richtung ein Verbreitungsschwerpunkt des selten gewordenen typischen Erlenbruchs anschließt. Kleinere Flächen nehmen zudem Birken-Bruch- und Moorwälder ein.

Diese sind im nährstoffärmeren Kleinen Giebelmoor großflächig ausgebildet. So liegen im Süden ausgedehnte Birken-Moorwälder, deren Krautschicht vom Pfeifengras beherrscht wird. Nach einem Übergangsbereich mit hoher Dominanz der Blaubeere in der Krautschicht folgen nördlich anschließend Birkenbruchwälder auf nährstoffarmen Niedermoortorfen, die deutliche Spuren der Entwässerung erkennen lassen. In der Krautschicht sind Frauenfarn, Dornfarne, Brom- und Himbeere sowie Wald-Geißblatt typisch. Die Verjüngung von Eiche, Eberesche und Faulbaum führt zu strukturreichen Waldbildern.

Anhand der im Jahr 2001 im damals noch nicht erweiterten Großen Giebelmoor erfassten Struktur- und Verjüngungsdaten *(Tab. 5.1.4.2_2* und *Tab. 5.1.4.2_3)* wird deutlich, dass die Schwarzerle im → Derbholzbestand zwar nach wie vor die wichtigste Baumart ist, in der Verjüngung jedoch fast komplett fehlt. Stattdessen zeichnet sich ein Aufwärtstrend der Esche ab. Der Vegetationswandel in Richtung Traubenkirschen-Erlen-Eschenwald ist deutlich erkennbar.

Abb. 5.1.4.2_3

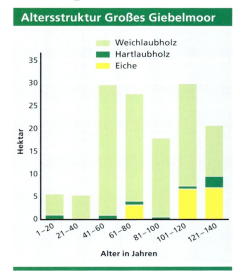

Naturwald Großes Giebelmoor: Altersstruktur nach Baumartengruppen (Forsteinrichtung 2000)

Baumarten

Abb. 5.1.4.2_4

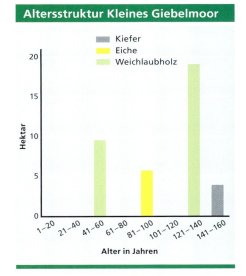

Naturwald Kleines Giebelmoor: Altersstruktur nach Baumartengruppen (Forsteinrichtung 2000)

Vegetationswandel zum Traubenkirschen-Erlen-Eschenwald

Tab. 5.1.4.2_2

Strukturdaten				
Baumart	Stehend lebender Bestand			Totholz gesamt
	Stammzahl [N/ha]	Grundfläche [m²/ha]	Volumen [m³/ha]	Volumen [m³/ha] *
Schwarzerle	99	15,2	195	—
Eiche	81	5,2	58	2
Birke	50	3,2	33	4
Esche	49	2,2	27	—
Eberesche	18	0	1	—
Sonstige	15	0,7	7	—
Summe	312	26,7	321	5

* = Derbholzvolumen ab einem Durchmesser ≥30 cm. Nähere allgemeine Erläuterungen siehe Anhang

Naturwald Großes Giebelmoor: Ergebnisse der Probekreisaufnahmen für den Derbholzbestand (2000)

Reiche Flora – seltene Pflanzen

Die Waldbiotopkartierung ergab auch ein aktuelles Bild von der floristischen Artenvielfalt im Niedersächsischen Drömling. So fand E. Büscher insgesamt 352 Farn- und Blütenpflanzen, von denen 77 nach der → Roten Liste Niedersachsens und Bremens selten oder gefährdet sind. Im Bereich der Giebelmoore haben einige dieser Arten einen Verbreitungsschwerpunkt oder kommen nur dort vor. Dies trifft beispielsweise für die Walzen-Segge, die Faden-Segge, die Kriech-Weide (Großes Giebelmoor), den Königsfarn, die Rauschbeere (Kleines Giebelmoor) oder den Zungen-Hahnenfuß (beide Gebiete) zu. Das ehemalige Vorkommen des auch nach der → Bundesartenschutzverordnung geschützten Sumpf-Porstes im Kleinen Giebelmoor ist mittlerweile erloschen.

Tab. 5.1.4.2_3

Naturverjüngung				
Baumart	Höhenklasse			Summe
	<0,5m [N/ha]	0,5–1,3m [N/ha]	>1,3m [N/ha]	[N/ha]
Esche	106	831	177	1 114
Eberesche	106	230	71	407
Eiche	71	53	18	141
Birke	18	71	0	88
Schwarzerle	71	18	0	88
Sonstige	0	53	0	53
Summe	371	1256	265	1892

Nähere allgemeine Erläuterungen siehe Anhang

Naturwald Großes Giebelmoor: Ergebnisse der Probekreisaufnahmen für die Naturverjüngung (2000)

Dessen Entwicklung führt uns den dramatischen Schwund der einstmals häufigen Bruchwaldarten im Drömling vor Augen. Der Sumpf-Porst ist eng an arme Nieder-moore gebunden und war früher häufig und durchaus flächendeckend anzu-treffen So schreibt ein Zeitzeuge aus dem 18. Jh. über den Drömling: „In einem Hörste ... ist eine Gegend darinnen ganz mit Post (= Porst) angefüllet, die man dahero Post nennet und melden Leute, dass ihnen der Kopf ganz schwer werde, wenn sie dadurch gehen". Dies weist auf die berauschende Wirkung der Pflanze hin, die bis heute auch in der Medizin eingesetzt wird. Aufeinander folgende Vegetationsaufnahmen seit Beginn der 1950er Jahre belegen den anhaltenden Rückgang des Sumpf-Porstes, der 1998 nur noch an zwei Stellen im Niedersäch-sischen Drömling zu finden war und der nun im Kleinen Giebelmoor ausgestorben ist. Auch der Königsfarn *(Abb. 5.1.4.2_5)* kommt nur (noch?) mit einem Exemplar vor. Wahrscheinlich ist dies das einzige Vorkommen im gesamten Naturwald-netz Niedersachsens.

Schwund der Bruchwaldarten

Abb. 5.1.4.2_5

Der Königsfarn – eine typische, aber seltende Pflanze im Erlen-Bruchwald – ist im Giebel-moor noch zu finden

Abb. 5.1.4.2_6

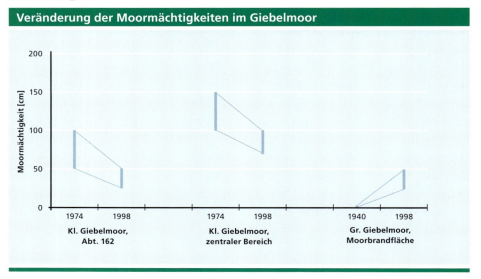

Veränderung der Moormächtigkeiten im Giebelmoor

Auch im Großen Giebelmoor ist eine deutliche Veränderung der Vegetationsdecke belegt. Noch 1947 wurde hier von K. Buchwald ein Erlenbruch beschrieben,
in dem über die Hälfte der Fläche mit Schilf bedeckt war. 1973 fand G. Jahn nur
noch einen Schilfanteil von 5 %. Auch die vormals vorhandenen Bruchwaldarten
Sumpf-Farn, Sumpf-Labkraut, Wolfstrapp, Bittersüßer Nachtschatten, Gilbweide-
rich und Helmkraut fehlten 26 Jahre später. Stattdessen hatte sich der Frauenfarn üppig entwickelt. In der untersten Baumschicht haben von 1947 bis 1973
Esche und Frühblühende Traubenkirsche erheblich zugenommen. Die aktuellen
Struktur- und Verjüngungsdaten zeigen, dass diese Entwicklungsdynamik offenbar nach wie vor anhält. Insgesamt konstatiert G. Jahn den Wandel des Großen
Giebelmoores vom Erlenbruch zum Sumpf-Erlen-Eschenwald, ein Prozess, der sich
nach den Ergebnissen der Waldbiotopkartierung weiter fortsetzt.

Drastische Veränderung der Vegetation

Durch die Anstaumaßnahmen in den 1980er Jahren konnte der Wasserstand
im westlichen Bereich des Giebelmoores deutlich angehoben werden. Es ist zu
hoffen, dass hierdurch der Niedermoorabbau aufgehalten werden kann. Im
Rahmen des „Naturschutzgroßprojektes Niedersächsischer Drömling" wurden
zudem die Auswirkungen weiterer Anstaue simuliert. Quintessenz aus den Prognosen ist, dass eine weitere Optimierung des Wasserhaushaltes im Giebelmoor
möglich ist. Entsprechende Maßnahmen befinden sich in der Planung.

Renaturierung

Einen Eindruck von der Geschwindigkeit des Niedermoorabbaus verdeutlicht
der Vergleich der 1974 ermittelten Moormächtigkeiten mit der Moorsondierung
1998 *(Abb. 5.1.4.2_6)*. Je Jahr wurden durchschnittlich 1,3 bis 1,6 cm der Nieder-
moordecke abgebaut. Allerdings ist in gleichem Umfang offenbar auch ein
Wiederaufbau des Niedermoores möglich, wie die Torfentwicklung auf einer
Brandfläche im Großen Giebelmoor zeigt.

Ab- und Aufbau des Niedermoores

Im Rahmen der Pflege- und Entwicklungsplanung wurden auch umfangreiche faunistische Untersuchungen durchgeführt, deren Ergebnisse hier nicht im Detail wiedergegeben werden können *(s. Bibliographie).*

Abb. 5.1.4.2_7

Hervorgehoben werden soll die schon im Jahr 1987 durchgeführte Erfassung der Schmetterlinge im Giebelmoor durch U. Lobenstein, der 340 Groß- und 67 Kleinschmetterlingsarten fand. Trotz dieser hohen Zahlen betont er die Unvollständigkeit seiner Erfassung und geht davon aus, dass der gesamte Artenbestand auf jeweils über 400 Groß- und Kleinschmetterlinge geschätzt werden muss. Dies sind 40 % der niedersächsischen Schmetterlingsfauna, eine in Niedersachsen herausragende Artenvielfalt. Unter den Großschmetterlingen sind bemerkenswerte Arten feuchter Wälder wie der Große Schillerfalter *(Abb. 5.1.4.2_7)* oder der Kleine Eisvogel.

Großer Schillerfalter

Die zukünftigen Untersuchungen von Seiten der Naturwaldforschung in den beiden Giebelmooren werden sich auf die Einrichtung bzw. Vervollständigung der Gitternetzverpflockung, die Anlage einer Untersuchungsfläche im Kleinen Giebelmoor und die Wiederaufnahme der Anfang der 1970er Jahre im Großen Giebelmoor begonnenen Kernflächenuntersuchungen konzentrieren. Auch zukünftig werden der Vegetationswandel der beiden Feuchtwälder und die Frage, ob Regenerationsprozesse nach der Wiedervernässung ablaufen, im Mittelpunkt des Interesses stehen. Zudem ist eine intensivere Verschneidung der Waldstrukturinformationen mit den Erhebungen zur Artenvielfalt anzustreben.

Ausblick Forschung

Abb. 5.1.4.2_8

Bohldamm – Bucheninseln im Feuchtwald

Niedersächsisches Neuland

Einige Jahre nach der deutschen Wiedervereinigung kam das rechtselbisch gelegene Amt Neuhaus von Mecklenburg-Vorpommern zu Niedersachsen. Mit diesem Wechsel wurde neben dem Carrenziener Dünenzug *(Kap. 5.1.1.1)* auch ein kleiner Teil des Dömitz-Boizenburger Talsand- und Dünengebietes niedersächsisch, der dem ➔ Wuchsbezirk Elbeniederung zugeordnet wird. Hier liegt der rund 85 Hektar große, im Jahr 1998 ausgewiesene Naturwald Bohldamm, der zugleich Bestandteil des Gebietsteils C des Biosphärenreservates „Niedersächsische Elbtalaue" ist.

Abb. 5.1.4.3_1

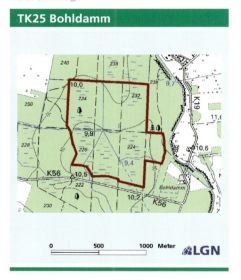

Abb. 5.1.4.3_2

Standortsmosaik

Im Naturwald Bohldamm bilden unterschiedlich stark ➔ grundwasserbeeinflusste Teilflächen ein kleinräumiges ➔ Standortsmosaik. Der Grundwasserspiegel befindet sich unter mittleren Verhältnissen im Frühjahr etwa 20 cm unter der Geländeoberfläche und sinkt bis zum Herbst um etwa 80 cm ab. Ohne die zahlreichen Entwässerungsgräben wären allerdings erheblich höhere Grundwasserstände zu erwarten. Nach starken Niederschlägen kommt es jedoch nach wie vor insbesondere im Frühjahr zu Überstauungen. Seit dem Jahr 2002 wird der Wasserstand gemessen *(Abb. 5.1.4.3_3)*. Im Vergleich zu dem typischen Jahresverlauf in einem intakten Erlenbruch sind große Abweichungen zu erkennen, die aber vor allem auf das Sommerhochwasser 2002 und das ausgesprochen trockene Jahr 2003 zurückzuführen sind. Dies zeigt, dass erst mehrjährige Messungen ein verlässliches Bild des Wasserhaushaltes liefern.

Abb. 5.1.4.3_3

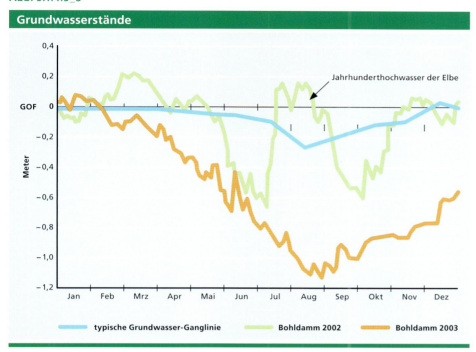

Naturwald Bohldamm: Grundwasserstände zweier Jahre im Vergleich zu der typischen Grundwasser-Ganglinie eines intakten Erlenbruchs (GOF = Geländeoberfläche)

Während im Naturwald Bohldamm mineralische Nassstandorte vorherrschen, finden sich auch auf rund einem Viertel der Fläche Moore mit einer 40–80 cm mächtigen Torfauflage. Aus den tiefer liegenden Bereichen ragen einzelne grundwasserferne Mineralbodeninseln heraus. Die Nährstoffausstattung ist überwiegend gut → mesotroph bis → eutroph, stellenweise auch nur schwach mesotroph. Den Untergrund bilden sandige Sedimente.

Zwischen 1749 und 1950 wurden an der Rögnitz und im ferneren Elbebereich große Teile der Bruch- und Auenwälder gerodet und vorwiegend in Grünland, weniger in Ackerflächen umgewandelt. Daneben führte der Ausbau der Elbe zur Schifffahrtsstraße (Buhnenbau, Fahrwasservertiefung, Stilllegung von Nebenarmen…) zu Beginn des 20. Jh. zur Rodung vieler Feuchtwälder. Der Naturwald Bohldamm blieb von diesen Waldumwandlungen verschont. Schon die → Kurhannoversche Landesaufnahme von 1776 zeigt das Gebiet um den heutigen Naturwald als geschlossenes Laubwaldgebiet, sodass es sich um einen → historisch alten Wald handelt. Von Entwässerungen ist das Gebiet allerdings in erheblichem Maße betroffen.

Abb. 5.1.4.3_4

Naturwald Bohldamm: Alte Buche auf einer Mineralbodeninsel

Abb. 5.1.4.3_5

Altersstruktur

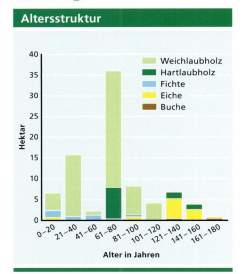

Naturwald Bohldamm: Altersstruktur nach Baumartengruppen (Forsteinrichtung 1999)

Tab. 5.1.4.3_1

Chronik des Naturwaldes Bohldamm

— **1749–1950:** Große Teile der Bruch- und Auenwälder an der Rögnitz und im ferneren Elbebereich werden gerodet und in Grünland oder seltener in Ackerflächen umgewandelt.

— **1776:** Die Kurhannoversche Landesaufnahme stellt das Gebiet des Naturwaldes als Laubwald dar.

— **Beginn 20. Jh.:** Ausbau der Elbe zur Schifffahrtsstraße (Buhnenbau, Fahrwasservertiefung, Stilllegung von Nebenarmen …) führt zur Rodung vieler Feuchtwälder.

— **1993:** Fläche kommt mit der Gemeinde Amt Neuhaus zu Niedersachsen

— **seit 1994:** Aufgabe der forstlichen Nutzungen

— **1994:** Frühjahrshochwasser; Absterben von Buchen in den tiefer gelegenen Partien

— **1997:** Ausweisung als Naturwald

— **1998:** Gleichzeitige Ausweisung des NSG „Bohldamm und Sückauer Moor" und des Nationalparks „Elbtalaue" unter Einschluss des Naturwaldes

— **1998–2001:** Vermehrtes Absterben von Eichen und Pappeln

— **1999:** Verordnung über den Nationalpark „Elbtalaue" wird vom Oberverwaltungsgericht Lüneburg für nichtig erklärt.

— **2002:** Ausweisung des Biosphärenreservates „Niedersächsische Elbtalaue" unter Einschluss des Bohldamms und der Kaarßer Sandberge

— **seit 2002:** Absterben der Eichen und Pappeln nur noch im geringen Ausmaß

Abb. 5.1.4.3_6

Naturwald Bohldamm: In Folge des Hochwassers 1994 abgestorbene Buche

Der Naturwald Bohldamm besteht vorwiegend aus Laubholzmischbeständen, die eine Altersspanne von bis zu 180 Jahren abdecken. Ein Schwergewicht liegt allerdings auf 20 bis 40 und 60 bis 80 Jahre alten Wäldern. Vorherrschend ist die Schwarzerle, die gemischt mit Esche, Stieleiche, Flatterulme oder Birke den größten Teil der Naturwaldfläche bedeckt. Zudem ist der umfangreiche Bestand an Flatterulmen eine Besonderheit des Naturwaldes und zählt zu den größten Vorkommen Niedersachsens. Diese sind aufgrund ihrer guten Stammqualität als forstliches Vermehrungsgut geprüft und zugelassen. Zusammen mit den Stieleichen zählen sie zu den ältesten Bäumen des Naturwaldes. Typisch ist außerdem der in Einzelexemplaren in die Wälder eingemischte Wildapfel. In höher gelegenen Bereichen gedeiht sogar die Buche. Nadelhölzer wie Fichte, Lärche, Küstentanne und Douglasie wurden kleinflächig durch Pflanzung insbesondere in der zweiten Hälfte des 20. Jh. eingebracht. Ob, davon abgesehen, die heute im Bohldamm vorhandenen älteren Wälder aus → Naturverjüngung oder Pflanzung hervorgegangen sind, ist nicht im Einzelnen bekannt.

Abb. 5.1.4.3_7

Insgesamt ist die Baumartenzusammensetzung im Bohldamm als recht naturnah einzuschätzen: Erlenbruchwälder auf den organischen Nassstandorten mit Übergängen zu Erlen-Eschenwäldern sowie Hainbuchen-Stieleichenwälder auf den gut nährstoffversorgten mineralischen Nassstandorten, die auf den erhöht gelegenen Teilflächen in Buchenwälder übergehen, entsprechen weitgehend den → natürlichen Waldgesellschaften.

Ausgehend von ihren Inselvorkommen *(Abb. 5.1.4.3_5),* haben sich einige Buchen (geschätztes Alter bis zu 60 Jahre) schon vor längerer Zeit in den tiefer gelegenen Partien angesamt und sind dort aufgewachsen. Mit dem extremen Frühjahrshochwasser 1994 wurden diese Ausbreitungsversuche allerdings wieder beendet. Viele Einzelexemplare sind mittlerweile abgestorben *(Abb. 5.1.4.3_6)*.

Ausbreitung und Rückzug der Buche

Der Naturwald Bohldamm repräsentiert die nassen, durch reiches Grundwasser geprägten ehemaligen Auenstandorte im Elbtal mit einer vollständigen Serie von typischerweise kleinflächig wechselnden Standortsverhältnissen. Eigene Untersuchungen wurden bisher nicht durchgeführt. Zukünftig ist beabsichtigt, die eigendynamische Waldentwicklung insbesondere vor dem Hintergrund des gegebenen Standortsmosaiks zu untersuchen. In diesem Zusammenhang spielen auch die Auswirkungen der Entwässerung bzw. von Wiedervernässungsmaßnahmen auf die Baumartenzusammensetzung und Waldstruktur eine zentrale Rolle. Von Interesse sind zudem die Entwicklung der Erlenbruchwälder in Kontakt mit Erlen-Eschenwäldern unter Beteiligung der Flatterulme, die Frage des Buchenanteils und der weiteren Vorherrschaft von Stieleichen-Hainbuchenwäldern auf den mineralischen Nassstandorten sowie die Dynamik der Buchenwald-Inseln inmitten dieses Niederungsgebietes.

Ausblick Forschung

Bennerstedt – Von der Aue getrennt

Am Elbtalrand

Ebenso wie der Bohldamm liegt auch der Naturwald Bennerstedt in der vergleichsweise niederschlagsarmen Elbniederung. Er befindet sich rund 3 km vom südlichen Rand des Elbtales entfernt. Mit der Verordnung eines größeren Teils des gleichnamigen Forstortes zum Naturschutzgebiet (152 Hektar) im Jahr 1987 wurde zuerst eine 8 Hektar große Naturwaldfläche eingerichtet. 13 Jahre später wurde dieser recht kleine Naturwald auf seine heutige Flächengröße von rund 31 Hektar erweitert.

Abb. 5.1.4.4_1

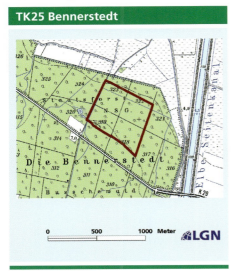

TK25 Bennerstedt

0   500   1000 Meter   LGN

Abb. 5.1.4.4_2

Weite Standortspalette

In etwa ¾ der Naturwaldfläche werden von → Niedermooren mit einer geringen Torfauflage von 15–30 cm eingenommen, die sich über einem Untergrund aus lehmigen Feinsanden und Sanden entwickelt haben. Letzterer hat sich nacheiszeitlich aus Flussablagerungen gebildet. Die Nährstoffversorgung ist gut → mesotroph und der Grundwasserstand liegt im Jahresmittel ca. 60 cm unter Flur. Auf der restlichen Fläche ist der Einfluss des Grundwassers geringer: Sehr stark und stark → grundwasserbeeinflusste, noch → anmoorige Standorte gehen schließlich in nur noch als → grundfrisch eingeschätzte Teilflächen über. Dort sinkt die Nährstoffversorgung stellenweise auf die Stufe schwach mesotroph, und der Grundwasserspiegel liegt so tief, dass er sich kaum noch auf das Waldwachstum auswirkt. Die obersten Bodenhorizonte sind allerdings noch z. T. anmoorig. Dies lässt auf ehemals höhere Wasserstände schließen.

Seit langem ohne Auendynamik

Der heutige Naturwald war zur Zeit der → Kurhannoverschen Landesaufnahme Bestandteil des Laubwaldgebietes „Oster Brock" *(Tab. 5.1.4.4_1)*. Die südwestlichen Bereiche wurden damals allerdings ackerbaulich genutzt. Mindestens seit 150 Jahren dürfte die Bennerstedt der Auendynamik von Neetze und Elbe vollständig entzogen sein. In jüngerer Zeit wurde durch den Bau des Neetze- und des Elbe-Seitenkanals der Grundwasserspiegel noch einmal auf großer Fläche stark abgesenkt.

Tab. 5.1.4.4_1

Chronik des Naturwaldes Bennerstedt

— **ab 10. Jh.:** Der erhebliche überregionale Holzverbrauch der Saline Lüneburg wirkt sich wahrscheinlich auch auf die heutige Naturwaldfläche aus

— **12. Jh.:** Erste Deichbauten an der Elbe

— **zweite Hälfte 13. Jh.:** Der Holzverbrauch der Saline Lüneburg steigt mit der Inbetriebnahme einer zweiten Saline sprunghaft an

— **1348:** Die Ilmenau bis Uelzen wird für den Holztransport schiffbar gemacht

— **zweite Hälfte 18. Jh.:** Zwischen Brietlingen im Westen und Rosental im Osten am Südrand des Elbtals erstreckt sich ein über 20 km langer, ca. 3–5 km breiter, schwer zugänglicher Bruch-, Sumpf und Auenwaldbereich. Dieser wurde von der Elbseite und den Nebenflüssen sowie eingelagerten trockneren Bereichen her kultiviert

— **1774:** Nach der Kurhannoverschen Landesaufnahme gehören Teile des heutigen Naturwaldes zum Laubwaldgebiet „Oster Brock". Der Südwesten wird durch den heute nicht mehr existierenden Hof „Benderstedt" ackerbaulich genutzt

— **1799:** Umstellung der Saline Lüneburg von Holz- auf Torffeuerung

— **1960er Jahre:** Bau des Neetze- und des Elbe-Seitenkanals. Erhöhung der Deiche beiderseits der Elbe. Die bis dahin regelmäßigen Überflutungen des Gebietes bleiben aus. Es kommt zu großflächigen Grundwasserabsenkungen

— **1987:** Ausweisung zum Naturwald auf einer Fläche von rund 8 Hektar im Rahmen der Verordnung des insgesamt 149 Hektar großen Naturschutzgebietes „Bennerstedt"

— **1994:** Hoher Wasserstand vom Spätwinter bis ins Frühjahr; Sommer extrem warm und trocken

— **1990er Jahre:** Zur Förderung einer naturnahen Baumartenzusammensetzung werden Fichten und Balsam-Pappeln auf den zur Erweiterung des Naturwaldes vorgesehenen Flächen genutzt

— **2000:** Erweiterung des Naturwaldes auf rund 31 Hektar

Abb. 5.1.4.4_3

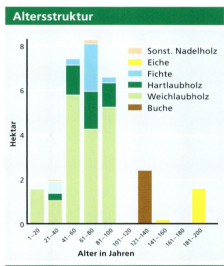

Naturwald Bennerstedt: Altersstruktur nach Baumartengruppen (Forsteinrichtung 1999)

Der Naturwald Bennerstedt setzt sich überwiegend aus Schwarzerlen-Eschen-Mischbeständen zusammen *(Abb. 5.1.4.4_3)*, in die auch die einheimische Traubenkirsche eingemischt ist. Im Süden des Naturwaldes befindet sich ein Altbestand aus ca. 200-jährigen Stieleichen und 135-jährigen Buchen. Größere Anteile nicht →standortsheimischer Baumarten wie Fichten, Weißerlen, Sitkafichten, Japanlärchen und Balsam-Pappeln wurden vor der Flächenerweiterung entnommen.

Daher ist die Baumartenzusammensetzung in der Bennerstedt als überwiegend naturnah anzusehen. Dies trifft vor allem für die auf dem größten Teil der Fläche als natürliche →Waldgesellschaft eingeschätzten Erlenbrücher auf den Niedermoorstandorten zu. Dass sie aktuell überwiegend als Traubenkirschen-

Naturnahe Bestockung

Gespinstmotte an Traubenkirsche

Erlen-Eschen-Sumpfwälder ausgebildet sind, dürfte auf die Entwässerung zurückzuführen sein.

In der Bennerstedt kommt es wie auch in anderen Bruchwäldern in unregelmäßigen Abständen zu Massenvermehrungen der Traubenkirschen-Gespinstmotte, die ihre Wirtspflanze (Einheimische Traubenkirsche) vollständig kahl frisst. Die eingesponnenen Stämme bieten dann ein erschreckendes Bild. Im Folgejahr sind die Traubenkirschen allerdings wieder vollständig begrünt, und die Gespinstmotten sind so plötzlich verschwunden wie sie aufgetaucht sind.

Abb. 5.1.4.4_4

Breitblättrige Sitter

Die Flora des Naturschutzgebietes wurde von E. Büscher im Rahmen der Pflege- und Entwicklungsplanung im Jahr 1994 untersucht. Sie fand 220 Gefäßpflanzenarten, von denen 19 nach der → Roten Liste Niedersachsens und Bremens als gefährdet gelten. Hinzu kommen insgesamt 4 Arten, die, wie die Breitblättrige Sitter *(Abb. 5.1.4.4_4)* oder die Wasserfeder, dem besonderen Schutz der → Bundesartenschutzverordnung unterliegen. Sie betont, dass die auch im Naturwald vertretenen Traubenkirschen-Erlen-Eschenwälder und die Bruchwaldreste die wertvollsten Teile des Naturschutzgebiets darstellen.

Reiche Moosflora in den Feuchtwäldern

Eine genauere Kartierung der Moosflora durch M. Koperski zeigt, dass sich die Moose vor allem an exponierten Stellen, wie Erdhügel, Wälle, Grabenböschungen, der Basis der Stämme oder auch an liegendem → Totholz finden, da sie nur dort vor der Überdeckung durch Falllaub bewahrt werden. Die auch im Naturwald vertretenen Feuchtwälder des Naturschutzgebietes sind u. a. wegen ihrer hohen Luftfeuchtigkeit und der lichteren Struktur die mooskundlich interessantesten Flächen. Insbesondere an Eschen und Erlen ist die → Epiphytenvegetation beachtlich. Im gesamten Naturschutzgebiet wurden 65 verschiedene bodenbewohnende sowie auf lebenden Pflanzen, Totholz und Steinen wachsende Moosarten gefunden. Davon zählen 9 zu den gefährdeten Arten, von denen wiederum 4 im Naturwald vorkommen.

Vogelwelt

Eine Kartierung der Vogelwelt im Naturschutzgebiet Bennerstedt in den 1990er Jahren ergab insgesamt 45 verschiedene Brutvogelarten, u. a. die Höhlenbewohner Klein- und Mittelspecht sowie Hohltaube.

Ausblick Forschung

Der Naturwald Bennerstedt repräsentiert ähnlich wie der Bohldamm ein buntes Standortsmosaik im grundwassernahen Bereich. Zukünftig bietet sich hier die Möglichkeit, ähnlichen Fragstellungen vergleichend nachzugehen *(s. Kap. 5.1.4.3)*. Da in der Bennerstedt die Naturwaldforschung optional ist, wurden allerdings bisher keine eigenen Untersuchungen durchgeführt.

Maschbruch – Naturnahe Kernzone

Kleiner Naturwald

Als Kernzone des Naturschutzgebietes Maschbruch wurde im Jahr 1994 der gleichnamige Naturwald ausgewiesen. Er umfasst eine Fläche von rund 7 Hektar und damit einen kleinen Ausschnitt des insgesamt rund 260 Hektar großen Naturschutzgebietes. Der Naturwald liegt östlich von Munster und grenzt unmittelbar südlich an die Bahnlinie Munster/Uelzen an.

Nach der forstlichen → Standortskartierung bilden → Geschiebemergel mit Sandüberlagerung den geologischen Untergrund. Die Nährstoffversorgung ist dementsprechend → eutroph. Der Boden ist ganzjährig → staufeucht bis staunass.

Im Bereich des Naturwaldes lagen laut der Kurhannoverschen Landesaufnahme von 1775 locker mit Laubwald bestockte Wiesen bzw. das ebenfalls mit Laubwald bewachsene „Lehm Kühlein Gehäge".

Abb. 5.1.4.5_1

TK25 Maschbruch

Abb. 5.1.4.5_2

Der Naturwald Maschbruch besteht zum überwiegenden Teil aus etwas über 60-jährigen Erlenwäldern, die aus → Stockausschlag hervorgegangen sind. Gleich alte Birken und 110-jährige Stieleichen sind mit geringen Anteilen eingemischt.

Innerhalb des Naturschutzgebietes stellt der Naturwald den nassesten Bereich mit der höchsten Naturnähe dar.

Im Zuge der Erstellung eines Pflege- und Entwicklungsplanes wurden die forstfiskalischen Flächen des Naturschutzgebietes floristisch und vegetationskundlich durch E. Büscher bearbeitet. Sie kartierte im Jahr 1995 auf ca. 70 % der Naturwaldfläche Erlenbruchwälder, die anhand des durchgehenden Vorkommens der Walzen-Seggen charakterisiert werden. Typische weitere Bruchwaldarten sind Bittersüßer Nachschatten, Sumpf-Reitgras oder Sumpf-Haarstrang. Im Norden geht der Bruchwald in Winkelseggen-Erlenwälder über, die als typische Arten Wald-Ziest, Großes Springkraut oder Riesen-Schwingel beherbergen. Im Süden schließen sich Himbeer-Erlenwälder an, deren Vorkommen als Hinweis auf die Auswirkungen von Entwässerungsmaßnahmen zu werten ist. Himbeer-Erlenbrücher sind ein Degenerationsstadium intakter Erlenbrücher.

M. Koperski kartierte 1994 die Moose des Naturschutzgebietes und fand mit 98 Arten eine reiche Flora. Von diesen sind insgesamt 15 Arten nach der → Roten Liste Niedersachsens und Bremens gefährdet und 2 Arten vom Aussterben bedroht. Auf der Naturwaldfläche wurden allerdings keine Rote-Liste-Arten gefunden. M. Koperski hebt die Bedeutung der nährstoffreichen Feuchtwälder für die Bodenmoose und der alten Bäume für die → epiphytisch lebenden Moose hervor. Neben Stieleichen, Eschen und Weiden tragen insbesondere die gepflanzten Pappeln eine wertvolle Moosflora.

Moosflora

Der Naturwald Maschbruch erfüllt als Kernzone eines Naturschutzgebietes wichtige Funktionen für den Arten- und Biotopschutz. Zukünftige Forschungsoptionen sollten sich vor allem auf diese Ausgangslage beziehen und der Frage nachgehen, in wieweit der Naturwald ein Leitbild für die übrigen Teile des Schutzgebietes sein kann.

Optionen für die Forschung

Abb. 5.1.4.5_3

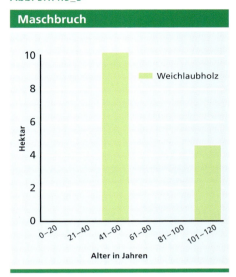

Naturwald Maschbruch: Altersstruktur nach Baumartengruppen (Forsteinrichtung 2002)

Kienmoor – Ein natürliches Fichtenwaldrelikt?

Naturwald der ersten Generation

Der Naturwald Kienmoor befindet sich in der Südheide südöstlich von Fuhrberg in einem geschlossenen Waldgebiet. Er wurde bereits 1972 mit einer Flächengröße von zunächst knapp 6 Hektar ausgewiesen. 1991 erfolgte eine Erweiterung um eine östlich angrenzende Fläche auf heute rund 17 Hektar und im Jahr 2000 die Aufnahme in das gleichnamige Naturschutzgebiet.

Abb. 5.1.4.6_1

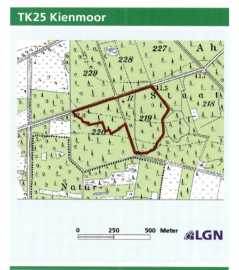

Abb. 5.1.4.6_2

Im Naturwald herrschen überwiegend schwach → mesotrophe → Niedermoore vor, die sich auf einem Untergrund aus Talsanden gebildet haben.

Autochthone Nadel-holzvorkommen?

Schon seit Jahrhunderten ist das Nadelholzvorkommen im Forstort „Ahrenß Nest" und damit im Naturwald Kienmoor belegt. Auch auf der → Kurhannoverschen Landesaufnahme ist das Kienmoor als Nadelwaldgebiet verzeichnet *(Tab. 5.1.4.6_1)*. Daher liegt die Vermutung nahe, dass Kiefer und Fichte hier eines ihrer seltenen → autochthonen Reliktvorkommen im nordwestdeutschen Tiefland besitzen. Von den Stürmen der Jahre 1972 und 1976 blieb auch das Kienmoor nicht verschont. Hier kam es überwiegend zu Windwurf- und -bruch einzelner Bäume. Ein Bestandesteil fiel dem Sturm aber auch fast vollständig zum Opfer. In der Folgezeit kam es immer wieder zum einzel- bis horstweisen Ausfall von Fichten durch Borkenkäfer oder Sturm. Der Befall ist jedoch nicht auf die benachbarten Bestände übergesprungen.

Strukturreicher Nadelwald

Der westliche, schon seit ca. 30 Jahren nicht mehr bewirtschaftete Teil des Naturwaldes wird heute durch einen ungleichaltrigen, stark strukturierten Fichtenbestand geprägt, in den verschieden alte Moorbirken aus → Naturverjüngung sowie alte Stieleichen und Kiefern eingemischt sind *(Abb. 5.1.4.6_3)*. Auf der gesamten Fläche hat sich Naturverjüngung von Fichte und Moorbirke eingefunden. Einige Kiefern und Fichten haben ein stattliches Alter erreicht.

Tab. 5.1.4.6_1

Chronik des Naturwaldes Kienmoor

- **1649:** In einer Waldbeschreibung der Vogtei Burgwedel wird der Forstort „Arenß Nest" als Gehege mit Nadelholzvorkommen aufgeführt
- **1724:** In einem Forstregister werden im „Ahrens Nest" „Tannen - Fuhren und Ellern" (= Fichten, Kiefern und Erlen) angegeben
- **1780:** Auf der Kurhannoverschen Landesaufnahme wird die Naturwaldfläche als Moorwald mit Nadelholz-Signatur dargestellt
- **Mitte 20. Jh.:** Rückgang des Grundwasserspiegels im Fuhrberger Raum durch starke Beanspruchung der Wasserwerke Hannover
- **1972:** Ausweisung als Naturwald auf einer Fläche von knapp 6 Hektar Einzelstammweiser bis flächiger Windwurf durch den Novemberorkan. Im Westen entsteht eine Blöße
- **1973:** Fichtenstämme werden zur Freistellung des Vorkommens des Grönländischen Sumpfporst entnommen. Vorsichtige Eingriffe zugunsten des Sumpfporstes bleiben auch weiterhin erlaubt
- **1975:** Verkleinerung des Naturwaldes auf eine Fläche von 3,6 Hektar
- **1976:** Der Sturm im Januar reißt den südlichen und westlichen Rand des Naturwaldes weg. 8 Kleingatter werden zur Beobachtung der Kiefernnaturverjüngung eingerichtet
- **1991:** Erweiterung des Naturwaldes um eine östlich angrenzende Fläche auf insgesamt rund 17 Hektar
- **Anfang 1990er Jahre:** Renaturierungsmaßnahmen am Tiefen Bruchgraben, entlang des Naturwaldes Kienmoor
- **2000:** Ausweisung des Naturschutzgebietes „Kienmoor", das den Naturwald einschließt

So ergaben die 1990 von M. Worbes durchgeführten Jahrringmessungen, dass die älteste Kiefer 223 und die älteste Fichte 165 Jahre zählt. Im östlichen Erweiterungsteil dominieren mittelalte Fichten, in die etwa gleich alte Kiefern, Sandbirken und Schwarzerlen eingemischt sind. Auch hier wird der → Unterstand aus Fichten und Birken sowie aus Schwarzerlen gebildet. In Teilbereichen findet sich in den letzten Jahren sehr vitale Verjüngung von Japanlärche ein, die die übrigen Baumarten überwächst.

Das Kienmoor wird nach der Waldbiotopkartierung im Wesentlichen der natürlichen → Waldgesellschaft des Pfeifengras-Moorbirken-Stieleichenwaldes zugeordnet. Fraglich ist, welche Rolle die Fichte in der natürlichen Walddynamik einnimmt.

Im Naturwald gibt es ein Vorkommen des Grönländischen Sumpfporstes *(Ledum palustre* ssp. *groenlandicum)*. Von diesem, zu den Heidekrautgewächsen gehörenden Zwergstrauch ist in Deutschland neben dem Kienmoor nur noch ein weiterer Fundort außerhalb von Gärten und Parkanlagen bekannt. Bisher wurden zur Erhaltung des Vorkommens vorsichtige, fördernde Eingriffe zugelassen, die aber nach dem Grundgedanken „Natur Natur sein lassen" zukünftig nicht mehr geplant sind.

Abb. 5.1.4.6_3

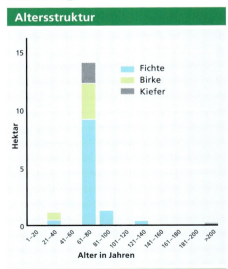

Naturwald Kienmoor: Altersstruktur nach Baumartengruppen (Forsteinrichtung 2002)

Abb. 5.1.4.6_4

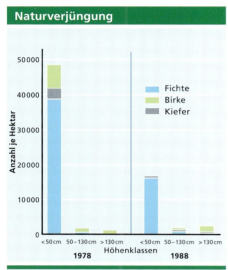

Naturwald Kienmoor: Ergebnisse der Kleingatteraufnahmen der Naturverjüngung

Auch für viele Tierarten ist der Naturwald Kienmoor ein attraktives Habitat. Dieser höhlenreiche Nadelmischwald beherbergt beispielsweise Raufußkauz, Sperlingskauz und Hohltaube. Daneben wurden Baummarder im Naturwald bestätigt.

Nach dem Orkan 1972 bot sich die Gelegenheit, die Entwicklung der Kiefern- und Fichtennaturverjüngung in den nun aufgelichteten Waldstrukturen zu beobachten. Daher wurden einige Kleingatter eingerichtet und diese 1978 und 1988 aufgenommen. Die Ergebnisse zeigen, dass sich anfangs vor allem die Birke gut entwickelt hatte *(Abb. 5.1.4.6_4)*. Sie wurde allerdings zunehmend durch die Fichte eingeholt. Die anschließenden Beobachtungen der zuständigen Revierförsterei belegen, dass sich diese Entwicklung bis heute weiter fortgesetzt hat. Die Fichten nutzen dabei häufig das in großer Menge vorhandene, oftmals fortgeschritten zersetzte → Totholz als Verjüngungssubstrat *(Abb. 5.1.4.6_5)*. Diese „Moderholzverjüngung" ist bisher vor allem aus den höheren Gebirgslagen bekannt. Die Kiefer spielt heute in der Verjüngung offenbar keine Rolle. Im östlichen Teil des Naturwaldes erweist sich die Erlenverjüngung als vital. Einzeln vorkommende Eichen leiden stark unter Wildverbiss. Selbst Jungpflanzen der Buche wurden gefunden.

Abb. 5.1.4.6_5

Moderholzverjüngung der Fichte im Naturwald Kienmoor

Ursprung der Fichte unklar

Bisher ist der Status der Fichte im Naturwald Kienmoor nicht eindeutig geklärt. Zwar sprechen viele Hinweise für ein autochthones Vorkommen. Das Bemühen, endgültige Belege zu finden, scheiterte jedoch bisher daran, dass → pollenanalytische Untersuchungen im Umfeld des Naturwaldes für nicht möglich gehalten wurden. Zur Frage nach der natürlichen Bedeutung der Fichte im nordwestdeutschen Tiefland kommt dem Naturwald Kienmoor eine wichtige Weiserfunktion zu. Er zeigt das große Entwicklungspotenzial dieser Baumart auf ärmeren Niedermoorstandorten, trotz ihrer Sturmanfälligkeit und des fortgesetzten Befalls durch Borkenkäfer. Im Gegensatz hierzu zeigt die Kiefer einen absteigenden Entwicklungstrend.

Bornbruchsmoor – Wiedervernässung mit Folgen

Naturwald der ersten Generation

Ebenso wie das Kienmoor stammt auch der Naturwald Bornbruchsmoor aus der ersten Phase des niedersächsischen Naturwaldprogramms. Damals hieß das 11 Hektar große Gebiet noch → „Stüh". Mit der Aufnahme in das 110 Hektar große Naturschutzgebiet „Bornbruchsmoor" im Jahr 1985 wurde der Name gleichlautend angepasst. Das Bornbruchsmoor liegt am Rand eines größeren Waldgebietes unmittelbar östlich von Knesebeck. Von drei Seiten schließen Feuchtwiesen und Seggenrieder bzw. Äcker an. Von Ost nach West durchzieht ein Entwässerungsgraben das Gebiet.

Abb. 5.1.4.7_1

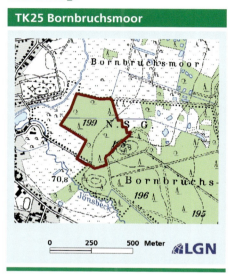

TK25 Bornbruchsmoor

0   250   500 Meter   LGN

Abb. 5.1.4.7_2

Entwässerung und Wiedervernässung

Wie der Naturwald Altes Gehege befindet sich auch das Bornbruchsmoor unmittelbar östlich des → Endmoränenzuges der „Hohen Heide". Über einem sandigen Untergrund hat sich durch hoch anstehendes Grundwasser ein überwiegend → oligotrophes bis schwach → mesotrophes → Niedermoor mit z.T. mächtigen Torfauflagen gebildet *(Abb. 5.1.4.7_3)*. Im Nordwesten und Westen des Gebietes verbessert sich die Nährstoffversorgung durch nährstoffreiches Grundwasser bis zur Stufe gut mesotroph. Die Grundwasserstände wurden durch die Begradigung des Knesebaches sowie die Anlage von mehreren Entwässerungsgräben in der Vergangenheit erheblich abgesenkt. Nur im Westen des Naturwaldes findet sich noch ein wirklich intaktes Moor. Allerdings haben die in jüngerer Zeit durchgeführten Maßnahmen zur Wiedervernässung bereits zu starken Veränderungen in der Bodenvegetation geführt. Dies belegt die Fotodokumentation des zuständigen Revierleiters J. Marks *(Abb. 5.1.4.7_4)*.

Abb. 5.1.4.7_3

Wasserhaushalt und Moormächtigkeit

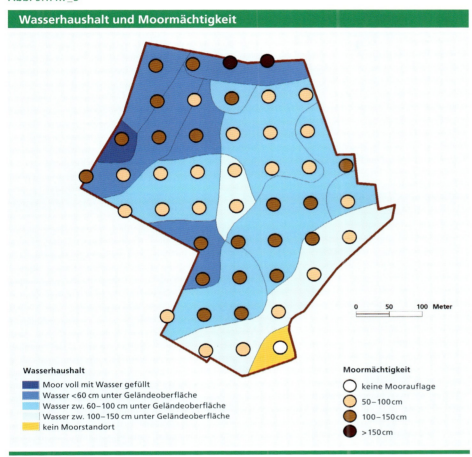

Wasserhaushalt

- ▉ Moor voll mit Wasser gefüllt
- ▉ Wasser <60 cm unter Geländeoberfläche
- ▉ Wasser zw. 60–100 cm unter Geländeoberfläche
- ▢ Wasser zw. 100–150 cm unter Geländeoberfläche
- ▉ kein Moorstandort

Moormächtigkeit

- ◯ keine Moorauflage
- ◯ 50–100 cm
- ● 100–150 cm
- ● >150 cm

Naturwald Bornbruchsmoor: Aktueller Wasserhaushalt und Moormächtigkeit als Folge von Wiedervernässungsmaßnahmen

Abb. 5.1.4.7_4

Naturwald Bornbruchsmoor: Veränderung der Bodenvegetation von 1996 bis 2000 in der Nähe des Grabenanstaus

Ungestörte Birkenwald-sukzession

Im Jahr 1779 war das „Bornbruch" ein durch Nadelholz geprägtes Waldgebiet *(Tab. 5.1.4.7_1)*. Im westlichen Teil der Naturwaldfläche befand sich ein 1971 rund 80-jähriger mit Kiefern durchmischter Birkenwald, der vor der Naturwaldauswei-sung zum größten Teil kahl geschlagen wurde. Im Anschluss setzte eine natürliche Wiederbewaldung durch Birkenanflug ein, die seitdem ungestört abläuft. Im west-lichen Teil blieb der etwa gleich alte Vorbestand stehen: Heute befinden sich dort ca. 115-jährige Birken und Kiefern mit eingemischten Fichten *(Abb. 5.1.4.7_5)*. Jüngere Fichten, Birken, Stieleichen und Stroben aus → Naturverjüngung bilden den → Unterstand.

Abb. 5.1.4.7_5

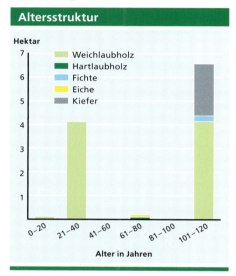

Altersstruktur

Hektar

- Weichlaubholz
- Hartlaubholz
- Fichte
- Eiche
- Kiefer

Alter in Jahren

Naturwald Bornbruchsmoor: Altersstruktur nach Baumartengruppen (Forsteinrichtung 1994)

Tab. 5.1.4.7_1

Chronik des Naturwaldes Bornbruchsmoor

— **1574:** In einer Waldbeschreibung aus dem Amt Knesebeck wird die Bestockung des „Bornebruchs" mit „mehrentheils auch alt Dannen (= Fichten) und Weicholtz" beschrieben

— **1779:** Der heutige Naturwald ist ein durch Nadelholz geprägtes Waldgebiet

— **1971:** Ausweisung als Naturwaldreservat, nachdem der östliche Teil der Naturwaldfläche, ein ca. 83jähriger mit Kiefern durchmischter Birkenwald, kahl geschlagen wurde. Seitdem bewaldet sich die Kahlfläche ungestört durch Birkenanflug. Im westlichen Teil bleibt der Bestand erhalten

— **1980er Jahre:** Graben-Anstau

— **1985:** Ausweisung des Naturschutzgebietes „Bornbruchsmoor", das den Naturwald vollständig einschließt

— **1996:** Beginn einer jährlichen Fotodokumentation

— **2002:** Die Fotodokumentation belegt einen Zunahme von Winkelsegge, Grauer Segge und Pfeifengras an einem Punkt in der Nähe des Graben-Anstaus; dies ist als Reaktion auf die zunehmende Vernässung zu werten

Sukzession ohne Nadelbäume

Nach den Kartierungen des Niedersächsischen Forstplanungsamtes im Rahmen der Pflege- und Entwicklungsplanung für das Naturschutzgebiet ist der wichtigste Biotoptyp des Naturwaldes ein Birken-Kiefern-Moorwald. Rauschbeere, Pfeifen-gras und vereinzelt auch der seltene Gagelstrauch sind typische Pflanzen in der Kraut- und → Strauchschicht. Im Süden befindet sich ein Kiefern-→ Pionierwald. Auf der ehemaligen Kahlschlagsfläche hatte sich Ende der 1980er Jahre ein dich-ter Birkenwald etabliert, in dem einzelne Eichen vorkamen. Nadelbäume fehlen bis heute weitgehend, obwohl deren Samen die Fläche ohne weiteres erreichen könnten. In der Fotoserie der Revierleitung wurde die → „Selbstausdünnung" des jungen Birkenwaldes festgehalten *(Abb. 5.1.4.7_6)*.

Bereits in den 1970er Jahren wurden zwei Kernflächen im Bornbruchsmoor ein-gerichtet. Während eine der Flächen im weniger stark entwässerten, besser mit Nährstoffen versorgten Nordwesten des Naturwaldes liegt, befindet sich die andere südlich des Entwässerungsgrabens in einem ärmeren → Standortsbereich.

Abb. 5.1.4.7_6

Naturwald Bornbruchsmoor: „Selbstausdünnung" im Birkenpionierwald 1998, 2002 und 2005 (v.l.n.r.)

In der Durchmesserverteilung kommen diese standörtlichen Unterschiede klar zum Ausdruck *(Abb. 5.1.4.7_7)*. So sind die unteren Durchmesserklassen in der trockeneren Kernfläche 1 deutlich stärker besetzt. Diese üppige Entwicklung der unteren Baumschichten ist typisch für entwässerte Waldmoore. Nur in der entwässerten Kernfläche spielt die Fichte eine nennenswerte Rolle. Zusammen mit Eberesche, Birke und Eiche bildet sie die nachrückende Baumgeneration. Die Kiefer scheint in keiner der beiden Flächen ihren Anteil in den höheren Durchmesserklassen halten zu können. In der weniger stark entwässerten Kernfläche besetzen vor allem Eberesche und Eiche die unteren Durchmesserklassen.

Strukturreichtum durch Entwässerung?

Abb. 5.1.4.7_7

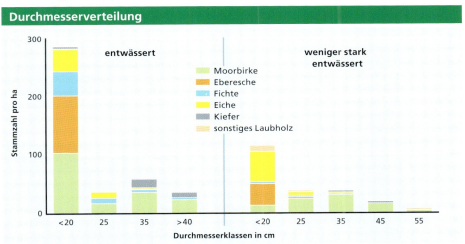

Naturwald Bornbruchsmoor: Durchmesserverteilungen der Kernfläche 1 (entwässert, ärmer) und Kernfläche 2 (weniger stark entwässert) (1982)

Zusammen mit dem Kienmoor und dem Kleinen Giebelmoor repräsentiert der Naturwald Bornbruchsmoor die armen bewaldeten Niedermoore im Ostniedersächsischen Tiefland. Er nimmt hinsichtlich des Nadelholzanteils eine Mittelstellung zwischen diesen beiden Naturwäldern ein. Anhand dieser Dreiergruppe lässt sich der Einfluss von Entwässerung und Wiedervernässung auf die Baumartenzusammensetzung und Waldstruktur bei unterschiedlicher Ausgangsbestockung untersuchen. Insbesondere die Rolle von Fichte und Kiefer in Abhängigkeit von der Vernässung ist auch weiterhin eine interessante Frage.

Drei Naturwälder auf armen Niedermooren

Brambosteler Moor – Entlegener Feuchtwald

Dreigeteilter Naturwald

Im Gerdautal südöstlich von Munster liegt der Naturwald Brambosteler Moor. Er ist Bestandteil des gleichnamigen, 1988 ausgewiesenen Naturschutzgebietes und verteilt sich auf drei getrennte Flächen von zusammen genommen knapp 12 Hektar Größe.

Abb. 5.1.4.8_1

TK25 Brambosteler Moor

0   500   1000 Meter   **LGN**

Die Naturwaldflächen können als → historisch alte Feuchtwälder angesehen werden *(Tab. 5.1.4.8_1)*. Allerdings blieb das gesamte Moorgebiet nicht von der Torfnutzung und den üblichen Entwässerungen ausgenommen. Dennoch haben sich dort bis über 150 cm mächtige Torfauflagen erhalten. Die Nährstoffversorgung ist auf allen Naturwaldflächen → oligotroph. Allerdings bestehen größere Unterschiede hinsichtlich des Wasserhaushaltes und der Vermoorung. Die südlich gelegene Fläche stellt ein durch Rabattenanlagen entwässertes Moor mit Birken- und Eichenbestockung dar. Die Moorauflage ist zwischen 50 und 100 cm mächtig. Den dort vorhandenen Bachlauf säumen Schwarzerlen. Eine über 1,5 m hohe Moorauflage bei intaktem Grundwasserstand charakterisiert die kleinste, nordöstlich gelegene Teilfläche. Sie ist lange Zeit im Jahr kaum begehbar. Hier besteht die Bestockung aus einem dichten Weidengebüsch mit einigen Birken. Der zwischen 100 und 150 cm mächtige Torfkörper der nordwestlichen Teilfläche ist zwar überwiegend durch Rabatten entwässert, aber stellenweise noch so stark vernässt, dass das Wollgras vorkommt. Hier besteht die Bestockung aus einem Moorbirken-Kiefernbruchwald, in den einige Eichen und Fichten eingemischt sind. In Folge von Windwurf ist der → Totholzanteil recht hoch, und der ungleichaltrige Waldbestand ist stark aufgelichtet. Überwiegend befinden sich die Bäume des → Hauptbestandes im Naturwald in einem Alter zwischen 100 und 120 Jahren *(Abb. 5.1.4.8_3)*.

Abb. 5.1.4.8_2

Tab. 5.1.4.8_1

Chronik des Naturwaldes Brambosteler Moor

— **um 1200:** Gründung der umliegenden Ortschaften
— **1775:** Kurhannoversche Landesaufnahme: Der heutige Naturwald befindet sich im nördlichen Teil des „Kein Moores" im Mündungsbereich mehrerer Bäche in die Gerdau. Nur entlang der Bachläufe und an den Moorrändern existiert eine schüttere bachbegleitende Laubholzbestockung
— **ca. 1930 – 1950:** Torfabbau im Brambosteler Moor
— **ca. seit 1980:** Einstellung der Grabenräumung
— **1988:** Im Rahmen der Ausweisung des Naturschutzgebietes „Brambosteler Moor" werden drei Teilflächen als Naturwald festgesetzt
— **2005:** Verkauf der umliegenden Flächen einschließlich des Naturwaldes an eine Privatperson

Abb. 5.1.4.8_3

Altersstruktur

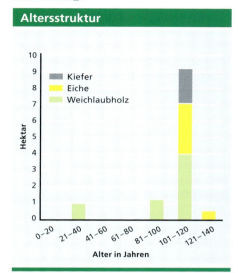

Naturwald Brambosteler Moor: Altersstruktur nach Baumartengruppen (Forsteinrichtung 2002)

Die floristisch-vegetationskundliche Bearbeitung des forstfiskalischen Teils des Naturschutzgebietes Brambosteler Moor durch E. Büscher im Jahr 1994 ergab 163 verschiedene krautige Pflanzen, von denen 22 nach der → Roten Liste Niedersachsens und Bremens als selten oder gefährdet gelten. Unter Letzteren befindet sich auch der lichtliebende, stark in seinem Bestand gefährdete Fieberklee. Diese Pflanze kommt noch in dem Weidengebüsch der nordöstlichen Teilfläche vor. E. Büscher befürchtet, dass er bei fortschreitender → Sukzession ausgedunkelt wird und sein Bestand im Naturwald erlischt.

Eine ornithologische Kartierung des gesamten Naturschutzgebietes ergab 46 verschiedene Brutvogelarten. Auf den drei Naturwaldflächen kamen davon immerhin 31 Arten vor, u. a. so bemerkenswerte Vögel wie der Schwarzspecht oder der Pirol.

Vor allem die beiden standörtlich intakten Teilflächen besitzen einen hohen Naturschutzwert und sind daher vermutlich als „Spenderflächen" für die Artenvielfalt im Naturschutzgebiet von Bedeutung. In zukünftigen Untersuchungen erscheint es lohnend, die Rolle des Naturwaldes als Referenzfläche innerhalb des Naturschutzgebietes in den Vordergrund zu stellen. Damit ist auch die Frage verknüpft, in welcher Hinsicht der Naturwald Leitbildcharakter für die weiteren Teile des Schutzgebietes hat. Nicht zuletzt wegen der Aufteilung auf drei getrennte Flächen, wurden allerdings bisher keine eigenen Untersuchungen durchgeführt.

Gefährdete Pflanzen- und Tierarten

Forschungsperspektiven

Barnbruch – Schatz im Schutzgebiet

Drei Naturwaldkerne im Naturschutzgebiet

Als Teil des Naturschutzgebietes Barnbruch wurde der gleichnamige Naturwald im Jahr 1986 ausgewiesen. Er befindet sich in der Nähe von Gifhorn und besteht aus drei räumlich voneinander getrennten Flächen, die zusammengenommen eine Größe von knapp 39 Hektar ergeben. Unmittelbar nördlich verläuft der Aller-Kanal.

Abb. 5.1.4.9_1

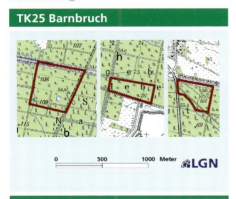

TK25 Barnbruch

0   500   1000 Meter   LGN

Abb. 5.1.4.9_2

Extreme durch Entwässerung

Im gesamten Barnbruch bilden vorwiegend sandige Flussablagerungen (Talsande) aus der → Weichsel-Eiszeit das geologische Ausgangssubstrat der Bodenbildung. Alle → Standorte liegen im Einflussbereich des Grundwassers. So überwiegen auch im Naturwald stark → grundwasserbeeinflusste Böden, mit einem Wasserstand von 60 – 100 cm unter Flur in der Vegetationszeit. Die Nährstoffversorgung ist durchgehend schwach → mesotroph. Aufgrund des sandigen Substrats ohne stauende Schichten im Untergrund sinkt der Wasserstand in trockenen Phasen stark ab. Dann sind die Bäume einem ausgeprägten Wechsel zwischen Nässe und Trockenheit ausgesetzt (z.B. 2002 und 2003, s. *Tab. 5.1.4.9_1*). Nur auf einem kleinen Teil der westlichen Fläche hat sich eine bis zu 30 cm mächtige Torfauflage entwickelt.

Tab. 5.1.4.9_1

Chronik des Naturwaldes Barnbruch

- **1555–1618:** Das Barnbruch ist mit Eichen und „weichem Holtze", wahrscheinlich Erlen und Birken bestanden
- **1649:** Das Barnbruch war wahrscheinlich ein Erlenbruchwald-Revier. Die Erlenbestände werden hauptsächlich als Niederwald genutzt, daneben findet Weidewirtschaft, insbesondere Schweineeintrieb statt
- **1781:** Rest eines größeren Königlichen Laubwaldgebietes südlich der Aller
- **1860:** Beginn der Aller-Regulierung
- **1870:** Bau des Allerkanals als Entwässerungskanal
- **1877:** In einem Bericht des Försters Kruse von Stellfelde wird auf viele alte Wurzeln verwiesen, demzufolge vor alten Zeiten (laut Amts-Rezeßbuch 1530 und 1793) an verschiedenen Orten Tannen-Holz (Fichte) gestanden habe
- **bis 1905:** Begründung von Kiefern- und Eichenkulturen ausschließlich auf Rabatten
- **ab 1905:** Auf die Instandhaltung des Entwässerungssystems wird aus Kostengründen verzichtet
- **1925:** Das Betriebswerk weist darauf hin, dass Kahlschlag zu Misserfolgen führt und die Pflanzung auf diesen Flächen meist unrentabel sei, da die Bodendecke zur Verwilderung neige. Bei der Holzartenwahl werden neben Birke und Erle auch Esche sowie Kiefer auf höher gelegenen Standorten empfohlen
- **1927/28:** Nassjahr: Erlen und Birken sterben stamm- bis kleinflächenweise ab. Auf den entstandenen Freiflächen fliegt Birke an
- **1930er Jahre:** Bau des Mittellandkanals
- **1938:** Im Betriebswerk wird der schlechte Wuchs der neu begründeten Kulturen von Kiefer und Eiche auf den verfallenen Rabatten festgestellt
- **1949:** Das Entwässerungssystem und die Rabatten verfallen weiter. Dies führt dazu, dass sich die Birke auf Kosten der Kiefer weiter ausbreitet. Auch viele der ehemaligen Erlenflächen sind nun mit Birke bestockt
- **ca. 1950–1970:** Die vernachlässigten Wasserhaushaltsregulierungen werden erneuert bzw. ausgebaut. Es entsteht ein dichtes Grabennetz. Unbefriedigende Eichen-, Birken- und Erlenbestände werden geräumt und nach Entwässerung und Bodenbearbeitung mit Kiefer, Pappel und z. T. mit Erle oder Japanlärche aufgeforstet
- **1968–1976:** Bau des Elbe-Seitenkanals als Verbindung der Elbe bei Lauenburg mit dem Mittellandkanal bei Wolfsburg
- **1986:** Ausweisung des Naturschutzgebietes „Barnbruch"; Ausweisung des Naturwaldes als Bestandteil des Naturschutzgebietes
- **ca. seit 2000:** Absterben von Eichen
- **2002:** Größere Teile des Naturschutzgebietes Barnbruch stehen im Sommer wochenlang unter Wasser mit der Folge z. T. letaler Wurzelschäden bei Eichen, Buchen, Birken, Eschen, Fichten, Kiefern und Lärchen
- **2003:** Sehr trockener Sommer; Grundwasser sinkt auf unter 2 m unter Flur ab; viele in 2002 vorgeschädigte Bäume sterben ab
- **2004:** Absterbeerscheinungen an Erlen

Beeinflussung von außen

Das Barnbruch ist der Rest eines größeren →historisch alten Laubwaldgebietes südlich der Aller *(Tab. 5.1.4.9_1)*, in dem vor allem im 19. Jh. große Flächen in Kiefernforste umgewandelt wurden *(Abb. 5.1.4.9_3)*. Durch den Bau von Aller-, Mittelland- und Elbe-Seitenkanal sowie die Entwässerungsmaßnahmen im Barnbruch selbst wurde der Wasserhaushalt des Gebietes tief greifend verändert. Der Grundwasserstand ist nicht nur insgesamt stark abgesenkt worden, sondern auch die Schwankungsamplitude zwischen hohen und niedrigen Wasserständen hat sich deutlich vergrößert. Die im Rahmen der Pflege- und Entwicklungsplanung erstellte Entwicklungsanalyse kommt zu dem Schluss, dass die massive Störung des Wasserhaushaltes gebietsintern nicht wesentlich beeinflusst werden kann.

Abb. 5.1.4.9_3

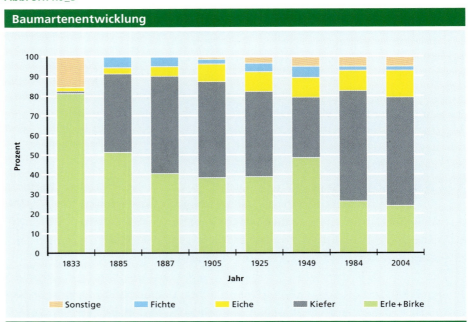

Entwicklung der Baumartenanteile im Forstort Barnbruch seit 1833

Eichenbetonte Bestockung

Stieleiche, Hainbuche, Schwarzerle und Moorbirke sind die Baumarten mit den höchsten Anteilen im Naturwald *(Abb. 5.1.4.9_4)*. Zwischen den Teilflächen variiert die Baumartenzusammensetzung:
In der östlichen Fläche herrschen 101-jährige Stieleichen im →Hauptbestand vor. Gleich alte Hainbuchen bilden auf ganzer Fläche den →Unterstand. In der westlichen Teilfläche liegt der Schwarzerlenanteil im 111-jährigen Stieleichen-Hauptbestand bei rund 30%, während der Unterstand aus Moorbirken, Ebereschen, Hainbuchen und Stieleichen besteht. Die südliche Fläche ist mit 75-jähriger Birke in Mischung mit etwa gleich alten Stieleichen und Schwarzerlen bestockt. Die Begründung vieler Waldbestände erfolgte in der Vergangenheit auf Rabatten *(Tab. 5.1.4.9_1)*.

Nach dem Pflege- und Entwicklungsplan für das Naturschutzgebiet Barn-
bruch wird der Naturwald überwiegend der → natürlichen Waldgesellschaft des
Buchen-Stieleichenmischwaldes zugeordnet. Kleinere Anteile nehmen zudem der
Hainbuchen-Stieleichenwald und der Erlenbruchwald ein.

Buchen-Stieleichenmischwald

Die feuchten bis nassen Stieleichen-Mischwälder stellen nach der naturschutzfachlichen Bewertung des Pflege- und Entwicklungsplans den „eigentlichen Schatz" des Naturschutzgebietes Barnbruch dar. Diese Reste eines vormals
großen Laubwaldgebietes nehmen allerdings heute nur noch rund 10 % der
Fläche inmitten ausgedehnter Kiefernforste ein.

Im gesamten Naturschutzgebiet wurden 21 gefährdete Gefäßpflanzenarten,
4 gefährdete Flechtenarten und 2 gefährdete Pilzarten nachgewiesen. Davon
wurden im Zuge der Pflege- und Entwicklungsplanung 7 Gefäßpflanzenarten
innerhalb der drei Naturwaldflächen gefunden, wie z. B. die Walzen-Segge, die
Einbeere, der Wild-Apfel oder die Flatter-Ulme. Mit dem Glänzenden Lackporling
ist zudem eine gefährdete Pilzart im Naturwald bestätigt worden.

Abb. 5.1.4.9_4

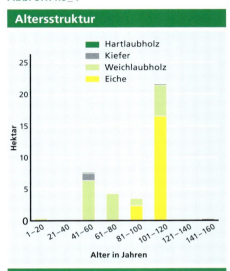

Auch eine Vielzahl gefährdeten Tierarten ist im Barnbruch beheimatet. So
konnten durch die Funktionsstelle für Waldökologie und Naturschutz allein
9 Fledermausarten nachgewiesen werden. Insgesamt ist ein Bestand von 48
gefährdeten Tierarten bekannt. Viele haben ihren Lebensraum insbesondere
in älteren Laubmischwäldern, wie z. B. der Mittelspecht oder der Goldrandige
Eichenglasflügler, eine Schmetterlingsart.

**Naturwald Barnbruch: Altersstruktur nach
Baumartengruppen (Forsteinrichtung 1996)**

Die Artenvielfalt der älteren Laubwaldinseln unterstreicht den naturschutzfachlichen Wert der drei Naturwaldflächen im gesamten Barnbruch.

Forschungsfragen

Bisher wurden hier keine eigenen Untersuchungen durchgeführt. Aus der
Einbettung des Naturwaldes in ein größeres Naturschutzgebiet ergeben sich
allerdings interessante Fragestellungen: Welche Bedeutung haben die Naturwälder als unbewirtschaftete „Spenderflächen der Artenvielfalt" im Rahmen der
Pflege und Entwicklung des gesamten Naturschutzgebietes? Wie lassen sich, ausgehend von diesen Inseln, Verbundstrukturen entwickeln? Welche Entwicklungen
im Naturwald lassen sich in ein Leitbild für den naturschutzgerecht bewirtschafteten umgebenden Wald übertragen? Schließlich ist der Zusammenhang
zwischen der Gebietshydrologie und der Walddynamik ein zentraler Themen-
komplex, hängt doch vom Wasserhaushalt des Barnbruchs die weitere Waldentwicklung in einem entscheidenden Maße ab.

Forellenbachtal – Naturnahe Bachaue

Südlich von Lüneburg liegt der Naturwald Forellenbachtal im Tal des Eitzener Baches, eines Nebenarmes der Ilmenau. Seine Größe beträgt knapp 38 Hektar. Der Naturwald ist Bestandteil des rund 250 Hektar großen Naturschutzgebietes „Schierbruch und Forellenbachtal".

Bachbegleitendes Standortsmosaik

Das Forellenbachtal stellt eine eiszeitlich gebildete Schmelzwasserrinne im Uelzener Becken dar, die sich in eine Geländeplatte aus Grund- und → Endmoränenmaterial geschnitten hat. In der Talaue befinden sich zahlreiche kleine Bodenwellen und Kuppen. Ein mäßig geneigter Unterhang eines → saalezeitlichen Endmoränenzuges begrenzt die Aue. Diese Endmoräne besteht insbesondere aus → Geschiebemergel. Im Talbereich handelt es sich überwiegend um → eutrophe, kaum entwässerte → Niedermoore mit einer Moormächtigkeit zwischen 50 und über 150 cm, die von einzelnen → Geschiebelehmkuppen durchsetzt sind. Zu den Talseiten schließen sich grundwassernahe, eutrophe Böden an, die weiter oberhalb in Geschiebelehme bzw. Tone mit einem hohen Kreide- und Silurkalkanteil übergehen. Entlang von Quellhorizonten tritt vielfach Wasser aus. Der Eitzener Bach weist einen mäandrierenden Verlauf, eine naturnahe Struktur und eine hohe Wassergüte auf.

Abb. 5.1.4.10_1

Abb. 5.1.4.10_2

Nach der → Kurhannoverschen Landesaufnahme aus dem Jahr 1776 waren die Wälder auf den trockeneren → Standorten um das Forellenbachtal verschwunden *(Tab. 5.1.4.10_1)*. Sie wurden als Äcker und Weiden genutzt. Auch im Bruchwaldbereich waren einige Bereiche zu Wiesen- und Weideland umgewandelt worden. Der restliche Bruchwaldbereich wurde als → Niederwald bewirtschaftet. Im 19. Jh. wurden vermutlich die ersten Entwässerungsgräben angelegt, die noch heute im gesamten Gebiet sichtbar sind, aber kaum noch drainierende Wirkung haben dürften. Zum Ende des 19. Jh. wurden die Wiesen im heutigen Forellenbachtal mit Birken, Eiche und Erle wieder aufgeforstet.

Nur teilweise historisch alter Wald

Tab. 5.1.4.10_1

Chronik des Naturwaldes Forellenbachtal

— **1776:** Auf der Kurhannoverschen Landesaufnahme ist das Gebiet mit den Flurbezeichnungen „Ostenbrock" (Nordteil) und „Langenbrock" (Südteil) verzeichnet; Nutzung als Niederwald, östlich des Baches Wiesennutzung

— **1838:** Das Gebiet gehört zum Kloster St. Michaelis in Lüneburg. Nutzung überwiegend als Niederwald; ca. ¼ des heutigen Naturwaldes im „Langenbrock" werden als Wiese „Schlemmwiesen" (Osten) und „Dreckwiesen" (Südosten des Naturwaldes) genutzt, dort auch vereinzelt Torfabbau; Anlage von Entwässerungsgräben

— **1854:** Aufforstung der Wiesen mit Erle, Eiche und Birke. Aufforstung von Acker- und Heideflächen im Nordwesten mit Kiefer

— **Ende 19. Jh.:** Aufforstung der Schlemmwiesen mit Eiche und Buche

— **1974/75:** Anlage eines Fischteiches durch Aufstauen eines Quelllaufes im Nordwesten

— **1978:** Bau von Wegedämmen um alte Teichanlagen und Quellgräben

— **1980:** Das Gebiet kommt durch Tausch von der Klosterkammer zum Landeswald

— **1990:** Ausweisung des Naturwaldes auf 32,5 Hektar im Rahmen der Naturschutzgebietsverordnung „Schierbruch und Forellenbachtal"

— **1994/95:** Vereinzelt Windwurf im Süden

— **2000:** Erweiterung der Naturwaldfläche um 5,1 Hektar

Abb. 5.1.4.10_3

Altersstruktur

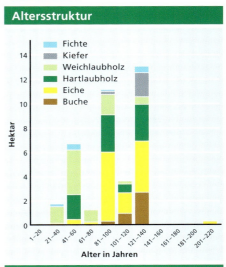

Naturwald Forellenbachtal: Altersstruktur nach Baumartengruppen (Forsteinrichtung 2002)

In einer Abfolge von den bach- und quellnahen Standorten bis zu den randlichen, trockeneren Standorten kommen als natürliche → Waldgesellschaften Bach-Erlen-Eschenwald, Erlenbruch, Traubenkirschen-Erlen-Eschenwald, Hainbuchen-Stieleichen- und Flattergras- und Drahtschmielen-Buchenwald vor. Einige Eichen sind über 200 Jahre alt *(Abb. 5.1.4.10_3)*. Der größte Teil der Bäume im → Hauptbestand liegt jedoch in einem Altersbereich zwischen 80 und 140 Jahren.

Naturnahe Bestockung

Die aktuelle Bewaldung entspricht den natürlichen Waldgesellschaften weitgehend. P. Tiesing konnte zeigen, dass größere Abweichungen vor allem auf den Buchenwaldstandorten in Randlage vorkommen, die infolge früherer Weide- oder Ackeraufforstungen heute mit Fichten- und Kiefernmischbeständen bestockt sind. Demgegenüber sind die typischen Feuchtwälder besonders naturnah ausgebildet.

Abb. 5.1.4.10_4

Naturwald Forellenbach: Vom Wind geworfenes Eichen-Buchen-Baumpaar

Baumpaare

Im Hinblick auf das Ausbreitungsverhalten von Baumarten ist im Forellenbachtal zu beobachten, dass die Buche recht weit in die → grundfeuchten, → anmoorigen Standortsbereiche vordringt. Sie „klammert" sich hier allerdings an ältere, starke Eichen. Offenbar stirbt sie abseits der Alteichen sehr frühzeitig durch Wasserüberschuss ab oder wird geworfen. Bisweilen kommt es aber auch vor, dass sich diese Strategie nicht auszahlt und sie von der umstürzenden Eiche mitgerissen wird *(Abb. 5.1.4.10_4)*.

Schützenswerte Biotope und gefährdete Arten

Im Forellenbachtal kommen mit dem naturnahen Bach und dem naturnahen Quellbereich außer den Feuchtwäldern noch zwei weitere schützenswerte und seltene Biotope vor. Dementsprechend reich ist die Ausstattung mit seltenen und geschützten Arten. So fand P. Tiesing 19 gefährdete Pflanzenarten, u. a. das Gelbe Windröschen, einige Exemplare der Berberitze und den Wasser-Hahnenfuß. Ebenso konnte die Einbeere als Zeiger für → historisch alte Wälder nachgewiesen werden.

Entsprechend der hohen Wasserqualität kommen im Forellenbach nicht nur die namengebenden Bachforellen, sondern auch Bachneunaugen und Mühlkoppen vor.

L. Dittrichs beobachtete von 1959 bis 1992 die Vogelwelt im Forellenbachtal. Er fand in diesem Zeitraum 40 bis 45 regelmäßig vorkommende Brutvogelarten, von denen es sich bei 17 Arten um Höhlenbrüter handelt. Letzteres ist allerdings vor dem Hintergrund künstlicher Nisthöhlen zu sehen. So wurde der Trauerschnäpper erst im Jahr 1959 zum Brutvogel, als dort Nisthöhlen aufgehängt wurden: Gleich im ersten Jahr haben 16 Paare die Nisthilfen angenommen.

Höhlenbrüter

Eigene Untersuchungen wurden bislang nicht durchgeführt. Gleichwohl bietet der hier auf engem Raum gegebene → Standortsgradient vom Bachrand bis zu den Buchenwäldern mit naturnaher Baumartenzusammensetzung günstige Voraussetzungen zur Erforschung des Waldgesellschaftsmosaiks in Abhängigkeit vom Wasserhaushalt. Daneben ist es lohnend, die ornithologischen Kartierungen insbesondere im Hinblick auf die Höhlenbrüter und das natürliche Höhenangebot fortzusetzen.

*Optionen
für die Forschung*

Abb. 5.1.4.10_5

Hagen – Im Grenzgebiet vergessen

Nur wenige Naturwälder in Niedersachsen sind wie das Gebiet Hagen schon seit über 50 Jahren nicht mehr forstlich genutzt worden. Im Fall des Naturwaldes Hagen hängt dies mit seiner Lage in unmittelbarer Nähe zur ehemaligen innerdeutschen Grenze zusammen. Der Naturwald befindet sich östlich von Salzwedel zwischen dem Lüchower Landgraben und dem Grenzgraben zu Sachsen-Anhalt. Er gehört zu einem streifenförmigen Waldgebiet, das sich – z. T. unterbrochen von Wiesen – am Grenzgraben entlangzieht. Der Naturwald besteht aus 4 Teilflächen der Forstorte „Am Bohldamm", „Hagen" und „Sibirien" und wurde 1992 als Bestandteil des Naturschutzgebietes „Lüchower Landgrabenniederung" auf einer Fläche von knapp 66 Hektar ausgewiesen.

Wald am Grenzgraben

Abb. 5.1.4.11_1

Abb. 5.1.4.11_2

Standortsmosaik und Entwässerung

→ Geschiebemergel mit einer Überlagerung aus Feinsanden bilden den geologischen Untergrund im Naturwald Hagen. Die Böden sind mäßig bis stark → grundwasserbeeinflusst. Der Wasserstand liegt heute aufgrund von Entwässerungsmaßnahmen im Mittel 60 cm unter Flur, zeigt aber eine steigende Tendenz von West nach Ost, wo schließlich das Wasser weitgehend bis zur Bodenoberfläche ansteht. In allen Teilflächen sind → anmoorige oder moorige Flächen mit Torfauflagen bis zu 100 cm eingestreut, wodurch ein vielfältiges → Standortsmosaik entsteht. Die Nährstoffversorgung des Naturwaldes ist überwiegend → eutroph.

In der westlichen Teilfläche „Am Bohldamm" existieren die Reste einer mittelalterlichen Turmhügelburg des niederen Adels, der „Danenburg" oder „Denenborch", die 1384 erstmalig urkundlich erwähnt wurde. Der Name „Bohldamm" stammt wahrscheinlich von einer mittelalterlichen Verbindungsstraße nach Salzwedel unmittelbar westlich des Naturwaldes. Fragmente eines Knüppeldammes wurden Anfang der 1990er Jahre bei Straßenbauarbeiten freigelegt. Große Teile des Naturwaldes sind schon in der → Kurhannoverschen Landesaufnahme von 1776 als Wald dargestellt. Damit gilt auch der Hagen als → historisch alter Wald, dessen Flächen aber erst durch die Flurbereinigung in Landeseigentum gekommen sind. Der letzte wesentliche Nutzungseingriff hat etwa 1950 stattgefunden. Seitdem wurden die ehemals unmittelbar an der DDR-Grenze liegenden Waldflächen nicht forstlich bewirtschaftet.

Seit 1950 ohne Bewirtschaftung

Tab. 5.1.4.11_1

Chronik des Naturwaldes Hagen

— **1384:** In der westlichen Teilfläche „Am Bohldamm" existiert die slawische Turmhügelburg „Danenburg" oder „Denenborch", die die Überquerung des Landgrabens in Richtung Klein Chüden und Salzwedel in der Altmark sichert

— **1775:** Große Teile des Naturwaldes sind Laubwald. Nördlich im Anschluss finden sich Wiesen

— **19. Jh.:** Das „Zweyer Fürsten Holtz" als Grenzwald zwischen dem Preußischen und Hannoverschen Gebiet wird an die Bauern aufgeteilt

— **1940er Jahre:** Gegen Ende des Zweiten Weltkrieges wurden große Bereiche bis auf einige Eichengruppen kahl geschlagen

— **1950:** Letzte wesentliche Holznutzung

— **1960er Jahre:** Bau eines KFZ-Sperrgrabens auf der Seite der DDR

— **Ende 1970er Jahre:** Die Flächen fallen im Zuge der Flurbereinigung dem Staatlichen Forstamt Dannenberg zu

— **1969–1975:** Ausbau des Lüchower Landgrabens. Die Anlage und der Ausbau der Gräben stellen erhebliche Eingriffe in den Wasserhaushalt der angrenzenden Flächen dar. Häufige Überflutungen der Niederungen bleiben aus, und der Niedermoorkörper beginnt sich zu zersetzten

— **1991:** Unter dem Kopfsteinpflaster des gewundenen Straßendammes im Westen des Naturwaldes werden Reste einer älteren Feldstein-Pflasterstraße aus dem 17./18. Jh. sowie darunter Fragmente eines mittelalterlichen Knüppeldammes freigelegt

— **1992:** Der Naturwald wird als Bestandteil des Naturschutzgebietes „Lüchower Landgrabenniederung" auf einer Fläche von 65,5 Hektar ausgewiesen

Eindrucksvolle Weiden

Heute stocken auf den Flächen, zu denen auch Feuchtwiesenbrachen, Weiden-sumpfwaldbestände und Seggenrieder zählen, abwechslungsreiche junge bis mittelalte Laubholzmischbestände insbesondere aus Esche, Schwarzerle, und Birke aus → Naturverjüngung, mit eingemischten über 100-jährigen Stieleichen *(Abb. 5.1.4.11_3)*, die auf Teilflächen einen ausgeprägten Unterwuchs aus Haselsträuchern besitzen. Zum Naturwald zählt auch eine junge Feuchtwiesen-aufforstung aus Esche, Erle, Flatterulme, Stieleiche und Hainbuche im Norden der Teilfläche „Am Bohldamm". Die höchsten Bäume im Naturwald sind sehr ein-drucksvolle, über 30 m hohe Weiden und Aspen.

Auf den 4 Teilflächen des Naturwaldes kommen nach der Waldbiotopkartierung insgesamt 54 in ihrem Bestand gefährdete Pflanzenarten vor. Unter den festge-stellten Vogelarten sind u. a. Neuntöter, Pirol und Kleinspecht.

Abb. 5.1.4.11_3

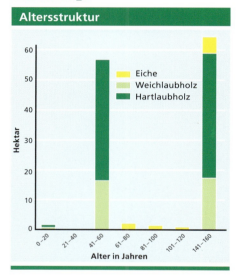

Naturwald Hagen: Altersstruktur nach Baumartengruppen (Forsteinrichtung 1999)

Abb. 5.1.4.11_4

Mix der Waldgesellschaften

Die Standortsvielfalt spiegelt sich in den → natürlichen Waldgesellschaften wider, die im Naturwald Hagen naturnah ausgeprägt sind: Auf einem Drittel der Fläche ist der Buchen-Stieleichen-Mischwald ausgebildet, der in den Hainbuchen-Stiel-eichenwald bzw. bei tiefer anstehendem Grundwasser in den Waldmeister-Buchenwald übergeht. In allen vier Teilflächen finden sich zudem bei höherem Grundwasserstand und stärkerer Torfauflage Erlenbruchwälder.

Ausblick Forschung

Der besondere Wert des Naturwaldes liegt in seiner naturnahen Baumarten-zusammensetzung in Verbindung mit einer über Jahrzehnte unbeeinflussten Waldstruktur. Die Fläche ist aus Sicht der Naturwaldforschung von großem Inte-resse, um Leitbilder für naturnahe Waldstrukturen auf reichen, grundwasser-nahen Standorten weiterzuentwickeln.

Junkerwerder – Seltener Auenwald

Klein, aber intakt

Keine andere Waldform ist in so hohem Ausmaß durch den Menschen zurück-gedrängt worden, wie die Hartholzaue. So ist es zu erklären, dass der nur 7 Hektar große Naturwald Junkerwerder das einzige Auenwaldgebiet mit einem weitgehend intakten Wasserhaushalt im niedersächsischen Naturwaldprogramm darstellt. Der Junkerwerder liegt nördlich von Hitzacker an der Elbe im Gebiets-teil C des Biosphärenreservates „Niedersächsische Elbtalaue" und wurde im Jahr 2000 als Naturwald ausgewiesen.

Regelmäßige Überflutung

Der Naturwald wird regelmäßig von der Elbe überschwemmt. Im Zuge dieser Überflutungen wurde → schluffig-schlickiges Bodenmaterial sowie Sande abge-lagert. Die Nährstoffversorgung ist gut bis schwach → mesotroph.

Abb. 5.1.4.12_1

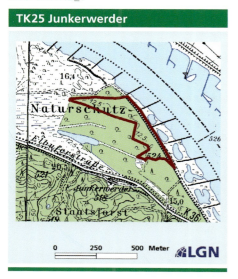

TK25 Junkerwerder

Abb. 5.1.4.12_2

Ende des 18. Jh. durchfloss ein Nebenarm der Elbe den Nordteil der heutigen Naturwaldfläche *(Abb. 5.1.4.12_4)*, sodass der äußerste Norden ursprünglich auf einer Elbinsel lag *(Tab. 5.1.4.12_1)*. Im Zuge des Flussausbaus ist dieser Elbarm tro-cken gefallen. Die heutige Naturwaldfläche kann z. T. als → historisch alter Wald gelten, ist aber z. T. auch aus Wiesenaufforstungen hervorgegangen.

Baumartenreichtum

Heute bildet ein bunt gemischter Laubwald mit einem Alter von bis zu 180 Jahren die Bestockung im Naturwald Junkerwerder *(Abb. 5.1.4.12_3)*. Typisch für die Hartholzaue ist auch der große Anteil verschiedener Sträucher. Die Boden-vegetation ist ebenfalls charakteristisch für den Auenwald. Stickstoffliebende Arten wie Gundermann, Echte Nelkenwurz, Scharbockskraut und Koblauchsrauke bestimmen ihr Erscheinungsbild. Daneben kommen Rohrglanzgras-Röhrichte vor.

Tab. 5.1.4.12_1

Chronik des Naturwaldes Junkerwerder

— **1776:** Ein kleiner Nebenarm der Elbe durchfließt die heutige Naturwaldfläche. Er trennt die zwei Elbinseln „Spölcken Werder" (im Norden) und „Dötzinger Werder" (im Süden). Auf dem mit Gebüschen bewachsenen und als Wiese genutzten „Spölcken Werder" befindet sich (außerhalb der heutigen Naturwaldfläche) ein „Hirtenhaus". Der „Dötzinger Werder" ist, besonders im Bereich des heutigen Naturwaldes, dichter mit Laubgehölzen bewaldet

— **bis 1815:** Umfangreicher Buhnenausbau der Elbe

— **1881:** In der Preußischen Landesaufnahme wird der heutige Naturwald bereits vollkommen als Wald dargestellt. Der Elbarm ist bei Tiessau als Hafen ausgebaut worden und wird im Bereich des Naturwaldes nicht mehr durchflossen

— **Mitte 1930er Jahre:** Der Baron von dem Bussche in Hitzacker verkauft den Junkerwerder und die umliegenden Flächen an den Staat

— **1977:** Die Bundesvermögensverwaltung übergibt die Flächen dem damaligen Staatlichen Forstamt Bleckede. Bis zur Naturwaldausweisung finden keine nennenswerten Holznutzungen statt

— **2000:** Ausweisung als Naturwald

— **14.11.2002:** Ausweisung des Biosphärenreservates „Niedersächsische Elbtalaue"

Abb. 5.1.4.12_3

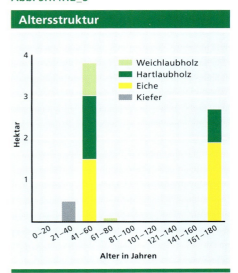

Naturwald Junkerwerder: Altersstruktur nach Baumartengruppen (Forsteinrichtung 1999)

Im Jahr 2003 wurde eine Kernfläche im Naturwald eingerichtet und erstmalig erfasst, um einen genaueren Eindruck von der Baumartenzusammensetzung und Waldstruktur zu erhalten. Die Daten zeigen den typischerweise hohen Anteil von Flatter- und Feldulme sowie Stieleiche am Bestandesaufbau *(Tab. 5.1.4.12_2)*. Insgesamt kommen auf der 2,4 Hektar großen Untersuchungsfläche 10 Baum- und 4 Straucharten mit einem → BHD ≥ 7 cm vor. Auffällig ist der hohe Anteil abgestorbener Feld- und Flatterulmen. Dies dürfte auf das sog. → „Ulmensterben" zurückzuführen sein, von dem auch der Auenwald nicht verschont geblieben ist.

Bedeutung und Gefährdung der Ulmenarten

Abb. 5.1.4.12_4

Historisches Landschaftsbild

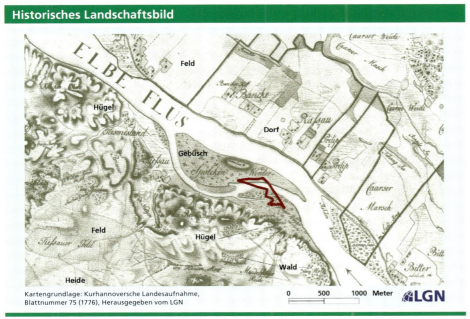

Kartengrundlage: Kurhannoversche Landesaufnahme, Blattnummer 75 (1776), Herausgegeben vom LGN

Landschaftsbild im Bereich des heutigen Naturwaldes Junkerwerder um 1776

Tab. 5.1.4.12_2

Strukturdaten						
Baumart	Stehend				Liegend	Totholz
	Lebend			Tot	Tot	gesamt
	Stammzahl [N/ha]	Grundfläche [m²/ha]	Volumen [m³/ha]	Stammzahl [N/ha]	Volumen [m³/ha] *	Volumen [m³/ha] *
Flatterulme	166	11,7	139	9	0	2
Stieleiche	30	7,1	93	3	4	12
Pappel	28	7,0	123	3	8	11
Esche	45	3,0	36	2	1	1
Feldulme	97	2,3	18	16	0	3
Sträucher	33	0,2	1	2	0	0
Sonstige	17	1,5	18	0	2	3
Summe	415	32,8	428	34	16	33

* = Derbholzvolumen aller stehenden und liegenden Objekte mit einem BHD ≥7 cm. Nähere allgemeine Erläuterungen siehe Anhang

Naturwald Junkerwerder: Ergebnisse der Kernflächenaufnahmen für den Derbholzbestand (2002)

Feinrelief

In der Hartholzaue wechseln die Wuchsbedingungen sehr kleinflächig. Geringfügige Unterschiede in der Geländehöhe haben einen großen Einfluss auf die Dauer und Höhe der Überflutung, sodass hiervon wiederum die Überlebenschancen und die Konkurrenzkraft der Baumarten in entscheidendem Maß abhängen. Innerhalb der Untersuchungsfläche im Junkerwerder ist ebenfalls ein solches Kleinrelief mit Höhenunterschieden von bis zu 3,2 m vorhanden *(Abb. 5.1.12_5)*.

Abb. 5.1.4.12_5

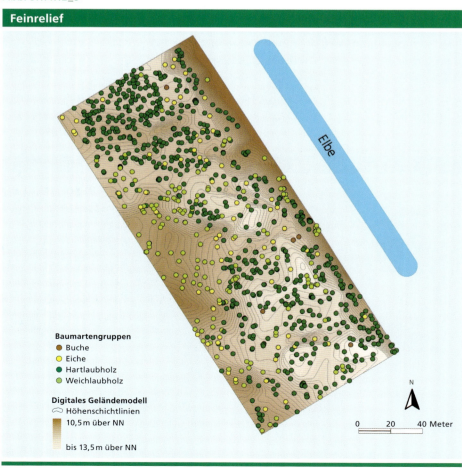

Feinrelief

Baumartengruppen
- Buche
- Eiche
- Hartlaubholz
- Weichlaubholz

Digitales Geländemodell
- Höhenschichtlinien
- 10,5 m über NN
- bis 13,5 m über NN

0   20   40 Meter

Naturwald Junkerwerder: Baumstandpunkte und Geländehöhe in der Kernfläche (2002)

Die Baumartenverteilung verändert sich in charakteristischer Weise mit der Geländehöhe *(Abb. 5.1.12_6)*. In den elbenahen, am tiefsten gelegenen Bereichen zeigt der hohe Anteil von Weiden den Übergang von der Weich- zur Hartholz-aue an. Die beiden Ulmenarten beherrschen die anschließenden „Höhenzonen", in denen auch die Stieleiche stetig vertreten ist. Mit zunehmender Geländehöhe steigt der Eschenanteil deutlich an, bis sich schließlich sogar die Buche einfindet.

Baumartenverteilung nach Geländehöhe

Abb. 5.1.4.12_6

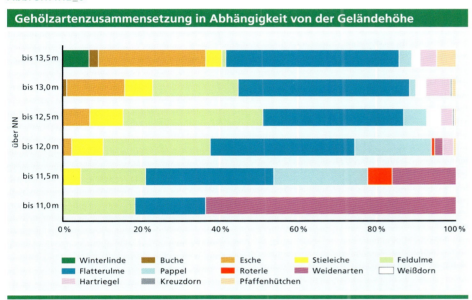

Naturwald Junkerwerder: Geländehöhe der Baumarten in der Kernfläche (2002)

Im Naturwald Junkerwerder sind viele in ihrem Bestand gefährdete Pflanzen- und Tierarten beheimatet. Als typisch für die Aue großer Ströme seien hier stellvertretend die Feldulme, die Schwarzpappel und der seit einigen Jahren wiedergekehrte Biber genannt.

Als einziges Beispiel für eine intakte Hartholzaue nimmt der Naturwald Junker-werder innerhalb des niedersächsischen Naturwaldprogramms trotz seiner geringen Flächengröße eine besondere Stellung ein. Mit der Einrichtung einer 2,4 Hektar großen Kernfläche wurde dem Rechnung getragen, sodass nun die weitere Entwicklung wissenschaftlich begleitet werden kann. Im Mittelpunkt des Interesses stehen u. a. die zukünftige Dynamik der Stieleiche und der beiden Ulmenarten sowie der Einfluss der Störereignisse Überflutung und Eisgang auf die Struktur- und → Verjüngungsdynamik.

Ausblick Forschung

Der Niedersächsische Küstenraum

Marschen, Moore und Niederungen

Die meeresnahen Bereiche Niedersachsens bilden ein eigenes Wuchsgebiet mit charakteristischem Klima, eigener Geologie und einer typischen Oberflächengestalt. Zum Niedersächsischen Küstenraum werden alle → Wuchsbezirke nordwestlich der Linie Stade–Bremen–Enschede zusammengefasst *(Abb. 5.2_2)*. Kennzeichnend für dieses Gebiet sind vor allem das ausgeprägt → atlantische Klima und die geringe Geländehöhe. Einige Teilflächen befinden sich sogar unterhalb des Meeresspiegels. Sie gehen, wie der Dollart oder die Harlebucht, auf ehemalige Meereseinbrüche zurück. Überwiegend wird die Landschaft aus → Marschen, Mooren und Niederungen aufgebaut. Daraus erheben sich einige höhere Geländerrücken der Ostfriesisch-Oldenburgische, der Delmenhorster oder auch der Wesermünder → Geest. Die → Urstromtäler von Weser, Ems und Vechte sowie einiger kleinerer Flusssysteme durchschneiden den Niedersächsischen Küstenraum.

Abb. 5.2_1

Abb. 5.2_2

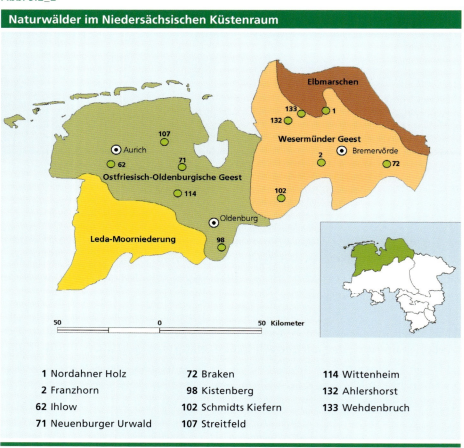

Naturwälder im Niedersächsischen Küstenraum

1 Nordahner Holz	72 Braken	114 Wittenheim
2 Franzhorn	98 Kistenberg	132 Ahlershorst
62 Ihlow	102 Schmidts Kiefern	133 Wehdenbruch
71 Neuenburger Urwald	107 Streitfeld	

Verteilung der Naturwälder in den Wuchsbezirken des Niedersächsischen Küstenraums

Meeresklima

Infolge der Meeresnähe ist das Klima durch ausgeglichene Temperaturen, hohe Niederschläge, eine hohe Luftfeuchtigkeit und ständige Winde gekennzeichnet *(Tab. 5.2_1)*. Die hohe Windbelastung schränkt die Wuchsleistung des Waldes deutlich ein. Früh- und Spätfröste stellen zwar keine besondere Gefahr dar, allerdings ist die Vegetationszeit etwas kürzer als in den südlich anschließenden Gebieten.

Tab. 5.2_1

Klimawerte im Niedersächsischen Küstenraum				
Wuchsbezirk	Ledamoor-niederung	Ostfriesisch-Oldenbur-gische Geest	Wesermünder Geest	Elbmarschen
Jahresmittel Lufttemperatur [°C]	8,8	8,8	8,6	8,6
Jahresmittel Schwankung der Lufttemperatur [°C]	15,4	15,3	15,9	16,3
Jahresmittel Niederschlag [mm]	754	782	777	775
Jahresmittel Niederschlag Mai bis Sept. [mm]	341	352	359	360

Aus: Gauer, J. und Aldinger, E., 2005

Als älteste geologische Bildung erlangt der → „Lauenburger Ton" im Niedersächsischen Küstenraum eine gewisse Bedeutung. Das Material wurde während der → Elster-Eiszeit in einem großen → Stauwasserbecken abgelagert. Es führt heute als wenig wasserdurchlässige Schicht im Bodenuntergrund zur Bildung von → Pseudogleyen, wie beispielsweise im Neuenburger Urwald. Lauenburger Ton ist ein begehrter Rohstoff zur Ziegelherstellung.

Lauenburger Ton

Auf großer Fläche wird der Niedersächsische Küstenraum allerdings durch die → Grundmoränen aus dem → Drenthe-Stadium der → Saale-Vereisung geprägt. Während der nachfolgenden → Weichsel-Vereisung wurde das Gebiet zwar nicht von Gletschern überfahren, war jedoch auf den vegetationsfreien Flächen den Kräften von Frost und Erosion unmittelbar ausgesetzt. Hierdurch ging der Lehmgehalt der saalezeitlichen Grundmoräne weitgehend verloren und der Niedersächsische Küstenraum wurde mit einer → Flugsanddecke überzogen. Daher sind die → Standorte überwiegend sandig und arm an Nährstoffen. Die höher gelegenen Geestflächen wurden schließlich durch Schmelzwasserrinnen in einzelne Platten zerteilt.

Arme Sandböden

Zu den → pleistozänen Bildungen treten im Niedersächsischen Küstenraum auch Substrate → holozänen Ursprungs in einem erheblichen Umfang. Zu nennen sind zum einen die Marschen-Schlickablagerungen der Nordsee und der Flüsse im Zuge des nacheiszeitlichen Anstiegs des Meeresspiegels. Die Niederungen der ehemaligen Täler und Rinnen wurden mit Sedimenten aufgefüllt, sodass eine weitgehend ebene Landschaft entstanden ist. Die → Niedermoore sind ebenfalls holozänen Ursprungs. Sie wurden mit dem ansteigenden Wasserspiegel in der Nacheiszeit gebildet. Hingegen sind die großen → Hochmoore auf das → atlantische Klima zurückzuführen und werden ausschließlich durch Regenwasser gespeist.

Nach der Eiszeit

Aufgrund der vorwiegend armen Standorte zeigen die meisten Böden im Niedersächsischen Küstenraum mehr oder weniger starke Podsolierungserscheinungen. Auf der Geest haben sich hauptsächlich Übergänge zwischen → Podsolen und → Braunerden ausgebildet. In den tiefer gelegenen Bereichen

Podsolierung und Grundwassereinfluss

führt die → Grundwasserbeeinflussung zur Ausbildung von → Gleyen. Daneben kommen auch → Pseudogleye vor. Aufgrund intensiver Entwässerungen hat allerdings vor allem in den letzten 50 Jahren der Grundwassereinfluss erheblich abgenommen. Eine Besonderheit des Wuchsgebietes sind → Eschböden von beträchtlichem Umfang, auf denen die Nährstoffversorgung deutlich besser als auf den umliegenden Flächen ist.

Geringer Waldanteil

Novembersturm 1972

Mit einem Waldanteil von nicht mehr als 6 % ist der Niedersächsische Küstenraum das waldärmste Wuchsgebiet Niedersachsens. In der Zeit der Aufforstung der großen Heideflächen wurden vor allem Kiefernbestände begründet. Daneben spielen Fichte und Douglasie im heutigen Waldbild eine große Rolle. Der Novembersturm des Jahres 1972 hat den Küstenraum überproportional stark getroffen. Große Waldflächen mit einförmigen Kiefernbeständen wurden vollständig vernichtet. Bei der Wiederbewaldung wurde häufig die Douglasie verwendet. Auf den besseren Standorten wurden und werden vor allem Eichen-Buchen-Mischbeständen begründet.

Abb. 5.2_3

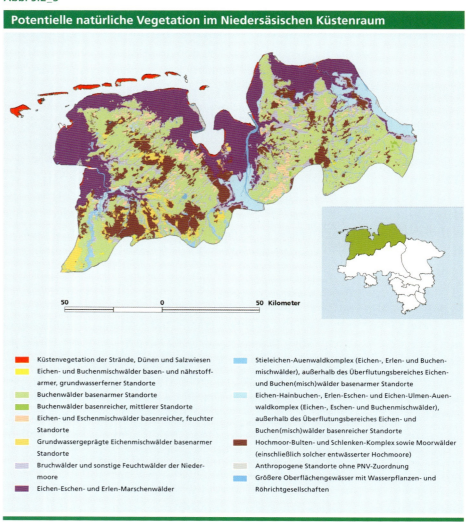

Potentielle natürliche Vegetation im Niedersäsischen Küstenraum

50   0   50 Kilometer

- Küstenvegetation der Strände, Dünen und Salzwiesen
- Eichen- und Buchenmischwälder basen- und nährstoffarmer, grundwasserferner Standorte
- Buchenwälder basenarmer Standorte
- Buchenwälder basenreicher, mittlerer Standorte
- Eichen- und Eschenmischwälder basenreicher, feuchter Standorte
- Grundwassergeprägte Eichenmischwälder basenarmer Standorte
- Bruchwälder und sonstige Feuchtwälder der Niedermoore
- Eichen-Eschen- und Erlen-Marschenwälder

- Stieleichen-Auenwaldkomplex (Eichen-, Erlen- und Buchenmischwälder), außerhalb des Überflutungsbereiches Eichen- und Buchen(misch)wälder basenarmer Standorte
- Eichen-Hainbuchen-, Erlen-Eschen- und Eichen-Ulmen-Auenwaldkomplex (Eichen-, Eschen- und Buchenmischwälder), außerhalb des Überflutungsbereiches Eichen- und Buchen(misch)wälder basenreicher Standorte
- Hochmoor-Bulten- und Schlenken-Komplex sowie Moorwälder (einschließlich solcher entwässerter Hochmoore)
- Anthropogene Standorte ohne PNV-Zuordnung
- Größere Oberflächengewässer mit Wasserpflanzen- und Röhrichtgesellschaften

Die von Natur aus auf großer Fläche typischen bodensauren Drahtschmielen-Buchenwälder der Geest *(Abb. 5.2_3)* sind im Niedersächsischen Küstenraum aktuell selten. Die reicheren Eschböden dürften potenziell geeignete Standorte für den Flattergras-Buchenwald darstellen. Neben den Buchenwäldern wären feuchtere Eichenmischwälder ein flächenhaft bedeutsames Element der natürlichen Vegetation des Küstenraumes, sei es auf den Marschen oder in den Niederungen. Auch ärmere Brücher würden im Wechsel mit baumfreien Mooren natürlicherweise weite Gebiete einnehmen. Insgesamt weicht die aktuelle Bestockung recht stark von der natürlichen Vegetation ab.

Naturwaldausweisung und -forschung

Ein Schwerpunkt der Naturwaldausweisung liegt im Niedersächsischen Küstenraum auf den gut wasserversorgten, mittleren bis reicheren Standorten *(Tab. 5.2_2)*. Trockenere Standorte kommen nur im armen Bereich vor. Die → oligotrophen, grundwasserbeeinflussten Sande – ein typischer Standort im Niedersächsischen Küstenraum – werden durch wesentliche Flächenanteile des Naturwaldes Streitfeld repräsentiert. Wie an dem Stand der Aufnahmen erkennbar wird, ist die Naturwaldforschung insgesamt nicht so weit fortgeschritten wie im Ostniedersächsischen Tiefland, da es sich vielfach um jüngere Gebiete handelt.

Natürliche Waldvegetation

Tab. 5.2_2

Aufnahmen und Naturwälder je Standort							
Nährstoff-versorgung	**Wasserhaushalt**	**Naturwald**	**Fläche (ha)**	**Anzahl der Aufnahmen**			
				PK	**KF1**	**KF2**	**KF3**
eutroph	stau- und grundwasser-beeinflusst, Moore und Auen	Nordahner Holz	19,2	1	3	3	3
		Braken	95,9	2	2	2	1
		Wittenheim	12,8	—	—	—	—
	sehr frisch bis mäßig frisch	Neuenburger Urwald	59	—	1	—	—
		Ihlow	22	1	—	—	—
mesotroph	stau- und grundwasser-beeinflusst, Moore und Auen	Streitfeld	28,8	—	—	—	—
		Wehdenbruch	8,8	—	—	—	—
	sehr frisch bis mäßig frisch	Schmidts Kiefern	17,2	1	1	—	—
		Ahlershorst	4,5	—	—	—	—
		Franzhorn	41,8	1	3	3	—
oligotroph	trockener	Kistenberg	17,8	—	—	—	—

Verteilung der Naturwälder auf die unterschiedlichen Standorte im Niedersächsischen Küstenraum sowie die bisher vorliegenden waldkundlichen Aufnahmen

Kiefern- und Kiefernmischwälder

Schmidts Kiefern – Der Wald, der nach dem Bagger kam

Spontane Waldentwicklung auf Rohboden

Bei den bisher vorgestellten Naturwaldgebieten handelt es sich durchgehend um mehr oder weniger reife Wälder. Im Gegensatz dazu repräsentiert der Naturwald Schmidts Kiefern die ersten Abschnitte einer spontanen Waldentwicklung auf einem Rohboden. Das 17 Hektar große Gebiet wurde 1997 in einer Sandabbaufläche im Siedlungsbereich von Garlstedt ausgewiesen.

Arme und trockene Böden

Ausgangsmaterial der einsetzenden Bodenentwicklung sind → elstereiszeitliche Sande, die im → Drenthestadium von → Schmelzwassersanden überlagert wurden. Nach Proben aus der stillgelegten Sandgrube handelt es sich im nördlichen Bereich um → schluffigen Feinsand und auf der Restfläche um Grobsand. Daher – und nicht zuletzt wegen des fehlenden → Humus – ist der → Standort ausgeprägt → oligotroph. Das Grundwasser befindet sich in einer Tiefe von 6–7 m unter der Grubensohle.

Abb. 5.2.1.1_1

Abb. 5.2.1.1_2

Tab. 5.2.1.1_1

Chronik des Naturwaldes Schmidts Kiefern

— **1956:** Der auf der Fläche stockende Wald wird abgeholzt und der humose Oberboden abgeschoben. Der Sandabbau mit einem Schürfbagger beginnt im nördlichen Teil des heutigen Naturwaldes. Der Bagger schürft streifenweise in Ost-West-Richtung 9 m tief. In unmittelbarer Umgebung der Abbaufläche sind alle Baum- und Straucharten vorhanden, die im Laufe der Sukzession eine Rolle spielen könnten

— **1967:** Auf den freigelegten Flächen folgt die ungestörte Sukzession dem Abbaufortschritt der Bagger. Es werden zwei Klärteiche nördlich des heutigen Naturwaldes für die während des Produktionsablaufes anfallenden Abwässer angelegt

— **ab 1973:** Die Abbautiefe wird auf 12 m erhöht

— **ab 1984:** Die Abbautiefe wird auf 14 m gesteigert und seitdem beibehalten. Im nördlichen Teil verlief der Sandabbau in Ost-Westrichtung. Im südlichen Teil wurde ein Schwenk in südöstliche Richtung vollzogen

— **1988:** Auf der nach dem Abbau unberührten Fläche hat sich ein lockerer bis dichter Pionierwald aus Kiefer und beigemischter Birke und vereinzelten Eichen entwickelt

— **ca. 1990:** Der Sandabbau wird eingestellt

— **1996:** In einem Stillgewässer nordöstlich des geplanten Naturwaldes wird ein Kreuzkrötenvorkommen entdeckt

— **1997:** Ausweisung als Naturwald

— **2000:** Der Naturwald ist flächenhaften Schäden durch Motocrossfahren, Feuerstellen und Müll ausgesetzt, sodass die gerade eingebrachte Verpflockung nach kurzer Zeit wieder verschwunden ist

— **2001:** Bau eines Zaunes um den Naturwald, um Vandalismus einzuschränken; Neuverpflockung

Der Sandabbau begann 1956 im nördlichen Teil der heutigen Naturwaldfläche und wurde erst um das Jahr 1990 beendet *(Tab. 5.2.1.1_1)*. Die Bagger gruben sich bis zu einer Tiefen von 14 m in die obere Sandschicht hinein. Dabei lassen sich die Abbaurichtungen noch heute anhand der spontan angeflogenen Kiefern-→ Naturverjüngung gut erkennen, die sich die abgebaute Fläche streifenweise zurückerobert hat *(Abb. 5.2.1.1_3)*. Im nördlichen Teil wurde mit einer Rekultivierung begonnen und humoser Oberboden in einer Mächtigkeit von mehreren Dezimetern aufgetragen.

34 Jahre Sandabbau

Abb. 5.2.1.1_3

Luftbild

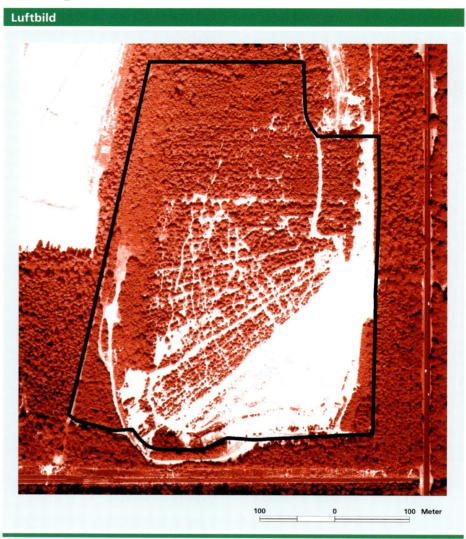

100　　　　　　0　　　　　100　Meter

Naturwald Schmidts Kiefern: Der von Nord nach Süd fortschreitende Sandabbau ist an der unterschiedlich alten Kiefernverjüngung zu erkennen.

Primärsukzession

Abb. 5.2.1.1_4

Naturwald Schmidts Kiefern: Ein Kiefern-sämling kämpft sich durch den Sand

Die → Primärsukzession in der Sandgrube lässt sich anhand des räumlichen Nebeneinanders unterschiedlich alter Abbauflächen wie im Zeitraffer ablesen. So konnte U. Hanke eine Abfolge verschiedener Moos- bzw. moosreicher Gesellschaften nachweisen, in denen von Anfang an die Kiefer beteiligt ist. Zu Beginn besiedeln allerdings Algen die obersten Millimeter des Bodens. Diese Schicht miteinander verklebter Sandkörner wird bei Trockenheit rissig und ist sehr störungsempfindlich gegenüber Tritt und Befahren. Gräser oder Blütenpflanzen spielen in der Gesellschaftsabfolge nur eine Nebenrolle. Im Laufe der Zeit verdichtet sich der Kiefernanflug bis zur Dickung. Als Mischbaumarten sind vor allem Sandbirke und Stieleiche beteiligt. Daneben kommen auch Eberesche, Buche und Weide vor. Die extremen Standortsbedingungen bieten einigen konkurrenzschwachen und deshalb gefährdeten Arten, wie dem Keulenbärlapp oder dem Urnen-Filzmützenmoos, Überlebensraum.

Die 2002 durchgeführte Stichprobenerhebung zeigt, dass immerhin in 13 der 15 Probekreise Bäume mit einem → BHD ≥ 7 cm vorkommen. Die Kiefer ist bei noch geringer → Grundflächen- und → Vorratshaltung die beherrschende Baumart *(Tab. 5.2.1.1_2)*.

Tab. 5.2.1.1_2

Strukturdaten						
Baumart	**Stehend**				**Liegend**	**Totholz**
	Lebend			**Tot**	**Tot**	**gesamt**
	Stammzahl [N/ha]	Grundfläche [m²/ha]	Volumen [m³/ha]	Stammzahl [N/ha]	Volumen [m³/ha] *	Volumen [m³/ha] *
Birke	17	0,3	2	—	—	—
Eiche	1	0	0	—	—	—
Kiefer	590	7,1	31	3	—	0
Sonstige	3	0	0	—	—	—
Summe	611	7,4	33	3	—	0

* = Derbholzvolumen aller stehenden Objekte mit einem BHD ≥ 7 cm und aller liegenden Objekte mit einem Durchmesser am stärksten Ende ≥ 20 cm. Nähere allgemeine Erläuterungen siehe Anhang

Naturwald Schmidts Kiefern: Ergebnisse der Probekreisaufnahmen für den Derbholzbestand (2002)

In der → Verjüngungsschicht zeigt sich eine deutliche Differenzierung nach dem Alter der Sukzession. Die Laubbäume treten erst in den späteren Phasen hinzu und sind bisher vorwiegend in der untersten Höhenklasse vorhanden *(Abb. 5.2.1.1_5)*. Hierbei ist aber auch zu berücksichtigen, dass die standörtlichen Ausgangsbedingungen innerhalb der Sukzessionsreihe nicht vollständig vergleichbar sind, da in den ältesten Abbaubereichen ein Bodenauftrag erfolgt ist.

Die Sukzession geht weiter

Abb. 5.2.1.1_5

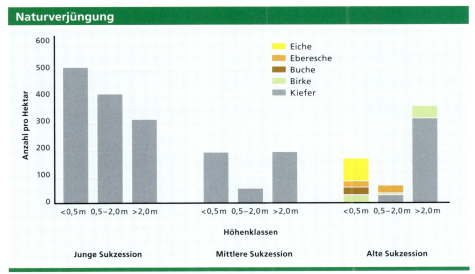

Naturwald Schmidts Kiefern: Zusammensetzung und Höhendifferenzierung der Verjüngung in Abhängigkeit von der Sukzessionsdauer (2002)

Bei den Schmidts Kiefern handelt es sich um ein „Sonderreservat": Dieser einzige Naturwald mit primärer Waldsukzession auf Sand-Rohboden eröffnet die Möglichkeit, die Wald- und Bodenentwicklung vom Nullpunkt an zu beobachten. Von praktischem Interesse ist die Frage, welchen Weg die natürliche Entwicklung auf einer solchen Abbaufläche einschlägt, und ob diese einer geplanten Renaturierung vorzuziehen ist.

Forschungsfragen

Streitfeld – Neuer Wald im Grenzgebiet

Im „Forst Upjever"

In dem 740 Hektar großen Waldgebiet „Forst Upjever" südlich von Jever wurde 1997 der Naturwald Streitfeld auf einer Fläche von 23 Hektar ausgewiesen. Die Umgebung stellt eine überwiegend landwirtschaftlich genutzte typische → Geest-Wallheckenlandschaft dar, die von Eichenalleen durchzogen wird. Der „Forst Upjever" besteht hauptsächlich aus Nadelwald. Nördlich grenzt das so genannte „Upschlootgebiet" an, der vermoorte Teil eines ehemaligen Ausläufers der Harlebucht, die bei einer Hochflut der Nordsee im frühen Mittelalter entstand.

Abb. 5.2.1.2_1

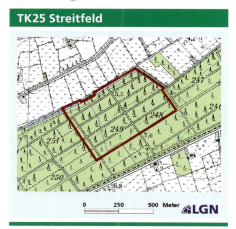

TK25 Streitfeld

0   250   500 Meter   LGN

Abb. 5.2.1.2_2

Arm und nass

Der „Forst Upjever" befindet sich auf einem Ausläufer des in der → Saale-Eiszeit entstandenen Ostfriesisch-Oldenburger Geestrückens. Im Naturwald sind mehr als 40 % der → Standorte stark → grundwasserbeeinflusst, z.T. auch vermoort mit Torfmächtigkeiten zwischen 30 und 150 cm. Durch zahlreiche Gräben wird das Gebiet allerdings erheblich entwässert. Auf weiteren 40 % ist der Grundwassereinfluss nur noch mäßig ausgeprägt. Die Nährstoffversorgung liegt auf den mineralischen Standorten überwiegend zwischen den Stufen → oligotroph und schwach → mesotroph, während die vermoorten Bereiche durchgehend oligotrophe Standorte darstellen. Die Böden zeigen einen zweischichtigen Aufbau: Unter einer Schicht aus → Schmelzwassersanden befindet sich entweder eine weitere Sandlage oder → Geschiebelehm.

    An der Landesstraße von Wittmund nach Friedeburg und in Nobiskrug zeugen Hügelgräber von der frühen Kulturgeschichte des Raumes *(Tab. 5.2.1.2_1)*. Nach den pollenanalytischen Untersuchungen von A. Bach kann bereits zur Bronzezeit von einer Verheidung der Landschaft ausgegangen werden.

Die ersten geschichtlichen Bezüge zum Forstort Streitfeld stammen aus der Mitte des 16. Jh. Das Gebiet ist kein → historisch alter Wald, auch wenn im Forst Upjever schon frühzeitig Wiederbewaldungsmaßnahmen ergriffen wurden. Der Name Streitfeld lässt sich wahrscheinlich auf das Plattdeutsche „Striet, strieden" für spreizen zurückführen. Demnach ist das Streitfeld ein „weites, breites Feld", das sich unmittelbar an der Grenze zwischen Oldenburg und Ostfriesland befindet.

Weites, breites Feld

Tab. 5.2.1.2_1

Chronik des Naturwaldes Streitfeld

— **ca. 2000 v. Chr.:** Bronzezeitliche Siedlungen in der Umgebung. Wahrscheinlich Verheidung

— **Mitte 16. Jh.:** Frl. Maria von Jever veranlasst die Saat von hauptsächlich Eichen und Buchen im Forst Upjever. Das Streitfeld ist eine große, von Wegen (u. a. „Friesischer Heerweg") durchzogene Fläche, die sich in Ost-West-Richtung zwischen Ostfriesland und Oldenburg erstreckt

— **1550:** Auf einer Karte des Jeverlandes ist der Bereich des heutigen Naturwaldes als Laubwald dargestellt

— **1599:** Errichtung der Befestigungsanlage „Schanz" im Westen des Streitfeldes

— **1612:** Auf der Karte von Johann von Laer ist im Bereich des Naturwaldes eine Laubwaldsignatur eingetragen

— **1730:** Auf der Karte „Tabula Frisia Orientalis" ist bei Upjever, östlich Nobiskrug, die Signatur für Wald eingezeichnet

— **1733:** Plaggenhieb auf dem Streitfeld

— **1738:** Der letzte Wolf des Jeverlandes wird im Upjever erlegt

— **1785:** Das Streitfeld ist eine Heidefläche. Der Wald im Forst Upjever konzentriert sich um das Forsthaus

— **1810:** Ostfriesland und Jeverland werden als Departement Ost-Ems dem Kaiserreich Frankreich einverleibt. Der Laubwald wird stark dezimiert, und die Bäume werden für die Befestigung Wangerooges, Baltrums und Heppens verwendet

— **1813:** Zusammenbruch der französischen Herrschaft; Ostfriesland wird wieder preußisch; das Jeverland und die Herrlichkeit Kniphausen werden russisch

— **1815:** Wiener Kongress; Preußen muss Ostfriesland an Hannover abtreten

— **1818:** Russland tritt das Jeverland einschl. Kniphausen an Oldenburg ab

— **1840:** Aufforstung der Heideflächen auf dem Streitfeld mit Kiefer

— **1891:** Nach der Preußischen Landesaufnahme ist der heutiger Naturwald ein Nadelwald

— **1900–1930:** Torfgewinnung im Upschlootmoor

— **1997:** Ausweisung als Naturwald auf 23 Hektar

— **2000:** Erweiterung um die vormaligen „Entwicklungsflächen" auf insgesamt knapp 29 Hektar

Abb. 5.2.1.2_3

Altersstruktur

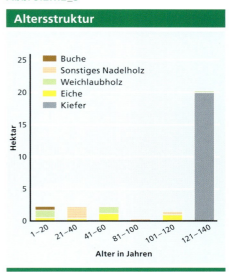

Naturwald Streitfeld: Altersstruktur nach Baumartengruppen (Forsteinrichtung 1998)

Sukzession unter Kiefer

Bei der Waldbiotopkartierung wurde der Naturwald Streitfeld überwiegend der natürlichen → Waldgesellschaft Drahtschmielen-Buchenwald zugeordnet, der kleinflächig in den Hainbuchen-Stieleichenwald übergeht. Aktuell bilden 120- bis 140-jährige Kiefern die → Oberschicht, unter der sich eine z. T. lebhafte → Sukzession verschiedener jüngerer Laub- und Nadelbaumarten vollzieht *(Abb. 5.2.1.2_ 3)*. Vor allem der Anteil an – vermutlich aus → Hähersaat stammenden – Eichen ist hoch.

Abb. 5.2.1.2_4

Repräsentanz und Forschungsfragen

Obwohl das Streitfeld erst seit vergleichsweise kurzer Zeit aus der Nutzung genommen ist und daher noch keine eigenen Untersuchungen durchgeführt werden konnten, nimmt es doch eine wichtige Stellung im Naturwaldnetz ein. Das Gebiet umfasst größere Flächen mit armen, grundwasserbeeinflussten Sanden, einem typischen Standort im Niedersächsischen Küstenraum, der allerdings im Naturwaldnetz nur wenig vertreten ist. Die gegenwärtige Entwässerung schränkt die Repräsentanz allerdings wieder ein. Im Blickpunkt der Naturwaldforschung steht neben der Strukturdynamik insbesondere die weitere sukzessionale Entwicklung. Unter der Kiefer hat sich eine bunt gemischte Waldgeneration etabliert, die nicht forstlich behandelt wurde. Die große Palette an Baumarten lässt eine interessante Dynamik erwarten. Insbesondere die Entwicklung der Hähereichen ist aus waldbaulicher Sicht spannend.

Kistenberg – Nach dem großen Sturm

Spontane Waldentwicklung nach 1972

Der 23 m hohe Kistenberg befindet sich im Forstort „Kistenberg" in den Osenbergen südöstlich von Oldenburg. Nach dem Novemberorkan 1972 wurde hier das Sturmholz wie allgemein üblich aufgearbeitet und geräumt. Unüblich war allerdings, dass eine 10 Hektar große Fläche danach nicht wieder aufgeforstet und sich selbst überlassen wurde. Im Jahr 1997 wurde das Gebiet schließlich auf rund 18 Hektar zum Naturwald erklärt.

Oser und Flugsand

Der Naturwald befindet sich auf einem so genannten „Oser", einer eiszeitlichen Aufschüttung von → Schmelzwassersanden und -kiesen. Das Gelände zeichnet sich durch ein mäßig bewegtes Relief aus. Der größte Teil der Fläche wird von mäßig → sommertrockenen, überwiegend → oligotrophen → Standorten auf → Flugsand eingenommen. Daneben sind stark entwässerte, ebenfalls oligotrophe Moore auf rund einem Fünftel der Naturwaldfläche vertreten.

Abb. 5.2.1.3_1

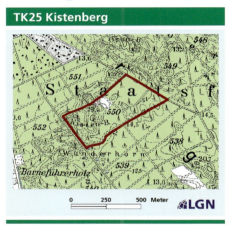

Abb. 5.2.1.3_2

Erste urkundliche Erwähnung findet das Gebiet bereits im 9. Jh. *(Tab. 5.2.1.3_1)*. Die „Osenberge" waren offenbar lange Zeit nur schütter oder gar nicht bewaldet. Die Aufforstung mit Kiefer erfolgte erst im 19. Jh., sodass der Kistenberg ebenso wie das Streitfeld nicht als → historisch alter Wald gelten kann. Auch nach der Naturwaldausweisung wurden noch einige Erstinstandsetzungsmaßnahmen wie die Entfernung der Spätblühenden Traubenkirsche oder die Einbringung der Buche durchgeführt.

Tab. 5.2.1.3_1

Chronik des Naturwaldes Kistenberg

— **1240:** Erste Erwähnung des Ortes Sandhatten südöstlich des Naturwaldes

— **1656:** Graf Anton Günther richtet eine regelmäßig verkehrende „reitende Post" von Oldenburg nach Bremen durch die Osenberge ein

— **1734:** Die „Oldenburgische fahrende Post" nimmt ihren Dienst auf und befährt im Winter den „Winterweg" durch die Dünen am Kistenberg. Dies war die Geburtsstunde des „Sandkruges", einer kleinen Station zum Wechseln und Tränken der Pferde, die dann auch Reiter und Reisende nutzten, um sich vor der beschwerlichen Weiterfahrt durch die Dünen der Osenberge zu erfrischen

— **19. Jh.:** Aufforstung der Osenberge mit Kiefer

— **1972:** Aufarbeitung des Sturmholzes aus dem Novemberorkan; Flächenräumung, danach erfolgen keine weiteren Maßnahmen

— **1982:** Auf Grund eines Vorkommens des Schlangenbärlapps wird das Gebiet als flächenhaftes Naturdenkmal ausgewiesen

— **1997:** Ausweisung als Naturwald auf einer Fläche von 17,8 Hektar

— **1999:** Pflegedurchgang zur Bekämpfung der Spätblühenden Traubenkirsche; Buchen-Initialpflanzung an drei Stellen geplant

— **2003:** Buchen-Initialpflanzung abgeschlossen

Abb. 5.2.1.3_3

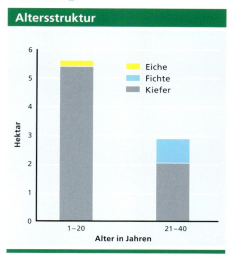

Naturwald Kistenberg: Altersstruktur nach Baumartengruppen (Forsteinrichtung 1998)

Entsprechend seiner Entstehungsgeschichte ist der Kistenberg ein junger Wald *(Abb. 5.2.1.3_3)*. Aus spontaner → Sukzession ab 1972 ist ein etwas über 30-jähriger Birkenbestand mit eingemischten Stroben, Stieleichen und Ebereschen entstanden. Daneben befindet sich im Naturwald auch eine Teilfläche, die mit Kiefer aufgeforstet wurde und die rund 10 Jahre jünger als der Birkenbestand ist.

Der Naturwald Kistenberg ist ein seltenes Beispiel für eine größere geschlossene Waldfläche, die nach der Entnahme des Sturmholzes nicht wieder aufgeforstet worden ist. Deren eigendynamische Entwicklung im Vergleich zu der „normalen" Kiefernaufforstung ist ein zentrales Thema der zukünftigen Naturwaldforschung. Darüber hinaus ist die Entwicklung der spontan ankommenden Stroben und Buchen von Interesse.

Forschungsfragen

Eichen- und Eichenmischwälder

Neuenburger Urwald – 150 Jahre Naturwaldentwicklung

Im 19. Jh. aus der Nutzung genommen

Zwischen Bockhorn, Zetel und Neuenburg, in der bis ins Mittelalter stark umkämpften „Friesischen Wehde" (Wehde = Wald), liegt eines der bekanntesten Waldgebiete Niedersachsens: der Neuenburger Urwald. Er wurde bereits vor mehr als 150 Jahren der forstlichen Nutzung entzogen und 1938 zum Naturschutzgebiet erklärt. Schließlich wurde hier im Jahr 1990 auf einer Fläche von 59 Hektar auch ein Naturwald ausgewiesen. Dessen Grenzen greifen allerdings teilweise über diejenigen des Naturschutzgebietes hinaus. Der europaweit bekannte „Urwald" zieht mit seinen mächtigen Eichen, Hainbuchen und Buchen zahlreiche Besucher an. Ein dichtes Netz von Wegen und Pfaden lädt zu Wanderungen durch das Gebiet ein.

Abb. 5.2.2.1_1

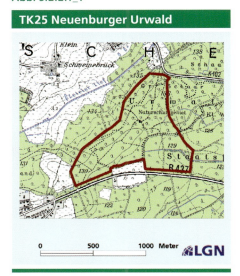

TK25 Neuenburger Urwald

0   500   1000 Meter LGN

Abb. 5.2.2.1_2

Lauenburger Ton im Untergrund

Die Böden im Neuenburger Urwald zeigen einen zweischichtigen Aufbau: Bei dem im Untergrund anstehenden → Lauenburger Ton handelt es sich um meist tonige, stellenweise aber auch → schluffige → Beckenabsätze aus der → Elster-Eiszeit. Diese werden in unterschiedlicher Mächtigkeit von → drenthestadialen → Geschiebelehmen, → Geschiebedecksanden oder → Schmelzwassersanden überlagert. Beide Schichten wurden unter der Einwirkung der Eismassen mehr oder weniger stark miteinander vermengt, sodass die Böden recht heterogen geschichtet sind. Der in geringer Tiefe anstehende Lauenburger Ton staut das Oberflächenwasser. Daher sind schwach → wechselfeuchte bis → staufrische → Standorte vorherrschend. Diese weisen eine gut → mesotrophe bis → eutrophe Nährstoffversorgung auf.

Seit Jahrhunderten, wenn nicht seit Jahrtausenden wurde der Neuenburger Urwald für die Viehweide genutzt *(Tab. 5.2.2.1_1)*. Im zentralen Teil zeigen → Eschböden eine frühere ackerbauliche Nutzung an, die jedoch schon vor Jahrhunderten wieder aufgegeben wurde. Große Teile des Neuenburger Urwaldes weisen allerdings weitgehend ungestörte Böden auf, die vermutlich immer mit Wald bestanden waren.

Im Zentrum sind auf ca. 23 Hektar die Reste des einstmals erheblich größeren → Hutewaldes erhalten geblieben. Deutlich lassen sich die Spuren seiner Nutzungsgeschichte an der Bestandesstruktur ablesen. Charakteristisch sind die mächtigen Huteeichen, deren ausladende Kronen sich nur in der offenen Struktur des früheren Weidewaldes entwickeln konnten. Sie sind ebenso wie die riesigen mehrstämmigen Buchen in der Mehrzahl aus Pflanzung hervorgegangen. Beeindruckend sind auch alten Hainbuchen, deren kandelaberförmige Kronen auf die frühere → Kopfholznutzung zurückzuführen sind.

Ursprünglicher Weidewald

Tab. 5.2.2.1_1

Chronik des Naturwaldes Neuenburger Urwald

— **Bronzezeit:** Vermutlich Nutzung als Hutewald

— **bis 1603:** Das Neuenburger Holz ist ein Teil der „gemeinen Mark", zählt also zum gemeinschaftlich genutzten Eigentum der ansässigen Bauern

— **1642:** Die vier randlich gelegenen ‚Klostermeier' zu Jührden, Grabhorn, Bredehorn und Lindern haben von alters her das Recht, die auf dem Neuenburger Holz vorhandene Buchenmast für sich zu gebrauchen, während die Eichelmast dem Landesherrn gehörte. Dies ist ein deutlicher Hinweis auf das lange Vorhandensein von Buchen im Neuenburger Holz

— **1650:** Im Neuenburger Holz ist Eichelmast für 424 Schweine und Buchenmast für 38 Schweine vorhanden

— **bis 1654:** Weitgehend ungeregelte Waldnutzung als Hutewald und Holzquelle

— **ab 1654:** Graf Anton Günther erklärt das Gebiet als „der Herrschaft gehörig", führt Restriktionen der Waldnutzung ein, Verbot der Ziegenweide ab 1677

— **1667–1773:** Das Gebiet befindet sich unter dänischer Herrschaft: Dänische Holzvögte und ortsansässige Bauern beuten die oldenburgischen Wälder aus. Mitten im Neuenburger Holz werden Flächen (Dehle) gerodet und als Wiesen oder Weiden genutzt. Insgesamt gibt es im Neuenburger Holz 36 Dehle auf etwa 56 Hektar

— **1676:** Nach einem historischen Bericht ist „dieses (…) Holz (…) das beste und größte in der Grafschaft. Lauter Eichbäume, aber es ist sehr von den Dieben verhauen worden."

— **1705:** Es findet eine intensive Hutenutzung mit starkem Viehverbiss statt. Dennoch steht dort „noch viel altes, grobes, wachsendes Eichholtz, mit vielen Hülsenunterbusch" (Stechpalme)

— **1733:** Die Herrschaft Varel fällt an den holländischen Reichsgrafen Bentinck. Das Neuenburger Holz bleibt unter oldenburgischer Verwaltung

— **1779:** Im gesamten Neuenburger Holz weiden 234 Pferde, 961 Stück Hornvieh, 660 Schweine, 1282 Gänse

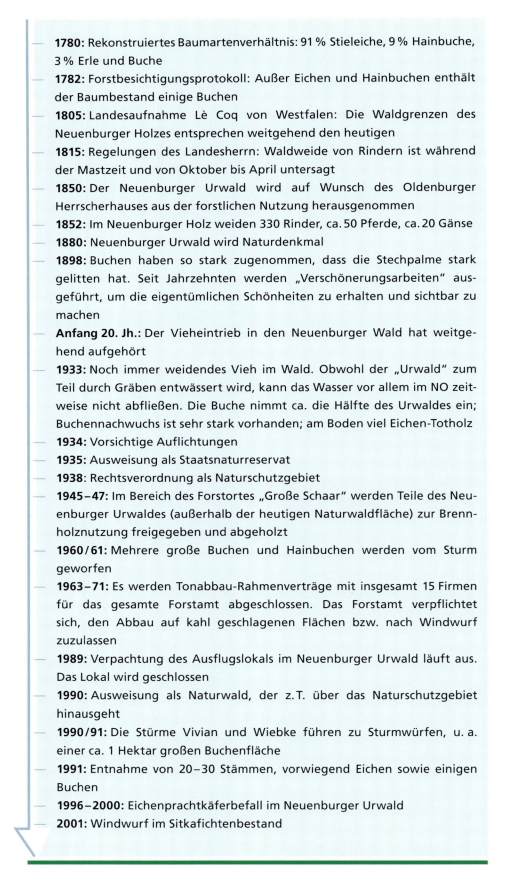

— **1780:** Rekonstruiertes Baumartenverhältnis: 91 % Stieleiche, 9 % Hainbuche, 3 % Erle und Buche

— **1782:** Forstbesichtigungsprotokoll: Außer Eichen und Hainbuchen enthält der Baumbestand einige Buchen

— **1805:** Landesaufnahme Lè Coq von Westfalen: Die Waldgrenzen des Neuenburger Holzes entsprechen weitgehend den heutigen

— **1815:** Regelungen des Landesherrn: Waldweide von Rindern ist während der Mastzeit und von Oktober bis April untersagt

— **1850:** Der Neuenburger Urwald wird auf Wunsch des Oldenburger Herrscherhauses aus der forstlichen Nutzung herausgenommen

— **1852:** Im Neuenburger Holz weiden 330 Rinder, ca. 50 Pferde, ca. 20 Gänse

— **1880:** Neuenburger Urwald wird Naturdenkmal

— **1898:** Buchen haben so stark zugenommen, dass die Stechpalme stark gelitten hat. Seit Jahrzehnten werden „Verschönerungsarbeiten" ausgeführt, um die eigentümlichen Schönheiten zu erhalten und sichtbar zu machen

— **Anfang 20. Jh.:** Der Vieheintrieb in den Neuenburger Wald hat weitgehend aufgehört

— **1933:** Noch immer weidendes Vieh im Wald. Obwohl der „Urwald" zum Teil durch Gräben entwässert wird, kann das Wasser vor allem im NO zeitweise nicht abfließen. Die Buche nimmt ca. die Hälfte des Urwaldes ein; Buchennachwuchs ist sehr stark vorhanden; am Boden viel Eichen-Totholz

— **1934:** Vorsichtige Auflichtungen

— **1935:** Ausweisung als Staatsnaturreservat

— **1938:** Rechtsverordnung als Naturschutzgebiet

— **1945–47:** Im Bereich des Forstortes „Große Schaar" werden Teile des Neuenburger Urwaldes (außerhalb der heutigen Naturwaldfläche) zur Brennholznutzung freigegeben und abgeholzt

— **1960/61:** Mehrere große Buchen und Hainbuchen werden vom Sturm geworfen

— **1963–71:** Es werden Tonabbau-Rahmenverträge mit insgesamt 15 Firmen für das gesamte Forstamt abgeschlossen. Das Forstamt verpflichtet sich, den Abbau auf kahl geschlagenen Flächen bzw. nach Windwurf zuzulassen

— **1989:** Verpachtung des Ausflugslokals im Neuenburger Urwald läuft aus. Das Lokal wird geschlossen

— **1990:** Ausweisung als Naturwald, der z. T. über das Naturschutzgebiet hinausgeht

— **1990/91:** Die Stürme Vivian und Wiebke führen zu Sturmwürfen, u. a. einer ca. 1 Hektar großen Buchenfläche

— **1991:** Entnahme von 20–30 Stämmen, vorwiegend Eichen sowie einigen Buchen

— **1996–2000:** Eichenprachtkäferbefall im Neuenburger Urwald

— **2001:** Windwurf im Sitkafichtenbestand

Die Stechpalme spielt seit jeher eine wichtige Rolle im Neuenburger Urwald. Heute zeichnet sich das Gebiet zwar durch eine hohe strukturelle Vielgestaltigkeit aus, den einstmals offenen Charakter eines Hutewaldes hat es aber mittlerweile weitgehend eingebüßt.

Nach den Daten der jüngsten → Forsteinrichtung prägen Mischbestände aus Buche und Stieleiche in einer weiten Altersspanne das Erscheinungsbild des Naturwaldes *(Abb. 5.2.2.1_3)*. Auf der Fläche des ehemaligen Hutewaldes stocken 300- bis 500-jährige, einzelweise sogar auf ein Alter von 800 Jahren geschätzte Eichen. Daneben spielt insbesondere die Buche in der → Oberschicht eine dominierende Rolle. Ihr Alter wird mit bis zu 400 Jahren angegeben. Zudem machen die 200 bis 300 Jahre alten Hainbuchen einen erheblichen Mischungsanteil aus. Als weitere Laubbäume kommen Bergahorn und Esche vor. Im → Unterstand bildet die durch Weideselektion und das → atlantische Klima begünstigte Stechpalme auf Teilflächen dichte Bestände. Ein Sitkafichtenbestand innerhalb des Naturwaldes wurde 2001 durch einen Sturm teilweise geworfen.

Als eines der eindrucksvollsten Waldgebiete Nordwestdeutschlands hat der Neuenburger Urwald seit langem Naturkundler und Forscher angezogen. Dies belegen die zahlreichen Untersuchungen *(s. Bibliographie)*, die hier nur ausschnittsweise und stark verkürzt wiedergegeben werden können.

Mit Beendigung der Hutenutzung hat sich die Baumartenzusammensetzung des Neuenburger Urwaldes zugunsten der Buche verschoben, eine Entwicklung, die H. Nitschke schon in den 1930er Jahren prognostizierte. R. Pott und J. Hüppe weisen in ihrer Abhandlung über nordwestdeutsche Hudelandschaften allerdings darauf hin, dass Grundwasserabsenkungen als die wichtigste Ursache für die Zunahme des Buchenanteils gewertet werden müssen. Dass der Wasserhaushalt vor den Lehmabgrabungen in der Umgebung und der Kanalisation des „Zeteler Tiefs" feuchter war, bestätigt ein „Forstbeschreibungsprotokoll" aus dem Jahr 1780, nach dem Roterlen im Neuenburger Urwald vorkamen.

R. Pott und J. Hüppe legen eine Vegetationskarte vom Hutewaldteil des Naturwaldes vor, auf der der Buchen-Eichenwald und der Flattergras-Buchenwald die beherrschenden → Waldgesellschaften sind. Der Hainbuchen-Stieleichenwald findet sich hingegen nur noch auf ca. 10 % der Fläche.

H. Koop studierte die Dynamik der Baumarten im Neuenburger Urwald. Er stellt fest, dass sich in kleinen Bestandeslücken vor allem die schattenertragende Buche und die Hainbuche verjüngen. Von denjenigen Eichen, die ein → Pionierstadium überleben, nimmt er an, dass sie sich zu einzelnen Baumriesen entwickeln können, die das Kronendach der schattenertragenden Baumarten überragen. Letztere verjüngen sich nun mehrmals kleinflächig unter dem Schirm der Eichen. In kleinen Lücken erscheint H. Koop ein Ilex-Stadium denkbar, das die → Verjüngung anderer Baumarten längerfristig unterbindet. Insgesamt kommt es nach seiner Interpretation zu einer intensiven Mischung von Baumarten unterschiedlicher Lebensdauer und unterschiedlichen Alters und damit zu einer abwechslungsreichen horizontalen und vertikalen Struktur. Fraglich bleibt allerdings, ob die Eiche auch ohne die Förderung durch den Menschen ihre Bedeutung im Naturwald sichern kann, zumal sich durch die Entwässerung der Wasserhaushalt zugunsten der Buche verändert hat.

Bis zu 800 Jahre alte Eichen

Abb. 5.2.2.1_3

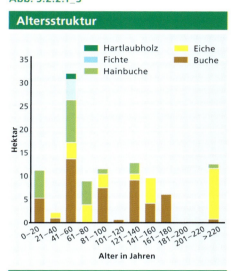

Altersstruktur

Legende: Hartlaubholz, Fichte, Hainbuche, Eiche, Buche

Hektar / Alter in Jahren

Naturwald Neuenburger Urwald: Altersstruktur nach Baumartengruppen (Forsteinrichtung 1998). In der Klasse >220 sind 239-jährige Hainbuchen, 339-jährige Buchen und 539-jährige Eichen zusammengefasst.

Dynamik der Baumarten

Die → Verpflockung und die → Probekreisinventur des Naturwaldes bereitet aufgrund der zahlreichen Pfade und Wege Schwierigkeiten. Daher wurde vorerst nur eine Kernfläche eingerichtet und im Jahr 2000 erfasst. Die Ergebnisse für diese Teilfläche zeigen, dass die Buche noch vor der Eiche die wichtigste Baumart darstellt *(Tab. 5.2.2.1_2)*.

Tab. 5.2.2.1_2

Strukturdaten

Baumart	Stehend				Liegend	Totholz
	Lebend			Tot	Tot	gesamt
	Stammzahl [N/ha]	Grundfläche [m²/ha]	Volumen [m³/ha]	Stammzahl [N/ha]	Volumen [m³/ha] *	Volumen [m³/ha] *
Buche	201	16,8	234	5	21	32
Eiche	19	10,0	151	9	100	133
Hainbuche	63	7,9	96	4	40	41
Birke	5	0,2	2	2	1	3
Sonstige	118	1,2	6	2	0	0
Summe	406	36,2	488	22	163	209

* = Derbholzvolumen aller stehenden und liegenden Objekte mit einem BHD ≥ 7 cm. Nähere allgemeine Erläuterungen siehe Anhang

Naturwald Neuenburger Urwald: Ergebnisse der Kernflächenaufnahmen für den Derbholzbestand (2000)

10-mal mehr Buche als Eiche

Die Anzahl der Buchen übertrifft die der Eichen um das mehr als Zehnfache. Bei den Eichen handelt es sich um wenige, sehr mächtige Exemplare, während die Buche auch in den unteren Durchmesserklassen vertreten ist *(Abb. 5.2.2.1_4)*. Aufgrund der großen Zahl abgestorbener Eichen und z. T. auch Hainbuchen liegt der → Totholzvorrat mit über 200 m³ je Hektar auf einem außergewöhnlich hohen Niveau.

Abb. 5.2.2.1_4

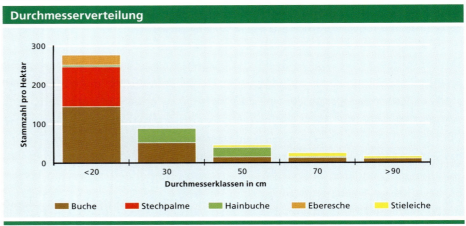

Naturwald Neuenburger Urwald: Durchmesserverteilung der Kernfläche (2000)

Mit seinen zahlreichen alten und abgestorbenen Bäumen ist das Gebiet außerordentlich reich an seltenen und gefährdeten Arten. So werden im Pflege- und Entwicklungsplan für das Naturschutzgebiet 9 Farne und Moose der → Roten Liste Niedersachsens und Bremens aufgeführt. Allein 7 verschiedene Fledermausarten wurden hier nachgewiesen, u. a. die Rauhautfledermaus, die Große Bartfledermaus und das Braune Langohr. Auffallend hoch ist auch der Anteil an Höhlenbrütern unter den Vögeln.

Reichtum an gefährdeten Arten

Im Rahmen seiner käferkundlichen Untersuchungen konnte N. Menke 711 Käferarten im Neuenburger Urwald bestätigen, von denen 260 eine strenge Bindung an Totholz zeigen. Damit beherbergt dieser Naturwald ca. 43 % der im Weser-Ems-Gebiet und ca. 29 % der in Niedersachsen vorkommenden Totholzkäfer. Insgesamt sind 85, darunter 65 Totholzbewohner, in der Roten Liste Deutschlands verzeichnet. Viele Arten wurden erstmals für das Weser-Ems-Gebiet nachgewiesen. Nicht nur die beeindruckende Artenzahl, sondern auch die Häufigkeit, mit der viele seltene und gefährdete Käfer, wie z. B. der vom Aussterben bedrohte Veränderliche Edelscharrkäfer *(Gnorimus variabilis, Abb. 5.2.2.1_5)* nachgewiesen wurden, belegen die überregionale Bedeutung des Neuenburger Urwaldes für die Erhaltung gefährdeten Totholzkäfer. Erklärt werden kann der beachtliche Artenreichtum mit dem großen Totholzangebot, der Vielfalt der Habitatstrukturen sowie deren mehr oder weniger kontinuierlichem Vorhandensein über Jahrhunderte bis Jahrtausende.

Abb. 5.2.2.1_5

Veränderlicher Edelscharrkäfer *(Gnorimus variabilis)*

Der Naturwald Neuenburger Urwald repräsentiert die gut nährstoffversorgten, schwächer wechselfeuchten bis staufrischen Standorte auf Lauenburger Ton im küstennahen Raum. Durch die lange nutzungsfreie Waldentwicklung und die hohen Baumalter ist er für die Naturwaldforschung und den Waldnaturschutz von europaweiter Bedeutung. Eine der zahlreichen Forschungsfragen betrifft die Konkurrenz der Baumarten Eiche, Buche, Hainbuche und Stechpalme. Zudem können hier beispielhaft die Zusammenhänge zwischen den Wald- und Baumstrukturen der → Alters- und Zerfallsphase und der Artenvielfalt untersucht werden. Auch wenn der Neuenburger Urwald im eigentlichen Sinne des Wortes kein Urwald ist, so finden sich hier doch die für alte Wälder typischen Strukturen, die im Wirtschaftswald bisher auf großer Fläche fehlen.

Europaweite Bedeutung

Abb. 5.2.2.1_6

Nordahner Holz – Das Leberblümchen im Wappen

Laubwaldinsel

Das nur 50 Hektar große Waldgebiet Nordahner Holz liegt als Laubwaldinsel inmitten landwirtschaftlich genutzter Flächen im küstennahen Teil des „Elbe-Weser-Dreiecks". Im Jahr 1972 wurden rund 19 Hektar dieser Waldinsel als Naturwald ausgewiesen. 27 Jahre später folgte die Erklärung des gesamten Waldortes zum Naturschutzgebiet. Das Klima ist durch die Nähe zur Nordsee stark → atlantisch geprägt.

Abb. 5.2.2.2_1

TK25 Nordahner Holz

Abb. 5.2.2.2_2

Stauwasser-beeinflussung

Nährstoffreiche → Geschiebelehme, die aus der → Grundmoräne der → Saale-Vereisung stammen und stellenweise von → Schmelzwassersanden überlagert worden sind, stellen das Ausgangsmaterial der Bodenbildung dar. Die Nährstoffversorgung ist überwiegend → eutroph, stellenweise aber auch → mesotroph. Innerhalb des Naturwaldes nimmt der Stau- bzw. Grundwassereinfluss von Südosten nach Nordwesten stetig zu. Ausgehend von → staufrischen Verhältnissen an der südöstlichen Grenze sind die Böden im Nordwesten → staunass. In gleicher Richtung verbessert sich die Nährstoffversorgung.

Historisch alter Laubwald

Bereits vor der Zeit der → Kurhannoverschen Landesaufnahme war das Nordahner Holz mit Laubbäumen bestockt und ist daher als → historisch alter Wald anzusehen *(Tab. 5.2.2.2_1)*. Mittelalterliche Ackerfluren weisen allerdings darauf hin, dass Teilbereiche in früherer Zeit auch landwirtschaftlich genutzt wurden. Unter schwedischer Herrschaft wurde eine erste Forstordnung erlassen: Waldteile, in denen sich Eichen und Buchen natürlich verjüngten, sollten gegen Vieh- und Wildverbiss „in Zuschlag genommen", d.h. eingezäunt werden. Doch auch diese Maßnahme konnte nicht verhindern, dass das Nordahner Holz Ende des 17. Jh. als „gänzlich ausgehauen" beschrieben wurde. Nachdem das Nordahner Holz preußisch geworden war, wurde 1822 die → Hochwaldwirtschaft eingeführt. Der flächenweisen Ernte der Alteichen folgte die Pflanzung von → Heistern. Jährlich wurden bis zu 1500 Großpflanzen aus der gesamten Provinz Hannover beschafft.

Tab. 5.2.2.2_1

Chronik des Naturwaldes Nordahner Holz

— **Spätes Mittelalter:** Auf Teilflächen ackerbauliche Nutzung

— **17. Jh.:** Das Nordahner Holz kommt in den herrschaftlichen Besitz des Erzbischofs zu Bremen

— **1648:** Im Westfälischen Frieden in Osnabrück erhält Schweden unter anderem das Erzbistum Bremen

— **1692:** Eine schwedische Forstordnung zum Schutz der Verjüngung wird erlassen

— **Ende 17. Jh.:** Das Nordahner Holz ist „fast gänzlich ausgehauen". Unter einzelnen schlecht geformten Alteichen findet sich stark verbissenes Buschwerk

— **1735:** Erste urkundliche Erwähnung im Forstregister: „Nordahn ist mit lauter jungen Eichen bewachsen, woraus in Zukunft des guten Grundes wegen ein gutes Holtz werden kan. Die Hueth und Weide ist der Dorfschafft Nordahn zuständig. Mastung, Jagd, Bau-, Nutz, Brenn- und Leseholz gehöret der allergnädigsten Herrschaft. Bei voller Mast können dort 20 Schweine gefeistet werden."

— **1743:** Forstuntersuchungsprotokoll: Bestockung aus Eichen, Ahornen und Hainbuchen aus Naturverjüngung, stellenweise auch Erlen

— **1768:** Laut der Kurhannoverschen Landesaufnahme beschränkt sich das Nordahner Holz auf den heutigen östlichen Teil. Im westlichen Teil findet sich die Signatur für Moor

— **1822:** Einführung der schlagweisen Bewirtschaftung. Eichen haben ein Alter von 180–200 Jahren erreicht und werden sukzessive entnommen. Die geernteten Flächen werden mit Heistern verschiedener Baumarten bepflanzt

— **Mitte 19. Jh.:** Erste Erwähnung der Buche im Nordahner Holz

— **1887/88:** Buchen-Heisterpflanzung

— **seit 1900:** Die forstlichen Aktivitäten im Nordahner Holz sind vergleichsweise gering. Eingriffe beschränken sich auf Pflegemaßnahmen

— **ab 1967:** Flurbereinigung mit der Folge von Grundwasserabsenkungen durch Gewässerausbau in der Ahrensbachniederung

— **1972:** Erklärung zum Naturwald auf einer Fläche von 19,2 Hektar

— **1994:** Eichenwickler- und Frostspannerfraß, verspäteter Austrieb der Eiche

— **1994, 1996, 1997:** Trockenjahre

— **1999:** Ausweisung des gesamten Forstortes zum Naturschutzgebiet

— **seit 1999:** Vermehrtes Absterben alter Eichen

Auf diesem Wege kamen Baumarten in das Gebiet, die es dort vorher nicht gegebene hatte (Kiefer) oder die nur eine untergeordnete Rolle spielten (Buche). Der Gewässerausbau der westlich angrenzenden Ahrensbachniederung führte ab Ende der 1960er Jahre zu einer Grundwasserabsenkung. In Jahren mit geringen Niederschlägen kommt es seitdem immer wieder zur vollständigen Austrocknung der Gräben, der feuchten Senken und des Baches. Seit 1999 sterben im Naturwald Nordahner Holz vermehrt Alteichen ab.

Abb. 5.2.2.2_3

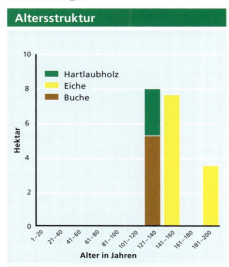

Naturwald Nordahner Holz: Altersstruktur nach Baumartengruppen (Forsteinrichtung 1996)

Der Naturwald Nordahner Holz ist heute ein Laubmischwald aus Buchen, Stiel-eichen, Hainbuchen und Eschen, die je nach Wasserhaushalt unterschiedliche Mischungsanteile aufweisen. Die Eichen erreichen ein Alter von bis zu 200 Jahren *(Abb. 5.2.2.2_3)*. Nach der Waldbiotopkartierung stellt der Hainbuchen-Stiel-eichenwald auf rund der Hälfte der Fläche die → natürliche Waldgesellschaft. Den Rest bedecken Waldmeister-Buchenwald, Erlenbruchwald und Buchen-Stieleichen-Mischwald.

Bereits in den 1970er Jahren wurden drei Kernflächen eingerichtet, die die unterschiedlichen Wasserhaushaltsverhältnisse repräsentieren. Die Kernfläche 1 liegt in einem staufrischen Bereich. Hier erreichten Buche und Eiche 1975 in etwa gleich große Anteile ein *(Abb. 5.2.2.2_4)*. 28 Jahre später hat die Buche deutlich zugenommen. In Kernfläche 2 ist unter überwiegend staunassen Verhältnissen ein weitgehend reiner Hainbuchen-Stieleichenwald ausgebildet, in dem sich die Anteile dieser beiden Baumarten im Untersuchungszeitraum kaum verschieben. Das Fehlen der Buche kann allerdings nicht auf den Wasserhaushalt zurückge-führt werden, da sie unter den staunassen Verhältnissen in der Kernfläche 3 wieder auftaucht – wenn auch mit geringen Anteilen und offenbar auf die höher gelegenen Bereiche beschränkt. Hier hat die Esche ihre dominante Stellung aus-bauen können, während der stammzahlreich in der Unterschicht vertretene Hasel deutlich abgenommen hat.

Abb. 5.2.2.2_4

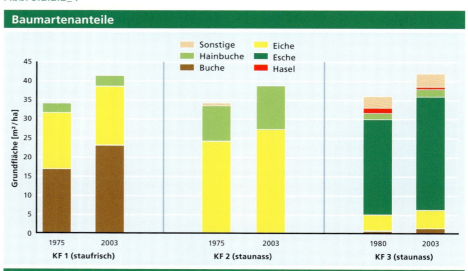

Naturwald Nordahner Holz: Entwicklung der Baumartenanteile von der Erstaufnahme (Kernflächen 1 und 2: 1975; Kernfläche 3: 1980) bis zur letzten Inventur im Jahr 2003

Verjüngung in den Kernflächen

Die im Jahr 2003 erfasste → Naturverjüngung kommt in den Kernflächen 1 und 2 nicht über einen halben Meter Höhe hinaus *(Abb. 5.2.2.2_5)*. Auffällig ist die hohe Zahl junger Bergahorne in Kernfläche 2. In der feuchtesten, im Zaun befind-lichen Kernfläche 3 ist eine üppige und artenreiche → Verjüngungsschicht ausge-bildet, in der vor allem Bergahorn und Esche dominieren.

Günstige Wuchsbedingungen

Die Strukturdaten der Kernflächen belegen die günstigen Wuchsbedingungen. So liegt der → Derbholzvorrat in allen drei Untersuchungsflächen auf einem hohen Niveau *(Tab. 5.2.2.2_2)*. Aufgrund der in den Kernflächen 1 und 2 abgestorbenen Eichen ist hier auch der → Totholzanteil (vor allem stehendes Totholz) bereits beacht-lich groß. In der Kernfläche 3 stellen die Eschen die wichtigste Totholzquelle dar.

Abb. 5.2.2.2_5

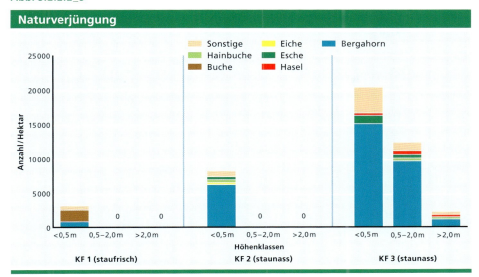

Naturwald Nordahner Holz: Verjüngung auf den Kernflächen 1–3 (2003)

In der Bodenvegetation kommt eine Reihe von Pflanzenarten vor, die im nordwestdeutschen Tiefland an historisch alte Wälder gebunden sind, wie z.B. Einblütiges Perlgras, Maiglöckchen, Berg-Ehrenpreis, Bingelkraut, Waldmeister oder Einbeere. Zu dieser Gruppe zählt auch das Leberblümchen, das in besonderer Weise auf die lange Waldkontinuität des Nordahner Holzes hinweist: Es ziert das Wappen des Dorfes Nordahn *(Abb. 5.2.2.2_6)*.

Pflanzen historisch alter Wälder

Tab. 5.2.2.2_2

Abb. 5.2.2.2_6

Strukturdaten

| Kern-fläche | Aufnahme-jahr und Differenz | Stehend | | | | Liegend | Totholz |
| | | Lebend | | | Tot | Tot | gesamt |
		Stammzahl [N/ha]	Grundfläche [m²/ha]	Volumen [m³/ha]	Stammzahl [N/ha]	Volumen [m³/ha]*	Volumen [m³/ha]*
1	2003	304	40,9	627	22	14	45
	Diff.	−92	+7,1	+169	+13	k.A.	k.A.
2	2003	410	38,7	517	30	17	79
	Diff.	−118	+4,8	+98	+26	k.A.	k.A.
3	2003	391	41,6	645	41	39	48
	Diff.	−145	+5,8	+163	+34	k.A.	k.A.

* = Derbholzvolumen aller stehenden und liegenden Objekte mit einem BHD ≥ 7 cm. Nähere allgemeine Erläuterungen siehe Anhang

Naturwald Nordahner Holz: Ergebnisse der Kernflächenaufnahmen für den Derbholzbestand (letzte Aufnahme 2003 und deren Differenz zu 1975 (Kernfläche 1 und 2) bzw. 1980 (Kernfläche 3))

Der Naturwald Nordahner Holz ist aufgrund des vorliegenden → Standortsgradienten sehr gut geeignet, um die Konkurrenzkraft von Buche, Eiche, Hainbuche und Esche in Abhängigkeit von der Bodenfeuchte zu untersuchen. In diesem Zusammenhang sind insbesondere die bereits seit 28 Jahren unter Beobachtung stehenden Kernflächen von großem Wert.

Abb. 5.2.2.3_1

TK25 Braken

0   500   1000 Meter   **LGN**

Braken – Großer historisch alter Laubwald

Zu den größeren → historisch alten Wäldern des „Elbe-Weser-Dreiecks" zählt der „Braken". Inmitten vorwiegend landwirtschaftlich genutzter Flächen gelegen, wurde hier im Jahr 1989 ein rund 96 Hektar großer Naturwald ausgewiesen. Innerhalb dessen befinden sich zwei größere und eine kleinere aufgelassene Wiesenfläche. Im Osten liegt das Quellgebiet des Brakenbaches. Das Waldgebiet sowie die angrenzenden Wiesenflächen sind Bestandteil des 1989 ausgewiesenen Naturschutzgebietes „Braken, Harselah, Kahles und Wildes Moor".

Die Böden im Naturwald haben sich aus kalkhaltigen → Geschiebelehmen entwickelt, die mit → Geschiebemergeln unterlagert, z.T. aber auch von Sand überlagert sind. Dementsprechend ist die Nährstoffversorgung gut → mesotroph bis → eutroph. Hinsichtlich des Wasserhaushaltes überwiegen mäßig bis stärker → wechselfeuchte → Standorte, die im Osten in andauernd → staufeuchte bis → staunasse Lagen übergehen. Auf den Wiesen und in der Niederung des Brakenbaches finden sich auch sehr stark → grundwasserbeeinflusste Flächen.

Abb. 5.2.2.3_3

Abb. 5.2.2.3_2

Die Brakenwiese

Zwischen 1750 und 1780 wurde das damals noch wesentlich größere Waldgebiet in einen „herrschaftlichen Forst" und die „Interessentenforste" Harsefeld, Griemshorst und Hollenbeck geteilt *(Tab. 5.2.2.3_1)*. Es dürfte im Wesentlichen aus Buchen-Eichen-Hutewäldern bestanden haben. Die damals festgelegten Grenzen sind überwiegend noch heute zu erkennen. Zu dieser Zeit erfolgte die → Verjüngung sowohl durch Pflanzung von → Heistern als auch durch die Nutzung des natürlichen Samenfalls. Dabei wurde die → Naturverjüngung sehr planmäßig betrieben, indem die jeweiligen Waldteile aufgelichtet und in „Zuschlag gelegt" (gegen Waldweide gezäunt) wurden.

„Herrschaftlicher Forst"

Tab. 5.2.2.3_1

Chronik des Naturwaldes Braken

- **1750–80:** „Die großen Braken" werden in den „herrschaftlichen Forst" und die „Interessentenforste" Harsefeld, Griemshorst und Hollenbeck geteilt. Die Grenzen werden mit Erdhügeln und Wällen markiert. Verjüngung durch Heisterpflanzung und Ausnutzung von Masten
- **1769:** „Die großen Braken" sind ein rund 600 Hektar großes Laubwaldgebiet
- **19. Jh.:** Nur im Osten des Brakens wird Privatwald an den Staatswald angegliedert. Die alte Grenze ist als Weg bzw. Graben noch erkennbar. Insbesondere der südliche Bestandesrand ist durch starke Übernutzungen verheidet, diese Flächen werden mit Kiefer aufgeforstet
- **1823:** Der Bereich des heutigen Naturwaldes wird von Buchen-Eichen-Mischbeständen dominiert, in die reine Buchenbestände eingestreut sind. Als Mischbaumart wird z. T. auch die Erle genannt. Im Osten des Naturwaldes stockt auf ca. 1,6 Hektar ein Erlen-Niederwald. Im Westen des Naturwaldes existiert eine Feuchtwiese, die heute von einem Eichenwald bestanden ist
- **1989:** Ausweisung des Naturschutzgebietes „Braken, Harselah, Kahles und Wildes Moor" einschl. des Naturwaldes in den gegenwärtigen Grenzen
- **1993/1994:** Wiese in Abt. 16 steht mehrere Wochen unter Wasser
- **1990–2000:** Mehrfach wird durch die Revierleitung von absterbenden Eichen berichtet. Im Jahr 2000 scheint der Anteil frisch abgestorbener Eichen im Naturwald höher als im Wirtschaftswald zu sein

Abb. 5.2.2.3_4

Altersstruktur

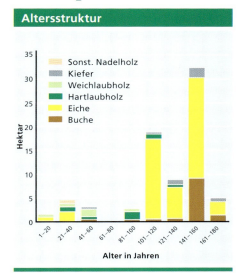

Naturwald Braken: Altersstruktur nach Baumartengruppen (Forsteinrichtung 1999)

Zur Einarbeitung der Eicheln und Bucheckern wurden satte Schweine eingetrieben oder der Boden gehackt. Um die Wende des 18. zum 19. Jh. war insbesondere der südliche Bestandesrand des „Braken" durch starke Übernutzungen verheidet. Insgesamt erfolgte seit 1770 eine stetige Umwandlung von Wald in landwirtschaftliche Fläche. Auf diese Weise sind im angrenzenden Privatwald rund 250 Hektar Wald zu Wiesen und Äckern umgewandelt worden.

Vom Wald zur Wiese

Die Baumschicht setzt sich vor allem aus Stieleiche und Buche in wechselnden Anteilen zusammen *(Abb. 5.2.2.3_4)*, denen Hainbuche, Esche und auch Erle beigemischt sind. In einzelnen Exemplaren kommen auch Wildäpfel im Naturwald Braken vor. Die Eichen und Buchen sind maximal 160–180 Jahre alt. Ein Schwergewicht liegt jedoch auf Beständen mit einem Altersrahmen zwischen 100 und 160 Jahren.

Stieleichen und Buchen

Nach den Ergebnissen der Waldbiotopkartierung bilden auf rund 60 % der Naturwaldfläche Übergange zwischen dem Flattergras-Buchenwald und dem Hainbuchen-Stieleichenwald die natürlichen →Waldgesellschaften. Den Rest der Naturwaldfläche nehmen der Hainbuchen-Stieleichenwald oder – mit einem Anteil von nur wenigen Prozent – der Waldmeister-Buchenwald ein.

Unter den gegebenen günstigen Standortsverhältnissen erreicht der → Derbholzvorrat ein beachtliches mittleres Niveau *(Tab. 5.2.2.3_2)*. Der jährliche Zuwachs
liegt durchschnittlich bei 7,5 m³ je Hektar. Zahlreiche Bäume sind in den Derbholzbestand eingewachsen, gleichzeitig aber im Mittel auch mehr als 6 Eichen je
Eiche: Hektar ausgefallen. Dies dürfte nach den Berichten der zuständigen Revierförs-
trotz Absterben dominant   terei auf das → „Eichensterben" zurückzuführen sein. Dennoch bleibt die Eiche
mit weitem Abstand vor der Buche die dominante Baumart im Naturwald. Die
→ Totholzmenge hat sich von 1995 bis 2004 mehr als verdoppelt. Dazu haben
auch unterständige Buchen beigetragen, die offenbar konkurrenzbedingt in den
zunehmend dichter geschlossenen Beständen abgestorben sind.

Tab. 5.2.2.3_2

Strukturdaten							
Baumart	**Aufnahme-jahr und Differenz**	**Stehend**				**Liegend**	**Totholz**
		Lebend			**Tot**	**Tot**	**gesamt**
		Stammzahl [N/ha]	Grundfläche [m²/ha]	Volumen [m³/ha]	Stammzahl [N/ha]	Volumen [m³/ha]*	Volumen [m³/ha]*
Eiche	2004	110	16,5	231	8	3	**10**
	Diff.	+9	+1,8	+27	+5	+2	**+6**
Buche	2004	146	8,5	103	5	3	**4**
	Diff.	+8	+1,2	+15	+4	+3	**+4**
Hainbuche	2004	61	3,1	30	1	—	—
	Diff.	+2	+0,2	+4	+1	—	—
Schwarzerle	2004	23	1,5	17	1	—	—
	Diff.	+1	+0,3	+3	+1	—	—
Esche	2004	18	1,4	18	—	1	1
	Diff.	+1	+0,2	+3	—	+1	+1
Sonstige	2004	76	3	27	2	1	1
	Diff.	+19	+1	+8	—	—	—
Summe	**2004**	**434**	**33,5**	**425**	**18**	**8**	**17**
	Diff.	**+40**	**+4,4**	**+60**	**+10**	**+6**	**+11**

* = Derbholzvolumen aller stehenden Objekte mit einem BHD ≥ 7 cm und aller liegenden Objekte mit einem Durchmesser
     am stärksten Ende ≥ 20 cm. Nähere allgemeine Erläuterungen siehe Anhang

**Naturwald Braken: Ergebnisse der Probekreisaufnahmen für den Derbholzbestand.
Berücksichtigung fanden nur die im Wald liegenden Probekreise (letzte Aufnahme 2004
und Differenz zu 1995)**

In der → Verjüngungsschicht ist 2004 insgesamt eine deutliche Abnahme der
Pflanzenzahl auf weniger als die Hälfte des Wertes von 1995 festzustellen
(Tab. 5.2.2.3_3). Sämlinge der Eiche sind nicht mehr in nennenswerter Anzahl
Abnahme der Jungpflanzen   vorhanden. Hingegen haben sich viele junge Hainbuchen neu etabliert. Bei den
über 2 m hohen Pflanzen zeigt die Buche eine gleich bleibend hohe Anzahl. Der
→ Einwuchs von durchschnittlich 16 Buchen je Hektar in den Derbholzbestand
wird durch den → Nachwuchs von Jungpflanzen ausgeglichen. Dies ist bei der
Eiche, die eine etwa ebenso hohe Einwuchsrate aufweist, nicht der Fall.

Tab. 5.2.2.3_3

Naturverjüngung					
Baumart	**Aufnahmejahr und Differenz**	**Höhenklasse**			**Summe**
		<0,5 m [N/ha]	0,5–2,0 m [N/ha]	>2,0 m [N/ha]	[N/ha]
Hainbuche	2004	888	42	30	960
	Diff.	+254	−45	+13	+222
Buche	2004	362	56	186	604
	Diff.	−516	−72	0	−588
Esche	2004	354	13	8	375
	Diff.	−110	−121	+1	−230
Stechpalme	2004	176	33	15	224
	Diff.	−278	−45	+7	−316
Eberesche	2004	68	18	25	111
	Diff.	−308	−125	−18	−452
Eiche	2004	10	1	10	21
	Diff.	−326	−5	−93	−424
Birke	2004	—	—	7	7
	Diff.	−12	−9	−18	−40
Sonstige	2004	—	—	—	—
	Diff.	−884	−98	−21	−1002
Summe	2004	1986	183	335	2504
	Diff.	−2180	−520	−130	−2830

Nähere allgemeine Erläuterungen siehe Anhang

Naturwald Braken: Ergebnisse der Probekreisaufnahmen für die Naturverjüngung. Berücksichtigung fanden nur die im Wald liegenden Probekreise (letzte Aufnahme 2004 und Differenz zu 1995)

Typische Vogelarten im Naturwald Braken sind ebenso wie in vielen älteren Laubwäldern im „Elbe-Weser-Dreieck" Hohltaube und Schwarzspecht. Der stark gefährdete Ästige Stachelbart – ein seltener Totholzpilz in Buchenaltbeständen – wurde in den 1990er Jahren im Naturwald gefunden *(Abb. 5.2.2.3_5)*. Der Braken beherbergt wie das Nordahner Holz zudem einige Pflanzenarten, die als Zeiger für historisch alte Wälder gelten: Waldzwenke, Maiglöckchen, Waldmeister, Leberblümchen, Einbeere und auch das seltene Dunkle Lungenkraut kommen in beiden Gebieten vor.

Im Blickpunkt der Naturwaldforschung steht auch im Braken die Frage nach der Konkurrenzdynamik zwischen Eiche und Buche. Die vergleichsweise große Fläche bietet gute Voraussetzungen, um zu beobachten, ob die Buche weiter in den staunasse Bereich vordringt und sich der bisherige Abwärtstrend der Eiche fortsetzt.

Abb. 5.2.2.3_5

Der Ästige Stachelbart – Pilz des Jahres 2006 – kommt auch im Naturwald Braken vor

Buchen- und Buchenmischwälder

Franzhorn – Standortsabfolge im Buchenwald

Abgemildertes Küstenklima

Der Naturwald Franzhorn liegt zwischen Bremervörde und Osterholz nordöstlich der Ortschaft Brillit. Er besteht seit 1972 und wurde 24 Jahre später auf seine heutige Größe von knapp 42 Hektar erweitert. In einer Entfernung von knapp 50 km von der Küste gelegen, ist das → atlantische, kühl-feuchte Klima bereits etwas abgemildert. So sind die Luftfeuchtigkeit und die Windgeschwindigkeiten geringer und die Temperaturen im Sommer höher als in den küstennäheren Gebieten, wie dem Nordahner Holz oder dem Streitfeld.

Abb. 5.2.3.1_1

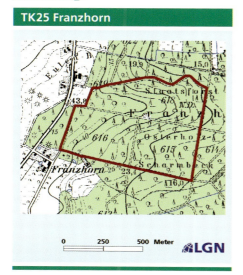

TK25 Franzhorn

0   250   500 Meter   LGN

Abb. 5.2.3.1_2

Zweischichtige Böden

Im Naturwald Franzhorn befinden sich einige flache Mulden, kleinere Bachläufe und Rinnen, die nur in regenarmen Jahren austrocknen. Die Waldbestände stocken überwiegend auf zweischichtigen Böden. Im Untergrund befinden sich wasserstauende und nährstoffreiche → „Lauenburger Tone", die von einer 20 bis 70 cm mächtigen Schicht aus → Geschiebedecksanden oder → Geschiebelehmen überlagert sind. Die Nährstoffversorgung reicht je nach Mächtigkeit der obersten Schicht von schwach bis gut → mesotroph. Auch der Wasserhaushalt hängt stark von der Nähe zum tonigen Untergrund ab. Mit zunehmender Überlagerung geht er von stärker → wechselfeuchten über schwach wechselfeuchte zu mäßig → frischen Verhältnissen im Bereich des sog. „Sandkopfes" über.

Novemberorkan 1972

Der Naturwald Franzhorn ist mindestens seit 200 Jahren kontinuierlich bewaldet und gilt daher als → historisch alter Wald *(Tab. 5.2.3.1_1)*. Infolge des Novemberorkans 1972 entstanden mehrere Sturmwurflücken am Nordwestrand des Gebietes. Das geworfene Holz ist offenbar nur z. T. auf der Fläche verblieben. Zu weiteren Windwürfen führten die Stürme Vivian und Wiebke im Winterhalbjahr 1990/1991.

Tab. 5.2.3.1_1

Chronik des Naturwaldes Franzhorn

— **1765:** Kurhannoverscher Landesaufnahme: „Frantzhoren" Laubwald

— **1889:** In einer Forst-Taxation wird das Pflanzen von Eichen-Heistern (Höhe der Pflanze 3–4m) beschrieben. Es wird von mehreren erfolgreichen Pflanzungen im Forstort Franzhorn berichtet

— **1972:** Ausweisung als Naturwald auf einer Fläche von 22 Hektar. Im Zuge des Novemberorkans kommt es zu Windwürfen

— **1990:** Windwurf in der Mitte des Naturwaldes

— **1996:** Erweiterung auf 42 Hektar

— **2000/2001:** Berichte über absterbende Eichen

Aktuell ist der Naturwald Franzhorn von mehrschichtigen Mischbeständen in einem Altersrahmen zwischen 100 und 160 Jahren geprägt, die im Wesentlichen aus Eichen und Buchen bestehen *(Abb. 5.2.3.1_4)*. Im mittleren und nördlichen Teil des Naturwaldes gibt es auch jüngere Partien aus Fichte, Weißtanne, Douglasie und Japanlärche *(Abb. 5.2.3.1_3)*, die zum Teil Beimischungen von Buchen, Birken und Ebereschen enthalten.

Mehrschichtige Mischbestände

Abb. 5.2.3.1_3

Baumartenverteilung

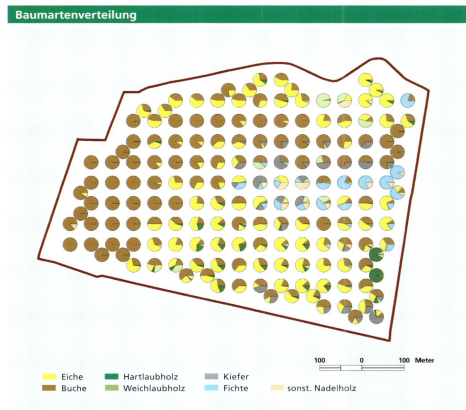

Eiche   Hartlaubholz   Kiefer
Buche   Weichlaubholz   Fichte   sonst. Nadelholz

Naturwald Franzhorn: Baumartenanteile in den Probekreisen (1996)

Abb. 5.2.3.1_4

Altersstruktur

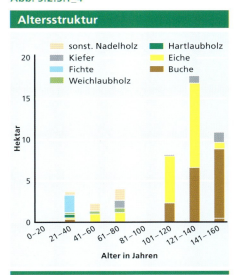

Naturwald Franzhorn: Altersstruktur nach Baumartengruppen (Forsteinrichtung 1996)

Flattergras-Buchenwald

Nach der Waldbiotopkartierung stellt der Flattergras-Buchenwald auf ca. 80 % der Fläche die natürliche → Waldgesellschaft dar. Bei stärker ausgeprägter Wechselfeuchte kann es zu Übergängen zum Stieleichen-Hainbuchenwald kommen. Auf knapp 20 % der Fläche, insbesondere im Bereich des trockenen „Sandkopfes", bilden Drahtschmielen-Buchenwälder die natürliche Waldgesellschaft. Hier wächst mit einem → BHD von 32 cm eine der stärksten Stechpalmen Niedersachsens.

Kernflächenuntersuchungen

Um die Waldentwicklung in Abhängigkeit von Wasserhaushalt und Baumartenzusammensetzung zu untersuchen, wurden schon zu Beginn der 1970er Jahre im Naturwald Franzhorn zwei Kernflächen angelegt. Die fast reine Buchen-Kernfläche 1 liegt auf einem schwächer wechselfeuchten Zweischichtboden, während sich die Kernfläche 2 mit einem Eichenanteil von 60 % im Bereich stärker ausgeprägter Wechselfeuchte auf Lauenburger Ton befindet. Für beide Kernflächen sind Aufnahmen aus den Jahren 1975, 1985 und 1997 vorhanden.

Höherer Derbholzvorrat auf der Buchenfläche

Unterschiede in der Verjüngungsschicht

Obwohl die Buchenfläche recht stark vom Windwurf 1972 aufgelichtet wurde, erreicht sie 25 Jahre später einen höheren → Derbholzvorrat als die Eichenfläche *(Tab. 5.2.3.1_2)*. Die verbliebenen stärker umlichteten Altbäume haben einen hohen jährlichen Zuwachs von rund 10 m³ je Hektar geleistet. Auf den Windwurflücken sind einige Buchen, Birken und Ebereschen in den Derbholzbestand eingewachsen. Insgesamt hat sich nach der Störung eine recht heterogen verteilte, stellenweise auch sehr dichte → Naturverjüngung entwickelt, die überwiegend aus Buche besteht *(Abb. 5.2.3.1_6)*. In der Kernfläche 2 findet sich kaum höhere Naturverjüngung. Eichensämlinge sind vorhanden, kommen aber nicht über eine Höhe von 0,5 m hinaus. Hier macht sich offenbar der Wildverbiss, u. a. auch durch Damwild bemerkbar. Der Derbholzbestand wird nach wie vor durch die Eiche dominiert. Allerdings ist der Anteil lebender Bäume – offenbar infolge des → „Eichensterbens" – gesunken und die → Totholzmenge entsprechend auf rund 45 m³ gestiegen.

Abb. 5.2.3.1_5

Tab. 5.2.3.1_2

Strukturdaten

Baumart		Auf- nahme- jahr und Differenz	Stehend				Liegend	Totholz
			Lebend			Tot	Tot	gesamt
			Stammzahl [N/ha]	Grundfläche [m²/ha]	Volumen [m³/ha]	Stammzahl [N/ha]	Volumen [m³/ha] *	Volumen [m³/ha] *
Kernfläche 1	Buche	1997	128	32,6	584	2	14	18
		Diff.	+2	+9,6	+205	+2	k.A.	k.A.
	Sonstige	1997	9	0	0	—	1	1
		Diff.	+9	0	0	—	k.A.	k.A.
	Summe	**1997**	**137**	**32,6**	**584**	**2**	**15**	**19**
		Diff.	**+11**	**+9,6**	**+205**	**+2**	**k.A.**	**k.A.**
Kernfläche 2	Buche	1997	209	12,8	171	8	7	7
		Diff.	−2	+3,1	+55	+8	k.A	k.A.
	Eiche	1997	133	20,9	309	20	7	35
		Diff.	−20	+3,6	+69	+18	k.A	k.A.
	Erle	1997	5	0,4	6	1	—	1
		Diff.	−1	—	+1	+1	k.A.	k.A.
	Hain- buche	1997	75	3,8	44	7	—	1
		Diff.	−6	+0,5	+11	+7	k.A.	k.A.
	Sonstige	1997	—	—	—	—	0	0
		Diff.	—	—	—	—	k.A	k.A.
	Summe	**1997**	**422**	**37,9**	**529**	**36**	**14**	**45**
		Diff.	**−29**	**+7,2**	**+136**	**+34**	**k.A.**	**k.A.**

* = Derbholzvolumen aller stehenden und liegenden Objekte mit einem BHD ≥7 cm. Nähere allgemeine Erläuterungen siehe Anhang

Naturwald Franzhorn: Ergebnisse der Kernflächenaufnahmen für den Derbholzbestand (letzte Aufnahme 1997 und Differenz zu 1975)

Abb. 5.2.3.1_6

Naturverjüngung

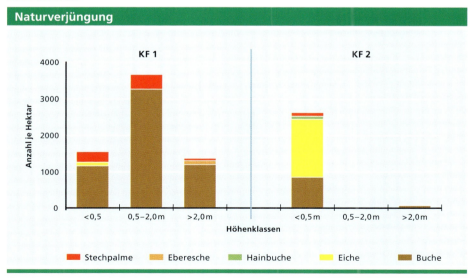

Naturwald Franzhorn: Ergebnisse der Kernflächenaufnahmen für die Naturverjüngung

Verjüngung und Altbäume

D. Klingelhöller hat im Jahr 1997 die Buchen-Naturverjüngung auf der Kernfläche 1 näher untersucht. Die durchschnittliche Zahl von 7 200 Jungpflanzen je Hektar war nach seinen Erhebungen räumlich sehr heterogen verteilt. Während in einer älteren Lücke rund 25 000 Pflanzen je Hektar gefunden wurden, war in geschlossenen Partien keine Verjüngung vorhanden. Nicht nur die Pflanzenzahl, sondern auch das Längenwachstum der vorhandenen Jungpflanzen nahm mit zunehmender Dichte des Altbestandes deutlich ab. Insgesamt hat sich das Kronendach seit dem Windwurf von 1972 so stark geschlossen, dass die Buchen-Jungpflanzen zunehmend schräg wachsen und ihre Äste horizontal ausbreiten.

Konkurrenz oder Störungen als Absterbeursache?

Durch C. Bruns wurden die Absterbeprozesse der verschiedenen Baumarten auf der Kernfläche 2 analysiert. Im Vordergrund ihrer Untersuchungen stand die Frage, ob Konkurrenz oder andere Ursachen für das Absterben verantwortlich sind. Um den jeweiligen Konkurrenzdruck zu messen, wählte sie den sog. Hegyi-Index. Dieser beschreibt die Wuchskonstellation eines Einzelbaumes. Je höher der Wert des Hegyi-Index ausfällt, desto stärker wird der jeweilige Baum durch seine Nachbarn bedrängt. Die Untersuchungen von C. Bruns ergaben, dass die abgestorbenen Buchen und Hainbuchen einem deutlich höheren Konkurrenzdruck ausgesetzt waren als die überlebenden *(Abb. 5.2.3.1_7)*, ein klarer Hinweis auf Konkurrenz als Mortalitätsursache. Bei der Eiche ergibt sich ein anderes Bild: Ihr Absterben ist offenbar vorrangig auf andere Ursachen, wie das „Eichensterben", zurückzuführen.

Abb. 5.2.3.1_7

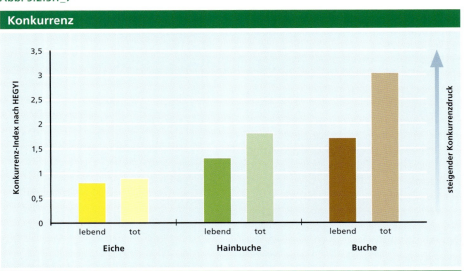

Naturwald Franzhorn: Konkurrenzsituation abgestorbener und lebender Bäume in Kernfläche 2 (C. Bruns: 1998)

Auch im Naturwald Franzhorn ist die Konkurrenz der → Hauptbaumarten Buche und Eiche in Abhängigkeit vom → Standort (Tonunterlagerung) ein weiterhin vorrangiges Thema. Die Standortsvielfalt ermöglicht es, die Walddynamik in einem Gradienten von den staunassen Eichenstandorten über den weniger extremen Bereich des Flattergras-Buchenwaldes bis hin zu den nur noch mäßig frischen Sandstandorten zu verfolgen. Im Hinblick auf die Buchen-Naturverjüngung ist interessant, ob sie sich auf Dauer halten kann oder ob bis zum Erreichen der → Zerfallsphase noch mehrere Verjüngungswellen kommen und gehen.

Forschungsthemen

Abb. 5.2.3.1_8

Ihlow – Klosterwald „Schola Dei"

Im Ihlower Wald

In der Nähe der Nordseeküste inmitten eines 350 Hektar großen Waldgebietes südlich von Aurich liegt der Naturwald Ihlow. Der umgebende „Ihlower Wald" bildet mit den angrenzenden Grünlandniederungen einen abwechslungsreichen unzerschnittenen Landschaftsraum. Der Naturwald befindet sich am Nordrand der weiträumigen Niederung des Fehntjer Tiefs und des Krummen Tiefs auf einem → Geestrücken und wurde bereits 1972 mit einer Größe von knapp 8 Hektar ausgewiesen. Später erfolgte die Erweiterung auf die heutige Flächengröße von 22 Hektar.

Abb. 5.2.3.2_1

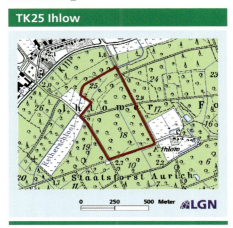

TK25 Ihlow

Abb. 5.2.3.2_2

Eschböden

Zweischichtige Böden aus kiesigen, schwachlehmigen Sanden über Lehmen bilden das Ausgangssubstrat der Bodenbildung im Naturwald Ihlow. Auf über 80 % der Fläche kommen → Eschböden vor. Der Wasserhaushalt ist überwiegend schwächer → wechselfeucht bis → staufeucht bei einer schwach → mesotrophen Nährstoffversorgung. Auf 15 % der Flächen kommen auch gut mesotrophe Moorstandorte vor. Zahlreiche Entwässerungsgräben und Kanäle durchziehen den Ihlower Wald.

Zisterzienserkloster „Schola Dei"

Der überwiegende Teil der ostfriesischen Wälder fiel in der Zeit von 800 – 1200 n. Chr. menschlicher Siedlungstätigkeit zum Opfer. Auf die intensive Rodungstätigkeit weisen die Ortsnamen -holt oder -ei hin. Die Waldgeschichte des Mittelalters in diesem Raum wird auch von den zahlreichen Klostergründungen vom 10. bis zum 15. Jh. bestimmt *(Tab. 5.2.3.2_1)*. So finden sich im Ihlower Forst noch die Reste des Zisterzienserklosters „Schola Dei". Auch der Naturwald ist ein ehemaliger, durch Pflanzung entstandener Klosterwald.

Tab. 5.2.3.2_1

Chronik des Naturwaldes Ihlow

— **9. und 12. Jh.:** Auf dem künstlich aufgeworfenen „Dachsberg" südlich des Naturwaldes befindet sich eine mittelalterliche Verteidigungsanlage

— **1228:** Gründung des Klosters „Schola Dei" im Ihlow

— **1230:** Baubeginn des Klosters

— **13. bis 16. Jh.:** Landwirtschaftliche Nutzung durch die Klosterbrüder

— **1529:** Aneignung und Abriss des Klosters durch die die ostfriesischen Grafen aus dem Hause Cirksena im Zuge der Reformation. Umbau der Kirche in ein Lustschloss

— **1612:** Errichtung eines Jagdhauses

— **1660–1665:** Revisionen durch fürstliche Beamte: Im Ihlow gibt es 11 Kämpe, die eingezäunt und mit Entwässerungsgräben versehen sind

— **1720:** Eine Verordnung sieht vor, dass niemand durch das Gehölz reiten oder fahren soll, der nicht eine „Heuer" dort hat. Zuwiderhandlungen wurden mit 20 Groschen Strafe geahndet

— **1747–49:** Nach einer Forstbeschreibung ist der Ihlow mit alten lückigen Eichenbeständen sowie eingesprengten Buchen und Eschen bestockt. Im Süden und Nordwesten grenzen schmale Erlenbestände das Waldgebiet ab.

— **1756:** Abriss des Jagdschlosses. Bau der heute dort stehenden drei großen Gebäude

— **1770:** Von Preußen wird eine Forstordnung für das Fürstentum Ostfriesland erlassen, in der die Aufgaben der Beamten und die Schlageinteilung der Forsten geregelt werden. Hohe Strafen werden für Holzdiebstahl festgesetzt

— **1806:** Unter holländischer Herrschaft wird das Entwässerungssystem in Ostfriesland ausgebaut. Die im Forstort Ihlow liegenden Heideflächen werden von Oberförster Lantius-Beninga zur Aufforstung bestimmt. Umfangreiche Berechtigungen zur Schafbeweidung werden vergeben

— **1810–1815:** Als Teil Hollands steht Ostfriesland unter französischer Herrschaft. Die Forstverwaltung wird umgestellt. Abholzung großer Teile des Ihlows mit der Begründung, dort Palisaden für die Befestigung der ostfriesischen Inseln gegen den Einfall der Engländer zu schlagen

— **1813:** Abzug der Franzosen

— **1815–1866:** Königreich Hannover: Abgeholzte Flächen im Ihlow werden wieder in Kultur gebracht

— **1830:** Ablösung der Weideberechtigungen im Ihlow

— **1866:** Preußische Provinz. Im Ihlow überwiegt die Eiche

— **1974:** Ausweisung als Naturwald auf einer Fläche von 7,9 Hektar

— **1995:** Bericht über Eichensterben im Naturwald

— **1995 und 1996:** Starker Befall durch Eichenwickler und Großen Frostspanner

— **1997:** Bericht über Eichensterben im Naturwald; Erweiterung auf die heutige Flächengröße von 22 Hektar unter Einschluss einer Bodendauerbeobachtungsfläche; Kammerung des Hauptentwässerungsgrabens im nördlichen Teil der Erweiterungsfläche

— **2002:** Einrichtung einer Grundwassermessstelle auf der Bodendauerbeobachtungsfläche

Aus dem 17. Jh. sind zahlreiche Kämpe im Ihlow nachgewiesen, die die Aufforstungsbemühungen belegen. Der so genannte „Westerkamp" lag dabei offenbar im heutigen Naturwald. Bei Revisionen wurde der Zustand der Zäune überwacht und geprüft, ob die Kämpe ordentlich „beschlötet" (= entwässert) waren. Im 18. Jh. trieb die preußische Forstverwaltung die Aufforstung, vor allem mit → Eichenheistern, stark voran. Nach einer Forstbeschreibung war das Ihlower Gehölz damals im Wesentlichen aus lückigen Eichenbeständen mit eingesprengten Buchen und Eschen aufgebaut. Unter der kurzen französischen Herrschaft wird der Ihlower Forst fast vollständig abgeholzt und anschließend wieder aufgeforstet. Seit Jahrhunderten wird der Ihlower Wald durch Rabattengräben erheblich entwässert.

Ältere Buchen und Eichen

Nach der → Forsteinrichtung herrschen im Naturwald Stieleichen-Buchenmischbestände vor, in denen die Stieleiche ein Alter von maximal 167 Jahren und die Buche von 154 Jahren erreicht *(Abb. 5.2.3.2_3)*. In den jüngeren Beständen finden sich kaum noch Eichen, allerdings ein größerer Anteil an Esche, Bergahorn oder Birke. An nicht → standortsheimischen Baumarten kommen Japanlärche, Roteiche und Fichte vor. Bis auf die Birken sind fast alle Bäume gepflanzt worden.

Nach der Waldbiotopkartierung ist der Drahtschmielen-Buchenwald mit einem Flächenanteil von über 80 % die dominante natürliche → Waldgesellschaft. Daneben werden der Hainbuchen-Stieleichenwald sowie der Erlen-Eschen-Quellwald als natürliche Waldgesellschaften angenommen.

Abb. 5.2.3.2_3

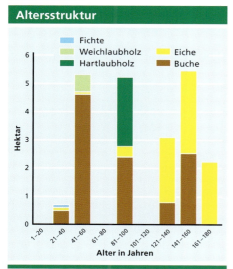

Naturwald Ihlow: Altersstruktur nach Baumartengruppen (Forsteinrichtung 1998)

Abb. 5.2.3.2_4

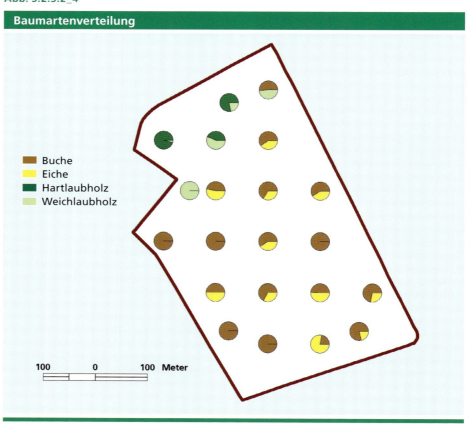

Naturwald Ihlow: Baumartenanteile in den Probekreisen (1998)

Die Strukturdaten zeigen die Dominanz der Buche bei insgesamt vergleichsweise geringem → Holzvolumen *(Abb. 5.2.3.2_4, Tab. 5.2.3.2_2)*. Auch die → Totholzmenge liegt im Mittel auf einem recht niedrigen Niveau. Diese Tatsache ist sicherlich auch auf den kurzen nutzungsfreien Zeitraum des größten Teils der Naturwaldfläche zurückzuführen.

Dominanz der Buche

Tab. 5.2.3.2_2

Strukturdaten				
Baumart	**Stehender lebender Bestand**			**Totholz gesamt**
	Stammzahl [N/ha]	Grundfläche [m²/ha]	Volumen [m³/ha]	Volumen [m³/ha]*
Buche	441	15,2	142	0
Eiche	39	6,6	76	6
Birke	9	0,4	3	—
Eberesche	4	0,2	1	—
Sonstige	118	4,2	35	—
Summe	**611**	**26,6**	**257**	6

* = Derbholzvolumen ab einem Durchmesser ≥ 30 cm. Nähere allgemeine Erläuterungen siehe Anhang

Naturwald Ihlow: Ergebnisse der Probekreisaufnahmen für den Derbholzbestand (1998)

Im „alten" Teil des Naturwaldes hat sich hingegen eine größere Menge liegenden und stehenden Totholzes angesammelt *(Abb. 5.2.3.2_5)*. So ergab eine Inventur des zuständigen Revierleiters G. Dählmann aus dem Jahr 1995 59 stehende und 21 liegende tote Eichen sowie 12 stehende und 7 liegende tote Buchen. Damit belief sich die Anzahl in der alten Naturwaldfläche auf rund 13 tote Bäume je Hektar. Hauptursache für die hohe Zahl war vor allem das → „Eichensterben". Im Jahr 2001 wiederholte G. Dählmann die Erfassung, getrennt nach Alt- und Erweiterungsfläche. In Letzterer fanden sich 7 Stück Totholz je Hektar mit einem Volumen von rund 11 m³ je Hektar. In der 23 Jahre länger ungenutzten Fläche beliefen sich die Werte mit 18 Stück und 24 m³ auf mehr als das Doppelte.

Mehr Totholz im „alten Naturwald"

Auch in der → Verjüngungsschicht ist vor allem die Buche dominant *(Tab. 5.2.3.2_3)*. Andere Baumarten kommen nur mit wenigen Exemplaren über die Höhe von 0,5 m hinaus.

Buche dominiert in der Verjüngung

Der „Ihlower Wald" ist in der waldarmen ostfriesischen Landschaft ein wichtiger Rückzugsraum für Tier- und Pflanzenarten. Hervorzuheben ist seine Bedeutung als Brutgebiet seltener und störungsempfindlicher Waldvogelarten, wie etwa Mittelspecht und Zwergschnäpper. Aus den jährlichen Berichten der zuständigen Revierförsterei ist bekannt, dass es 1995 ein Brutvorkommen des Mittelspechtes in der Naturwaldfläche gegeben hat. Seither konnte er als Brutvogel nicht mehr bestätigt werden.

Wichtiger Rückzugsraum für Tiere und Pflanzen

Abb. 5.2.3.2_5

Epiphytische Makroflechten

H.-W. Linders untersuchte Mitte der 1980er Jahre die → epiphytischen Makroflechten des Landkreises Leer. Im gesamten Untersuchungsgebiet findet er mit 39 Arten nur noch die „kümmerlichen Relikte" (H.-W. Linders) einer noch zu Beginn des 20. Jh. deutlich reicheren Flechtenflora. Den negativen Entwicklungstrend führt er auf Luftverunreinigungen zurück. In dem 1987 kartierten Naturwald Ihlow findet er insgesamt 14 Arten. H.-W. Linders weist darauf hin, dass die Artenvielfalt aufgrund des Dichtschlusses und ungünstiger Substrate (Buchenrinde) nur gering ist. Der Vergleich mit den Erhebungen von H. Muhle aus dem Jahr 1975 zeigt, dass zwei säureertragende Flechtenarten im Naturwald neu auftreten. Insgesamt wurden 4 Arten neu nachgewiesen und 3 Arten nach 12 Jahren nicht wieder gefunden.

Tab. 5.2.3.2_3

Natürverjüngung				
Baumart	**Höhenklasse**			**Summe**
	<0,5 m [N/ha]	0,5–1,3 m [N/ha]	>1,3 m [N/ha]	[N/ha]
Buche	573	67	320	**960**
Eiche	17	—	—	**17**
Esche	371	—	—	**371**
Bergahorn	185	—	17	**202**
Eberesche	34	—	—	**34**
Birke	—	—	17	**17**
Sonstige	—	—	51	**51**
Summe	**1 180**	**67**	**405**	**1 652**

Nähere allgemeine Erläuterungen siehe Anhang

Naturwald Ihlow: Ergebnisse der Probekreisaufnahmen für die Naturverjüngung (1998)

Der Naturwald Ihlow ist eines der wenigen Beispiele für einen naturnahen bodensauren Buchen(-Eichen)-Wald der nordwestlichen Ostfriesisch-Oldenburgischen
Geest. Vor den intensiven Rodungsphasen dürfte dieser Waldtyp charakteristisch
für den Naturraum gewesen sein. Als Forschungsfrage stehen die Struktur und
Konkurrenz in küstennahen Buchen-Eichen-Mischbeständen auf grundwassernahen Standorten im Vordergrund. Daneben ist die Selbstdifferenzierung von
Buchen-Jungbeständen nach Einstellung forstlicher Maßnahmen ein interessantes Thema.

Typischer Wald in Ostfriesland

Abb. 5.2.3.2_6

Ahlershorst – An der alten Viehtränke

Naturschutzgebiet „Ahlershorst"

In unmittelbarer Nähe des Ortes Drangstedt wurde im Jahr 1996 einer der kleinsten Naturwälder Niedersachsens ausgewiesen: Der Ahlershorst umfasst zwei räumlich getrennte Teilflächen von zusammen knapp 5 Hektar Größe. Die kleinere Teilfläche liegt nördlich einer ehemaligen Bahnlinie. Der Naturwald Ahlershorst ist Bestandteil des gleichnamigen 15 Hektar großen Naturschutzgebietes.

Am Rand der Niederung

Das Naturschutzgebiet liegt mit einer Höhe zwischen 7 und 17 m über NN um einige Meter über der nördlich vorgelagerten Niederung. In beiden Teilflächen des Naturwaldes herrschen mäßig → wechselfeuchte → Standorte mit einer schwach → mesotrophen Nährstoffversorgung vor. Das Ausgangsmaterial der Bodenbildung sind von einer Lehmschicht unterlagerte Sande.

Über 6000 Jahre besiedelt

Der Ortsname Drang-Stede dürfte um 500 bis 300 v. Chr. entstanden sein und ist auf eine früher dort existierende Viehtränke zurückzuführen. In der Gemarkung leben nachweislich schon seit mehr als 6000 Jahren Menschen. Heute sind in der Umgebung noch etwa 100 Hügelgräber vorhanden. Damit handelt es sich um das größte zusammenhängende Gräberfeld Europas. Die gesamte Naturwaldfläche ist ein → historisch alter Laubwaldstandort und wird auf der Kurhannoverschen Landesaufnahme als „Hollers Horst" bezeichnet *(Tab. 5.2.3.3_1)*. Der Forstort ist heute rund 8 Hektar kleiner als 1779. Rodungen fanden im Westen und im Nordosten, möglicherweise nach Abgabe dieser Flächen zur Abfindung alter → Nutzungsberechtigungen statt.

Abb. 5.2.3.3_1

Abb. 5.2.3.3_2

Tab. 5.2.3.3_1

Chronik des Naturwaldes Ahlershorst

— **3.–5. Jh.:** Wahrscheinliche Entstehungszeit des Ortes Drangstedt (Drang-Stede = Viehtränke)

— **1312:** Erste urkundliche Erwähnung von Drangstedt

— **1768:** Laubwald: „Hollers Horst"

— **1779:** Special Plan der herrschaftlichen Forst bei Drangstedt: „die Horst" ist „mit Eichen und Büchen bewachsen"

— **1896:** Die erste Eisenbahn befährt die Strecke Bederkesa-Bremerhaven. Mit ihr wird u. a. Holz aus den Wäldern von Drangstedt transportiert

— **1968:** Die Bahnlinie wird für den Personenverkehr stillgelegt, aber als Museumsbahn noch regelmäßig befahren

— **1996:** Ausweisung als Naturschutzgebiet unter Einschluss des 4,5 Hektar großen Naturwaldes

Abb. 5.2.3.3_3

Altersstruktur

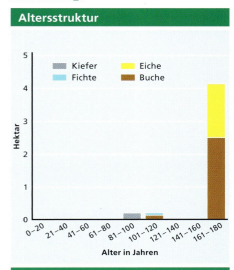

Naturwald Ahlershorst: Altersstruktur nach Baumartengruppen (Forsteinrichtung 1996)

Die deutlich größere südliche Teilfläche ist mit einem 170- bis 180-jährigen Buchen-Stieleichen-Bestand bestockt *(Abb. 5.2.3.3_3)*, der Sturmlücken aufweist und in dem sich stellenweise ca. 30-jährige Buchen-→ Naturverjüngung entwickeln konnte. Hier ist der → Totholzanteil (Stieleiche) vergleichsweise hoch, und es hat sich eine dichte → Strauchschicht aus Stechpalme entwickelt. Nördlich des Bahndammes befindet sich die knapp 0,5 Hektar große zweite Teilfläche mit einem Mischbestand aus 91-jähriger Kiefer und 117-jährigen Buchen, Weißtannen und Stieleichen.

Buchen-Stieleichen-Altbestand

Als natürliche → Waldgesellschaft sind im Naturwald Ahlershorst überwiegend Flattergras-Buchenwälder im Übergang zum Stieleichen-Hainbuchen-Wald zu erwarten.

In einem immer etwas offen gehaltenen Bereich der nördlichen Teilfläche wächst der Schwedische Hartriegel, eine nach der → Roten Liste Niedersachsens und Bremens vom Aussterben bedrohte Strauchart. Um günstige Wuchsbedingungen zu gewährleisten, wurden hier auch nach der Naturwaldausweisung Auflichtungsmaßnahmen durchgeführt.

Der Naturwald Ahlershorst ist der Intensitätsstufe 3 zugeordnet. Eigene Untersuchungen wurden bisher nicht durchgeführt.

Feucht- und Auenwälder

Wittenheim – Regelmäßig überschwemmt

Der Naturwald Wittenheim liegt im gleichnamigen kleinen Waldgebiet am nördlichen Ortsrand von Westerstede. Die „Kleine Norderbäke" – ein Bach – bildet die östliche Begrenzung des Naturwaldes. Das im Jahr 1998 ausgewiesene Gebiet hat eine Größe von rund 13 Hektar.

Abb. 5.2.4.1_1

Abb. 5.2.4.1_2

Regelmäßige Überflutungen Charakteristisch für den Naturwald Wittenheim sind regelmäßige, lang anhaltende Überstauungen und Überflutungen durch die Kleine Norderbäke. *(Abb. 5.2.4.1_3).* Die durchgehend → eutrophen Böden weisen nach der → Standortskartierung aus dem Jahr 1980 auf dem größten Teil der Fläche eine → Niedermoorauflage von 30 bis 100 cm Mächtigkeit auf. Mineralische, stark → grundwasserbeeinflusste → Standorte auf → holozänen Wasserabsätzen finden sich nur auf 15 % der Fläche. Hier ist im Bodenprofil ein Pflughorizont zu erkennen. Insgesamt han-
Reicher Standort delt es sich um reiche Bachauen- und Bruchwaldstandorte mit einem weitgehend naturnahen Wasserhaushalt. Der Abfluss wird allerdings durch ein Grabensystem beschleunigt.

Abb. 5.2.4.1_3

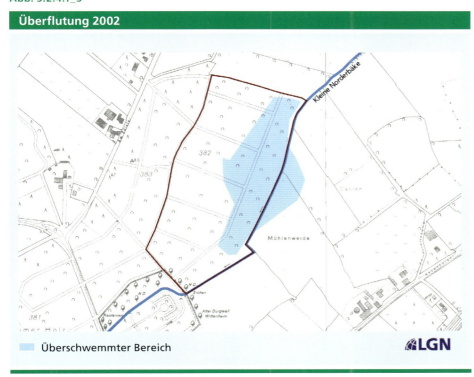

Überflutung 2002

Überschwemmter Bereich

LGN

Der Naturwald Wittenheim ist kein →historisch alter Waldstandort, sondern wurde lange Zeit als Grünland genutzt. Spuren ehemaliger Bodenbearbeitung finden sich auf der ganzen Fläche. Unmittelbar südlich des Gebietes liegen die Reste der 1226 erbauten und 1800 geschleiften Wasserburg Burgforde bzw. Wittenheim *(Tab. 5.2.3.4_1)*. Der Name des Waldgebietes geht auf einen ehemaligen Amtmann zu Westerstede/Burgforde zurück.

Wasserburg Burgforde

Die bis zu 112 Jahre alten Bestände sind aus Esche, Roterle, Stieleiche, Flatterulme, Berg- und Spitzahorn aufgebaut *(Abb. 5.2.3.2_4)*. Selbst die Buche fehlt nicht und zeigt stellenweise →Naturverjüngung. Der Bergahorn scheint sich im Naturwald auszubreiten. Die gut entwickelte →Strauchschicht besteht aus Frühblühender Traubenkirsche, Pfaffenhütchen und Hasel. Bereiche mit verlichteten Eichenbeständen befinden sich innerhalb eines Gatters.

Artenreiche Laubmischbestände

Tab. 5.2.4.1_1

Chronik des Naturwaldes Wittenheim

— **13. Jh.:** Graf Johann II. von Oldenburg baut die Wasserburg Burgforde, die das Grenzgebiet zu Ostfriesland sichert
— **1723:** Etatsrat Aalrich von Witken erhält Burgforde, jetzt Wittenheim genannt, als Lehen. Sie dient als Amtssitz und Zollstation
— **1800:** Die Burg wird geschleift
— **1998:** Ausweisung als Naturwald auf einer Fläche von 12,8 Hektar
— **1999/2000:** Teilweise Überflutung der Naturwaldfläche
— **2000:** Befall durch den Eichenprachtkäfer
— **2002:** Teilweise Überflutung der Naturwaldfläche; Einbau eines Pegelmessers

Bach-Erlen-Eschenwald

Im Naturwald Wittenheim wurde von Seiten der Waldbiotopkartierung als → natürliche Waldgesellschaft ein Übergang vom Hainbuchen-Stieleichen- zum Bach-Erlen-Eschenwald kartiert. Obwohl es sich nicht um einen historisch alten Wald handelt, kommt die Einbeere vor – eine Zeigerart für Bewaldungskontinuität im nordwestdeutschen Tiefland.

Ausblick

Trotz seiner geringen Flächengröße bietet der Naturwald Wittenheim aufgrund der naturnahen Standorts- und Bestockungsverhältnisse günstige Voraussetzungen für die Untersuchung der natürlichen Walddynamik auf reichen Standorten des Bachauenwaldes. Eigene Untersuchungen wurden bisher nicht durchgeführt. Die laufende Beobachtung der Wasserstände bietet allerdings zukünftig gute Möglichkeiten, die Walddynamik in Abhängigkeit vom Wasserhaushalt zu analysieren.

Abb. 5.2.4.1_4

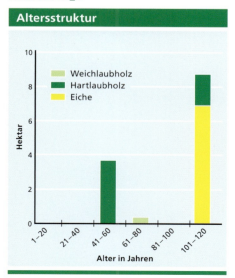

Altersstruktur

Naturwald Wittenheim: Altersstruktur nach Baumartengruppen (Forsteinrichtung 1998)

Abb. 5.2.4.1_5

Wehdenbruch – Von der Wiese zum Wald

Unmittelbar östlich des Elbe-Weser-Kanals befindet sich am Rande eines Waldgebietes der rund 9 Hektar große Naturwald Wehdenbruch. Nördlich und westlich grenzen Feuchtwiesen an. Das 1985 ausgewiesene Gebiet ist Bestandteil des 48 Hektar großen gleichnamigen Naturschutzgebietes.

Niedermoorstandorte

Der Naturwald liegt am Nordrand der Holzurburger → Endmoräne. Die gesamte Fläche wird von schwach → mesotrophen → Niedermoorstandorten mit einer Torfmächtigkeit von bis zu 1 m eingenommen, die sich über nicht nennenswert verlehmten → Schmelzwassersanden gebildet hat. Im Naturwald befindet sich ein knapp 3 Hektar großes Feuchtgebüsch. Wenn überhaupt, sind nur geringe Flächenanteile des Naturwaldes als → historisch alter Wald einzustufen *(Tab. 5.2.4.2_1)*. Überwiegend handelt es sich um Wiesenaufforstungen unterschiedlichen Alters. Möglicherweise bedingt durch die Nähe zu dem alten Waldstandort „Holtz-Burg", sind hier dennoch Zeigerarten für eine kontinuierliche Bewaldung wie Wildapfel und Einbeere vorhanden. Das Gebiet wurde als Grünland in der Vergangenheit stark entwässert. Nach dem Schließen von Gräben ist mittlerweile eine langsam voranschreitende Wiedervernässung erkennbar.

Wiesenaufforstung

Abb. 5.2.4.2_1

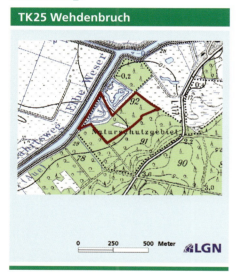

TK25 Wehdenbruch

0 250 500 Meter LGN

Abb. 5.2.4.2_2

Laubbäume wandern ein

Durch Einwanderung der Birke unter gepflanzte Fichten ist ein bruchwaldartiger Mischbestand aus mittlerweile 88-jähriger Moorbirke und 115-jähriger Fichte entstanden. Heute findet sich dort zudem → Naturverjüngung von Moorbirke, Eberesche, vereinzelt Faulbaum, Fichte, Sitkafichte, Stieleiche und Spätblühender Traubenkirsche. Ca. 1/3 der Fläche befand sich lange Zeit innerhalb eines Zaunes. Auf dem erst in den 1950er Jahren aufgeforsteten Grünland stockt ein Roterlenbestand.

Bodenvegetation

Nach dem Pflege- und Entwicklungsplan für das Naturschutzgebiet besteht die Bodenvegetation im Moorbirken-Fichten-Mischbestand überwiegend aus Dornfarn, stellenweise aus Pfeifengras und Heidelbeere. In feuchteren Partien

Tab. 5.2.4.2_1

Chronik des Naturwaldes Wehdenbruch

— **1768:** Der heutige Naturwald ist auf der Kurhannoverschen Landesaufnahme ein unbewaldeter Auebereiche bzw. befindet sich in Ackernutzung. Im Osten grenzt königlicher Wald an („Holtz Burg")

— **1852:** Der Bau des Elbe-Weser-Kanals als Hochwasserschutzmaßnahme beginnt. Die heutige Naturwaldfläche liegt außerhalb des Überschwemmungsbereiches

— **ca. 1880:** Wahrscheinlich erste Aufforstungen mit Fichte im Osten des heutigen Naturwaldes

— **1898:** Der durchgehende Schiffsverkehr auf dem Kanal ist wegen zu geringer Fahrwassertiefe nicht mehr möglich

— **1935–37:** Vertiefung des Elbe-Weser-Kanals, der Schiffsverkehr nimmt zu.

— **1950:** Aufforstung von Wiesen im heutigen Naturwald im Rahmen der Flurbereinigung

— **1957–61:** Weitere Baumaßnahmen einschließlich der Errichtung eines Tidesperrwerks auf der Geeste bei Bremerhaven: Der Schiffsverkehr nimmt weiter zu

— **1980/81:** Eine Freifläche im Naturwald wird als Fischotterbiotop gestaltet.

— **1985:** Ausweisung als 8,8 Hektar großer Naturwald im Zuge der Verordnung des Naturschutzgebietes „Wehdenbruch"

— **1990:** Starkes Hochwasser. Nach Deichbrüchen wird beschlossen, die Fläche des Naturwaldes als Retentionsfläche zu nutzen und eine Deichverlegung vorzunehmen. Dieses Vorhaben ist bisher nicht realisiert worden

— **1996:** Verschließen der ehemaligen Wiesen-Entwässerungsgräben

— **2001:** Südlich des Naturwaldes entsteht ein neuer Deich als Teil der geplanten Retentionsfläche

Abb. 5.2.4.2_3

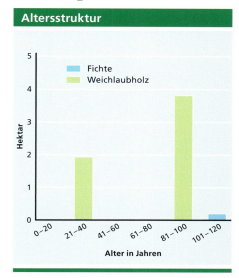

Naturwald Wehdenbruch: Altersstruktur nach Baumartengruppen (Forsteinrichtung 1996)

des Roterlenbestandes kommen Wasserpfeffer sowie weitere Nässezeiger wie Bittersüßer Nachtschatten, Sumpfschwertlilie, Walzensegge oder Sumpfdotterblume vor. Die Ufervegetation des Feuchtbiotops wird durch Schilfröhrichte und Feuchtgebüsche aus Roterle und Lorbeerweide dominiert Hier kommen auch Schwanenblume und Krebsschere vor. Das Feuchtbiotop wird über ein kleines, mit Windenergie getriebenes Pumpwerk gespeist.

Die natürliche → Waldgesellschaft wäre auf der Wiesenaufforstung aus den 1950er Jahren vermutlich ein Erlenbruchwald. Allerdings profitiert der heutige Erlenbestand noch von der ehemaligen Grünlandwirtschaft, sodass die Nährstoffversorgung für reichere Erlenbrücher auf Dauer eher zu schwach sein dürfte. Damit wäre ebenso wie auf den restlichen Waldflächen auch hier ein Moorbirken-Bruchwald als natürliche Waldgesellschaft anzunehmen.

Natürliche Waldgesellschaft

Das Feuchtbiotop wird von Graureihern und Kormoranen aufgesucht. Graugans, Löffel-, Krick- und Schnatterente brüten hier. Gras-, Moor- und Wasserfrosch sind typische Amphibien. Aufgrund der hohen Wasserstände ist das Gebiet nur schlecht zugänglich, was sich sicherlich positiv auf die Tierwelt ausgewirkt hat.

Tierarten

Der Naturwald Wehdenbruch ist der Intensitätsstufe 3 *(vgl. Kap. 4.4.2)* zugeordnet. Eigene Untersuchungen wurden bisher nicht durchgeführt.

Das Mittel-Westniedersächsische Tiefland

Abgrenzung des Wuchsgebietes

Das Mittel-Westniedersächsische Tiefland stellt einen ausgedehnten Übergangsbereich zwischen dem → atlantisch geprägten Küstenraum, dem → subatlantischen Ostniedersächsischen Tiefland und den südlich anschließenden → Lössbörden bzw. dem Osnabrücker Berg- und Hügelland dar. Im Osten endet es ungefähr an der BAB Hannover-Hamburg, und im Nordwesten reicht es bis an eine gedachte Linie zwischen Enschede, Bremen und Hamburg *(Abb. 5.3_2)*.

Abb. 5.3_1

Abb. 5.3_2

Naturwälder im Mittel-Westniedersächsisches Tiefland

3 Herrenholz	63 Burckhardtshöhe	79 Hau und Bark	109 Neue Forst
29 Schlenke	73 Weichel	93 Drievorden	130 Barenberg
53 Friedeholz	75 Baumweg	99 Urwald Hasbruch	131 Ahlhorner Fischteiche
59 Cananohe	78 Huntebruch	108 Dwergter Sand	136 Bruchwald bei Ehrenburg

Verteilung der Naturwälder in den Wuchsbezirken des Mittel-Westniedersächsischen Tieflandes

Kontrastarmer Übergangsbereich

Trotz der großen Flächenausdehnung sind die klimatischen Verhältnisse im Mittel-Westniedersächsischen Tiefland recht arm an Kontrasten *(Tab. 5.3_1)*. Milde Winter und nur mäßig warme Sommer sind kennzeichnend für das Wuchsgebiet. Im Vergleich zum vorgelagerten Küstenraum nehmen Luftfeuchtigkeit und Jahresniederschlag ab. Spät- und Frühfröste treten etwas häufiger auf. Entlang der überwiegend in NW/SO-Richtung orientierten Flusstäler der Ems, Hase, Hunte und Weser macht sich in besonderem Maße der atlantische Klimaeinfluss aus dem Küstenraum bemerkbar.

Tab. 5.3_1

Klimawerte im Mittel-Westniedersächsischen Tiefland		
Wuchsbezirk	Ems-Hase-Hunte-Geest	Geest-Mitte
Jahresmittel Lufttemperatur [°C]	9,0	8,8
Jahresmittel Schwankung der Lufttemperatur [°C]	15,6	16,3
Jahresmittel Niederschlag [mm]	756	713
Jahresmittel Niederschlag Mai bis September [mm]	334	336

Aus: Gauer, J und Aldinger, E., 2005

Das Mittel-Westniedersächsische Tiefland ist in seinem Kern überwiegend durch die → drenthestadiale Vereisung geprägt worden. Deren in Ost-West-Richtung verlaufende → Endmoränenzüge bilden die südliche Begrenzung des Wuchsgebietes. Die nördlich anschließende, aus den → Grundmoränen der ehemaligen Gletscher hervorgegangene → Geestlandschaft wurde durch zahlreiche → Urstromtäler, wie die der Weser und Aller, zerteilt. Die nachfolgenden Auswaschungsprozesse hinterließen entkalkte → Geschiebelehme von großer Mächtigkeit. Diese Geestkerne wurden anschließend auf weiter Fläche von → Flugsanden bedeckt. Entlang der Flusstäler wurden die dort abgelagerten → Schmelzwassersande zu Dünenfeldern aufgeweht. Während der → Weichselvereisung bildete sich zudem ein ausgedehntes → Sandlössgebiet in dem Raum zwischen Sulingen, Syke, Bassum und Goldenstedt.

Geestlandschaft

Sandlössgebiet

Böden auf Flug- und Talsanden nehmen die überwiegende Fläche des Mittel-Westniedersächsischen Tieflandes ein. Je nach Grundwassereinfluss haben sich dort → Podsole mit und ohne → Gleymerkmale gebildet. Auf den Lehmstandorten der Grundmoränen finden sich → Braunerden, die oftmals ebenfalls Podsolierungserscheinungen aufweisen. In den Niederungen sowie den Auswehungs- und Auswaschungsmulden haben sich im → Holozän ausgedehnte Moorgebiete entwickelt, wie beispielsweise das Bourtanger Moor an der Westgrenze des Wuchsgebietes oder die Diepholzer Moorniederung. Daneben verdienen auch die tonig-schlickigen → Auenstandorte entlang von Ems, Hunte, Hase, Weser und Aller als wichtige Elemente des → Wuchsgebietes Erwähnung.

Moore

Der Waldanteil ist mit 14 % mehr als doppelt so hoch wie im Niedersächsischen Küstenraum. Auch das Mittel-Westniedersächsische Tiefland ist wesentlich durch die Heidewirtschaft geprägt worden. Die ursprüngliche Bewaldung wurde auf großer Fläche durch Heiden und → Stühbusch-Birken-Eichenwälder abgelöst. Noch bis vor 100 Jahren waren die großen Moorgebiete weitgehend unzugänglich. Dann begann jedoch deren intensive Entwässerung, Abtorfung und z. T. Aufforstung. Wie in den anderen Teilen des Niedersächsischen Tieflandes wurden auch im Mittel-Westniedersächsischen Tiefland ab der Mitte des 19. Jh. die großen Heideflächen vorwiegend mit Kiefer aufgeforstet.

Heidewirtschaft und Aufforstung

Kiefernwälder bestimmen neben den Resten ursprünglicher Eichenwälder nach wie vor das Landschaftsbild. Nach dem Novemberorkan 1972 setzte schließlich ein Bestockungswandel in Richtung höherer Anteile von Buche und Eiche, aber auch von Douglasie, ein.

Natürliche Waldvegetation

Die beherrschende natürliche → Waldgesellschaft auf den grundwasserfernen → Standorten ist im Mittel-Westniedersächsischen Tiefland der bodensaure Buchenwald *(Abb. 5.3_3)*, der auf den besseren Sandlössböden durch den Flattergras-Buchenwald ersetzt wird. Auf den feuchteren Standorten bilden Eichmischwälder unterschiedlicher Nährstoffversorgung die natürlichen Waldgesellschaften. Große Flächen würden natürlicherweise die baumfreien Moorgebiete und die daran anschließenden Bruchwälder einnehmen. Zudem wären Auenwälder im natürlichen Waldbild maßgeblich vertreten.

Abb. 5.3_3

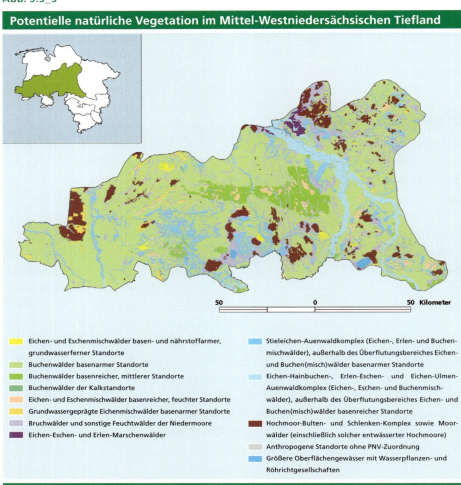

Potentielle natürliche Vegetation im Mittel-Westniedersächsischen Tiefland

50   0   50 Kilometer

- Eichen- und Eschenmischwälder basen- und nährstoffarmer, grundwasserferner Standorte
- Buchenwälder basenarmer Standorte
- Buchenwälder basenreicher, mittlerer Standorte
- Buchenwälder der Kalkstandorte
- Eichen- und Eschenmischwälder basenreicher, feuchter Standorte
- Grundwassergeprägte Eichenmischwälder basenarmer Standorte
- Bruchwälder und sonstige Feuchtwälder der Niedermoore
- Eichen-Eschen- und Erlen-Marschenwälder

- Stieleichen-Auenwaldkomplex (Eichen-, Erlen- und Buchenmischwälder), außerhalb des Überflutungsbereiches Eichen- und Buchen(misch)wälder basenarmer Standorte
- Eichen-Hainbuchen-, Erlen-Eschen- und Eichen-Ulmen-Auenwaldkomplex (Eichen-, Eschen- und Buchenmischwälder), außerhalb des Überflutungsbereiches Eichen- und Buchen(misch)wälder basenreicher Standorte
- Hochmoor-Bulten- und Schlenken-Komplex sowie Moorwälder (einschließlich solcher entwässerter Hochmoore)
- Anthropogene Standorte ohne PNV-Zuordnung
- Größere Oberflächengewässer mit Wasserpflanzen- und Röhrichtgesellschaften

Ein Schwerpunkt der Naturwaldausweisung liegt im Mittel-Westniedersächsischen Tiefland auf den → mesotrophen, → frischen und stärker wasserbeeinflussten Standorten *(Tab. 5.3_2)*. Der reiche Flügel des Standortsspektrums ist mit drei stärker wasserbeeinflussten Gebieten vertreten. Im trockenen und armen Bereich sind ebenfalls drei Naturwälder vorhanden. Der Drievorden repräsentiert als einziges Gebiet die armen Sande im Grundwasserbereich. Vergleichsweise wenige Gebiete weisen bereits Wiederholungsinventuren auf. Dies hängt mit dem hohen Anteil von Naturwäldern zusammen, die erst in den 1990er Jahren ausgewiesen wurden.

Naturwaldausweisung und -forschung

Tab. 5.3_2

Abb. 5.3_4

Aufnahmen und Naturwälder je Standort						
Nährstoff-versorgung	Wasserhaushalt	Naturwald	Fläche [ha]	Anzahl Aufnahmen		
				PK	KF1	KF2
eutroph	stau- und grund-wasserbeeinflusst, Moore, Auen	Friedeholz	14,3	—	3	2
		Schlenke	40,8	1	1	—
		Urwald Hasbruch	38,9	1	1	—
mesotroph	stau- und grund-wasserbeeinflusst, Moore, Auen	Ahlhorner Fischteiche	18,6	—	—	—
		Huntebruch	36,5	1	1	—
		Herrenholz	21,2	1	3	2
		Bruchwald b. Ehrenburg	10,7	—	—	—
		Cananohe	11,4	—	—	—
	sehr frisch bis mäßig frisch	Hau und Bark	33,2	1	1	1
		Baumweg	37,5	—	—	—
		Burckhardtshöhe	21,8	—	2	—
		Weichel	31,6	2	2	—
oligotroph	stau- und grund-wasserbeeinflusst, Moore, Auen	Drievorden	36,8	1	1	—
	trockener	Neue Forst	53,5	1	1	—
		Barenberg	10,4	—	—	—
		Dwergter Sand	35,9	1	1	—

Verteilung der Naturwälder auf die unterschiedlichen Standorte im Mittel-Westniedersächsischen Tiefland sowie die bisher vorliegenden waldkundlichen Aufnahmen

Kiefern- und Kiefernmischwälder

Dwergter Sand – Sukzession nach Heide

Am Rand des Wuchsgebietes

In der Cloppenburger → Geest am äußersten Nordwestrand des Mittel-Westniedersächsisches Tieflandes befindet sich der Naturwald Dwergter Sand. Er liegt im Südosten des gleichnamigen Waldgebietes und umfasst eine Fläche von knapp 36 Hektar. Die Ausweisung erfolgte im Jahr 1997.

Abb. 5.3.1.1_1

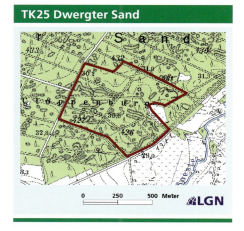

TK25 Dwergter Sand

Der Forstort Dwergter Sand ist im Wesentlichen durch das Inlandeis des → Drenthestadiums der → Saale-Eiszeit gestaltet worden. Den Sockel der Geest bilden 20–30 m mächtige Sandschichten, die oft von → Geschiebelehm und/oder → Flugsand bedeckt sind. Zweischichtig aufgebaute → Podsole sind die typischen Böden. Die Cloppenburger Geest zeichnet sich durch erheblich über dem Durchschnitt des → Wuchsbezirks liegende Jahresniederschläge (Ems-Hase-Hunte-Geest: 760 mm) in einem Bereich zwischen 786–821 mm aus.

Knapp 60 % der Naturwaldfläche machen mäßig → sommertrockene, → oligotrophe → Standorte auf sandigen Böden aus. Weitere 20 % der Fläche tendieren bei gleicher Wasserversorgung sogar zu einer → dystrophen Nährstoffversorgung. Geringe Flächenanteile weisen eine bessere Wasserversorgung der Stufen mäßig → frisch, stellenweise sogar → grundfeucht auf. Nur weniger als 10 % des Naturwaldes besitzen eine bessere, schwach → mesotrophe Nährstoffversorgung. Mit einer Ausnahme wurden alle Abteilungen des Naturwaldes vor der Ausweisung gekalkt.

Heideaufforstung

Beim Dwergter Sand handelt es sich nicht um einen → historisch alten Waldstandort *(Tab. 5.3.1.1_1)*. Das Gebiet ist nach Beendigung der Beweidung ab 1820 aufgeforstet worden. Davor war es Teil einer großflächigen Heidelandschaft. Kleine Restbestände aus der ersten Aufforstungswelle sind in Form von 170-jährigen Kiefern noch heute im Forstort vorhanden. Ein weiterer Einschnitt in der Waldentwicklung war der Novemberorkan 1972, der die Hälfte der Waldbestände vernichtete. Die Wiederaufforstung erfolgte mit Kiefer, Douglasie, Eiche und Buche. Unmittelbar nach der Naturwaldausweisung wurden als „Erstinstandsetzungsmaßnahme" Spätblühende Traubenkirschen, Douglasien und Roteichen entnommen.

Abb. 5.3.1.1_2

Nach wie vor ist der Naturwald durch Kiefernbestände unterschiedlichen Alters geprägt *(Abb. 5.3.1.1_3)*. Diese enthalten in den unteren → Bestandesschichten vielfach Laubbäume wie Eiche, Birke, Eberesche oder auch die Spätblühende Traubenkirsche. Durch eine Initialpflanzung auf drei je rund 0,5 Hektar großen Flächen ist die Buche in den Naturwald eingebracht worden. In der → Strauchschicht findet sich häufig der Faulbaum in hohen Individuenzahlen.

Kiefernwald mit Laubbäumen

Nach der Waldbiotopkartierung würde der Buchen-Traubeneichenwald auf großer Fläche die natürliche → Waldgesellschaft bilden. Kleinere Anteile würden der Drahtschmielen-Buchenwald und der Pfeifengras-Birken-Stieleichenwald einnehmen. Die Bodenvegetation ist moosreich. Hier sind Schrebers Rotstengelmoos oder das Zypressen-Schlafmoos häufig zu finden. Daneben sind → Drahtschmiele, Besenheide, Heidel- und Krähenbeere die wichtigsten Arten. Eine gut ausgeprägte Calluna-Heide und ein Magerrasen mit Schafschwingel, Rotem Straußgras, Gewöhnlichem Ferkelkraut und Silbergras haben sich entlang eines Hauptweges entwickelt.

Natürliche Waldgesellschaft

Sandmagerrasen

Tab. 5.3.1.1_1

Chronik des Naturwaldes Dwergter Sand
— **1275:** Der Ort Dwergte wird erstmals in einem Lehnsverzeichnis erwähnt. Die Landschaft ist locker mit Eiche und Birke bestockt
— **Ende 18. Jh.:** Der heutige Naturwald ist Bestandteil einer ausgedehnten Heidelandschaft
— **ab 1820:** Durch Markenteilungen werden die Schaftriften eingegrenzt und das heutige Waldgebiet Dwergter Sand mit einem Erdwall umgeben. Auf Veranlassung des Großherzogs von Oldenburg beginnt die Aufforstung mit Kiefern und Birken. Dazu wurde die Heide mit dem Sandaushub aus Gräben bedeckt und in dieses Substrat gesät oder gepflanzt
— **Ende 19. Jh.:** Im Nordteil des Dwergter Sandes werden große Dampfpflug-Kulturen angelegt
— **1930er Jahre:** Pflanzung von Douglasie und Roteiche
— **1972:** Der Novemberorkan vernichtet ca. 50 % der Waldbestände des Dwergter Sandes. Die anschließende Wiederaufforstung erfolgt mit Kiefer, Douglasie, Eiche und Buche
— **1996:** Knie- bis hüfthohe Spätblühende Traubenkirsche ist im Gebiet regelmäßig anzutreffen
— **1997:** Ausweisung als Naturwald
— **1998:** Entfernen von Traubenkirschen-Sämlingen und älteren Pflanzen sowie flächige Entnahme von Douglasien und Roteichen. Durch einen Gewittersturm kommt es zu horstweisen Windwürfen und -brüchen
— **2000:** Buchen-Initialpflanzungen in verschiedenen Abteilungen
— **2001:** Aushieb der älteren Exemplare und der Naturverjüngung der Spätblühenden Traubenkirsche
— **2005:** Entfernung der Spätblühenden Traubenkirsche war weitgehend erfolgreich

Abb. 5.3.1.1_3

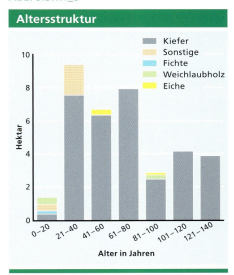

Naturwald Dwergter Sand: Altersstruktur nach Baumartengruppen (Forsteinrichtung 1998)

Dominanz der Kiefer

Die → Strukturdaten aus dem Jahr 1998 belegen die Dominanz der Kiefer, zeigen aber auch, dass die Mischbaumarten bereits fast die Hälfte der Baumzahl stellen *(Tab. 5.3.1.1_2)*. → Totholz ab 30 cm Stärke kam zum Inventurzeitpunkt in den Stichprobenkreisen nicht vor.

Spätblühende Traubenkirsche

Die → Verjüngungsschicht ist ebenfalls reich gemischt *(Tab. 5.3.1.1_3)*. In der größten Höhenklasse ist neben Eiche, Birke und Fichte auch die → Hauptbaumart der Baumschicht, die Kiefer, vertreten. Die nicht → standortsheimische Spätblühende Traubenkirsche findet sich 1998 vor allem in kleineren Exemplaren. Die Bemühungen, sie aus dem Naturwald zu entfernen, waren nach dem aktuellen Bericht der zuständigen Revierleitung (Jahr 2005) weitgehend erfolgreich.

Kernflächen-untersuchung

Zusätzlich zu den im Zuge der → Forsteinrichtung erfassten Probekreisen wurde eine gezäunte Kernfläche eingerichtet und im Jahr 2000 aufgenommen. Standörtlich befindet sie sich in einem der nährstoffärmsten Bereiche des Naturwaldes. Die Bodenvegetation wird von der Krähenbeere dominiert. Im → Derbholz-

Tab. 5.3.1.1_2

Strukturdaten			
Baumart	**Stehender lebender Bestand**		**Totholz gesamt**
	Stammzahl [N/ha]	Grundfläche [m²/ha]	Volumen [m³/ha]	Volumen [m³/ha] *
Kiefer	586	18,2	127	—
Birke	152	1,6	9	—
Douglasie	93	1,3	7	—
Fichte	31	0,5	3	—
Eiche	17	0,2	1	—
Sonstige	33	0,4	2	—
Summe	**912**	**22,2**	**149**	**—**

* = Derbholzvolumen ab einem Durchmesser ≥ 30 cm. Nähere allgemeine Erläuterungen siehe Anhang

Naturwald Dwergter Sand: Ergebnisse der Probekreisaufnahmen für den Derbholzbestand (1998)

Tab. 5.3.1.1_3

Naturverjüngung				
Baumart	**Höhenklasse**			**Summe**
	< 0,5 m [N/ha]	0,5–1,3 m [N/ha]	> 1,3 m [N/ha]	[N/ha]
Eiche	239	258	67	564
Kiefer	10	—	478	488
Birke	57	57	296	410
Eberesche	354	29	—	383
Spätblühende Traubenkirsche	315	10	—	325
Aspe	172	—	—	172
Fichte	—	—	143	143
Sonstige	—	—	105	105
Summe	**1 147**	**354**	**1 089**	**2 590**

Nähere allgemeine Erläuterungen siehe Anhang

Naturwald Dwergter Sand: Ergebnisse der Probekreisaufnahmen für die Naturverjüngung (1998)

bestand finden sich neben Kiefern auch Birken und Fichten in erheblichen Anteilen *(Abb. 5.3.1.1_5)*. Die → Verjüngung ist intensiv gemischt und recht üppig
entwickelt *(Abb. 5.3.1.1_4)*. Der Totholzvorrat liegt immerhin bei knapp 7 m³ je
Hektar.

Der Naturwald Dwergter Sand repräsentiert die armen, grundwasserfernen
Standorte im Mittel-Westniedersächsischen Tiefland. Die derzeit laufende → Sukzession unter Beteiligung zahlreicher Baumarten verspricht interessante Ergebnisse für die Naturwaldforschung. Künftig werden keine weiteren Maßnahmen
zur Bekämpfung der Spätblühenden Traubenkirsche erfolgen. Ihre befürchtete
Ausbreitung auf den Douglasien-Kahlschlägen ist bisher ausgeblieben. Die Samen
der Traubenkirsche bleiben im Boden lange keimfähig, und sie kann von den
umliegenden Flächen aus erneut einwandern. Die Beobachtung ihrer Entwicklung ist also auch weiterhin ein wichtiges Thema. Daneben wird von Interesse
sein, wie sich Eiche und Buche unter den gegebenen Standorts- und Bestockungs-
verhältnissen entwickeln.

Abb. 5.3.1.1_4

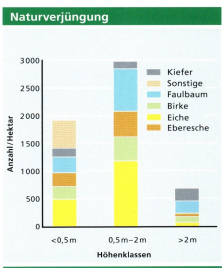

Naturwald Dwergter Sand: Gehölzverjüngung in Kernfläche 1 (2000)

Abb. 5.3.1.1_5

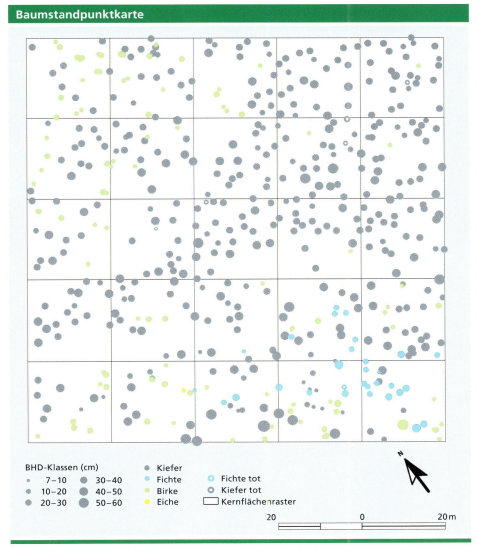

Naturwald Dwergter Sand: Baumstandpunkte in Kernfläche 1 (2000)

Drievorden – Grundwassernah und arm an Nährstoffen

Naturschutzgebiet „Heidfeld"

Mit dem Naturwald Drievorden wurde ein weiterer Kiefernwald auf armen Sanden im Mittel-Westniedersächsischen Tiefland in das Naturwaldprogramm aufgenommen. Im Kontrast zum Dwergter Sand befindet sich dieses Gebiet allerdings auf grundwassernahen →Standorten. Das Gebiet liegt zwischen Vechte und Ems, nördlich von Schüttorf im Forstort „Heidfeld". Es ist auf zwei räumlich getrennte Flächen aufgeteilt, die zusammengenommen eine Größe von knapp 37 Hektar erreichen. Die erste Ausweisung erfolgte im Jahr 1994. Vier Jahre später wurde der Naturwald erweitert und schließlich im Jahr 2003 in das 200 Hektar große Naturschutzgebiet „Heidfeld" integriert.

Abb. 5.3.1.2_1

TK25 Drievorden

0   500   1000 Meter   LGN

Abb. 5.3.1.2_2

Arm und grundwassernah

Nach der →Standortskartierung aus dem Jahr 1984 liegen auf dem überwiegenden Teil der beiden Flächen stark →grundwasserbeeinflusste, →oligotrophe Böden vor, die aus nicht nennenswert verlehmten →Schmelzwassersanden hervorgegangen sind. Daneben kommen auch Sande vor, die bei gleichem Wasserhaushalt bereits eine schwach →mesotrophe Nährstoffversorgung aufweisen. Mäßig bis schwach grundwasserbeeinflusste, oligotrophe Standorte machen den Rest der Naturwaldfläche aus. Der Grundwasserstand ist durch zahlreiche Gräben abgesenkt und schwankt zwischen 0 bis 1,5 m unter Flur.

„Wüste" im Raum Lingen

Der Revierförster Friedrich Müller beschreibt den Raum Lingen zu Beginn des 19. Jh. folgendermaßen: „Klarer Sand, ohne die geringste Narbe bedeckt weit und breit den Boden, kleiner Kies und auf der Erde zerstreut umher liegender Feuerstein zeigen die Stellen an, wo die große Unfruchtbarkeit herrscht ..." Der Forstort Drievorden wird zwar bereits in den 1830er Jahren genannt, war jedoch am Ende des 19. Jh. völlig unbestockt *(Tab. 5.3.1.2_1)*.

Tab. 5.3.1.2_1

Chronik des Naturwaldes Drievorden

— **1702:** Der Raum Lingen ist waldleer

— **1719:** Erste urkundlich erwähnte Aufforstungen der Heide im Raum Lingen unter preußischer Federführung

— **1744:** Im Raum Lingen werden Eichen- und Buchenkämpe angelegt

— **1749:** Friedrich der Große befiehlt den Anbau der Kiefer in der Niedergrafschaft Lingen mit Saatgut aus dem Braunschweigischen, Frankfurt a.M. und Brabant

— **1760:** Enteignung einiger Markgenossen um Lingen herum und Aufforstung der entsprechenden Flächen als landesherrlicher Privatbesitz, um eine befürchtete Sandverwehung von der Stadt Lingen abzuwehren

— **1815:** Wiener Kongress: Die Grafschaften Bentheim und Lingen sowie das Amt Meppen kommen zum Königreich Hannover. Deckung der Sandwehen mit Sandhafer, Sandrohr, Reisig usw.; Aufforstungen mit Kiefernsaat

— **1837:** Drievorden wird als Forstort südöstlich der Ortschaft Drievorden genannt

— **1830–1880:** Markenteilungen: Privatisierung der bis dahin gemeinschaftlich genutzten Wald- und Weideflächen

— **1889:** Der im Kreis Lingen gelegene Teil des Forstortes Drievorden (36 Hektar) fällt im Rahmen der Markenteilung durch Abfindung an den Staat.

— **1890:** Der Forstort Drievorden ist kahl und völlig unbestockt

— **1890–1907:** Anlage von Rabattenkulturen oder Rigolstreifen. Aufforstung mit Kiefer

— **1912–14:** Spannerkalamität

— **1918, 1919:** Brände auf einer Fläche von 69 Hektar im Forstort Drievorden

— **ca. 1960:** Hauptvorfluter wird ausgebaut

— **1972:** Einstellung der Nutzung auf Teilflächen

— **1994:** Ausweisung als Naturwald auf einer Fläche von ca. 34 Hektar. Einstellung forstlicher Maßnahmen mit Ausnahme der Bekämpfung der Spätblühenden Traubenkirsche

— **1995:** Extrem trockener Sommer, Vollmast der Eiche

— **1996:** Extrem trockener Sommer; Trockenschäden an Eiche, Birke, Douglasie

— **1997:** Trockener Sommer. Starke Schäden an Eiche durch Eichenwickler, Frostspanner und Eichenprachtkäfer; Eichenhähersaat auf ganzer Fläche vorhanden. Erweiterung des Naturwaldes auf rund 37 Hektar (Zugang der Fläche westlich Abt. 233b1 durch Tausch)

— **1999:** Absterben zahlreicher Alteichen, Spätblühende Traubenkirsche wandert ein

— **2000:** Die Unterhaltung des Grabensystems wird eingestellt

— **2002:** Bodenabbau ca. 300–500m südlich des Naturwaldes für den Bau der Autobahn 31 wird mit Planfeststellungsbeschluss genehmigt

— **2003:** Ausweisung des 200 Hektar großen Naturschutzgebietes „Heidfeld" unter Einschluss des Naturwaldes; sehr heißer trockener Sommer

— **2004:** Auswirkungen des Bodenabbaus auf den Wasserhaushalt waren größer als vor Abbaubeginn prognostiziert. Im Ausgleich dafür wird in die umliegenden Bestände Eiche eingebracht; Errichtung von 3 Grundwassermesspegeln im Forstort Heidfeld, 2 davon in den beiden Teilflächen des Naturwaldes

Ab 1890 setzte die Aufforstung mit Kiefer ein, bei der verschiedene technische Kulturmethoden zur Anwendung kamen. 1918 und 1919 brannten insgesamt ca. 69 Hektar des Forstortes ab. Die Entwässerung wurde in den 1960er Jahren intensiviert. Bereits in den 1970er Jahren wurde die Nutzung im späteren Naturwald weitgehend eingestellt.

100-jährige Kiefern und Eichen

Beide Teilflächen werden von maximal rund 100-jährigen Beständen aus Kiefern und Eichen geprägt, in denen vor allem Birken und z.T. auch Buchen als Mischbaumarten vorkommen. Daneben gibt es Jungbestände aus Fichte, Douglasie und Roteiche. Auch Stroben kommen vor und zeigen natürliche → Verjüngung. Wenige Wacholder sind als Relikte der Heidewirtschaft erhalten geblieben. In der nördlichen Teilfläche befindet sich ein Binsensumpf mit Grauweidengebüsch.

Natürliche Waldgesellschaften

Als natürliche → Waldgesellschaften herrschen überwiegend feuchte Birken-Stieleichen- und Buchen-Stieleichenwälder vor. Der Drahtschmielen-Buchenwald dürfte auf den schwächer grundwasserbeeinflussten Standorten die natürliche Waldgesellschaft darstellen.

Abgestorbene Eichen und Fichten

Im Vergleich zum Naturwald Dwergter Sand ist der Eichenanteil im Drievorden erheblich höher *(Tab. 5.3.1.2_2)*. Aber auch hier dominiert die Kiefer bei weitem. → Derbholzvorrat und → Grundfläche liegen auf einem höheren Niveau als im Dwergter Sand. Auffällig ist die große Zahl abgestorbener Eichen und Fichten. Die durchschnittliche → Totholzmenge erreicht bereits einen beachtlich hohen Wert.

Abb. 5.3.1.2_3

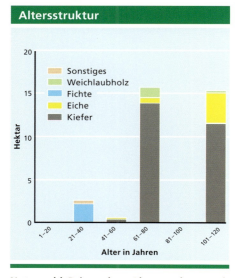

Naturwald Drievorden: Altersstruktur nach Baumartengruppen (Forsteinrichtung 1994)

Tab. 5.3.1.2_2

Baumart	Stehend				Liegend	Totholz
	Lebend			Tot	Tot	gesamt
	Stammzahl [N/ha]	Grundfläche [m²/ha]	Volumen [m³/ha]	Stammzahl [N/ha]	Volumen [m³/ha]*	Volumen [m³/ha]*
Kiefer	338	18,4	137	3	4	6
Eiche	59	4,9	57	9	0	4
Fichte	103	2,5	20	12	—	1
Birke	72	1,7	14	1	—	0
Buche	15	0,2	1	1	—	0
Eberesche	1	0,0	0	1	—	0
Sonstige	18	0,8	8	1	—	0
Summe	605	28,5	237	27	5	10

* = Derbholzvolumen aller stehenden Objekte mit einem BHD≥7cm und aller liegenden Objekte mit einem Durchmesser am stärksten Ende≥20cm. Nähere allgemeine Erläuterungen siehe Anhang

Naturwald Drievorden: Ergebnisse der Probekreisaufnahmen für den Derbholzbestand (2001)

Faulbaum statt Spätblühender Traubenkirsche

Auch im Naturwald Drievorden ist die Verjüngungsschicht gut entwickelt *(Tab. 5.3.1.2_3)*. In der Artenzusammensetzung zeigt sich einen gewisse Ähnlichkeit zum Dwergter Sand. Allerdings kommt der Spätblühenden Traubenkirsche im Drievorden bisher keine Bedeutung zu. Hingegen ist der Faulbaum hier erheblich häufiger.

Tab. 5.3.1.2_3

Verjüngungsdaten				
Baumart	**Höhenklasse**			**Summe**
	<0,5m [N/ha]	0,5–2,0m [N/ha]	>2,0m [N/ha]	[N/ha]
Birke	335	458	472	**1266**
Eiche	606	245	8	**859**
Faulbaum	348	253	160	**761**
Roteiche	142	0	0	**142**
Kiefer	52	48	30	**129**
Eberesche	65	28	3	**95**
Fichte	39	40	6	**85**
Buche	0	0	10	**10**
Sonstige	26	21	17	**63**
Summe	**1613**	**1093**	**706**	**3412**

Nähere allgemeine Erläuterungen siehe Anhang

Naturwald Drievorden: Ergebnisse der Probekreisaufnahmen für die Naturverjüngung (2001)

Im Naturwald Drievorden kommen insgesamt 19 Pflanzenarten der → Roten Liste Niedersachsens und Bremens vor, wie z. B. das Sumpf-Johanniskraut, das Waldläusekraut, der Lungenenzian und die Alpen-Binse. Daneben sind Gagelstrauch, Rundblättriger und Mittlerer Sonnentau sowie Sumpfbärlapp nachgewiesen.

Seltene Pflanzenarten

Im Vordergrund der künftigen Untersuchungen wird neben dem Sonderthema Spätblühende Traubenkirsche die → Sukzession in Richtung Laubwald stehen. Von Interesse wird es dabei sein, inwieweit sich die sukzessionale Entwicklung des grundwasserbeeinflussten Naturwaldes Drievorden von der des grundwasserfernen Naturwaldes Dwergter Sand unterscheidet.

Forschungsthemen

Abb. 5.3.1.2_4

Neue Forst – Traubenkirsche ohne Chance?

Knapp 5 km nordwestlich des Steinhuder Meeres liegt der Naturwald Neue Forst. Mit dem Ausweisungsjahr 1997 zählt er zu den jüngeren Naturwäldern. Die Neue *Umgeben von Moor* Forst ist von einem Moorgebiet umgeben. Die östliche Grenze bildet die viel befahrene L 370.

Arme Sande Ähnlich wie die Naturwälder Dwergter Sand und Drievorden stocken auch die Wälder in der Neuen Forst überwiegend auf armen Sanden. Zwei Drittel des Naturwaldes bedecken mäßig → sommertrockene, → oligotrophe Böden aus → Schmelzwassersanden, → Flug- oder → Geschiebesanden. Lehmanteile auf rund einem Drittel der Fläche verbessern die Bodenverhältnisse, sodass hier eine → frische Wasserversorgung und eine schwach → mesotrophe Nährstoffversorgung erreicht werden.

Lange Zeit Acker Die Neue Forst ist kein → historisch alter Wald: Zur Zeit der → Kurhannoverschen *und Heide* Landesaufnahme im Jahr 1782 wurde die Fläche als Acker und Heidefläche genutzt.

Abb. 5.3.1.3_1

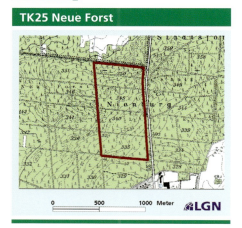

Abb. 5.3.1.3_2

Die Wiederbewaldung erfolgte offenbar in der Zeit der großen Kiefernaufforstungen des 19. Jh. Mit der Naturwaldausweisung wurden einige „Erstinstandsetzungsmaßnahmen" durchgeführt, indem Spätblühende Traubenkirsche und Douglasie weitgehend aus dem Gebiet entfernt wurden. Im Fall der Douglasie war dieses Vorgehen offenbar nachhaltig erfolgreich. Die entstandenen Freiflächen haben sich mit Birke und Kiefer wieder bewaldet. Bei der Spätblühenden Traubenkirsche bleibt anzuwarten, wie sich die stark reduzierte Population weiterentwickelt.

Die ältesten Bäume des Naturwaldes sind rund 90-jährige Kiefern und Buchen *(Abb. 5.3.1.3_3)*. In die Kiefernbestände sind Buchen-Gruppen und seltener Eichen eingestreut. Daneben spielen die Fichte und z. T. die Birke als Mischbaumart eine Rolle. Zudem befindet sich ein geschlossener Buchenbestand mit einzelweise eingemischten Kiefern im Naturwald. Die Entfernung der Douglasie hat drei Kahlschlagsflächen hinterlassen.

Nach der Waldbiotopkartierung würden der Drahtschmielen-Buchenwald rund 40 % und der Buchen-Traubeneichenwald rund 60 % der Gebietsfläche als natürliche → Waldgesellschaften einnehmen.

Die räumliche Verteilung der Baumarten zeigt die Dominanz der Kiefer im → Derbholzbestand *(Abb. 5.3.1.3_4)*. Der Blick auf die → Verjüngungsschicht verdeutlicht, dass sich der Naturwald überwiegend in einer → sukzessionalen Entwicklung in Richtung Laubwald befindet *(Abb. 5.3.1.4_5)*.

Abb. 5.3.1.3_3

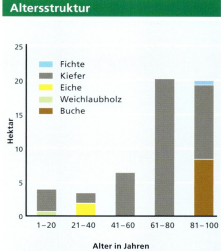

Naturwald Neue Forst: Altersstruktur nach Baumartenruppen (Forsteinrichtung 1999)

Abb. 5.3.1.3_4

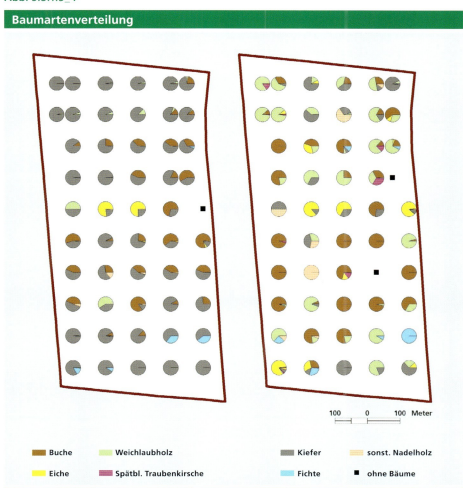

Naturwald Neue Forst: Baumartenanteile in den Probekreisen (1999), links Baumartenanteile im Derbholz, rechts Baumartenanteile in der Verjüngungsschicht

Tab. 5.3.1.3_1

| Baumart | Stehend | | | | Liegend | Totholz |
| | Lebend | | | Tot | Tot | gesamt |
	Stammzahl [N/ha]	Grundfläche [m²/ha]	Volumen [m²/ha]	Stammzahl [N/ha]	Volumen [m³/ha]*	Volumen [m³/ha]*
Kiefer	308	19,0	183	3	0	3
Buche	97	5,4	59	0	1	1
Eiche	26	0,2	1	—	—	—
Fichte	6	0,1	1	0	0	0
Sonstige	52	1,0	7	1	2	2
Summe	**489**	**25,7**	**254**	**4**	**3**	**6**

*= Derbholzvolumen aller stehenden Objekte mit einem BHD ≥ 7 cm und aller liegenden Objekte mit einem Durchmesser am stärksten Ende ≥ 20 cm. Nähere allgemeine Erläuterungen siehe Anhang

Naturwald Neue Forst: Ergebnisse der Probekreisaufnahmen für den Derbholzbestand (1999)

Höherer Buchenanteil und wenig Totholz

Der → Derbholzvorrat dieses „jungen" Naturwaldes bewegt sich in etwa auf dem Niveau des Gebietes Drievorden *(Tab. 5.3.1.3_1, Kap. 5.3.1.2)*. Der Buchenanteil ist allerdings deutlich höher. Hingegen beträgt die → Totholzmenge – sicherlich auch wegen des kürzeren nutzungsfreien Zeitraumes – nur etwa die Hälfte des Wertes im Drievorden.

Abb. 5.3.1.3_5

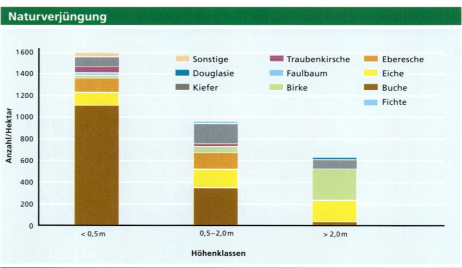

Naturwald Neue Forst: Ergebnisse der Probekreisaufnahmen für die Naturverjüngung (1999)

Im Jahr 1999 wurden noch in 8 von 51 aufgenommenen Probekreisen Spätblühende Traubenkirschen gefunden, die im Jahr zuvor demnach nicht vollständig entfernt worden waren. Insgesamt spielt dieses eingebürgerte Gehölz aber nur noch eine geringe Rolle in der → Verjüngungsschicht *(Abb. 5.3.1.3_5)*. Entgegen den anfänglichen Prognosen hat sich die Spätblühende Traubenkirsche nicht auf den Kahlschlägen ausgebreitet. Hingegen ist die Buche in den untersten beiden Höhenklassen sehr stark vertreten.

Entfernen der Spätblühenden Traubenkirsche

Abb. 5.3.1.3_6

A. Böttcher legte im Jahr 2001 5 vegetationskundliche Dauerbeobachtungsflächen an. Insbesondere die Heidelbeere ist nach seinen Aufnahmen die dominante Art in der Bodenvegetation. Einen frischen Wasserhaushalt anzeigende Pflanzen, wie Dornfarn oder Dreinervige Nabelmiere, finden sich auf zwei Flächen. Auf zwei Flächen sind Jungpflanzen der Spätblühenden Traubenkirsche vorhanden.

Vegetationskundliche Dauerbeobachtung

Der Naturwald Neue Forst ergänzt die Reihe der Kieferngebiete im Mittel-Westniedersächsischen Tiefland um eine Fläche im Wuchsbezirk Geest-Mitte. Als Vergleichsfläche zum Dwergter Sand bietet sich hier ebenfalls die Möglichkeit, die künftige Entwicklung der Spätblühende Traubenkirsche zu untersuchen. Insbesondere ist dabei von Interesse, ob die Art von außen in den Naturwald eindringt und, wenn ja, von welchen Faktoren das Vordringen abhängig ist. Zudem wird die eigendynamische Entwicklung der Kahlschläge im Blickfeld der zukünftigen Forschung liegen – ebenso wie die Konkurrenzdynamik der Baumarten Buche, Eiche und Birke im Laufe der weiteren Sukzession.

Naturwaldforschung

Barenberg – Flechten-Kiefernwald im mittleren Westen

Lange ohne Nutzung

Der Naturwald Barenberg rundet die Gruppe der Kiefernmischwälder im Mittel-Westniedersächsischen Tiefland mit einem vergleichsweise kleinen Gebiet in der Nähe von Cloppenburg ab. Der 10 Hektar große Naturwald wurde im Jahr 1997 ausgewiesen. Teile der Fläche sind aber schon seit 1950 ohne Nutzung.

*Dünen und Aus-
blasungsmulden*

→ Holozäne → Flugsandflächen bzw. → Ausblasungsmulden bilden das Ausgangssubstrat der Bodenbildung. Die → Standortsgüte ist auf den Dünen deutlich besser als in den Ausblasungsmulden. Letzteren fehlt ein → Humusanteil im Oberboden fast vollständig. Der Wasserhaushalt ist mäßig → sommertrocken, die Nährstoffversorgung → oligotroph. Das Gelände zeigt ein ausgeprägtes Relief mit bis zu 2 m hohen Binnendünen.

Abb. 5.3.1.4_1

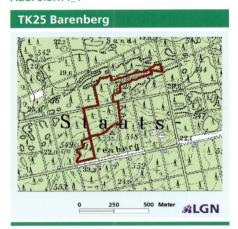

TK25 Barenberg

Abb. 5.3.1.4_2

*Verarmung durch
Heidewirtschaft*

Der Naturwald Barenberg ist kein → historisch alter Wald, sondern wurde lange Zeit als Heide genutzt, sodass die Böden erheblich verarmten. Vermutlich sind die heutigen Waldbestände in den Aufforstungswellen zum Ende des 19. und Anfang des 20. Jh. entstanden. Die Kiefern wurden meist im Wege der → Büschelpflanzung mit dem Oldenburger Hohlspaten gepflanzt. Vorbereitend wurden die Dünenflächen schachbrettartig mit → Plaggen belegt und die Pflanzen in die freibleibenden Flächen eingebracht. Im Rahmen der Waldbiotopkartierung wurde vorgeschlagen, den sehr mattwüchsigen und seit langer Zeit nicht angetasteten Kiefernwald dauerhaft sich selbst zu überlassen. Mit seiner Sicherstellung im Jahr 1997 wurde der Barenberg schließlich in das niedersächsische Naturwaldprogramm aufgenommen.

Abb. 5.3.1.4_3

Abb. 5.3.1.4_4

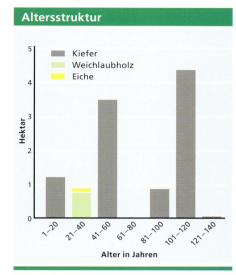

Naturwald Barenberg: Altersstruktur nach Baumartengruppen (Forsteinrichtung 1998)

Der Naturwald wird durch ältere und mittelalte Kiefernbestände aus Heideaufforstung geprägt *(Abb. 5.3.1.4_4)*. Im Südwesten ist die → Naturverjüngung von Traubeneiche und Birke inzwischen in den → Derbholzbestand eingewachsen. Die Bestände auf den armen Standorten sind ausgesprochen schwachwüchsig. Hier fehlt eine deckende Bodenvegetation fast vollständig.

Prognosen zur → natürlichen Waldgesellschaft sind schwierig, wenn nicht gar unmöglich, da sich die Baumarten des → Schlusswaldes erst im Laufe der → Sukzession einfinden können. Aktuell handelt es sich vor allem in den Ausblasungsmulden um Flechten-Kiefernwald und auf den Dünen um Krähenbeeren- und Gabelzahnmoos-Kiefernwald.

Flechten-Kiefernwald

Der Naturwald vervollständigt die Palette der Kiefernwälder im westlichen Niedersachsen mit einem Gebiet auf sehr armen Sanden. Eigene Untersuchungen wurden bisher nicht durchgeführt. Der Naturwald hat aber aufgrund der extremen Bedingungen und des langen nutzungsfreien Zeitraumes einen hohen Stellenwert für die Naturwaldforschung. Es bietet sich ein Vergleich mit den Kaarßer Sandbergen als weiterem Flechten-Kiefernwald insbesondere hinsichtlich der Flechtenflora an.

Bedeutung für die Naturwaldforschung

Eichen- und Eichenmischwälder

Urwald Hasbruch – Im Reich der Uraltbäume

Ungenutzter Hutewaldrest

Im Mittel-Westniedersächsischen Tiefland liegen mit dem Urwald Hasbruch, dem Herrenholz und dem Baumweg drei Naturwälder, die wie der Neuenburger Urwald seit langer Zeit ungenutzte → Hutewaldreste beinhalten. Davon umfasst der Urwald Hasbruch eine der größten, mehr als 150 Jahre ungenutzten Flächen. Das Gebiet liegt im Zentrum des 630 Hektar großen, weithin bekannten Forstortes „Hasbruch" zwischen Oldenburg und Delmenhorst. Bereits in den 1970er Jahren hatte es dort an anderer Stelle den mittlerweile aufgegebenen Naturwald Bismarck-Eiche gegeben. Der 39 Hektar große Naturwald Hasbruch wurde bereits im Jahr 1889 zur „Ausschlussholzung" erklärt und 1938 als Naturschutzgebiet ausgewiesen.

Abb. 5.3.2.1_1

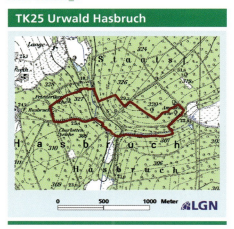

TK25 Urwald Hasbruch

Abb. 5.3.2.1_2

Oldenburgische Prinzessinnen

Das Gebiet ist insbesondere durch seine uralten Huteeichen seit langem europaweit bekannt. Viele Einzelbäume, wie die nach oldenburgischen Prinzessinnen benannte Friederiken-, Amalien- und Charlotten-Eiche, sind namentlich bekannt. Mit einem geschätzten Alter von 1 200 Jahren ist die „Friederiken-Eiche" die zweitälteste Eiche Deutschlands. Auch wenn in den letzten Jahrzehnten viele dieser berühmten Baumveteranen gestorben sind, so leben noch bis heute einige über 600 Jahre alte Eichen im Hasbruch.

Eutropher Standort

Standörtlich betrachtet handelt es sich beim Hasbruch um einen Naturwald auf überwiegend → eutrophen Böden. Kalkhaltige → Geschiebemergel sind auf rund zwei Drittel der Naturwaldfläche in wurzelerreichbarer Tiefe vorhanden.

Diese sind jeweils zur Hälfte mit → Geschiebelehmen überlagert. Auf der restlichen Fläche bilden Feinsande über Geschiebemergel, kalkhaltige → Beckenabsätze oder → Geschiebesande das Ausgangsmaterial der Bodenbildung. Die Wasserversorgung reicht von → frisch bis stärker → wechselfeucht oder auch → staufeucht. Die Nährstoffversorgung ist überwiegend → eutroph, stellenweise aber auch gut → mesotroph. Nur auf einem Zehntel der Fläche geht sie nicht über die Stufe schwach mesotroph hinaus. Der Naturwald wird von den Bächen Brook- und Hohlbäke durchflossen. Oberhalb des Hasbruches sind die beiden Fließgewässer begradigt und ausgebaut, zeigen aber im Naturwald eine naturnahe Struktur.

Beim Hasbruch handelt es sich um ein vermutlich seit jeher bewaldetes Gebiet, das aber wie viele andere → historisch alte Wälder im Laufe der Zeit erheblich an Fläche verloren hat. Die ursprüngliche Größe dürfte etwa 7 500 Hektar betragen haben. Die erste Besiedlung der Landschaft um den Hasbruch reicht bis in prähistorische Zeiten zurück. Grabungsbefunde an der Brookbäke belegen eine Beeinflussung des eigentlichen Waldgebietes mindestens seit der spätrömischen Zeit *(Tab. 5.3.2.1_1)*. Der Forstort „Kleiriede" wird erstmals im 13. Jh. urkundlich als Eigentum des Klosters Hude erwähnt. Später war der Hasbruch Bannforst der Landesherren. Der Hasbruch wurde wie fast alle Wälder der nordwestdeutschen Tiefebene vom Mittelalter bis in das 19. Jh. sowohl für die Holznutzung wie auch als Weidegrund sowie für die Gewinnung von → Plaggen und → Streu genutzt. So entstand die damals typische halboffene Trift- und Hutelandschaft, ein Mosaik aus unterschiedlich dicht geschlossenem Wald, Weiden, Sümpfen, Heiden und Ackerflächen. Die → Oldenburgische Vogteikarte aus dem Jahr 1790 zeigt den Hasbruch als Laubwald. In der zweiten Hälfte des 19. Jh. wurden nicht nur die traditionellen → Nutzungsrechte abgelöst und die Umwandlung des → Hutewaldes in → Hochwald eingeleitet, sondern die mächtigen Alteichen und urwaldähnlichen Waldstrukturen in Teilen des Hasbruchs erregten erstmalig größeres Interesse. Besondere Berühmtheit erlangte der Hasbruch durch Darstellungen auf den Gemälden der Weimarer Schule in der ersten Hälfte des 19. Jh. Wegen der Ansammlung urwüchsiger Baumformen wurden bereits Teilflächen auf Vorschlag der Forstleute von jeglicher Nutzung ausgenommen. Neben dem Neuenburger Urwald, dem Herrenholz und dem Baumweg befinden sich im Urwald Hasbruch also die am längsten ungenutzten Waldflächen innerhalb des niedersächsischen Naturwaldnetzes. Im Jahr 1938 folgte die Ausweisung als Naturschutzgebiet auf einer Fläche von 29 Hektar. Nahezu die Hälfte davon fiel der Brennholznot nach dem Zweiten Weltkrieg zum Opfer, sodass der heutige Naturwald nur noch zwei räumlich getrennte „Urwaldparzellen" von zusammen knapp 17 Hektar einschließt. 1997 wurde der gesamte Hasbruch unter Naturschutz gestellt.

Typisch für den Naturwald Hasbruch sind neben den viele hundert Jahre alten Eichen auch alte Buchen und Hainbuchen. Letztere verdanken ihre oftmals bizarre Gestalt den historischen Nutzungsformen. Besonders markant ist der Gespensterwald in der Hutewaldfläche „Heuenbusch" *(Abb. 5.3.2.1_3)*.

Ursprünglich ausgedehntes Waldgebiet

1938 Naturschutzgebiet

Abb. 5.3.2.1_3

Naturwald Hasbruch: Gespensterwald in der Hutewaldfläche „Heuenbusch"

Tab. 5.3.2.1_1

Chronik des Naturwaldes Hasbruch

- **2.–5. Jh.:** Siedlungen an der Brookbäke
- **1258 / 59:** Der Forstort „Kleiriede" im Hasbruch wird in Verbindung mit Hute- und Weiderechten des Klosters Hude erstmals urkundlich erwähnt
- **1420:** Der Hasbruch wird unter dem Namen „Asebrok" erwähnt. Dies lässt auf ein feuchtes Niederungsgebiet schließen (Ase = Wasser oder Wasserlauf; brok = Bruch oder Sumpf)
- **1428–1450:** Der Hasbruch wird im Güterverzeichnis des Grafen von Oldenburg aufgeführt. Es wird von Schäden durch starke Holzentnahmen berichtet
- **1667–1773:** Oldenburg befindet sich unter dänischer Regierung. Es kommt zu einer intensiven Nutzung des Waldes in Form von Beweidung, Holzeinschlag, Schneitelwirtschaft, Plaggen-, Laub- und Streuentnahme sowie zu Waldverkäufen
- **1676:** Der königlich dänische Jägermeister und Oberförster v. Witzleben erwähnt den Hasbruch als einen der größten und besten Wälder des Oldenburger Landes
- **1774:** Der Hasbruch gehört zum Herzogtum Oldenburg
- **1779:** Der Hasbruch wird als „beinahe ruiniertes Forstrevier, in dem es nur noch mit einzelnen ganz abständigen und anbrüchigen Eichen, zwischendurch aber noch mit vielen Kopfhainbuchen und häufigen Dornen- auch Ellernunterbusch bestanden ist" beschrieben
- **1779/80:** Forstbereitungsprotokoll des Oberförsters S.F. Otto: Hasbruch ist ein reines Laubwaldgebiet, in dem Eiche und Hainbuche vorherrschen. Nur im Revierteil „Heue" stehen 15 nutzholztaugliche Buchen
- **1790:** Die Oldenburgische Vogteikarte zeigt den Hasbruch als Laubwaldgebiet
- **1815:** Beginn der Ablösung von Holz- und Weideberechtigungen
- **1830–1862:** Zwei Drittel des Hasbruchs werden flächenweise abgeräumt und mit 2–3 m hohen Eichenheistern in weiten Verbänden neu bepflanzt
- **1830:** Anlage von Entwässerungsgräben (teilweise auf der heutigen Naturwaldfläche gelegen)
- **1864:** Der Bremer Reiseschriftsteller J.G. Kohl beschreibt den Hasbruch in seinen „Nordwestdeutschen Schriften"
- **1882:** Waldweide- und sonstige Nutzungsrechte im Hasbruch sind endgültig abgelöst
- **1884:** Der letzte Rothirsch im Hasbruch wird gewildert
- **1889:** Die forstliche Betriebsregelung erklärt verschiedene Bestände zu „Ausschlussholzungen", die aus „Pietät und ästhetischen Gründen" nicht genutzt werden sollen
- **1938:** Der unberührte Waldteil wird nach dem Reichsnaturschutzgesetz auf 29,5 Hektar als Naturschutzgebiet „Urwald Hasbruch" ausgewiesen
- **1945 / 46:** Im Einvernehmen zwischen Forst- und Naturschutzverwaltung wird der „Urwald" aufgrund der Brennholznot um 13 Hektar reduziert

— **1989:** Aus den übrig gebliebenen Urwald-Teilflächen sowie dazwischen liegenden Waldteilen wird im Zentrum des Hasbruchs auf 55 Hektar ein arrondiertes Naturschutzgebiet ohne jegliche Nutzung geschaffen. 39 Hektar im Kern bleiben als Naturwald ungenutzt, der übrige Teil wird als naturnaher Wald gepflegt. Fachgutachten zur Situation historisch alter Wälder Europas

— **1990:** Im Januar und Februar werden im NSG „Urwald Hasbruch" insgesamt 15 Buchen, 30 Hainbuchen (überwiegend Kopf-) und 4 Eichen durch Stürme geworfen

— **1996:** Erhebliches Niederschlagsdefizit; Kahlfraß an Eiche (Eichenwickler/Frostspanner) auf 90 % der Gesamtfläche

— **1997:** Niederschlagsdefizit; ca. 5 % der Eichen mit einem Durchmesser >1 m sterben ab. Erweiterung des Naturschutzgebietes „Hasbruch" unter Einbeziehung der angrenzenden Wiesenflächen auf 630 Hektar

Die Altersstruktur zeigt eine gewisse Zweiteilung *(Abb. 5.3.2.1_4)*. In den über 160-jährigen Beständen sind ausschließlich Eiche und Hainbuche vertreten, während der Eichenanteil in den jüngeren Beständen vor allem zugunsten anderer Laubbäume wie Esche, Birke oder Schwarzerle zurückgeht. Sämtliche Eichenbestände stammen aus Pflanzung. Viele sind durch → Heisterpflanzung bei der Umwandlung der Hutewälder vor 150 Jahren entstanden. Buche, Esche und Hainbuche gehen hingegen oft auf → Naturverjüngung zurück.

M. Peters und Y. Soyka kartierten in den Jahren 1997 und 1998 das reich gegliederte Vegetationsmosaik im Naturwald Hasbruch. Darin nehmen Buchenwälder unterschiedlicher Nährstoffausstattung rund 40 % der Fläche ein. Der Waldmeister-Buchenwald übertrifft dabei den Anteil des bodensauren Buchenwaldes bei weitem. Daneben sind Hainbuchen-Stieleichenwälder auf 20 % der Fläche vorhanden. Diese lassen sich in den trockenerer Waldgeißblatt- und den feuchten Waldziest-Hainbuchen-Stieleichenwald unterteilen. Die Fließgewässer werden von Erlen-Eschen-Bach- und z. T. auch von Quellwäldern gesäumt. Etwas weniger als ein Drittel des Naturwaldes ist mit jüngeren Pflanzbeständen bestockt, die sich → pflanzensoziologisch nicht eindeutig zuordnen lassen. Kleinere Flächen sind waldfrei. Y. Soyka weist darauf hin, dass die trockeneren Ausprägungen der Hainbuchen-Stieleichenwälder als anthropogen entstandene Ersatzgesellschaft für Buchenwälder aufzufassen sind. Im feuchteren Bereich könnten Eschen-Mischwälder die → natürliche Waldgesellschaft darstellen. Dass die Buche die Stieleiche und auch die Hainbuche aus den heutigen Hainbuchen-Stieleichen-Wäldern im Hasbruch verdrängen könnte, erwartet auch W. Schmidt. Allerdings weist er darauf hin, dass die Buche auf den Wechsel von Vernässung und Austrocknung empfindlicher reagiert als ihre Konkurrenten. Bei der Interpretation der Walddynamik sind zudem der Landschafts-Wasserhaushalt und die Bestockungsdichte zu berücksichtigen *(vgl. Tab. 5.3.2.1_1)*.

Abb. 5.3.2.1_4

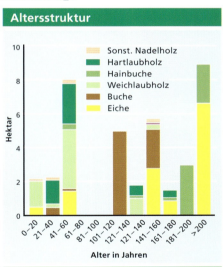

Altersstruktur

Naturwald Hasbruch: Altersstruktur nach Baumartengruppen (Forsteinrichtung 1998)

Hute- und Wirtschaftswald im Vergleich

Bei der Auswertung der Waldstruktur wird zwischen Probekreisen in den „Urwaldparzellen" (Forstorte „Heuenbusch" und „Gruppenbührer Seite") und den restlichen Flächen des Naturwaldes unterschieden *(Tab. 5.3.2.1_2)*. Auffällig sind die erheblichen Unterschiede des → Derbholzvolumens und der → Totholzmenge. Hinsichtlich der Totholzmenge stimmt der Wert von etwas über 60 m³ je Hektar im Hutewaldteil recht gut mit den flächenhaften Erhebungen von A. Rakow überein. Die Stichprobeninventur ist offenbar ein ausreichend genaues Verfahren zur Totholzerfassung.

Tab. 5.3.2.1_2

Strukturdaten						
Baumart	**Stehend**				**Liegend**	**Totholz**
	Lebend			**Tot**	**Tot**	**gesamt**
	Stammzahl [N/ha]	Grundfläche [m²/ha]	Volumen [m³/ha]	Stammzahl [N/ha]	Volumen [m³/ha]*	Volumen [m³/ha]*
„Urwaldparzellen"	399	33,9	401	12	56	62
Restlicher Naturwald	715	21,1	217	24	8	16
Gesamt	698	26,7	289	21	24	31

*= Derbholzvolumen aller stehenden Objekte mit einem BHD ≥ 7 cm und aller liegenden Objekte mit einem Durchmesser am stärksten Ende ≥ 20 cm. Nähere allgemeine Erläuterungen siehe Anhang

Naturwald Hasbruch: Ergebnisse der Probekreisaufnahmen für den Derbholzbestand (1994)

Unterschiedliche Baumartenzusammensetzung

Bei der Betrachtung der Baumartenzusammensetzung nach Durchmesserklassen und Höhenstufen wird deutlich, dass die Eiche im Hutewaldbereich nur durch ausgesprochen starke Bäume mit einem → BHD >60 cm vertreten ist *(Abb. 5.3.2.1_5)*. In den noch bis in die 1980er Jahre bewirtschafteten restlichen Flächen sind Eichenbestände im Zuge der Umwandlung in Hochwald und nach den kriegsbedingten Not-Brennholzhieben neu begründet worden, sodass Eichen auch in den geringeren Durchmesserklassen vorkommen. Zudem sind Bergahorn und Esche hier stark vertreten. Buche und Hainbuche sind im Hutewaldbereich die nachrückenden Baumarten. Die Stechpalme ist nur dort ein prägendes Element.

Auswertung nach Standorten

Eine nach → Standorten differenzierte Auswertung zeigt, dass die Buche im weniger stark durch Stau- oder Grundwasser beeinflussten Bereich bereits zur → Hauptbaumart aufgestiegen ist. Bei stärkerer Wasserbeeinflussung sind Hainbuche und Schwarzerle zwar deutlich stärker vertreten, die Buche hat aber auch hier ein großes Gewicht. Die Stieleiche kommt nur in wenigen Exemplaren in der → Oberschicht vor. Diese Ergebnisse bestätigen die vegetationskundliche Interpretation von Y. Soyka und W. Schmidt.

Forschung im Hasbruch

Der Hasbruch und insbesondere die „Urwaldparzellen" haben eine Vielzahl an Forschern und Naturkundlern angezogen. Durch die Koordinationstätigkeiten der Funktionsstelle für Waldökologie und Naturschutz des zuständigen Forstamtes wurden insbesondere seit den 1990er Jahren die Forschungsaktivitäten intensiviert *(vgl. Bibliographie)*.

Abb. 5.3.2.1_5

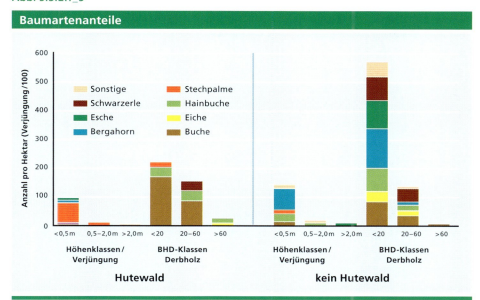

Naturwald Hasbruch: Baumartenanteile nach Bestandesschichten (Anzahlen in der Verjüngung geteilt durch 100) im Hutewald und außerhalb des Hutewaldes (Probekreisaufnahme 1994)

H. Koop untersuchte die Entwicklung der Waldstruktur und Bodenvegetation auf einem Transsekt vom bodensauren Buchenwald bis zum Hainbuchen-Stieleichen-Mischwald. Nach seinen Ergebnissen nimmt die Vielfalt an Vegetationsschichten mit der Nährstoffversorgung zu. Die Waldtextur wird in diese Richtung feinkörniger, d. h., Kronendachlücken sind im bodensauren Buchenwald größer als im Hainbuchen-Stieleichenwald. H. Koop weist zudem auf die durch Windwürfe entstehenden Sonderstandorte wie Wurzelteller und liegendes Totholz hin, die spezifische Aufwuchsbedingungen für die Vegetation bieten und so zu einer kleinstandörtlichen Differenzierung führen.

Waldstruktur und Bodenvegetation

Die zahlreichen Erhebungen zur Artenausstattung des gesamten Hasbruchs, und teilweise auch speziell des Naturwaldes, belegen die herausragende Bedeutung des Gebietes für den Naturschutz *(vgl. Kap. 9)*. Bisher sind mehr als 1500 Tier- und Pflanzenarten im Hasbruch gefunden worden. Vermutlich dürften weitere Untersuchungen ein Mehrfaches dieser Zahl zu Tage fördern.

Tier- und Pflanzenarten

Ein genauerer Blick auf einzelne Artengruppen lässt erkennen, warum der Hasbruch so artenreich ist. So stellt T. Homm fest, dass die große strukturelle Vielfalt und die → Habitatkontinuität zu den besonders wichtigen Faktoren für den Artenreichtum der Moos- und Flechtenflora zählen. Zwei Drittel der seltenen und gefährdeten Arten fand er ausschließlich im Naturwald und damit auf nur 16 % der untersuchten Fläche. Die Substratbindung der Arten der → Roten Liste weist auf eine große strukturelle Vielfalt hin. Vor allem unter den rindenbewohnenden Moosen und den Lebermoosen finden sich viele Arten mit einer engen Bindung an historisch alte Wälder und damit an ein kontinuierliches Waldklima. Bei den Flechtenarten stellt T. Homm eine auffällige Häufung → epiphytischer und auf Holz wachsender Arten fest. 45 der 47 gefundenen Rote-Liste-Arten gehören zu diesen beiden Gruppen.

Habitatkontinuität und vielfältige Strukturen

Abschließend vergleicht T. Homm den Hasbruch mit anderen altholzreichen Wäldern Deutschlands. Hierbei tritt die besonders hohe Vielfalt der Moos- und Flechtenflora des Gebietes deutlich hervor.

Auch in den weiteren Untersuchungen werden mehrfach die Faktoren Habitatkontinuität (historisch alter Wald) und Strukturvielfalt hervorgehoben. In fast allen Tiergruppen finden sich Beispiele für ansonsten seltene oder gefährdete Arten, die im Hasbruch gefunden wurden und die eng an historisch alte Wälder gebunden sind, so z.B. der Feuersalamander, der Schwarze Schnegel – eine Schneckenart – oder der Breitkäfer. Gleiches gilt für die Flora. Einbeere, Waldsanikel, Hain-Veilchen oder das Fuchs'sche Knabenkraut sind kennzeichnend für historisch alte Wälder im nordwestdeutschen Tiefland. Ein typischer Bewohner alter Hutewälder in der Gruppe der Pilze ist der auch im Neuenburger Urwald nachgewiesene und vom Aussterben bedrohte Safrangelbe Porling *(Abb. 5.3.2.1_6)*.

Vollständige Lebensgemeinschaften

Zudem scheinen die Lebensgemeinschaften recht vollständig entwickelt zu sein. So ist nach den Untersuchungen von C. Heinecke im Hasbruch ein erheblicher Anteil der potenziellen Großschmetterlingsfauna auch tatsächlich vorhanden. Knapp 60 % der in Buchenwäldern und in Eichenwäldern überhaupt zu erwartenden Arten wurden von ihm nachgewiesen.

Abb. 5.3.2.1_6

Der Safrangelbe Porling – typisch für alte Hutewälder, insgesamt aber äußerst selten

Auf eine vollständige Lebensgemeinschaft deuten auch die Untersuchungen der Holzkäfer im Hasbruch von G. Möller, A. Bellmann und J. Esser hin. Sie finden eine beachtliche Artenzahl, darunter einige Besonderheiten wie den Rinden-Dornhalskäfer, den Anker-Düsterkäfer oder den Diebskäferartigen Furchenbrustrüssler. Nach ihrer Einschätzung sind die nachgewiesenen Arten aber nur ein Teil der gesamten Vielfalt an Holzkäfern. Insbesondere die Baumruinen- und Starkholzbewohner gehören zu den am stärksten gefährdeten Arten. G. Möller und seine Kollegen weisen auf das reichhaltige Strukturspektrum der Alt- und Totholzlebensräume im Naturwaldbereich hin. Derzeit beherbergen die Alteichen die wichtigsten Strukturen im Hasbruch. In diesem Zusammenhang betonen sie, dass das Eichentotholz auch von starkem Buchentotholz nicht ersetzt werden kann. Außerhalb des Naturwaldes sind zwar deutlich weniger besiedelbare Habitate für Holzkäfer vorhanden, durch Extensivierungsmaßnahmen ist aber hier auch heute schon ein wertvoller Lebensraum für überregional gefährdete Arten entstanden.

Europäisches Naturerbe

Der Hasbruch zählt zu den 8 größten historisch alten Wäldern des nordeuropäischen Tieflandes und hat daher eine besondere Bedeutung für das europäische Naturerbe und die internationale Naturwaldforschung. Seine historische Nutzung und der lange nutzungsfreie Zeitraum sind letztendlich die wichtigsten Ursachen für den heutigen Arten- und Formenreichtum. Die bisherigen Ergebnisse weisen allerdings deutlich darauf hin, dass die Kontinuität der an Eiche gebundenen Lebensräume abreißt, wenn keine Gegenmaßnahmen ergriffen werden. Zur Sicherung der gefährdeten Lebensgemeinschaften sind die Erhaltung und Entwicklung von Alt- und Totholzlebensräumen und die Begründung von Eichenwäldern im räumlichen Zusammenhang mit Spenderflächen der wichtigste Baustein für eine Erfolg versprechende Strategie. Dafür stehen außerhalb des Naturwaldes Flächen zur Verfügung. Aus diesem Grund wurde bei der Ausweisung von ➔ LÖWE-Waldschutzgebieten bereits ein differenziertes Flächenkonzept erarbeitet. Hierin spielt der Naturwald als Spenderfläche und wissenschaftliches Referenzgebiet eine zentrale Rolle. So ist zu hoffen, dass der Hasbruch auch in Zukunft ein Reich der Uraltbäume bleiben wird.

Herrenholz – Heimat des Eremiten

Der Naturwald Herrenholz ist das zweite Gebiet im Mittel-Westniedersächsischen Tiefland, das wegen seines alten → Hutewaldbestandes bekannt ist. Anders als der Urwald Hasbruch wurde das Herrenholz bereits 1972 ausgewiesen. Nach einer Flächenerweiterung im Jahr 1996 ist der Naturwald heute rund 21 Hektar groß. Er ist Bestandteil des 1987 eingerichteten gleichnamigen Naturschutzgebietes.

Seit 1972 Naturwald

Auf mehr als drei Viertel der Naturwaldfläche stellen 50 bis 80 cm mächtige → Sandlössdecken über → Geschiebelehmen das Ausgangsmaterial der Bodenbildung dar. Insbesondere ab dem Winterhalbjahr führt die verdichtete Zone unterhalb des Sandlöss zur Bildung von → Stauwasser, sodass sich als Bodentyp → Pseudogleye entwickelt haben. Die Nährstoffversorgung ist hier gut → mesotroph. Auf der restlichen Fläche befindet sich unterhalb der Sandlössdecke und des Geschiebelehms in einer Tiefe von 100 – 140 cm kalkhaltiger → Geschiebemergel. Hier ist der → Wasserhaushalt stärker → wechselfeucht bis → staufeucht und die Nährstoffversorgung → eutroph. Auch der Naturwald Herrenholz ist von Entwässerungsmaßnahmen nicht ausgenommen worden, sodass sich der Wasserhaushalt in den letzten Jahrzehnten verändert hat. Die im Winterhalbjahr einsetzende hoch reichende Staunässe tritt seltener auf und klingt schneller wieder ab.

Sandlöss und Geschiebelehm

Abb. 5.3.2.2_1

TK25 Herrenholz

0   250   500 Meter   ▲LGN

Abb. 5.3.2.2_2

Das Herrenholz ist der Rest des „Ammeriwaldes", eines einstmals deutlich größeren Waldgebietes, das zum weitgehend unbesiedelten Lerigau gehörte und sich westwärts der Hunte über Wildeshausen bis an den Vechtaer Moorbach erstreckte *(Tab. 5.3.2.2_1)*. In den Jahren 1107 – 1113 besaß die Abtei Corvey neun Hufen in „Holewide in Ammeren", ein Hinweis auf eine frühere ackerbauliche Nutzung.

Rest des „Ammeriwaldes"

Aus dem Jahr 1317 ist urkundlich belegt, dass der Graf Otto von Ravensburg die Zehnten von vier Höfen in „Hollwedehusen in der Pfarre Goldenstedt" einem Ritter überließ. Noch zu Anfang des 14. Jh. dürfte das Gebiet also besiedelt gewesen sein. Danach brechen die urkundlichen Erwähnungen ab. Vermutlich ist die Ortschaft im Zuge der großen Pestwellen dauerhaft wüst gefallen und das Gebiet wurde vom Wald zurückerobert. In der Neuzeit wurde der Wald intensiv durch die umliegenden bäuerlichen Siedlungen genutzt. Zu Beginn des 19. Jh. sollten die → Nutzungsberechtigungen abgelöst werden, um eine geregelte Forstwirtschaft zu beginnen. Die Verhandlungen dauerten insgesamt fast ein ganzes Jahrhundert und erste Aufforstungsbemühungen schlugen fehl. Immerhin traf man die Vereinbarung, ein Fünftel der Fläche in Schonung zu legen. Um dem Bedarf an Bau- und Brennholz gerecht zu werden, erfolgte mit der Einführung der geregelten Forstwirtschaft der Anbau von schnell wachsenden Nadelbaumarten. Das Gebiet des heutigen Naturwaldes blieb allerdings weitgehend vom Nadelholzanbau ausgenommen. Spätestens ab den 1950er Jahren ist ein 1,6 Hektar großer Restbestand des Hutewaldes aus der forstlichen Bewirtschaftung entlassen worden. Bis in die 1990er Jahre wurde dieser Waldbestand als Wallfahrtsort genutzt.

Abb. 5.3.2.2_3

Die dickste Buche in den Landesforsten steht im Naturwald Herrenholz (Umfang: 5,5 m)

Tab. 5.3.2.2_1

Chronik des Naturwaldes Herrenholz

— **819:** Erste Erwähnung des „Ammeriwaldes" in einem Schutzbrief des Kaisers Ludwig des Frommen. Der heutige Naturwald Herrenholz ist Teil dieses Waldgebietes. In dem Schutzbrief wird der Kirche Visbek „der Zehnte" verliehen

— **1107–1113:** Die Abtei Corvey besitzt neun Hufen (Größenbezeichnung für Ackerflächen) in „Holewide in Ammeren".

— **1317:** Im nördlichen Teil des Ammeriwaldes befindet sich das kleine Dorf „Hollwede" oder „Hollwedehusen"

— **14. Jh.:** Hollwede fällt wüst und bewaldet sich natürlich.

— **1613:** Pfarrer von Visbek berichtet über „Hollwede" als Waldstück

— **17./18. Jh.:** Übernutzung durch die umliegenden bäuerlichen Siedlungen: Schweinemast, Viehweide, Streu-, Plaggen- und Holznutzung

— **Ende 18. Jh.:** Die Aufforstungsversuche der devastierten Waldflächen scheitern an Vieheintrieb und Sabotage

— **1803:** Im Rahmen der Säkularisation geht das Gebiet an den Oldenburgischen Staat über

— **1838:** Ein Fünftel der Fläche wird zur Sicherung holzwirtschaftlicher Interessen in Schonung gelegt

— **1953:** Der erhalten gebliebene Hutewaldrest wird als Wallfahrtsort genutzt und unter Naturschutz gestellt. Spätestens seitdem finden keine Eingriffe mehr statt. Bis in die 1970er Jahre wurde die Fläche für Gottesdienste unter freiem Himmel genutzt

— **1972:** Ausweisung als Naturwald auf einer Fläche von 20 Hektar

— **1987:** Ausweisung des Naturschutzgebietes „Herrenholz" auf einer Fläche von 33 Hektar

— **1996:** Geringfügige Erweiterung des Naturwaldes auf eine Flächengröße von 21,2 Hektar

Abb. 5.3.2.2_4

Altersstruktur

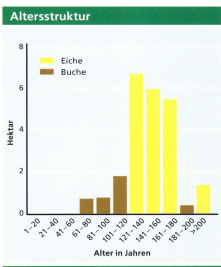

Naturwald Herrenholz: Altersstruktur nach Baumartengruppen (Forsteinrichtung 1998). Die Klasse >200 enthält ausschließlich 345-jährige Eichen

Hier wurde im Jahr 2005 eine der mächtigsten Buchen Niedersachsens gefunden *(Abb. 5.3.2.2_3)*. Infolge des → „Eichensterbens" sind in den letzten Jahren einige Alteichen abgestorben.

Eichenmischbestände mit einem Alter über 120 Jahren prägen das Erscheinungsbild des Naturwaldes *(Abb. 5.3.2.2_4* und *Abb. 5.3.2.2_5)*. Buche und Hainbuche sind allgegenwärtige Mischbaumarten. Dazu gesellen sich Eberesche, Hasel, Faulbaum und in geringen Anteilen auch Japanlärche, Douglasie sowie Hemlockstanne. Ein mittlerweile knapp 160-jähriger Stieleichenbestand stammt aus → Naturverjüngung. In der „Hutewaldparzelle" erreichen die Traubeneichen ein stattliches Alter von bis zu 345 Jahren. Neben den imposanten Baumgestalten mit ihren großen, tief ansetzenden Kronen ist ein üppiges Stechpalmenvorkommen für diese Fläche charakteristisch.

345-jährige Traubeneichen

Abb. 5.3.2.2_5

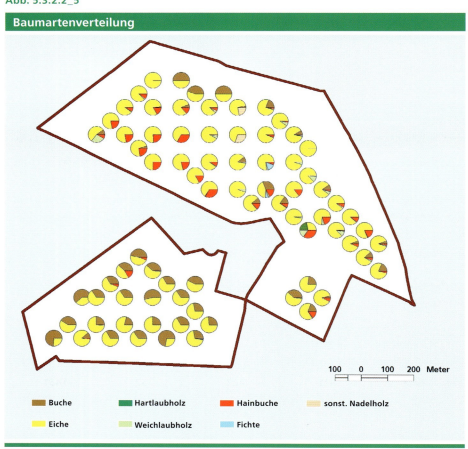

Naturwald Herrenholz: Baumartenanteile in den Probekreisen (1991)

Übergang vom Buchen-
zum Eichenwald

Hinsichtlich der natürlichen → Waldgesellschaft befindet sich der Naturwald Herrenholz in einem Übergangsbereich zwischen den mittleren bis reichen Buchenwäldern (Flattergras- und Waldmeister-Buchenwald) sowie dem Hainbuchen-Stieleichenwald auf den staufeuchten → Standorten. Trotz des Stauwassereinflusses im Oberboden treten die Wuchsvorteile der Buche gegenüber der Eiche sehr deutlich hervor. Dennoch ist die Eiche nach der letzten Stichprobeninventur mit weitem Abstand die wichtigste Baumart im Naturwald Herrenholz *(Tab. 5.3.2.2_2)*. Der → Totholzvorrat lag schon zum Aufnahmezeitpunkt auf einem beachtlich hohen Niveau und dürfte mittlerweile durch das „Eichensterben" weiter angewachsen sein.

Tab. 5.3.2.2_2

Strukturdaten						
Baumart	**Stehend**			**Liegend**	**Totholz**	
	Lebend			**Tot**	**Tot**	**gesamt**
	Stammzahl [N/ha]	Grundfläche [m²/ha]	Volumen [m³/ha]	Stammzahl [N/ha]	Volumen [m³/ha]*	Volumen [m³/ha]*
Eiche	121	24,9	372	6	12	34
Buche	84	6,3	86	4	1	3
Hainbuche	61	2,4	23	2	0	1
Hasel	34	0,4	1	—	—	—
Hemlockstanne	14	0,2	1	—	—	—
Eberesche	6	0,1	1	—	0	0
Stechpalme	5	0,0	0	—	—	—
Sonstige	8	0,2	2	1	0	0
Summe	**333**	**34,5**	**486**	**13**	**13**	**38**

*= Derbholzvolumen aller stehenden Objekte mit einem BHD ≥ 7 cm und aller liegenden Objekte mit einem Durchmesser am stärksten Ende ≥ 20 cm. Nähere allgemeine Erläuterungen siehe Anhang

Naturwald Herrenholz: Ergebnisse der Probekreisaufnahmen für den Derbholzbestand (1991)

In der → Verjüngung ist die Eiche nur in der untersten Höhenklasse vertreten, ein typisches Bild in vielen eichenbetonten Naturwäldern *(Tab. 5.3.2.2_3)*. Hohe Dichten auch größerer Pflanzen zeigen Stechpalme, Eberesche, Faulbaum und Hasel. Die Verjüngung der Buche ist vergleichsweise schwach vertreten.

Verjüngung

Tab. 5.3.2.2_3

Naturverjüngung Probekreisaufnahme				
Baumart	**Höhenklasse**			**Summe**
	<0,5 m [N/ha]	0,5–2,0 m [N/ha]	>2,0 m [N/ha]	[N/ha]
Stechpalme	971	423	57	**1451**
Eberesche	338	130	60	**528**
Faulbaum	73	71	47	**191**
Hasel	42	19	79	**140**
Buche	36	6	10	**52**
Eiche	42	2	—	**44**
Pfaffenhütchen	—	18	12	**30**
Hainbuche	—	10	4	**14**
Sonstige	31	12	17	**60**
Summe	**1533**	**691**	**286**	**2510**

Nähere allgemeine Erläuterungen siehe Anhang

Naturwald Herrenholz: Ergebnisse der Probekreisaufnahmen für die Naturverjüngung (1991)

Hoher Holzvorrat

Eine Auswertung von vier Probekreisen in der „Hutewaldparzelle" erbrachte einen enormen Totholzvorrat von rund 300 m³ je Hektar, der vor allem auf die Eiche zurückgeht. Zusammen mit einem lebenden → Derbholzvolumen von über 600 m³ wird hier somit ein Gesamtvolumen von fast 1 000 m³ je Hektar erreicht.

Außerhalb der „Hutewaldparzelle" liegt eine bereits 1975 erfasste Kernfläche im Naturwald, deren letzte Inventur im Jahr 2004 erfolgte. In dem knapp 30-jährigen Untersuchungszeitraum sind → Grundfläche und Derbholzvolumen stark angestiegen *(Tab. 5.3.2.2_4)*. Die Anzahl der Ebereschen und Eichen hat sich erheblich verringert. Die noch vor 30 Jahren vorhandenen Wildäpfel sind mittlerweile abgestorben und finden sich noch als stehendes Totholz auf der Fläche. Das Totholzvolumen ist insgesamt vor allem aufgrund der stehenden, abgestorbenen Eichen auf knapp 46 m³ je Hektar angewachsen.

Tab. 5.3.2.2_4

Strukturdaten Kernfläche

Baumart	Auf-nahme-jahr und Differenz	Stehend				Liegend	Totholz
		Lebend			Tot	Tot	gesamt
		Stammzahl [N/ha]	Grundfläche [m²/ha]	Volumen [m³/ha]	Stammzahl [N/ha]	Volumen [m³/ha]*	Volumen [m³/ha]*
Eiche	2004	143	26,9	368	25	11	42
	Diff.	−51	+4,5	+108	+25	k.A.	k.A.
Buche	2004	58	2,5	27	2	0	0
	Diff.	−3	+1,4	+19	+2	k.A.	k.A.
Hainbuche	2004	92	3,2	25	10	1	2
	Diff.	−40	+0,4	+5	+9	k.A.	k.A.
Hasel	2004	41	0,3	1	2	0	0
	Diff.	+31	+0,2	+1	+1	k.A.	k.A.
Eberesche	2004	9	0,1	1	—	1	1
	Diff.	−86	−0,6	−3	−12	k.A.	k.A.
Fichte	2004	1	0,1	1	—	—	—
	Diff.	0	0,0	0	—	k.A.	k.A.
Birke	2004	—	—	—	1	—	0
	Diff.	−7	−0,1	0	0	k.A.	k.A.
Stechpalme	2004	1	0,0	—	—	—	—
	Diff.	0	0,0	0	—	k.A.	k.A.
Wildapfel	2004	—	—	—	2	0	0
	Diff.	−3	0,0	0	+2	k.A.	k.A.
Sonstige	2004	5	0,0	0	—	—	—
	Diff.	+5	0,0	0	—	k.A.	k.A.
Summe	2004	350	33,1	422	42	14	46
	Diff.	**−154**	**+5,9**	**+130**	**+27**	**k.A.**	**k.A.**

*= Derbholzvolumen aller stehenden und liegenden Objekte mit einem BHD ≥ 7 cm. Nähere allgemeine Erläuterungen siehe Anhang

Naturwald Herrenholz: Ergebnisse der Kernflächenaufnahmen für den Derbholzbestand (Kernfläche 1; letzte Aufnahme 2004 und deren Differenz zu 1975)

Auch in der Kernfläche ist die Stechpalme die durchgehend am stärksten vertretene Art in der Verjüngung *(Abb. 5.3.2.2_6)*. Die Buche verjüngt sich nur bedingt erfolgreich. Im Gegensatz zu Stechpalme, Eberesche und Faulbaum erreicht sie bisher nur Höhen unter 2 m. Die Hainbuche ist trotz der zahlreichen Altbäume nicht in der → Verjüngungsschicht vorhanden. Hingegen finden sich dort einzelne Douglasien.

Verjüngung in einer Kernfläche

Abb. 5.3.2.2_6

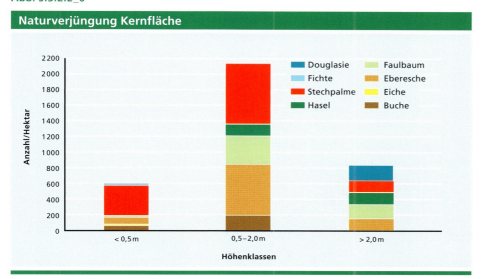

Naturwald Herrenholz: Ergebnisse der Kernflächenaufnahme für die Naturverjüngung (Kernfläche 1; Aufnahme 2004)

Über 50 Jahre war der Entomologe G. Kerstens im Weser-Ems-Gebiet aktiv. Seine 70 000 Individuen umfassende Käfersammlung und seine von 1933 – 1980 entstandenen Tagebücher stellen eine einzigartige Dokumentation der Käferfauna dieses Naturraumes dar. Die nordwestdeutschen „Urwaldgebiete", wie der Hasbruch, das Herrenholz oder der Baumweg haben G. Kerstens besonders angezogen, sodass wir über die Artenausstattung dieser Naturwälder recht gut informiert sind. W. Weidenhöfer hat das umfangreiche Material Kerstens aufgearbeitet und zusammengestellt. Für das Naturschutzgebiet Herrenholz ergibt sich demnach eine Anzahl von 372 verschiedenen Käferarten, von denen 21 nach der → Roten Liste Deutschlands als gefährdet gelten.

Käfer im Herrenholz

Neuere Untersuchungen hat N. Menke im Jahr 2003 durchgeführt. Dabei verglich er die „Hutewaldparzelle" mit einem ebenfalls im Naturwald liegenden Eichenaltholz. Auf den beiden Teilflächen wurden insgesamt 267 Käferarten festgestellt, von denen 195 Arten in der Hutewaldfläche und 184 Arten im Eichenaltholz gefunden werden konnten. Bei fast allen Käfergruppen war die Anzahl exklusiver Arten in der „Hutewaldparzelle" höher als in der Vergleichsfläche. Allerdings ist die Vielfalt an Arten auch in dem Eichenaltholz beachtlich hoch. Insgesamt wurden 36 Arten der Roten Liste Deutschlands festgestellt, zum überwiegenden Teil obligate Totholzbewohner. Besonders hoch war der Anteil gefährdeter Arten unter den Bewohnern von Totholzpilzen und Mulm.

Abb. 5.3.2.2_7

Der Eremit – ein typischer Bewohner von Mulmhöhlen in uralten Eichen

Einer der stark gefährdeten Bewohner von → Mulmhöhlen ist der auch in der „Hutewaldparzelle" im Naturwald Herrenholz nachgewiesene Eremit (*Abb. 5.3.2.2_7*), eine prioritäre Käferart des Anhangs II der → FFH-Richtlinie. Seine Anwesenheit ist sowohl den zahlreichen alten Eichen als auch der langen → Habitatkontinuität zu verdanken. Die Überalterung des Bestandes und das Vordringen der Buche könnten sich allerdings mittel- bis langfristig negativ auf die Population des Eremiten auswirken. Wie die Fangergebnisse aus dem Eichenaltholz schon jetzt zeigen, dürfte sich die Lebensraumsituation allerdings durch die Dynamik des angrenzenden Naturwaldes zunächst verbessern. N. Menke empfiehlt die → Einrichtung von Verbundstrukturen aus alten und starken Bäume oder auch → Kopfweiden, um die Situation für den Eremiten und die mit ihm verbundene Lebensgemeinschaft dauerhaft günstig zu gestalten.

Naturwaldforschung

Der Naturwald Herrenholz repräsentiert die reichen Standorte mit einer Eichenmischwaldbestockung im Mittel-Westniedersächsischen Tiefland. Im Rahmen der künftigen Forschung werden die Konkurrenzdynamik von Eiche, Buche, Hainbuche und Stechpalme sowie die Strukturbildung mit zunehmendem nutzungsfreien Zeitraum im Vordergrund stehen. Von großem Interesse ist auch die Frage, inwieweit der Naturwald den Totholzkäfern aus der Spenderfläche „Hutewald" zukünftig einen geeigneten Lebensraum bietet.

Abb. 5.3.2.2_8

Baumweg – Durchgewachsener Krattwald

*Seit 120 Jahren weit-
gehend ungenutzt*

Mit dem Baumweg wird die Reihe der Naturwälder, die „prominente → Hutewälder" einschließen, komplettiert. Das Gebiet befindet sich in der Nähe von Ahlhorn, nördlich der B 213. Die Ausweisung erfolgte im Jahr 1998. Insgesamt 28 Hektar des knapp 38 Hektar großen Naturwaldes sind bereits seit 120 Jahren nicht mehr forstlich genutzt worden. Dieser Restbestand eines Hute- und → Krattwaldes wird durch zahlreiche „urtümlich" erscheinende Baumgestalten geprägt.

Abb. 5.3.2.3_1

Abb. 5.3.2.3_2

G. Reinke beschrieb den Baumweg bereits vor mehr als 70 Jahren in seinen „Wanderungen durch das Oldenburger Münsterland":

*Eiche und Buche eng
umschlungen*

„Der ‚Urwald' aber bildet mit Recht den Hauptanziehungspunkt, denn die merkwürdigen Formen und Figuren einzelner Bäume (…) sind so einzigartig, dass der Ruf des Baumweges dadurch (…) durch ganz Deutschland gedrungen ist. Verschiedene Bäume zeigen täuschend ähnlich die Form eines Korkenziehers, andere sind einen halben Meter über dem Boden eine ganze Strecke waagerecht und dann wieder senkrecht in die Höhe gewachsen. (…) Hier halten sich eine Eiche und eine Buche eng umschlungen, dort ragen borkenlose Zinken in die Höhe, schrundig und schrammig, knöchern und nackt, bröcklich und zerrissen."

Ebenso wie der Neuenburger Urwald wurde auch der Baumweg bereits im Jahr 1938 zum Naturschutzgebiet erklärt. In der Nachkriegszeit wurden allerdings auch hier substanzielle Teile des Schutzgebietes genutzt.

Der Naturwald Baumweg liegt in der Ahlhorner → Geest, einer hügeligen → Grundmoränenlandschaft mit → subatlantischem Klima. Der Geestkern wurde nach der → Saale-Eiszeit mit → Geschiebesanden unterschiedlichen Lehmgehalts überlagert. Der Wasserhaushalt der so entstandenen Zweischichtböden ist im Naturwald → frisch bis mäßig → wechselfeucht, die Nährstoffversorgung insgesamt gut → mesotroph. Der kleinräumige Wechsel des Lehmanteils sowie des → Stauwassereinflusses führt zu einem feinkörnigen Mosaik aus unterschiedlich gut nährstoffversorgten → Braunerden mit wechselndem Wasserhaushalt.

Ahlhorner Geest

Zahlreiche Stein- und Hügelgräber in der Umgebung weisen auf die schon in vorchristlicher Zeit erfolgte Besiedlung des Ahlhorner Raumes hin. Ab dem 5. Jh. wurde die Landschaft vermutlich dauerhaft urbar gemacht. Der Name des Naturwaldes geht auf einen alten Handelsweg zwischen Emstek und Oldenburg zurück. Der Baumweg war über lange Zeit herrschaftliches Jagdgebiet, wurde aber insbesondere vom 17. bis in das 19. Jh. extrem stark genutzt *(Tab. 5.3.2.3_1)*. So besaßen die Siedlungen Halen und Höltinghusen die Berechtigung zur Viehweide, zum → Plaggenstich und zur Heidenutzung. Dazu kam die alleinige Berechtigung des Fürstbischofs von Münster zur → Schweinemast und Holznutzung. Mehrfach wurden Brände zur Verbesserung der Weidesituation gelegt. Erst in der zweiten Hälfte des 19. Jh. gelang es, die Berechtigungen abzulösen. Danach sind offenbar kaum noch forstliche Nutzungen in den heutigen → Hutewaldbereichen erfolgt. Auch beim Baumweg handelt es sich also um einen → historisch alten Nutzwald. Auffällig sind die vielen → Kopfhainbuchen, die aus → Stockausschlägen stammenden Eichen und die ehemals gekappten Buchen, die z. T. als mehrstämmige Gebilde aus → Büschelpflanzung hervorgegangen sind. Die ansonsten für Hutewälder typischen Solitäreichen fehlen. Auch die frühzeitige Ausweisung als Naturschutzgebiet konnte nicht verhindern, dass einige unter Schutz stehende Waldbestände in der Kriegs- und Nachkriegszeit genutzt wurden.

Seit vorchristlicher Zeit besiedelt

Kopfhainbuchen, Stockausschläge und gekappte Buchen

Der Naturwald umfasst alle im Naturschutzgebiet vorkommenden Hutewaldbestände. Die dort vorhandenen Eichen (vor allem Traubeneichen) und Buchen besitzen ein Alter von rund 250 Jahren. Die Hainbuchen sind mit 200 Jahren etwas jünger. Zudem befinden sich drei ca. 50-jährige Buchenmischwälder und ein kleinerer Japanlärchen-Fichtenmischbestand im Naturwald. Letztere stammen aus den Aufforstungen nach dem Krieg. So erklärt sich die zweigeteilte Altersstruktur im Naturwald Baumweg *(Abb. 5.3.2.2_3)*.

Hutewaldbestände und Nachkriegsaufforstungen

R. Pott und J. Hüppe legen eine Vegetationskarte für den Baumweg aus dem Jahr 1986 vor, auf der Buchen-Eichenwälder in drei Ausprägungen das Bild bestimmen: Auf den trockeneren und ärmeren → Standorten ist der typische Buchen-Eichenwald vertreten. Der Pfeifengras-Buchen-Eichenwald schließt sich auf den stauwasserbeeinflussten Böden an. Zum eigentlichen Buchenwald leitet schließlich der Flattergras-Buchen-Eichenwald über. Weitere aktuell vorkommende Vegetationseinheiten sind Adlerfarn-Dominanzbestände ohne Baumschicht und die oben genannten jüngeren Aufforstungsbestände mit Nadelholzanteilen. Im Südwesten befindet sich eine → Ausblasungsmulde, in der Torfmoose und Pfeifengras dominieren.

Tab. 5.3.2.3_1

Chronik des Naturwaldes Baumweg

— **1252:** Verkauf des Waldgebietes an den Fürstbischof zu Münster, der es fortan als Jagdgebiet nutzt

— **17.–19. Jh.:** Übernutzung der Landschaft durch zahlreiche Berechtigungen (z.B. Viehweide, Plaggennutzung, Heidemahd). Schweinemast und Holznutzung stehen allein dem Fürstbischof zu Münster zu

— **Ende 18. Jh.:** Zur Verbesserung der Weidesituation werden im Bereich des Baumweges wiederholt Brände gelegt, die verheerende Waldschäden zur Folge haben

— **1786:** Bau einer Schutzhütte, um durch die regelmäßige Präsenz des Forstpersonals Brände zu verhindern

— **1803:** Der Baumweg geht in die Hände des Oldenburgischen Staates über

— **1840:** Die Berechtigung zur Schweinemast wird von der bäuerlichen Bevölkerung erworben

— **1873:** Alle Berechtigungen werden seitens des Oldenburgischen Staates abgelöst. In der Folgezeit vermutlich nur relativ extensive Nutzung

— **1934:** Das Gebiet gelangt in die Zuständigkeit des Forstamtes Ahlhorn. Damwild wird im Baumweg eingehegt

— **1938:** Die Fläche wird als Naturschutzgebiet ausgewiesen. Jegliche forstliche Eingriffe sind damit untersagt. Das Damwild wird freigesetzt

— **1942–48:** In Notzeiten werden Teilflächen der Hutewälder als Brennholz genutzt oder durch Reparationshiebe kahl geschlagen

— **1945–51:** Aufforstung auf Teilflächen im Süden des Naturwaldes mit reiner Buche bzw. mit Buche, Kiefer, Douglasie und Japanlärche

— **Ende 1950er Jahre:** Aufforstung des Baumschulkampes mit Fichte

— **1970er Jahre:** Im südlichen Bereich des Hutewaldes werden nahezu alle Buchen entfernt, im übrigen Teil wird Buchen-Naturverjüngung entfernt (Jugendwaldheimeinsatz). Im aufgeforsteten Teil des Naturschutzgebietes finden Pflegeeingriffe statt

— **1998:** Ausweisung als Naturwald

Abb. 5.3.2.3_3

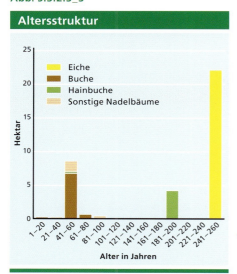

Naturwald Baumweg: Altersstruktur nach Baumartengruppen (Forsteinrichtung 1998).

Natürliche Waldgesellschaften

Als natürliche → Waldgesellschaften werden von der Waldbiotopkartierung Flattergras- und Drahtschmielen-Buchenwald ausgeschieden. Die staufeuchten Bereiche werden einer Übergangsgesellschaft des Hainbuchen-Stieleichenwaldes zum bodensauren Buchenwald zugeordnet. Die Bodenvegetation wird von Arten frischer bis nasser bodensaurer Standorte dominiert. Großflächig vertreten sind Pfeifengras und Adlerfarn. Auch ausgedehnte, von der Stechpalme dominierte Bereiche sind charakteristisch. Insgesamt deutet sich trotz der Entnahme von Altbäumen und Entfernung von Jungpflanzen in den 1970er Jahren eine zunehmende Dominanz der Buche an.

M. Hauck findet bei einer Begehung des Naturwaldes im Jahr 1990 insgesamt 21 Flechtenarten, von denen 12 gefährdet sind. Mit *Chaenotheca trichialis* wurde durch ihn eine Art bestätigt, die im übrigen Niedersachsen nicht mehr nachgewiesen werden konnte. M. Hauck betont, dass bei einer intensiveren Untersuchung mit einer deutlich höheren Artenzahl zu rechnen sei. Er weist auch darauf hin, dass sich die Flechtengesellschaften in diesem → atlantischen Klimabereich deutlich von denen im östlichen Niedersachsen unterscheiden. Bereits H. Sandstede hatte vor mehr als 50 Jahren auf das Vorkommen einer Reihe seltener → epiphytischer Schrift- und Zeichenflechten hingewiesen, die insbesondere an den glattrindigen Baumarten Hainbuche, Stechpalme, Rotbuche und Hasel vorkommen.

Flechten

Einen Einblick in die Käferfauna des Naturwaldes Baumweg gewährt das umfangreiche Material G. Kerstens, der als leidenschaftlicher Entomologe 50 Jahre lang im Weser-Ems-Gebiet tätig war. Im Baumweg fand er insgesamt 249 verschiedene Käferarten, von denen 24 in der → Roten Liste Deutschlands geführt werden.

Käfer

K. Taux gibt ein kurzes Portrait des Naturschutzgebietes Baumweg. U. a. weist er auf die reiche Ausstattung mit holzbewohnenden Pilzen hin. Kennzeichnende Arten sind der Schwefelporling, der Eichen-Feuerschwamm, der Eichen-Wirrling oder auch der Riesen-Porling. In den Jahren 1979 und 1984 kartierte er den Brutvogelbestand im Hutewaldteil und fand 40 Vogelarten in rund 350 Paaren. Dies entspricht einer hohen mittleren Siedlungsdichte von 100 Paaren je 10 Hektar. Unter den Brutvogelarten stellen Höhlenbrüter wie Hohltaube, Schwarzspecht oder Trauerschnäpper mit 46 % einen erheblichen Anteil. An Säugetieren ist das Vorkommen des Baummarders erwähnenswert. Der Trauermantel ist ein Beispiel für einen seltenen Großschmetterling.

Reiche Artenausstattung

Eigene Untersuchungen wurden im Baumweg bisher nicht durchgeführt. Das Gebiet nimmt aber innerhalb der vier „Hute-Naturwälder" eine wichtige Stellung ein, da die Buche im Gegensatz zu den drei anderen Flächen hier erst beginnt, sich durchzusetzen. Die Entwicklung vom nutzungsbedingten Eichenwald zum Buchenwald befindet sich – offenbar auch aufgrund der erfolgten Eingriffe – in einem frühen Stadium. Ebenso wie in den drei anderen Naturwäldern ist darüber hinaus die Beziehung der Artenvielfalt zur Vielfalt der Baumformen und der Alt- und → Totholzhabitate nach lang anhaltender Nutzungseinstellung eine wichtige Frage. Alle bisherigen Ergebnisse deuten darauf hin, dass die vier „Hute-Naturwälder" Spenderflächen für die Lebensgemeinschaften der → Alters- und Zerfallsphase von hohem Rang sind. Zukünftige Forschung mit dem Ziel, Naturschutzkonzepte für den Wirtschaftswald zu entwickeln, ist am Beispiel dieser Vierergruppe ein lohnendes Unterfangen.

Forschung in den „Hute-Naturwäldern"

Friedeholz – Grenzwertig für die Buche

Im Quellbereich des Purrmühlenbaches

Der Naturwald Friedeholz liegt im gleichnamigen Waldgebiet ca. 5 km südlich von Harpstedt im Quellbereich des Purrmühlenbaches. Er wurde 1974 auf einer Fläche von rund 11 Hektar ausgewiesen und hat heute eine Größe von rund 14 Hektar.

Geschiebelehm und Sandlöss

Ausgangsmaterial der Bodenbildung ist → Geschiebelehm, der teilweise von → Sandlöss überlagert wurde. 75 % des Naturwaldes sind als stark und 25 % als mäßig → grundwasserbeeinflusst einzustufen. Die Wasserstände unterliegen erheblichen jahreszeitlichen Schwankungen, von einem Höchststand im Frühjahr bis hin zu Trockenphasen im Sommer. Die Nährstoffversorgung wird auf den Flächen mit höherem Grundwasserstand als → eutroph, auf den mit niedrigerem Wasserstand als schwach → mesotroph eingeschätzt.

Abb. 5.3.2.4_1

TK25 Friedeholz

Abb. 5.3.2.4_2

Der Naturwald befindet sich in dem → historisch alten Laubwaldteil des Forstortes *(Tab. 5.3.2.4_1)*. Spätestens ab den 1950er Jahren wurde der Grundwasserspiegel durch Entwässerungsgräben abgesenkt. Die Naturwaldausweisung erfolgte erst nach dem Windwurf 1972, sodass die damals geworfenen Bäume vollständig geerntet wurden. Seit den 1990er Jahren werden zunehmend Absterbeerscheinungen an Eschen, Eichen und Buchen festgestellt.

Absterbeerscheinungen

Alte Eichen-Buchen-Mischbestände

Über die Hälfte des Naturwaldes Friedeholz wird heute von alten Eichen-Buchen-Mischbeständen eingenommen *(Abb. 5.3.2.4_3)*. Der in der Abbildung nicht berücksichtigte → Unterstand besteht aus Hainbuche und jüngeren Buchen. Kleinflächig sind Jungbestände aus Birke, Buche, Hainbuche, Esche, Bergahorn oder Roterle eingestreut. Nach dem Krieg eingebrachte nicht

Tab. 5.3.2.4_1

Chronik des Naturwaldes Friedeholz

- **1773:** Auf der Kurhannoverschen Landesaufnahme ist das Friedeholz als Laubwald mit dem Namen „Dreh Holtz, Königlich" verzeichnet.
- **1950er Jahre:** Pflanzung von Birke und Sitkafichte
- **ab 1950:** Absenkung des Grundwasserspiegels durch Entwässerungsgräben
- **1972:** Windwurf, Aufarbeitung und Abtransport des Holzes
- **1974:** Naturwaldausweisung auf einer Fläche von 11,1 Hektar. Einmessung der Kernflächen
- **1976:** Gatterbau um die Kernflächen
- **1993/94:** Langanhaltende Wasserüberstauung im Winter und Frühjahr, darauf folgende Trockenperiode im Sommer
- **1994/95:** Wasserüberstauung im Winter und Frühjahr, darauf folgend extrem trockener Sommer. Ausfall von einzelnen Eschen und Eichen. Einige Buchen treiben nicht mehr aus
- **1996:** Erweiterung des Naturwaldes auf eine Fläche von 14,3 Hektar
- **1998–2000:** Absterben von Eichen und Eschen
- **2001:** Sehr feuchtes Jahr: Im Juni und von September bis November stehen Teile des Naturwaldes unter Wasser. In z.T. sehr nassen Geländesenken sind in den Jahren zuvor Buchen überwiegend mittlerer Dimension abgestorben. Nur unwesentlich erhöht stehende Buchen sind weiterhin vital. Absterben von Alteichen und Eschen setzt sich fort. Die Hauptgräben wirken allerdings weiterhin entwässernd

→standortsheimische Baumarten wie Sitkafichte, Strobe, Douglasie, Weißtanne oder Japanlärche sind heute kaum noch vorhanden. Allerdings hat sich die Sitkafichte in Einzelexemplaren im Naturwald gehalten: Seitenäste umgestürzter Exemplare bewurzeln sich und wachsen zu neuen Bäumen heran.

Auf 85% der Fläche ist der Hainbuchen-Stieleichenwald laut Waldbiotopkartierung die → natürliche Waldgesellschaft. Die restliche Fläche wird vom Drahtschmielen-Buchenwald eingenommen.

Die insgesamt drei Kernflächenaufnahmen aus den Jahren 1975, 1985 und 1997 geben einen Einblick in die zurückliegende Bestandesdynamik *(Tab. 5.3.2.4_2)*. Auffällig ist die sinkende Stammzahl von Hainbuche, Buche und Esche. Nur bei den letztgenannten beiden Baumarten sind jedoch auch die → Grundfläche und das → Derbholzvolumen gesunken, ein Hinweis auf das vorrangige Absterben durchmesserstarker, herrschender Bäume. Die Moorbirke wächst auf den Windwurflücken aus dem 1972er Sturm ein.

Abb. 5.3.2.4_3

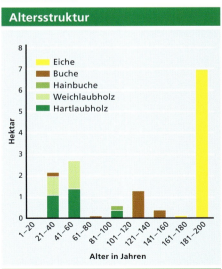

Altersstruktur

Naturwald Friedeholz: Altersstruktur nach Baumartengruppen (Forsteinrichtung 1997)

Tab. 5.3.2.4_2

Strukturdaten

| Baumart | Aufnahme-jahr und Differenz | Stehend | | | | Liegend Tot | Totholz gesamt |
| | | Lebend | | | Tot | | |
		Stammzahl [N/ha]	Grundfläche [m²/ha]	Volumen [m³/ha]	Stammzahl [N/ha]	Volumen [m³/ha]*	Volumen [m³/ha]*
Eiche	1997	46	12,8	203	1	5	7
	Diff.	0	+4,3	+80	+1	k. A.	k. A.
Hain-buche	1997	169	7,0	67	6	0	1
	Diff.	−5	+2,8	+34	+3	k. A.	k. A.
Esche	1997	33	4,3	61	2	17	19
	Diff.	−14	−0,7	−6	+1	k. A.	k. A.
Buche	1997	35	2,5	29	6	5	18
	Diff.	−6	−0,9	−13	+6	k. A.	k. A.
Fichte	1997	64	2,2	20	5	5	5
	Diff.	−5	+0,4	+4	+2	k. A.	k. A.
Birke	1997	74	0,5	2	0	0	0
	Diff.	+74	+0,5	+2	0	k. A.	k. A.
Sonstige	1997	41	0,5	4	0	4	4
	Diff.	+29	+0,0	−1	−3	k. A.	k. A.
Summe	**1997**	**462**	**29,9**	**387**	**20**	**36**	**53**
	Diff.	**+73**	**+6,4**	**+101**	**+10**	**k. A.**	**k. A.**

* = Derbholzvolumen aller stehenden und liegenden Objekte mit einem BHD ≥ 7 cm. Nähere allgemeine Erläuterungen siehe Anhang.

Naturwald Friedeholz: Ergebnisse der Kernflächenaufnahmen für den Derbholzbestand (Kernfläche 1; letzte Aufnahme 1997 und Differenz zu 1975)

Verjüngung der Eiche

Die → Verjüngung ist intensiv gemischt. Hainbuche, Bergahorn, Esche, Moorbirke und Faulbaum sind die wichtigsten Arten *(Abb. 5.3.2.4_4)*. Im Unterschied zu allen bisher behandelten Hainbuchen-Stieleichenwäldern erreichen auch einige Eichenjungpflanzen bereits die obere Höhenklasse. Hingegen ist der Anteil der Buche in der Verjüngung verschwindend gering.

Abb. 5.3.2.4_4

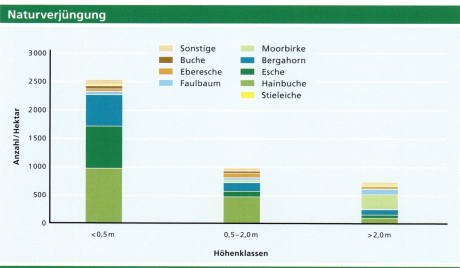

Naturwald Friedeholz: Ergebnisse der Kernflächenaufnahmen für die Naturverjüngung (Kernfläche 1; 1997)

Die Baumverteilung im Jahr 1975 im Vergleich zur letzten Aufnahme lässt den → Einwuchs der → Pionierbaumarten auf den Lücken und das Absterben der Alt-buchen deutlich werden *(Abb. 5.3.2.4_5)*.

Abb. 5.3.2.4_5

Baumstandpunktkarte

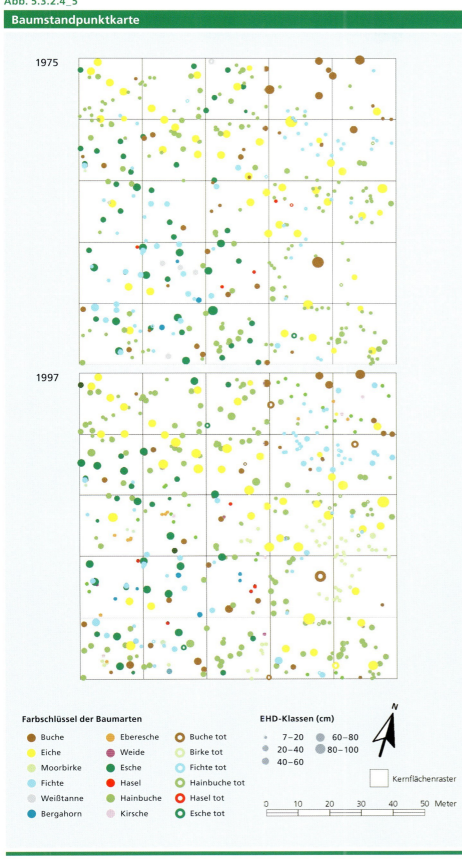

1975

1997

Farbschlüssel der Baumarten

- Buche
- Eiche
- Moorbirke
- Fichte
- Weißtanne
- Bergahorn

- Eberesche
- Weide
- Esche
- Hasel
- Hainbuche
- Kirsche

- Buche tot
- Birke tot
- Fichte tot
- Hainbuche tot
- Hasel tot
- Esche tot

EHD-Klassen (cm)

- 7–20
- 20–40
- 40–60
- 60–80
- 80–100

N

Kernflächenraster

0   10   20   30   40   50 Meter

Naturwald Friedeholz: Entwicklung der Stammverteilung in Kernfläche 1 von 1975 (oben) bis 1997 (unten)

Rückgang der Buchen

Sowohl im Derbholzbestand als auch in der → Verjüngungsschicht weicht der Naturwald Friedeholz vom bisherigen Schema der einseitig zunehmenden Buchendominanz ab. Im Gegenteil, Altbuchen sind hier sogar abgestorben, und Eichen zeigen Ansätze zu einer erfolgreichen Verjüngung.

Einziger „echter Hain-buchen-Stieleichenwald"?

Das Friedeholz repräsentiert die stark grundwasserbeeinflussten → Geschiebe-lehmstandorte im Mittel-Westniedersächsischen Tiefland. Das Gebiet ist nach dem bisherigen Stand der Untersuchungen der einzige möglicherweise „echte Hainbuchen-Stieleichenwald" des niedersächsischen Naturwaldprogramms (unter den gegenwärtigen Rahmenbedingungen einer intensiven Entwässerung). Im Blickfeld der Forschung stehen hier insbesondere die Stabilität und Konkurrenz der Buche sowie die weitere → sukzessionale Entwicklung. Wird die Eiche sich in der Verjüngung behaupten können? Welche Rolle spielen Esche und Bergahorn künftig? Fällt die Buche weiterhin aus? Als wahrscheinlich wichtigster Einfluss-faktor sollte der Wasserhaushalt zukünftig in die Untersuchungen einbezogen werden.

Abb. 5.3.2.4_6

Cananohe – Eiche im Wartestand?

Südlich der Kaltenweider, Bissendorfer und Otternhagener Moore und nördlich des Ballungsraumes Hannover befindet sich der Naturwald Cananohe. Der rund 11 Hektar große Naturwald wurde bereits 1974 ausgewiesen und ist Teil eines größeren Naturschutzgebietes. Umgeben ist der Naturwald von einer reich strukturierten Wiesenlandschaft mit zahlreichen Hecken und Kleingewässern, die in idealer Weise dem Leitbild einer extensiven Kulturlandschaft entspricht. Hier ist u. a. der Laubfrosch zu Hause. Innerhalb des Naturschutzgebietes ist der Naturwaldkern von den → LÖWE-Waldschutzgebieten Naturwirtschaftswald und Lichter Wirtschaftswald umgeben.

Reich strukturierte Wiesenlandschaft

Der Naturwald wird von mehreren kleinen, mehr oder weniger Wasser führenden Gräben durchzogen, die in die Auter entwässern. Dieser Bach bildet zugleich die nördliche Grenze des Naturwaldes. Das geologische Ausgangsmaterial sind sandüberlagerte → Geschiebelehme. Der Wasserhaushalt wird durch eine unterschiedlich starke → Wechsel- bis → Grundfeuchte bestimmt. Der Wechsel zwischen Vernässung und Abtrocknung des Oberbodens ist allerdings nur mäßig ausgeprägt. Die Nährstoffversorgung geht von gut → mesotroph im Süden des Gebietes in die Stufe schwach mesotroph im Norden über. Als Bodentyp herrschen → Pseudogley-Braunerden vor.

Abb. 5.3.2.5_1

Im Umfeld des Naturwaldes kommt der Laubfrosch vor

Abb. 5.3.2.5_3

Abb. 5.3.2.5_2

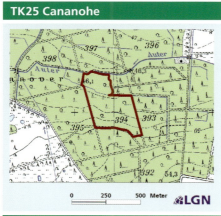

Altes Laubwaldgebiet

Bereits auf der → Kurhannoverschen Landesaufnahme ist der Naturwald als Laubwaldgebiet verzeichnet *(Tab. 5.3.2.5_1)*. Bis heute bestimmen Eichenmischwälder das Waldbild. Vom Novemberorkan 1972 blieb der Naturwald weitgehend verschont. Ab diesem Jahr ist die Entwicklung der → Naturverjüngung, insbesondere der Eiche, recht gut dokumentiert.

Tab. 5.3.2.5_1

Chronik des Naturwaldes Cananohe

- **1781:** Die Kurhannoversche Landesaufnahme zeigt das Gebiet als Laubwald mit einer kleinen Moorfläche unter dem Namen „Kahle Loh, Königlich"
- **1972:** Novemberorkan: Der östlich des Naturwaldes gelegene Bestand wird zerstört und später mit Küstentanne aufgeforstet. Zäunung einer Fläche mit Eichen-Naturverjüngung, die durch Freistellung des Südrandes entstanden ist. Hainbuchen-Naturverjüngung ist angekommen, und wird durch Pflegemaßnahmen gefördert
- **1973:** Die Bewirtschaftung wird eingestellt
- **1974:** Ausweisung als Naturwald auf einer Fläche von 8,5 Hektar
- **1984:** Im gesamten Naturwald ist Eichen-Naturverjüngung aufgelaufen (10–30 Keimlinge/m^2). Die Buchen-Naturverjüngung an der Nordwest-Ecke der Kernfläche hat Durchmesser bis 2 cm, die Eichen-Naturverjüngung im Zaun hat Durchmesser von 2–3 cm erreicht
- **1994:** Längere Hitzeperiode im Sommer. Erweiterung des Naturwaldes auf eine Fläche von 11,4 Hektar
- **1995:** Massenvermehrung von Eichenwickler und Frostspanner; Überschwemmungen wegen hoher Frühjahrsniederschläge; partiell sehr zahlreiche Eichennaturverjüngung aus den Jahren 1991 und 1992; flächige Hainbuchenverjüngung; Buchenverjüngung in geringer Zahl überall; im Norden des Naturwaldes verjüngt sich die Fichte dominant.
- **1996:** Außergewöhnlich lange Trockenzeit im Winter. Kahlfraß der Eichen durch Eichenwickler und Frostspanner. Die Eichen-Naturverjüngung in dem 1972 gegatterten Bereich ist von Mehltau befallen und zeigt nur ein geringes Höhenwachstum. Zäunung der Kernfläche, Zäunung einer Sukzessionsfläche von 40 × 40 m
- **1998:** Die Eichen-Naturverjüngung in dem 1972 gegatterten Bereich wird zunehmend von der Hainbuche überwachsen
- **2000:** Mangelnde Vitalität und vermehrtes Absterben von Alteichen seit 1997

Abb. 5.3.2.5_4

Altersstruktur

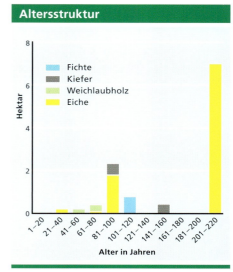

Naturwald Cananohe: Altersstruktur nach Baumartengruppen (Forsteinrichtung 2002)

Den größten Teil der Fläche nimmt ein Mischbestand aus etwas über 200 Jahre alten Eichen sowie mehrere Jahrzehnte jüngeren Hainbuchen, Fichten und Kiefern ein *(Abb. 5.3.2.5_4)*. Bei den Eichen handelt es sich nachweislich um Traubeneichen, obwohl in früheren Beschreibungen von Stieleiche die Rede ist. Rund 90-jährige Hainbuchen bilden den → Unterstand. Die → Forsteinrichtung weist im Jahr 2002 innerhalb dieses Bereiches einen 35-jährigen Jungbestand aus Eichen-, Hainbuchen- und Moorbirken-Naturverjüngung aus. Hierbei handelt es sich um die im Jahr 1972 gegatterte Eichen-Naturverjüngung *(Tab. 5.3.2.5_1)*. Auf einer weiteren Teilfläche ist der Wald aus 85-jährigen Eichen und Kiefern sowie 55-jährigen Moorbirken aufgebaut. Hainbuche, Buche und Fichte bilden hier den Unterstand.

Eichenmischbestände

Sukzessionsstadium zum Buchenwald

Als ➔ natürliche Waldgesellschaft wird von Seiten der Waldbiotopkartierung im Süden des Gebietes der Flattergras-Buchenwald und im Norden der Drahtschmielen-Buchenwald angegeben. Der noch zum Zeitpunkt der Ausweisung als natürliche Waldgesellschaft angenommene Hainbuchen-Eichenwald ist unter den gegenwärtigen Rahmenbedingungen als ➔ Sukzessionsstadium zum Buchenwald anzusehen.

Totholzaufnahme

In den Jahren 1998 und 2000 wurden vom zuständigen Revierleiter T. Deppe ➔ Totholzaufnahmen im Naturwald durchgeführt. Danach ist die Anzahl toter Bäume in zwei Jahren von 6,5 auf 10 je Hektar angewachsen. Hauptursache für diese Entwicklung ist das Absterben von Alteichen.

Entwicklung der Eichen-Naturverjüngung

Interessant ist die seit 1972 dokumentierte Entwicklung der Eichen-Naturverjüngung in Konkurrenz mit Hainbuche. Sie hat mehr als 30 Jahre trotz der gleichzeitig angekommenen und zusätzlich geförderten Hainbuche im Schutz des Zaunes überlebt. Auch wenn sie zukünftig der Konkurrenz durch die Hainbuche unterlegen sein dürfte, so ist doch das Beharrungsvermögen der Eichen-Jungpflanzen erstaunlich hoch. Wenn innerhalb eines solchen „Zeitfensters" größere Störungen stattfinden, ist es denkbar, dass sich die Eichen aus dem „Wartestand" heraus weiterentwickeln können. Bei allen Überlegungen zu Naturnähe und Sukzession in feuchten Eichenmischwäldern ist zudem die Entwässerung einzubeziehen – ein Eingriff, durch den die standörtlichen Bedingungen offenbar entscheidend in Richtung Buchenwald verschoben wurden.

Abb. 5.3.2.5_5

Buchen- und Buchenmischwälder

Burckhardtshöhe – Vom Buchenforst zum Buchenwald

Zwischen Bruchhausen-Vilsen und Hoya im Waldgebiet „Sellingsloh" liegt der Naturwald Burckhardtshöhe. Er gehört zu den Naturwäldern der „ersten Generation" und wurde im Jahr 1974 zunächst mit einer Flächengröße von rund 13 Hektar aus der Nutzung genommen. 22 Jahre später folgte die Arrondierung und Erweiterung auf knapp 22 Hektar. Damit greifen die Grenzen der Burckhardtshöhe über diejenigen des 1986 ausgewiesenen gleichnamigen Naturschutzgebietes hinaus.

Naturwald erster Generation

Standörtlich ist der Naturwald durch mehrschichtige Böden mit einem → frischen bis vorratsfrischen Wasserhaushalt und einer gut → mesotrophen Nährstoffversorgung gekennzeichnet. In Teilbereichen sind die Böden auch → stauwasserbeeinflusst. Das Gebiet weist ein ausgeprägtes Relief auf. Der größte Flächenanteil im Süden und Südosten wird von einem Plateau eingenommen, in das nach Norden und Nordwesten einige tiefe Täler einschneiden.

Beim Naturwald Burckhardtshöhe handelt es sich überwiegend um einen → historisch alten Wald *(Tab. 5.3.3.1_1)*. Auf dem Hofgestüt Memsen direkt südöstlich des Naturwaldes wurden die berühmten hannoverschen „Weißgeborenen" gezüchtet, aus denen dann der „Hannoveraner", das niedersächsische Wappenpferd, hervorging.

Im Zuge der Naturwaldbetreuung wurden insbesondere das → Verjüngungsgeschehen der letzten Jahre sowie das Absterben von Eichen dokumentiert.

Abb. 5.3.3.1_1

TK25 Burckhardtshöhe

0   250   500 Meter   LGN

Abb. 5.3.3.1_2

In der Burckhardtshöhe ist die Buche die dominierende Baumart. Sie deckt eine weite Altersspanne von jungen bis zu knapp 130 Jahre alten Beständen ab *(Abb. 5.3.3.1_3)*. Die bereits 1974 aus der Nutzung genommenen Teilflächen sind mit 127- bzw. 129-jährigen Buchen bestockt, in die über 200-jährige Stieleichen eingemischt sind. Während die Eiche aus ➔ Naturverjüngung stammt, sind die Buchen ursprünglich gesät worden. In den jüngeren Beständen spielen Douglasie und Europäische Lärche eine größere Rolle. Auch ein 23-jähriger, gepflanzter Traubeneichenbestand mit Anteilen von Buche und Hainbuche befindet sich im Naturwald.

Eiche aus Naturverjüngung

Tab. 5.3.3.1_1

Chronik des Naturwaldes Burckhardtshöhe

— **1771:** Die Kurhannoversche Landesaufnahme zeigt den heutigen Naturwald überwiegend als Laubwald „Im Se gesloh, Königlich", der im Süden in Heide übergeht

— **1972:** Im Nordosten des heutigen Naturwaldes wird der Bestand durch den Novemberorkan stärker aufgerissen. Das Sturmholz wird entnommen

— **1974:** Ausweisung als Naturwald auf einer Fläche von 13,3 Hektar

— **1976:** Naturverjüngung ist nur in dem 1972 entstandenen Windwurfloch (Birke, Eiche, Buche) vorhanden

— **1986:** Ausweisung des mit der Naturwaldfläche deckungsgleichen Naturschutzgebietes „Burckhardtshöhe"

— **1988:** Auf den 1972 aufgelichteten Bestandespartien hat sich eine Buchen-Naturverjüngung unter einem Birkenschirm eingefunden

— **1995:** Buchenmast

— **1996:** Erweiterung des Naturwaldes auf eine Fläche von 21,8 Hektar; Trockenjahr; massiver Wicklerfraß an Eichen in allen Altersstufen; die meisten Buchenkeimlinge aus der Mast des Vorjahres sind bis zum Herbst wieder vergangen

— **1997:** Massiver Wicklerfraß an Eiche

— **1999:** Absterbeerscheinungen im Buchenunterstand. Fast alle Buchen-Keimlinge aus der Vorjahresmast verschwinden im Laufe des Sommers wieder

— **2001:** Buchen-Naturverjüngung gut aufgelaufen. In den „Erweiterungsflächen" wird Nadelholz entnommen

— **2002:** Windwürfe; bei ausreichendem Lichtangebot ist die Buchen-Naturverjüngung noch vorhanden; Entwicklung einer dichten Krautvegetation in den aufgelichteten „Erweiterungsflächen"; weitere Absterbevorgänge im Buchen-Unterstand; Eisbruch Weihnachten 2002

— **2003:** Sehr heißes, trockenes Jahr; Absterbevorgänge im Buchen-Unterstand setzen sich fort; Buchen-Naturverjüngung aus dem Mastjahr 2000 geht wieder zurück

Abb. 5.3.3.1_3

Altersstruktur

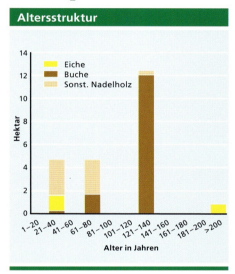

Naturwald Burckhardtshöhe: Altersstruktur nach Baumartengruppen (Forsteinrichtung 1997)

Widernatürlicher Buchenforst?

Als natürliche →Waldgesellschaft hat die Waldbiotopkartierung auf ganzer Fläche den Flattergras-Buchenwald ausgeschieden. Zum Zeitpunkt der Ausweisung wurde allerdings kontrovers über die Natürlichkeit des Naturwaldes diskutiert. Die Meinungen schwankten zwischen der Position, es handele sich um einen „widernatürlichen Buchenforst", und der Ansicht, der Naturwald sei ein Beispiel für einen naturnahen Buchenwald. Angesichts der Tatsache, dass die mehrere Jahrzehnte älteren Stieleichen massiv von den Buchen bedrängt werden und konkurrenzbedingt absterben, kann es heute keinen Zweifel an der Naturnähe des Buchenwaldes mehr geben.

Die Tatsache, dass die Eichen aus Naturverjüngung stammen, deutet darauf hin, dass sie die Nachkommen eines vermutlich weitgehend buchenfreien Eichenbestandes darstellen, in den die mittlerweile herrschende →Hauptbaumart der natürlichen Waldgesellschaft künstlich eingebracht wurde.

Maximale Dichte

Die Strukturdaten der Kernfläche belegen einen beachtlichen →Vorratsaufbau um rund 10 m³ je Hektar und Jahr *(Tab. 5.3.3.1_2)*. Der Bestand befindet sich offenbar auf dem Weg zu einem maximalen Dichtstand. Die Berichte über das fortgesetzte Absterben des Buchen-→Unterstandes und die vergehende Buchen-Naturverjüngung zeigen, dass spätestens Ende der 1990er Jahre die Maximaldichte erreicht wurde. Das Absterben der letzten verbliebenen Eichen spiegelt sich ebenfalls in den Strukturdaten wider.

Tab. 5.3.3.1_2

Strukturdaten					
Baumart	**Aufnahmejahr und Differenz**	**Stehend**			
		Lebend			**Tot**
		Stammzahl [N/ha]	Grundfläche [m²/ha]	Volumen [m³/ha]	Stammzahl [N/ha]
Buche	1985	235	30,0	504	15
	Diff.	− 16	+4,3	+96	+2
Stieleiche	1985	5	0,9	15	0
	Diff.	− 1	−0,2	−3	0
Birke	1985	1	0,0	0	—
	Diff.	+1	0,0	0	0
Fichte	1985	2	0,3	4	—
	Diff.	0	0,0	+1	0
Weißtanne	1985	—	—	—	0
	Diff.	—	—	—	−1
Summe	1985	243	31	523	15
	Diff.	− 17	+4	+93	+1

Derbholzvolumen aller stehenden Objekte mit einem BHD ≥7 cm. Nähere allgemeine Erläuterungen siehe Anhang

Naturwald Burckhardtshöhe: Ergebnisse der Kernflächenaufnahmen für den Derbholzbestand (letzte Aufnahme 1985 und Differenz zu 1975)

Im Jahr 1997 wurden die verbliebenen Stieleichen durch den zuständigen Revierleiter U. Niedergesäss erfasst. Zu diesem Zeitpunkt befanden sich noch 33 lebende
und 6 tote Eichen auf einer Fläche von 13 Hektar. 5 Eichen waren offenbar durch
Konkurrenzdruck abgestorben, während die Absterbursache eines einzelnen großkronigen Baumes nicht festgestellt werden konnte. Bereits im → Forsteinrichtungswerk aus dem Jahr 1956 werden die Buchen mit einer um mehrere
Meter größeren Höhe als die Eichen angegeben. Die Strukturdaten der Kernfläche zeigen, dass die Buchen bei gleichem Durchmesser 4–6 m höher als die
Eichen sind *(Abb. 5.3.3.1_4)*. Erstaunlich ist, dass der Absterbeprozess angesichts
dieser Relationen nicht schneller voranschreitet.

Eichen sterben
durch Konkurrenzdruck

Abb. 5.3.3.1_4

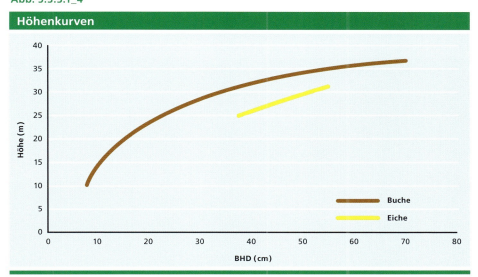

Höhenkurven

Naturwald Burckhardtshöhe: Höhenkurven von Buche und Eiche auf der Kernfläche im
Jahr 1985

Als Forschungsthemen stehen die → Walddynamik und Konkurrenz in Flattergras-Buchenwäldern mit zurückgehender Stieleiche, die Entwicklung künstlich
begründeter Eichenjungbestände mit Buchen- und Hainbuchenanteilen ohne
forstliche Pflege sowie die Verjüngungsdynamik in einem Sturmwurfloch aus
dem Jahr 1972 im Vordergrund. Die Kernfläche ist im Rahmen einer Prüfung auf
Repräsentanz als Dauerbeobachtungsfläche bestätigt worden und soll daher in
absehbarer Zeit wieder aufgenommen werden.

Forschung

Weichel – Totgesagt und doch lebendig

Mit einer Flächengröße von knapp 32 Hektar wurde im Jahr 1986 der Naturwald Weichel ausgewiesen. Das Gebiet befindet sich als Bucheninsel in einem nadelholzbetonten Waldgebiet nördlich von Rotenburg/Wümme.

Bucheninsel

Der Naturwald repräsentiert die Zweischichtböden aus →Geschiebedecksand über →Geschiebelehm im →Wuchsbezirk Geest-Mitte. Die Böden weisen auf 90 % der Fläche einen →frischen bis vorratsfrischen Wasserhaushalt und eine gut →mesotrophe Nährstoffversorgung auf. Auf 5 % der Fläche ist der Wasserhaushalt nur noch mäßig frisch und die Nährstoffversorgung schwach mesotroph. Weitere 5 % machen →wechselfeuchte bis →staufrische Böden mit einer gut mesotrophen Nährstoffversorgung aus.

Zweischichtböden

Abb. 5.3.3.2_1

TK25 Weichel

Abb. 5.3.3.2_2

Durch die intensiven Recherchen von H. Küper sind wir über die Geschichte des Naturwaldes außergewöhnlich gut unterrichtet *(Tab. 5.3.3.2_1)*. Der Name „Weichel" stammt ursprünglich aus dem Mittelniederdeutschen und bedeutet Weidengehölz. Hügelgräber belegen die lange zurückreichende Besiedlung des Landschaftsraumes um den Naturwald. Eine dort im Mittelalter existierende Hofstelle ist nach dem Ausbruch der Pest wüst gefallen. →Wölbäcker deuten auf die ehemalige Ackernutzung hin. Nachdem der Wald das Gebiet zurückerobert hatte, wurde der Forstort Weichel in traditioneller Weise u.a. als →Hutewald genutzt. Nach allen vorliegenden Quellen handelt sich um einen →historisch alten Laubwald, der recht früh in Zuschlag gelegt, d.h. vom Vieheintrieb zumindest zeitweise ausgenommen wurde. Die letzte nachweisliche Verpachtung zur →Schweinmast geht auf das Jahr 1842 zurück. Die heutigen Bestände stammen

Ursprung des Namens

Mastverpachtung und Naturverjüngung

aus der Mitte des 19. Jh. und sind überwiegend aus ➔Naturverjüngung entstanden. Allerdings war diese anfänglich nicht sehr erfolgreich und glückte schließlich nur mit erheblicher Bodenbearbeitung und Ergänzung durch Einsaaten. In den 1960er und 1970er Jahren waren viele Buchen im Naturwald von ➔Schleimfluss betroffen und wurden entnommen. Zeitweise glaubte man, der Buchenbestand wäre in Gefahr, vollständig abzusterben. Das heutige Bild dieses „totgesagten" Waldbestandes lässt kaum noch etwas von der ehemaligen Stärke der Schleimflussschäden erahnen.

Schleimflussschäden

Tab. 5.3.3.2_1

Chronik des Naturwaldes Weichel

— **Jungsteinzeit und Bronzezeit:** Mehrere Hügelgräber belegen die Besiedlung des Raumes. Es ist von Beweidung und evtl. Ackerbau auszugehen.

— **Eisenzeit:** Größere Siedlung im 2. nachchristlichen Jh. 3 km nördlich auf dem Bullerberg

— **Mittelalter, etwa 9. Jh.:** Begründung einer Hofstelle, Rodung und Anlage von Wölbäckern

— **1281–1515:** „Decima in Wechele": Erste urkundliche Erwähnung als zehntpflichtiger Hof

— **1350:** Pest im Raum Rotenburg; die Hofstelle dürfte wüst gefallen sein; die Wiederbewaldung setzt ein

— **1593:** Erwähnung als Holzung „Wechell": „Die Holzungen sind frei Forste, gehören zu diesem Amte erb- und eigentumsmäßig, so daß niemand berechtigt ist, …, als alleine dies Haus und Amt Rotenburg. Erste Karte des Gebietes und seiner Grenzen; darauf Darstellung als „wechell"

— **ca. 1660:** Schwedenzeit: „Holzung bei dem Vorwerk Lüne, ist ein gutes Holz von meist Eichen, aber ganz kein Unterbusch nebst zwei kleinen Stücken Holz, so nur über die Heide gelegen sind als der Eckhoff und wegelen, welche in Eichen und jungen Büchen bestehen"

— **1690:** Die Nutzung der Mast wird in Verordnungen und generellen Verfügungen geregelt

— **1716/1717:** In einer Amtsbeschreibung heißt es: „Der Weichel bestehet in Eichen und Büchen Holz, hält im umbkreis ohngefehr 1 Stunde Gehens und können bey Voller Mast bis 45 Stück Schweine darauf gefeistet werden. Zur Huht und Weyde praetendiren die Eingeseßene des Fleckens Rotenburg mit ihrem Horn Vieh darauff berechtigt zu seyn, so aber in ermangelnder Registratur bis anhero noch nicht ausgemacht"

— **1764–1766:** Die Kurhannoversche Landesaufnahme stellt den heutigen Naturwald als das Laubwaldgebiet „Weicheln Königl." dar

— **1770–1796:** Es werden insgesamt 3046 Buchen- und 150 Eichenheister gepflanzt. Von den Eichen sind heute noch einige vorhanden

—

— **1770/72:** „Der Zuschlag im Weichel, worin die angefangene Besaamung einigemahl misraten, und von den Säuen ruiniert sind, die lange Heyde auch sehr darin überhandgenommen, welche nach und nach herausgeschafet wird. Der ganze Weichel liegt im Zuschlage, und wo seith einigen Jahren das abständige Holtz weggenommen, und dem jungen Anfluge Luft gemacht wird, wächset es recht gut heran, im Herbste 1768, sind alhier in einem dazu umgegrabenen Platze, 8 Pfd. Ahorn, 2 Pfd. Leinbaum (Spitzahorn), und 2 Pfd. Hein-Buchen Saamen gesäet, wovon wenig aufgekommen, im vorigem Herbste, sind daselbst … Eichen Saamen angesäet."

— **1799:** Gemeinheitteilung: Im Zuge der Teilung erhalten die herrschaftlichen Vorwerke einen großen Anteil. Diese Anteile liegen bei den alten Wäldern wie dem Weichel und sind mit Heide bestanden. Im 19. Jh. werden sie größtenteils aufgeforstet

— **1820–1837:** Amtszeit von Forstmeister v. Düring in Rotenburg; die großen Heideflächen, die im Zuge der Teilung dem Amt zufielen, werden aufgeforstet und die inselartigen alten Wälder um Rotenburg vornehmlich durch Kiefernwälder verbunden

— **1854/55:** Aufforstung durch Kiefernsaat in einem Teil des heutigen Naturwaldes

— **1855–61:** Begründung der heutigen Buchen- und Eichenbestände

— **1875:** Die erste vollständige Betriebsregelung der Oberförsterei Rotenburg wird erstellt. Die Abteilungslinien, die heute noch Bestand haben, werden in den Wald geschlagen, und die Jagen werden eingeteilt. Beispielhaft wird der Eintrag für 194 b, im Kernbereich des Naturwaldes wiedergegeben: 8,0 Hektar Buchenjungwuchs, 15-jährig mit Eiche und Nadelholz und Buchen- und Eichenschutzbäumen 125-jährig. Aushieb der Buchen und schlechteren Eichen-Schutzbäume und Auspflanzung der Lücken mit Eiche und Buche

— **1960er–1970er Jahre:** Nach einem heißen Sommer ließen starke Schleimflussschäden zahlreiche Buchen absterben. Aufgrund von Schleimfluss wurden innerhalb von 10 Jahren über 1000 m³ Buchenholz im heutigen Naturwald eingeschlagen

— **1986:** Ausweisung als Naturwald

— **1994:** Nach einem trocken-heißen Sommer kam es zu 80 % Kahlfraß an Eiche

— **1996:** Erneut Kahlfraß an Eiche

— **bis 2002:** Seit den Kahlfraßereignissen in den 1990er Jahren starben viele Eichen ab; nach 2002 nur noch einzelne absterbende Eichen

Abb. 5.3.3.2_3

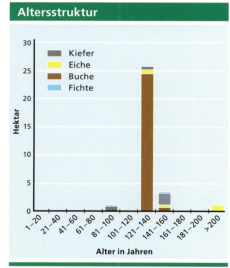

Altersstruktur

Kiefer
Eiche
Buche
Fichte

Hektar

30
25
20
15
10
5
0

1–20 | 21–40 | 41–60 | 61–80 | 81–100 | 101–120 | 121–140 | 141–160 | 161–180 | 181–200 | >200

Alter in Jahren

Naturwald Weichel: Altersstruktur nach Baumartengruppen (Forsteinrichtung 2002)

Buchen, Kiefern, Stieleichen

Die Wälder im Weichel sind vorwiegend aus 130- bis maximal 150-jährigen Buchen aufgebaut *(Abb. 5.3.3.2_3)*. Diesen sind rund 20 Jahre ältere Kiefern und Stieleichen beigemischt. In einem 5 Hektar großen Bestand erreichen die Stieleichen sogar ein Alter von 212 Jahren, während die Buche nur 140-jährig ist.

Als weitere Mischbaumart kommt die Fichte vor. Einzelne Weißtannen und Europäische Lärchen finden sich im Kernbereich des Naturwaldes.

Auf dem größten Teil der Fläche ist der Flattergras-Buchenwald die natürliche → Waldgesellschaft. Dieser geht auf den schwach mesotrophen → Standorten in den Drahtschmielen-Buchenwald über.

Natürliche Waldgesellschaften

Anhand der → Probekreisinventuren kann der durchschnittliche → Volumenzuwachs für die Periode von 1992 bis 2002 errechnet werden. Er liegt bei 107 m³ je Hektar und unterstreicht damit die günstigen Wachstumsbedingungen im Naturwald Weichel. Die Buche trägt allein 97 m³ zum Gesamtzuwachs bei. Dass „unter dem Strich" der → Vorrat nur um 85 m³ angewachsen ist, liegt an den abgestorbenen Bäumen *(Tab. 5.3.3.2_2)*. Von Mortalität sind insbesondere Eichen, aber auch Fichten und → unterständige Buchen betroffen. Der → Totholzvorrat ist daher innerhalb von 10 Jahren von nur 1 m³ je Hektar auf 18 m³ je Hektar angestiegen. Die einzelnen Baumarten zeigen ein charakteristisches Verhältnis von liegendem zu stehendem Totholz: Während alle toten Eichen noch stehen, überwiegt bei Buche und Fichte der Anteil des liegenden Holzes.

Hoher Zuwachs

Durch den zuständigen Revierleiter H. Küper wurde 2002 auf ganzer Fläche ebenfalls eine Totholzinventur durchgeführt. Der ermittelte Wert von rund 7 m³ je Hektar liegt unter dem Ergebnis der Probekreisaufnahme. Als wichtigste Ursache für das Absterben zahlreicher Eichen sieht H. Küper den Konkurrenzdruck der Buchen und das „Eichensterben" an.

Totholzinventur

Tab. 5.3.3.2_2

Strukturdaten							
Baumart	**Aufnahme-jahr und Differenz**	**Stehend**				**Liegend Tot**	**Totholz gesamt**
		Lebend			**Tot**		
		Stammzahl [N/ha]	Grundfläche [m²/ha]	Volumen [m³/ha]*	Stammzahl [N/ha]	Volumen [m³/ha]*	Volumen [m³/ha]*
Buche	2002	157	25,9	417	7	2	3
	Diff.	−9	+3,2	+76	+7	+1	+2
Eiche	2002	11	2,8	46	2	0	8
	Diff.	−3	−0,1	+1	+2	0	+8
Kiefer	2002	16	2,1	25	1	1	2
	Diff.	0	+0,3	+4	+1	+1	+2
Fichte	2002	16	1,6	20	1	4	4
	Diff.	−2	+0,2	+3	+1	+3	+4
Sonstige	2002	2	0,4	5	0	1	1
	Diff.	0	0,0	0	0	+1	+1
Summe	**2002**	**202**	**32,7**	**514**	**11**	**8**	**18**
	Diff.	**−14**	**+3,5**	**+85**	**+11**	**+6**	**+17**

* = Derbholzvolumen aller stehenden Objekte mit einem BHD ≥ 7 cm und aller liegenden Objekte mit einem Durchmesser am stärksten Ende ≥ 20 cm. Nähere allgemeine Erläuterungen siehe Anhang

Naturwald Weichel: Ergebnisse der Probekreisaufnahmen für den Derbholzbestand (letzte Aufnahme 2002 und deren Differenz zu 1992)

Zunahme der Verjüngungspflanzen

In der → Verjüngungsschicht hat die Pflanzenzahl von 1992 bis 2002 merklich zugenommen *(Tab. 5.3.3.2_3)*. Dies geht insbesondere auf die Vermehrung der Buchen zurück, die offenbar aus den → Mastjahren 1992, 1995 oder 1998 stammen. Die oberen Höhenklassen sind nur gering besetzt. Allerdings wachsen junge Fichten, Buchen und – mit geringer Anzahl – auch die Weißtannen offenbar stetig in die oberen Klassen ein. Die noch 1992 spärlich vorhandene Verjüngung der anderen Arten war 2002 nicht mehr vorhanden.

Tab. 5.3.3.2_3

Naturverjüngung

Baumart	Aufnahme-jahr und Differenz	Höhenklasse			Summe
		<0,5m [N/ha]	0,5–2,0m [N/ha]	>2,0m [N/ha]	[N/ha]
Buche	2002	2307	13	—	2320
	Diff.	+587	+12	—	+599
Fichte	2002	80	95	8	183
	Diff.	+7	+68	+8	+83
Weißtanne	2002	80	40	—	120
	Diff.	+67	+39	—	+105
Eberesche	2002	—	—	—	—
	Diff.	−93	−3	—	−96
Eiche	2002	—	—	—	—
	Diff.	−40	—	—	−40
Faulbaum	2002	—	—	—	—
	Diff.	−40	—	—	−40
Sonstige	2002	—	—	—	—
	Diff.	−20	−4	—	−24
Summe	**2002**	**2467**	**148**	**8**	**2623**
	Diff.	**+467**	**+112**	**+8**	**+587**

Nähere allgemeine Erläuterungen siehe Anhang

Naturwald Weichel: Ergebnisse der Probekreisaufnahmen für die Naturverjüngung (letzte Aufnahme 2002 und deren Differenz zu 1992)

Ebereschen nur im Zaun

H. Küper hat auch die innerhalb der gezäunten Kernfläche überlebenden Ebereschen aufgenommen. Geschützt vor dem Wild, wurden hier im Jahr 2002 trotz starker Beschattung 46 Pflanzen auf einem Hektar Fläche gefunden. Von diesen hatten 3 Jahre später noch 36 Stück überlebt. Der überwiegende Teil reagierte auf die starke Beschattung allerdings mit einem strauchförmigen Wuchs. Immerhin ist erstaunlich, dass sich die Ebereschen unter dem geschlossenen Kronendach der Altbuchen bis heute halten konnten. Die Verjüngungsdaten zeigen *(Tab. 5.3.3.2_3)*, dass die Ebereschen auf der restlichen Naturwaldfläche vollständig abgestorben sind. Entscheidend für das Überleben in der Kernfläche ist offenbar der Schutz vor dem Schalenwild.

Brutvogelkartierung

T. Späth kartierte im Jahr 1994 die Brutvögel im Naturwald Weichel. Das Gebiet war schon damals für Höhlenbrüter wie die Dohle (9 Höhlen), die Hohltaube (19 Höhlen), den Schwarzspecht (1 Höhle) und den Buntspecht (2 Höhlen) attraktiv. Daneben wurden 16 weitere Brutvögel bestätigt.

Auch die Flora →epiphytischer Flechten war Gegenstand von Untersuchungen. So stellten G. Ernst und T. Feuerer im Jahr 1997 12 Arten fest. Darunter befinden sich 3 Arten der →Roten Liste Niedersachsens und Bremens: *Graphis scripta* (Schriftflechte), *Arthonia spadicea* (Fleckflechte) und *Dimerella pineti* (ohne deutschen Namen).

Epiphytische Flechten

Der Naturwald Weichel repräsentiert die typischen Geschiebedecksand-Standorte im Mittel-Westniedersächsischen Tiefland mit einer naturnahen Bestockung. Als übergeordnetes Forschungsthema ist die Struktur- und Konkurrenzdynamik in Flattergras-Buchenwäldern mit eingesprengten Eichen und Fichten von Interesse. Ein Sonderthema sind die Verjüngung der offenbar vitalen Weißtanne und ihre Entwicklungsmöglichkeiten gegenüber der Buche unter Wildeinfluss im Vergleich zu einer gezäunten Fläche.

Forschung

Abb. 5.3.3.2_4

Hau und Bark – Die Mischung macht's! – Was macht die Mischung?

Wirkungsstätte von F.A.Ch. Erdmann

Inmitten der ehemaligen Oberförsterei Neubruchhausen, der Wirkungsstätte des bekannten Forstmannes F.A.Ch. Erdmann, wurde im Jahr 1998 der Naturwald Hau und Bark ausgewiesen. Das rund 33 Hektar große Gebiet liegt in der Syker → Geest im → Wuchsbezirk Geest-Mitte.

Sandlöss

Hier befindet sich das größte norddeutsche → Sandlössvorkommen. In der → Weichsel-Kaltzeit hat der Wind sandige Sedimente aus der → Drenthe-Grundmoräne in großer Menge aufgenommen und wieder abgelagert. Die 20 bis 90 cm mächtigen Sandlöss-Schichten überlagern die darunter liegende Grundmoräne.

So sind die Böden im Naturwald Hau und Bark typischerweise mehrschichtig aufgebaut. 90 % der Fläche bedecken unterschiedlich stark → wechselfeuchte → Standorte mit einer gut → mesotrophen Nährstoffversorgung. Das geologische Ausgangmaterial ist eine 20–70 cm mächtige Sandlössschicht über → Geschiebelehm. → Holozäne Wasserabsätze über Sand mit → Schluffeinlagerungen sind auf weiteren 5 % der Fläche vertreten. Hier ist die Wasserversorgung → frisch und die Nährstoffversorgung ebenfalls gut mesotroph. Die restliche Fläche machen → oligotrophe Moorstandorte aus.

Abb. 5.3.3.3_1

TK25 Hau und Bark

Abb. 5.3.3.3_2

Heideaufforstung

Nach der → Kurhannoverschen Landesaufnahme bestand der heutige Naturwald Hau und Bark im 18. Jh. überwiegend aus Heideflächen *(Tab. 5.3.3.3_1)*. Von 1835 bis 1855 wurden 825 Hektar Heide in der Umgebung aufgeforstet. Ein kleiner, damals noch vorhandener Laubwaldrest blieb auch im Zuge der nachfolgenden Aufforstungen erhalten. Die neu entstandenen Kiefernbestände litten unter hohen Ausfällen. 1892 übernahm F.A.Ch. Erdmann die Leitung der Oberförsterei Neubruchhausen. Er versuchte, die forstlichen Probleme in den reinen Kiefernaufforstungen – ungenügendes Wachstum, schlechter Bodenzustand und hohe Pflanzenausfälle – durch einen „Waldbau auf natürlicher Grundlage" zu lösen.

Mit Mischwäldern aus Nadel- und Laubbaumarten, einer → Verjüngung ausschließlich unter Schirm, Maßnahmen zum Bodenschutz und → plenterartigen Eingriffen gelangen ihm große Erfolge. Seine Nachfolger führten das Konzept in modifizierter Form bis in die heutige Zeit weiter. Dazu gehörte auch, die Buche durch Roteiche zu ersetzen und den Anbau der Douglasie zu forcieren. Waldbauliche Eingriffe wurden mit der Naturwaldausweisung im Jahr 1998 beendet, nachdem unmittelbar davor der Nadelholzanteil erheblich reduziert worden war.

„Waldbau auf natürlicher Grundlage"

Tab. 5.3.3.3_1

Chronik des Naturwaldes Hau und Bark

— **1771–1773:** Nach der Kurhannoverschen Landesaufnahme sind etwa 90 % der heutigen Naturwaldfläche Heidefläche. Nur im äußersten Südosten des Gebietes geht die Heide in einen locker bestockten Laubwald über. Die plenterartige Wirtschaftsweise wird zugunsten des Hochwaldbetriebes mit einer natürlichen Verjüngung im Großschirmschlag aufgegeben

— **ab 1780:** Aufforstung der Heideflächen hauptsächlich mit Kiefer, weniger mit Buche und Eiche

— **1838–1844:** Die v. Papen'sche Karte zeigt, dass etwa 70 % der heutigen Naturwaldfläche locker und meist mit Nadelbäumen bestockt sind. Im Südosten ist der ursprüngliche Laubwald erhalten geblieben. Im Nordwesten existiert ein Acker, im Zentrum eine Wiesenfläche. Die Heideflächen sind auf ca. 20 % der Naturwaldfläche zusammengeschrumpft. Durch Wurzelfäule entstehende Lücken in den Kiefernaufforstungen werden vorwiegend mit Fichte, Tanne und Buche ergänzt, sodass Mischbestände entstehen

— **1892:** F.A.Ch. Erdmann übernimmt die Leitung der Oberförsterei Neubruchhausen. Er strebt die Umwandlung der damaligen Pionierwälder aus Kiefer in stabile Mischwälder aus standortsgemäßen Baumarten an. Dazu werden am häufigsten Buche, Tanne, Lärche oder Douglasie eingebracht

— **1895:** Die Heideflächen sind aufgeforstet. Etwa 75 % der Fläche sind mit Nadelmischwald und 25 % mit Kiefern- bzw. Lärchenreinbeständen bewachsen

— **1926:** Die Wälder im Hau und Bark bestehen zu ca. 85 % aus Nadelmischwald und zu ca. 15 % aus Nadelwald mit Laubholz-Unterwuchs

— **1985:** Der Hau und Bark ist zu ca. 45 % mit Laub-Nadel-Mischwald, zu 45 % mit Nadel-Laub-Mischwald und zu 10 % mit Laubmischwald bewachsen

— **1997/1998:** Der Nadelholzanteil im geplanten Naturwald wird durch starke Durchforstungseingriffe deutlich reduziert. Das Holz wird überwiegend entnommen. Dabei wird darauf geachtet, keine der vertretenen Nadelbaumarten (Lärche, Kiefer, Douglasie, Weißtanne, Fichte) völlig zu verdrängen

— **1998:** Ausweisung als Naturwald auf einer Fläche von rund 25 Hektar; Buchenmast

— **1998–2000:** Buchen werden in eine angrenzende Unterabteilung eingebracht, um die Spätblühende Traubenkirsche zurückzudrängen. Diese Abteilung (ca. 6 Hektar) wird in den Naturwald integriert

Abb. 5.3.3.3_3

Altersstruktur

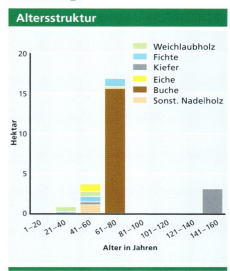

Naturwald Hau und Bark: Altersstruktur nach Baumartengruppen (Forsteinrichtung 1997)

Intensive Mischung von Laub- und Nadelbäumen

Die Baumartenzusammensetzung spiegelt die „naturgemäße" Vorgeschichte des Waldgebietes wider: Eine intensive Mischung verschiedener Laub- und Nadelbaumarten ist für den Naturwald charakteristisch (*Abb. 5.3.3.3_4*). Insgesamt dominiert die Buche mit einem Maximalalter von knapp unter 100 Jahren (*Abb. 5.3.3.3_3*). Mischbaumarten sind Eiche, Kiefer, Japanlärche, Fichte, Weißtanne oder Douglasie. In Teilbereichen des Naturwaldes gelangen die Nadelbaumarten auch zur Dominanz. Aus der Ära vor Erdmann stammt offenbar ein deutlich älterer Kiefernbestand.

Abb. 5.3.3.3_4

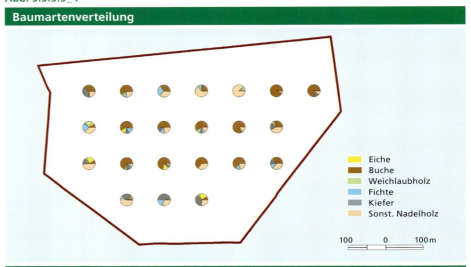

Baumartenverteilung

Eiche
Buche
Weichlaubholz
Fichte
Kiefer
Sonst. Nadelholz

100   0   100 m

Naturwald Hau und Bark: Baumartenanteile in den Probekreisen (2001)

Nach der Waldbiotopkartierung ist der Drahtschmielen-Buchenwald die natürliche → Waldgesellschaft im Naturwald Hau und Bark. Die Moorflächen werden von einem Moorbirken-Kiefern-Bruchwald eingenommen.

Geringer Derbholzvorrat

Bedingt durch die Eingriffe kurz vor der Naturwaldausweisung, liegt der → Derbholzvorrat auf einem vergleichsweise geringen Niveau (*Tab. 5.3.3.3_2*). Die Buche ist zwar die Baumart mit dem höchsten Einzelanteil an Stammzahl, → Grundfläche und Vorrat. Den Nadelbaumarten kommen jedoch ebenfalls große Anteile zu. Der hohe → Totholzvorrat geht überwiegend auf Nadelrestholz aus den Eingriffen vor der Ausweisung zurück.

Verjüngung bunt gemischt

Auch die → Verjüngung ist bunt gemischt (*Tab. 5.3.3.3_3*). Die Besetzung aller Höhenklassen weist auf eine ausgeprägte Strukturierung hin. Auch hier ist die Buche zwar die führende Baumart. Die nicht → standortsheimischen Arten wie Japanlärche, Douglasie, Spätblühende Traubenkirsche, Fichte und Weißtanne sind allerdings ebenfalls in hohen Anteilen vertreten.

Tab. 5.3.3.3_2

Strukturdaten						
Baumart	**Stehend**				**Liegend**	**Totholz**
	Lebend			**Tot**	**Tot**	**gesamt**
	Stammzahl [N/ha]	Grundfläche [m²/ha]	Volumen [m³/ha]	Stammzahl [N/ha]	Volumen [m³/ha]*	Volumen [m³/ha]*
Buche	185	10,4	122	3	4	5
Japanlärche	67	4,0	54	9	13	14
Kiefer	17	2,7	29	2	10	12
Weißtanne	66	2,2	19	6	1	2
Fichte	31	1,6	16	3	3	3
Eiche	11	0,7	8	1	0	0
Birke	12	0,6	6	0	0	0
Douglasie	10	0,5	5	—	0	0
Roteiche	7	0,3	4	—	—	—
Summe	**407**	**23,1**	**264**	**23**	**31**	**37**

* = Derbholzvolumen aller stehenden Objekte mit einem BHD ≥7 cm und aller liegenden Objekte mit einem Durchmesser am stärksten Ende ≥20 cm. Nähere allgemeine Erläuterungen siehe Anhang

Naturwald Hau und Bark: Ergebnisse der Probekreisaufnahmen für den Derbholzbestand (2001)

Der Naturwald Hau und Bark ist das einzige Gebiet auf Sandlöss im Niedersächsischen Tiefland. Aufgrund der intensiven Mischung → standortsheimischer und → gebietsfremder Baumarten ist er sehr gut für die Untersuchung der Konkurrenzdynamik innerhalb und zwischen diesen Gruppen geeignet. Die Bestände wurden durch die Entnahme des Nadelholzes stark aufgelichtet, sodass günstige Bedingungen für die Entwicklung der Naturverjüngung gegeben sind. Die künftigen Untersuchungen versprechen wichtige Hinweise für den Umgang mit den hier vorhandenen gebietsfremden Baumarten. Bei der Interpretation der Ergebnisse sind allerdings die Auswirkungen der Eingriffe kurz vor der Ausweisung einzubeziehen.

Konkurrenz zwischen standortsheimischen und gebietsfremden Baumarten

Tab. 5.3.3.3_3

Naturverjüngung				
Baumart	**Höhenklasse**			**Summe**
	<0,5m [N/ha]	0,5–2,0m [N/ha]	>2,0m [N/ha]	[N/ha]
Buche	591	409	82	1 082
Japanlärche	122	61	26	209
Weißtanne	174	0	14	188
Fichte	139	19	5	163
Birke	87	59	9	155
Kornelkirsche	122	5	21	148
Spätbl. Traubenkirsche	87	49	5	141
Douglasie	35	37	0	71
Eiche	70	0	0	70
Sonstige	17	21	12	50
Summe	**1 443**	**659**	**174**	**2 277**

Nähere allgemeine Erläuterungen siehe Anhang

Naturwald Hau und Bark: Ergebnisse der Probekreisaufnahmen für die Naturverjüngung (2001)

Feucht- und Auenwälder

Huntebruch – Feuchtwäldchen in der Dümmerniederung

Isoliert in der Dümmerniederung

Umgeben von Wiesen und Äckern liegt der Naturwald Huntebruch als isoliertes Waldstück nördlich des Dümmer Sees an der Hunte *(Abb. 5.3.4.1_1)*. Der knapp 37 Hektar große Naturwald ist Bestandteil des 1976 ausgewiesenen gleichnamigen Naturschutzgebietes.

Aufgrund der Lage in der Diepholzer Moorniederung und im Lee der Dammer Berge sind die Jahresniederschläge im Vergleich zum übrigen Mittel-Westniedersächsischen Tiefland etwas herabgesetzt, während die → Jahresmitteltemperaturen etwas höher ausfallen.

Abb. 5.3.4.1_1

TK25 Huntebruch

Abb. 5.3.4.1_2

Abb. 5.3.4.1_3

Der Huntebruch aus der Vogelperspektive. Blick von Norden

Die Diepholzer Moorniederung ist während der → Saale-Eiszeit aus einer durch Wind- und Wassererosion geschaffenen Mulde zwischen den Stemweder und den Dammer Bergen entstanden. Unter der Erdoberfläche hatten sich Eislinsen gebildet, die durch Überlagerungen vor dem Auftauen geschützt waren. Im Zuge der Erwärmung tauten sie auf, sodass flache wassergefüllte Hohlformen entstanden. Es entwickelte sich ein → mesotrophes → Niedermoorgebiet mit einzelnen → Hochmoorinseln, in dessen Mitte der von der Hunte durchflossene Dümmer See liegt.

Im Naturwald Huntebruch hat sich über → Geschiebe- bzw. Feinsanden mit Lehm- oder Schlickbeimengungen auf mehr als 80 % der Fläche ein Niedermoor mit bis zu 1 Meter mächtigen Torfauflagen ausgebildet. Die Nährstoffversorgung ist überwiegend gut mesotroph.

Historisch altes Bruchwaldgebiet

In der Nähe des Dümmer Sees bezeugen jungsteinzeitliche Wohnplätze sowie bronze- und eisenzeitliche Grabhügel bzw. Wallburgen eine frühe Besiedelung. Der Naturwald Huntebruch ist der Rest eines größeren → historisch alten Bruchwaldgebietes, möglicherweise aber zwischenzeitlich entwaldet und wieder aufgeforstet worden.

Überschwemmungen der Hunte führten früher alljährlich im Spätwinter und Frühjahr zu einer Ausdehnung des Dümmers auf das bis zu Zehnfache seiner jetzigen Größe. Eine landwirtschaftliche Nutzung der Niederungen war daher nur extensiv als Wiese möglich. Erste Pläne zur Senkung des Grundwasserstandes und zur Eindeichung des Sees stammen aus dem Anfang des 20. Jh. *(Tab. 5.3.4.1_1)*. Im Jahr 1953 wurde schließlich der Dümmer-Deich gebaut. Der Wasserstand in den Niederungen wurde durch Drainagen und Entwässerungsgräben erheblich gesenkt und so die ackerbauliche Nutzung des vormaligen Gründlandes möglich gemacht. Die Folgen der Grundwasserabsenkung und Eindeichung waren ein erheblicher Abbau des Niedermoortorfes sowie die Eintrübung und Verschlammung des Dümmers, der in den letzten Jahren regelmäßig entschlammt werden musste. Im Naturwald Huntebruch sind die Auswirkungen der Grundwasserabsenkungen an den hohen Stelzwurzeln der Bäume zu erkennen.

Entwässerung der Dümmerniederung

Tab. 5.3.4.1_1

Chronik des Naturwaldes Huntebruch
— **Mittelalter:** Der heutige Naturwald heißt auch „Eschholt" und gehört zu dem größeren Bruchwaldkomplex „Diebroc"
— **1321:** Beim „Hunth broch in eben diesen Einöden" konkurrieren die Interessen der „Graffschaft Deipholtz"/Osnabrück und Münster um Jagd und Fischereirechte
— **bis 1464:** Der Huntebruch befindet sich im Überschwemmungsbereich des Dümmers und wird vom Wätering durchflossen
— **1691:** Der Huntebruch wird forstwirtschaftlich genutzt
— **1773:** Der „Herrschaftliche Huntebruch" ist ein rund 300 Hektar großes von Feuchtwiesen umgebenes Bruchwaldgebiet zwischen der „Alten Hunte" und dem „Wätering"
— **ab 20. Jh.:** Durch die Anlage großflächiger Entwässerungssysteme wird der Grundwasserstand abgesenkt
— **1938:** Die Waldfläche Huntebruch ist noch ca. 20 Hektar größer als heute.
— **1953:** Eindeichung des Dümmer Sees; Niederungen werden zunehmend ackerbaulich genutzt
— **1976:** Mit der Ausweisung des Naturschutzgebietes „Huntebruch" (46 Hektar) sind im späteren Naturwald alle forstlichen Maßnahmen untersagt
— **1987:** Beschluss des Landes Niedersachsen zur langfristigen Sanierung des Dümmerraumes mit dem Ziel, die Nährstoffbelastung des Dümmers zu senken und die angrenzende Niederung durch Anhebung der Grundwasserstände wieder zu vernässen
— **1992:** Novellierung des Dümmer-Sanierungskonzeptes
— **1994:** Ausweisung des Naturwaldes Huntebruch auf einer Fläche von 36,5 Hektar

Abb. 5.3.4.1_4

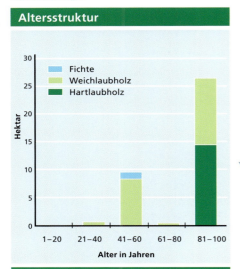

Altersstruktur

Naturwald Huntebruch: Altersstruktur nach Baumartengruppen (Forsteinrichtung 1997)

Erlen und Eschen

— **1999:** Seit 1987 sind 1600 Hektar landwirtschaftliche Flächen durch das Land mit dem Ziel der Nutzungsextensivierung und Wiedervernässung angekauft worden

— **2000:** Deutlich positive Veränderungen des Zustandes des Dümmers

— **2002–2006:** EU Life-Projekt „Wiedervernässung der westlichen Dümmerniederung"

— **2004:** Baubeginn der Bornbach-Umleitung mit dem Ziel, das stark nährstoffbelastete Wasser des Bornbaches um den See herum zu führen

Der Huntebruch wird durch Erlenbestände mit Eschen geprägt, denen gelegentlich Pappeln beigemischt sind *(Abb. 5.3.4.1_4* und *Abb. 5.3.4.1_5)*. Die ältesten Erlen und Eschen sind knapp unter 100 Jahre alt. Ein weiterer Teil des Waldbestandes stammt aus Nachkriegspflanzungen und ist 40- bis 50-jährig. In geringen Anteilen kommen auch nicht →standortsheimische Baumarten vor: im Norden Kiefern, am Nordostrand Sumpfeichen, am Ostrand Sitka- und Omorika-Fichten. Zudem sind auch einige Amerikanische Eschen *(Fraxinus pennsylvanica)* vorhanden, die sich bereits auf Ackerbrachflächen außerhalb des Naturwaldes ausgesamt haben.

Abb. 5.3.4.1_5

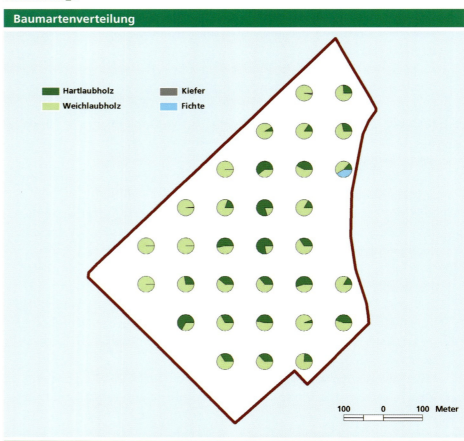

Baumartenverteilung

Naturwald Huntebruch: Baumartenanteile in den Probekreisen (2002)

Die →natürliche Waldgesellschaft wurde von der Waldbiotopkartierung zu etwa 90 % als Erlenbruchwald sowie kleinflächig als Hainbuchen-Stieleichenwald eingeschätzt. Angesichts des hohen Anteils der Frühblühenden Traubenkirsche kann der Naturwald gegenwärtig als Traubenkirschen-Erlen-Eschen-Sumpfwald klassifiziert werden, eine Waldgesellschaft, die nach Entwässerung typischerweise auf den Erlenbruchwald folgt. Eine charakteristische Bodenvegetation ist nur in Teilbereichen vorhanden. Stellenweise kommt stattdessen die Brennnessel flächendeckend vor, Zeiger für die fortschreitende Degradation des Bruch- bzw. Sumpfwaldes.

Traubenkirschen-Erlen-Eschen-Sumpfwald

Die Strukturdaten belegen die Dominanz von Schwarzerle und Esche bei einem bereits recht hohen →Derbholzvorrat *(Tab. 5.3.4.1_2)*. Einige Pfaffenhütchen und Kreuzdorne haben sogar einen →BHD von über 7 cm erreicht. Der Kreuzdorn gilt im nordwestdeutschen Tiefland als Weiserart für eine lange Waldtradition. Die alten Exemplare im Huntebruch sind z. T. im Absterben begriffen. Die →Totholzmenge von durchschnittlich 24 m³ je Hektar geht im Wesentlichen auf liegende Eschen und Erlen zurück. In zwei Probekreisen befinden sich einige Amerikanische Eschen im Derbholzbestand.

Alte Pfaffenhütchen und Kreuzdorne

Tab. 5.3.4.1_2

Strukturdaten						
Baumart	**Stehend**				**Liegend**	**Totholz**
	Lebend			**Tot**	**Tot**	**gesamt**
	Stammzahl [N/ha]	Grundfläche [m²/ha]	Volumen [m³/ha]	Stammzahl [N/ha]	Volumen [m³/ha]*	Volumen [m³/ha]*
Erle	351	21,7	259	10	5	9
Esche	135	11,4	150	1	12	13
Kulturpappel	14	4,0	65	—	1	1
Sitkafichte	14	0,4	3	1	0	0
Frühblühende Traubenkirsche	24	0,2	1	0	—	0
Kreuzdorn	10	0,1	0	0	—	0
Pfaffenhütchen	2	0,0	0	—	—	—
Sonstige	17	0	2	0	0	0
Summe	**566**	**38,0**	**479**	**13**	**19**	**24**

*=Derbholzvolumen aller stehenden Objekte mit einem BHD>7 cm und aller liegenden Objekte mit einem Durchmesser am stärksten Ende >20 cm. Nähere allgemeine Erläuterungen siehe Anhang.

Naturwald Huntebruch: Ergebnisse der Probekreisaufnahmen für den Derbholzbestand (2002)

Abb. 5.3.4.1_6

Auch die Johannisbeere ist im Huntebruch stark vertreten

In der →Verjüngungsschicht sind neben der vorherrschenden Frühblühenden Traubenkirsche vor allem Esche und Johannisbeere stark vertreten *(Tab. 5.3.4.1_3)*. Jungpflanzen der Amerikanischen Esche wurden nur auf einem Probekreis in einer Höhe <0,5 m gefunden. Als größeres Gehölz in einer sonst waldarmen Umgebung übt der Huntebruch eine große Anziehung auf Rehwild aus. Trotz der damit einhergehenden hohen Verbissbelastung ist die Gehölzverjüngung artenreich und recht üppig entwickelt.

Üppige Verjüngung

Tab. 5.3.4.1_3

Naturverjüngung				
Baumart	**Höhenklasse**			**Summe**
	<0,5 m [N/ha]	0,5–2,0 m [N/ha]	>2,0 m [N/ha]	[N/ha]
Johannisbeere	488	2435	0	2923
Frühbl. Traubenkirsche	200	479	759	1438
Esche	225	61	21	308
Eberesche	50	50	15	115
Pfaffenhütchen	38	4	9	50
Eiche	25	0	0	25
Schwarzer Holunder	0	15	8	23
Erle	0	0	14	14
Kreuzdorn	0	0	3	3
Sonstige	0	1	5	6
Summe	**1025**	**3045**	**833**	**4903**

Nähere allgemeine Erläuterungen siehe Anhang

Naturwald Huntebruch: Ergebnisse der Probekreisaufnahmen für die Naturverjüngung (2002)

Vogelschutzgebiet „Dümmer"

Der Dümmer See einschließlich seiner Umgebung ist als Brut-, Rast- und Überwinterungsgebiet zahlreicher selten gewordener Vogelarten ein Feuchtgebiet von europäischer Bedeutung. Renaturierungsbemühungen gehen bis in die 1980er Jahre zurück. Der Naturwald liegt im Bereich des EU-LIFE-Natur-Projektes „Wiedervernässung der Westlichen Dümmerniederung", das auf den Schutz und die Verbesserung der Brut- und Rasthabitate im EU-Vogelschutzgebiet „Dümmer" ausgerichtet ist. Im Jahr 2001 wurde mit der Durchführung von Maßnahmen zur Wiedervernässung begonnen. Dabei sollen auch im Naturwald Huntebruch einige Gräben zur Anhebung des Grundwasserstandes gekammert werden. Die weitere Wiedervernässung soll schrittweise erfolgen, um eine Anpassung der Vegetation zu ermöglichen. Auf den noch waldfreien Flächen nordwestlich und westlich des Naturwaldes soll das Grundwasser oberflächennah eingestaut werden, um langfristig eine Niedermoorentwicklung zu ermöglichen. Dieser Bereich wird künftig der freien → Sukzession überlassen bleiben.

Renaturierung

Der Wasserstand im Huntebruch ist derzeit noch recht weit von naturnahen Verhältnissen entfernt. Dies macht der Vergleich der Aufzeichnungen einer in unmittelbarer Nähe gelegenen Messstelle mit den Idealkurven naturnaher Feuchtwälder deutlich *(Abb. 5.3.4.1_7)*. Im Huntebruch liegt der Wasserspiegel oft bis zu einem Meter tiefer als in naturnahen Wäldern.

Von naturnahem Wasserstand weit entfernt

Im Vordergrund der Naturwaldforschung steht die Untersuchung des Zusammenhangs zwischen der Entwicklung des Wasserhaushaltes und der Dynamik der Gehölzvegetation. Anzunehmen ist, dass sich nach der Wiedervernässung die tiefer liegenden Niedermoorbereiche wieder zu einem Erlenbruchwald entwickeln, wie er die gesamte Dümmerniederung in der Vergangenheit natürlicher-

Forschungsthemen

Abb. 5.3.4.1_7

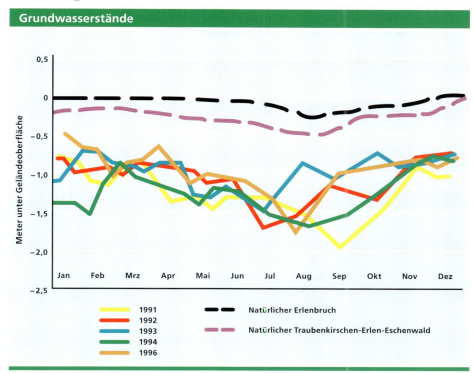

Grundwasserstände

Naturwald Huntebruch: Jahresgänge des Wasserstandes (Aufzeichnungen einer Messstelle im Südosten des Naturwaldes) im Vergleich zu Idealkurven naturnaher Feuchtwälder

weise geprägt hat. Die Ergebnisse aus einem solchen Renaturierungsvorhaben ohne steuernde Eingriffe in den Waldbestand sind für ähnlich gelagerte Vorhaben von großem Interesse. Eine spezielle Fragestellung ist die Entwicklung → gebietsfremder Baumarten wie der Amerikanischen Esche. Es bestehen Befürchtungen, dass diese Baumart heimische Arten verdrängen könnte. Innerhalb des Naturwaldes wird bewusst nicht gegen die Amerikanische Esche vorgegangen, um ihr Entwicklungspotenzial frei von menschlichen Eingriffen einschätzen zu können.

Amerikanische Esche

Abb. 5.3.4.1_8

Bruchwald bei Ehrenburg – Ehemalige Festung

Kleines Waldgebiet

In der Nähe des Ortes Ehrenburg südlich von Bassum befindet sich in einem kleinen Waldgebiet der knapp 11 Hektar große Naturwald Bruchwald bei Ehrenburg. Die östliche Begrenzung des Gebietes bildet der Kuhbach. Die Umgebung wird überwiegend von Ackerflächen geprägt. Der Naturwald ist Bestandteil des gleichnamigen, im Jahr 1987 ausgewiesenen Naturschutzgebietes.

Abb. 5.3.4.2_1

TK25 Bruchwald

Abb. 5.3.4.2_2

Im Naturwald sind unterschiedlich stark vernässte → Niedermoorstandorte vertreten. Um diese zu renaturieren, werden seit 1992 die Hauptentwässerungsgräben angestaut. Allerdings wird die Fläche nach wie vor von zwei entwässernden Vorflutern durchzogen. Die seit langem wirkende Entwässerung hat bereits zu erheblichen Torfsackungen und der Mineralisierung der Niedermoorauflage mit entsprechender Stelzwurzelbildung im Baumbestand geführt.

Torfsackung und Stelzwurzelbildung

Der Bruchwald bei Ehrenburg ist kein → historisch alter Waldstandort. Die → Kurhannoversche Landesaufnahme von 1771 zeigt das heutige Naturwaldgebiet als Wiese und Moor in der Kuhbachaue. Der Naturwald beinhaltet die Reste der bis 1640 bestehenden Festung Ehrenburg. Die im Süden des Gebietes verlaufenden Grabenanlagen gehen vermutlich auf das Befestigungssystem der Burg zurück. Offenbar wurden Boden und Wasserhaushalt seit Jahrhunderten erheblich durch den Menschen verändert. Zumindest in Teilen handelt es sich um eine Wiesenaufforstung.

Festung Ehrenburg

Abb. 5.3.4.2_3

Nebeneinander von Erle und Buche im Naturwald Bruchwald bei Ehrenburg

Auf dem überwiegenden Teil der Fläche sind Erlenbestände aus Pflanzung und → Naturverjüngung vorhanden. Daneben kommen Weiden aus Naturverjüngung sowie einzelne Buchen und Stieleichen vor. Im → Nachwuchs sind Eberesche, Buche, Bergahorn, Birke und Hainbuche zu finden, die – mit Ausnahme des Bergahorns – ebenfalls aus Naturverjüngung stammen.

Von der Waldbiotopkartierung werden auf drei Viertel der Fläche Buchen-Stieleichenwälder als → natürliche Waldgesellschaft angenommen. Der Rest des Naturwaldes wird dem Erlenbruchwald zugeordnet. Bei der Einschätzung der natürlicherweise zu erwartenden Waldvegetation sind allerdings auch die Renaturierungsbemühungen zu berücksichtigen.

Laut der Beschreibung des Naturschutzgebietes durch R. Akkermann und J. Drieling ist trotz der Entwässerung bis heute eine große Vielfalt an Strukturen und Mikrostandorten sowie z. T. an hoch spezialisierten Tier- und Pflanzenarten erhalten geblieben.

Obwohl der Bruchwald bei Ehrenburg hinsichtlich des Wasserhaushalts als stark gestört gelten muss, ist er doch wertvoll für das Naturwaldprogramm. Das Gebiet stellt eine der wenigen Naturwaldflächen dar, in der derzeit Erlen-Naturverjüngung vorkommt. Zudem kann das Einwandern der Buche auf die zunehmend trocken gefallenen Moorstandorte hier gut dokumentiert werden. Umgekehrt sind die Auswirkungen der Wiedervernässungsmaßnahmen ein interessantes Forschungsfeld. Eigene Untersuchungen wurden allerdings bisher nicht durchgeführt.

Forschung

Abb. 5.3.4.2_4

Ahlhorner Fischteiche – Naturparadies aus Menschenhand

Bachbegleitender Naturwald

Die Ahlhorner Fischteiche sind ein „Naturparadies aus Menschenhand". Entlang der Lebensader dieses Teichgebietes, des Flüsschens Lethe, wurde im Jahr 1998 das einzige ausschließlich bachbegleitende Gebiet im niedersächsischen Naturwaldprogramm eingerichtet. Mit einer Fläche von 19 Hektar sind die Ahlhorner Fischteiche Bestandteil des insgesamt 485 Hektar großen, gleichnamigen Naturschutzgebietes. Die Teichwirtschaft und die Dynamik der Gewässeraue im Naturwald sind unmittelbar miteinander verbunden, da die Teiche aus dem Wasser der Lethe gespeist werden.

Abb. 5.3.4.3_1

TK25 Ahlhorner Fischteiche

Abb. 5.3.4.3_2

Der Naturwald erstreckt sich entlang der beiden Uferseiten der Lethe, eines sommerkalten → Geestbaches. Das Ausgangsmaterial der Bodenbildung sind vom Bach abgelagerte Feinsande mit Sandunterlagerung. Bei einer schwach → mesotrophen Nährstoffversorgung sind die Böden stark bis sehr stark → grundwasserbeeinflusst.

Staatliche Teichwirtschaft seit 100 Jahren

Auf der Fläche des heutigen Naturwald befand sich zur Zeit der → Kurhannoverschen Landesaufnahme offenbar ein bachbegleitender Galeriewald. Die heutigen Bestände stammen jedoch aus Aufforstungen in der ersten Hälfte des 20. Jh. *(Tab. 5.3.4.3_1)*. Die Ahlhorner Fischteiche wurden im Jahr 1884 angelegt und im folgenden Jahrhundert erheblich ausgebaut. Insgesamt umfasste die staatliche Teichwirtschaft zu Hochzeiten 54 Teiche mit einer Gesamtfläche von rund 200 Hektar. Von diesen werden heute noch bis zu 120 Hektar bewirtschaftet. Die Lethe sichert die Wasserversorgung der Fischteiche über zwei Talsperren und ein Be- und Entwässerungssystem. Durch den sandigen Untergrund versickert das Teichwasser allerdings beständig. Eine intensive Bewirtschaftung wie Anstauen und Ablassen, regelmäßiges Entkrauten und Entschlammen sind erforderlich, um die Wasserqualität zu sichern.

Tab. 5.3.4.3_1

Chronik des Naturwaldes Ahlhorner Fischteiche

- **1773:** Die Lethe bildet die Grenze zwischen Kurhannover und Oldenburg. Sie wird von einem Galeriewald gesäumt
- **1815:** Einwallung des Waldes aus Eiche, Buche, Erle, Birke, Espe als Schutz gegen Vieheintrieb
- **1873:** Ablösung der Markgenossenschaftsrechte durch die Verwaltung des Großherzogtums Oldenburg, Erholung der Waldreste
- **1884:** Gründung der eigenständigen Teichwirtschaft Ahlhorn durch den Landeskulturfonds. Anlage des Rüdersees (3 Hektar)
- **1887–1900:** Erweiterung durch den Bau weiterer Teiche
- **1906–1929:** Hauptausbauphase der Teichwirtschaft. Anlage von Teichen und Staus im Schwarzen Moor und in der Haller Mark; Aufforstung des heutigen Naturwaldes mit Erle, Stiel- und Roteiche
- **1931:** Zuweisung an die Forstverwaltung des Freistaates Oldenburg
- **1933:** Versuch der Privatisierung der Teichwirtschaft schlägt fehl
- **1934:** Die Staatliche Ahlhorner Teichwirtschaft wird der Oldenburger Forstverwaltung unterstellt
- **1945:** Herauslösung der Staatlichen Teichwirtschaft Ahlhorn aus der Oldenburger Forstverwaltung. Sie wird eine selbstständige Teichwirtschaft des Landes
- **1971:** Angliederung der Staatlichen Teichwirtschaft an das Staatliche Forstamt Ahlhorn
- **1975:** Beginn einer verstärkten Nährstoffzufuhr aus der Landwirtschaft
- **1993:** Ausweisung des Naturschutzgebietes „Ahlhorner Fischteiche" auf einer Fläche von rund 485 Hektar
- **1998:** Ausweisung des Naturwaldes „Ahlhorner Fischteiche" auf einer Fläche von 19 Hektar als Bestandteil des Naturschutzgebietes

Abb. 5.3.4.3_3

Altersstruktur

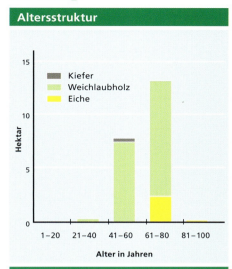

Naturwald Ahlhorner Fischteiche: Altersstruktur nach Baumartengruppen (Forsteinrichtung 1998)

Der Naturwald ist überwiegend mit 51- bis 78-jährigen Erlenbeständen aus Pflanzung bestockt *(Abb. 5.3.4.3_3)*, in die in etwa gleich alte Moorbirken aus →Naturverjüngung sowie Stieleichen, Roteichen und Kiefern aus Pflanzung eingemischt sind.

Erlenmischbestände

In der Fließgewässeraue der Lethe kommen als →natürliche Waldgesellschaften Erlen-Eschen- und Erlen-Birken-Bruchwälder sowie auf den trockeneren →Standorten Eichen-Mischwälder vor. Die Fischteiche selbst stellen teils nährstoffreiche, teils nährstoffarme Stillgewässer dar, die von Verlandungsbereichen umgeben sind. Die Böden der abgelassenen Teiche bieten vor allem in Trockenjahren einer konkurrenzschwachen →Pioniervegetation mit oftmals seltenen Arten gute Entwicklungsmöglichkeiten. Insgesamt beherbergen die Ahlhorner Fischteiche eine Vielzahl von gefährdeten Ufer- und Wasserpflanzen. Nach der →Roten Liste der Gefäßpflanzen für Niedersachsen und Bremen gelten 27 der dort vorkommenden Wasser- und Uferpflanzen als gefährdet.

Natürliche Waldgesellschaften

Gefährdete Wasser- und Uferpflanzen

Gewässerstruktur

Im Bereich der Teichanlage besitzt die Lethe eine überwiegend naturnahe Struktur. Sie fließt hier mäandrierend durch ein schmales Tal mit natürlicher Vegetation. Ober- und unterhalb des Teichgebietes kann die Gewässerstruktur allerdings nur noch streckenweise als naturnah bezeichnet werden. Insgesamt haben die Nährstoffeinträge aus der umliegenden Landwirtschaft einen negativen Einfluss auf die Fließgewässerökologie.

Die Ahlhorner Fischteiche sind als Vogelbrut- und Rastgebiet von großer Bedeutung. So kommen hier zahlreiche Vogelarten der Roten Liste vor, wie Bekassine, Eisvogel, Krickente, Rothalstaucher, Schellente, Schilfrohrsänger, Schwarzhals-

Vogelwelt

taucher, Tüpfelsumpfhuhn, Wasserralle, Wiesenpieper und Schlagschwirl. Die Teiche sind auch ein von Fischadlern regelmäßig besuchtes Winterquartier. Allerdings gibt es eine kontroverse Diskussion um den Umgang mit dem Kormoran, der im Verdacht steht, einen Großteil des Fischbestandes zu fressen bzw. zu verletzen.

Abb. 5.3.4.3_4

Amphibien und Libellen

Zahlreiche Amphibienarten sind im Bereich der Ahlhorner Fischteiche zu Hause. Dazu gehören Kammmolch, Laubfrosch, Moorfrosch, Knoblauchkröte, Kleiner Wasserfrosch, Kreuzkröte, Bergmolch, Erdkröte, Grasfrosch, Teichfrosch und Teichmolch.

Aus dem Gebiet sind außerdem 36 Libellenarten bekannt. Davon werden 12 Arten nach der Roten Liste Niedersachsen als gefährdet eingestuft, wie die Hochmoor-Mosaikjungfer, die Späte Adonislibelle, die Sumpf-Heidelibelle oder die Kleine Binsenjungfer. Überwiegend handelt es sich um Arten der Moor-, Still- und Fließgewässer.

Naturwaldforschung

Eigene Untersuchungen wurden im Naturwald bisher nicht durchgeführt. Das Gebiet eignet sich aber gut, um den Verbund aus Wald und Fließgewässer in seiner eigendynamischen Entwicklung zu betrachten. Insbesondere die Wechselwirkungen zwischen den beiden Lebensräumen wie der Eintrag von → Totholz aus dem Waldbestand in den Bach oder der Einfluss von Überflutungen auf die Walddynamik sind interessante Forschungsthemen mit einem engen Bezug zur naturschutzfachlichen Anwendung.

Schlenke – Wald der großen Vögel

Eingedeichte Hartholzaue

Der knapp 41 Hektar große Naturwald Schlenke stellt das zweite Hartholzauen-Gebiet im niedersächsischen Naturwaldprogramm dar *(vgl. Kap. 5.1.4.12)*. Er befindet sich im Mündungsbereich eines Leine-Altarmes in die Aller. Im Gegensatz zum Naturwald Junkerwerder ist die Schlenke eingedeicht. Dabei verläuft der eigentliche Hochwasserschutzdeich entlang des Leine-Altarmes. Von der Aller ist der Naturwald nur durch einen niedrigeren Sommerdeich abgeschirmt, sodass es bei starkem Hochwasser zu Überflutungen kommen kann. Der Naturwald liegt damit im Polder „Alte Leine".

Abb. 5.3.4.4_1

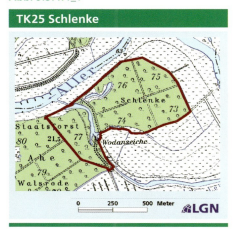

TK25 Schlenke

0   250   500 Meter   LGN

→ Schluffig-tonige → Hochflut- bzw. → Auenlehme größerer Mächtigkeit sind das Ausgangsmaterial der Bodenbildung. Bei mäßiger → Grundwasserbeeinflussung liegt eine → eutrophe Nährstoffversorgung vor. Im Naturwald gibt es Entwässerungsgräben und zwei Teiche. Das Gebiet liegt über dem Geländeniveau der umgebenden Wiesen. Kleinflächig sind Senken vorhanden, in denen sich → Qualmwasser eine gewisse Zeit hält.

Beim Naturwald Schlenke handelt es sich um einen → historisch alten Auenwald *(Tab. 5.3.4.4_1)*. Früher war er ein bevorzugtes Gebiet für die Reiherbeize, die Jagd auf Graureiher. Bis heute lebt eine Reiherkolonie im westlichen Teil des Forstortes. Hermann Löns beschreibt sehr anschaulich den Einfluss der früheren Überflutungen auf die Lebensgemeinschaft des Auenwaldes:

„... Nasses Genist hängt in wirren Haufen in den Zweigen des Unterholzes..."

„Vom Spätherbst bis zum Frühling steht die Ahe unter Wasser und die Schlenke auch. Dort, wo die Rotkehlchen sangen, gründelt dann die Wildente, wo das Eichkätzchen Pilze suchte, fischt der Otter, die Ringeltaube wird von der Möwe, der Bussard von dem Seeadler abgelöst. Sobald die Wasser der Aller und der Alten Leine in die Wälder steigen, rückt der Hase nach den hochgelegenen Feldmarken, Mäuse und Spitzmäuse folgen ihm, die Rehe wechseln nach den fernen Wäldern … Wenn das Hochwasser sich verlaufen hat, sieht der Wald trostlos aus. Eine dicke, zähe Schlickschicht bedeckt das Fallaub, nasses Genist hängt in wirren Haufen in den Zweigen des Unterholzes, tote Äste, faule Bäume, Bretter und Balken liegen wüst umher. Ein Geruch von Wasser erfüllt die Luft. Prallt dann die Märzsonne durch die kahlen Zweige, dann wird aus dem Geruch ein Gestank. Zurückgebliebene Fische verwesen, ertrunkene Frösche vermodern, Tausende von Schnecken zerfließen, Hunderttausende von zerriebenen, zermalm-

Abb. 5.3.4.4_2

ten Kerbtieren, Maden, Larven und Würmern verfaulen. Der April aber macht alles wieder gut; er bringt Schneeschauer und Regengüsse, die allen Moder fortwaschen, er läßt eisige Winde den Dunst hinwegwehen, er läßt die Sonne scheinen, die das verschlickte Laub mit einem sanften Anstrich hellgrüner Algen überzieht, er lockt unzählige grüne, braune und rosige Spitzchen, Knöspchen und Blättchen aus dem Boden hervor. Als wenn nicht vor kurzem noch der blasse Tod mit der braunen Fäulnis am knochigen Arme durch den Wald gegangen wäre, so lebt es da wieder; bunte Schnirkelschnecken kriechen über das Laub, große und kleine Käfer krabbeln über das Moos, gelbe Schmetterlinge tanzen umher, samtrote mit blauen Augen, Silbermücken tanzen, Goldfliegen schweben."

Tab. 5.3.4.4_1

Chronik des Naturwaldes Schlenke

— **1609:** Bei einem Hochwasser verlagert sich das Flussbett der Aller im Bereich Ahlden nach Norden

— **1779:** Die Kurhannoversche Landesaufnahme zeigt den Forstort als locker bewaldetes Laubwaldgebiet „im Schlench, Königlich" und „Ahlder Ahe, Königlich"

— **1870:** Höhepunkt der Holzflößerei auf der Aller

— **1908:** Ausbau der Aller als Schifffahrtsweg

— **um 1914:** Höhepunkt des Schleppschifffahrtsverkehrs

— **1963–65:** Errichtung des Sommerdeiches zwischen Aller und Schlenke. Der heutige Naturwald liegt im Polder „Alte Leine"

— **1965:** Einsetzen neuer Sukzession in der Schlenke

— **1968:** Einstellung des Güterverkehrs auf der Aller

— **1973:** Ausweisung eines Naturwaldes von 6,4 Hektar Größe südwestlich außerhalb der heutigen Fläche

— **1993:** Auflösung des ursprünglichen Naturwaldes und Neu-Einrichtung auf einer 40,8 Hektar großen Fläche im Osten des Forstortes

— **1994:** Hochwasser überflutet Teile des Naturwaldes; Erlenverjüngung findet sich ein

— **1995:** Auffällige Zunahme des stehenden Totholzes bei Eiche. Winterhochwasser steht über dem Sommerdeich

— **1995/96:** Langer trockener Winter mit starkem Frost

— **1996:** Fraßschäden in den Eichenbeständen; extrem niedriger Grundwasserstand; starker Frost im Dezember 1996 bis Anfang Januar 1997

— **1997:** Extrem heißer August; extrem niedriger Grundwasserstand; Fraßschäden in den Eichenbeständen, z. T. Kahlfraß

— **1998:** Winterhochwasser

— **2001:** Zahlreiche tote Eichen fallen bei Herbst- und Winterstürmen um

— **2002:** Sommerhochwasser nach Starkregen im Harz: Überflutung des Naturwaldes; Kammerung von Gräben im Naturwald

— **2003:** Winterhochwasser im Januar mit Eisgang und Sommerhochwasser im April/Mai

— **2004:** Frühjahrshochwasser im Februar

Abb. 5.3.4.4_3

Altersstruktur

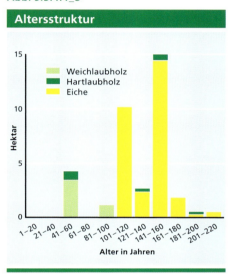

Naturwald Schlenke: Altersstruktur nach Baumartengruppen (Forsteinrichtung 2002)

Eindeichung

Mit der Eindeichung der „Alten Leine" und dem Bau des Aller-Sommerdeiches wurde die regelmäßige Überflutung des Forstortes unterbunden. Ein „Schlitzen" des Deiches wurde zwar in Aussicht genommen, bisher aber nicht realisiert. Erste Maßnahmen zur Verzögerung des Wasserabflusses wurden im Jahr 2002 ergriffen.

Überschwemmung 2002

Im Sommer 2002 lösten starke Niederschläge im Harz eine Hochwasserwelle aus, die zu einer Überschwemmung des Naturwaldes Schlenke führte. Insgesamt stand das Gebiet stellenweise mehr als 9 Tage unter Wasser. Nach ca. 5 Tagen war der Wasserstand durch das verzögerte Abfließen höher als in der mittlerweile wieder in ihrem Bett fließenden Aller. C. Rothfuchs führte an mehreren Tagen Wasserstandsmessungen durch. Hieraus lässt sich für die einzelnen Gitternetzpunkte im Naturwald die Überschwemmungsdauer rekonstruieren *(Abb. 5.3.4.4_4)*.

Abb. 5.3.4.4_4

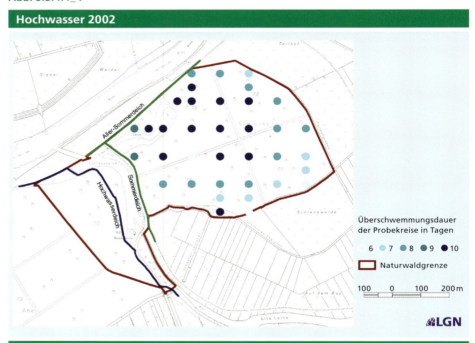

Naturwald Schlenke: Überschwemmungsdauer der Probekreise während des Sommerhochwassers 2002

Abb. 5.3.4.4_5

100- bis 200-jährige Stieleichen

Die Beobachtungen von C. Rothfuchs entsprechen weitgehend den Schilderungen von Hermann Löns: Zunächst versuchten Schnecken und Spinnen sich an Baumstämmen in Sicherheit zu bringen. Kleinere Säugetiere wie Mäuse und Maulwürfe retteten sich auf schwimmendes Totholz, während Rehe auf die höher gelegenen Flächen am Südrand der Schlenke flüchteten. Nach einer Woche begann sich ein leichter Aasgeruch der im Wasser schwimmenden Kleintier-Kadaver auszubreiten und die Pappeln verloren ihre ersten Blätter. Insgesamt blieben die Auswirkungen auf den Baumbestand allerdings gering.

Den Naturwald Schlenke dominieren Stieleichen in einer Altersspanne zwischen 100 und über 200 Jahren *(Abb. 5.3.4.4_3)*. Als Mischbaumarten kommen vor allem Eschen, Hainbuchen, Winterlinden und Schwarzerlen in wechselnden Anteilen vor *(Abb. 5.3.4.4_6)*. Auch Flatterulme und Feldahorn fehlen nicht. Zudem sind Pappel- und Schwarzerlenbestände vorhanden.

Abb. 5.3.4.4_6

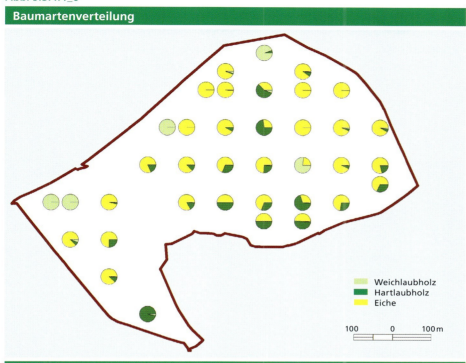

Baumartenverteilung

Legend:
- Weichlaubholz
- Hartlaubholz
- Eiche

100   0   100 m

Naturwald Schlenke: Baumartenanteile in den aufgenommenen Probekreisen (2000)

Die Einschätzung der → natürlichen Waldgesellschaft in der Schlenke hängt unmittelbar von der Überflutungsdynamik ab. Ohne Eindeichung ist ein Hartholz-Auenwald anzunehmen. Unter den derzeit gegebenen Bedingungen ist die natürlicheWaldgesellschaft allerdings kaum zu prognostizieren. Noch ist die auenwaldtypische → Strauchschicht in Teilflächen vorhanden. Die großflächigen Brennnessel-Dominanzbestände zeigen allerdings klar die erfolgte Degradation des ursprünglichen Auenwaldes.

Auenwald ohne Überflutung

Die Strukturdaten der Aufnahme im Jahr 2000 belegen, dass die Stieleiche sehr stark vom → „Eichensterben" betroffen ist. Rund ein Fünftel der vorhanden Stammzahl sind stehende tote Bäume *(Tab. 5.3.4.4_2)*.

Tab. 5.3.4.4_2

Strukturdaten

| Baumart | Stehend | | | | Liegend | Totholz |
| | Lebend | | | Tot | Tot | gesamt |
	Stammzahl [N/ha]	Grundfläche [m²/ha]	Volumen [m³/ha]	Stammzahl [N/ha]	Volumen [m³/ha] *	Volumen [m³/ha] *
Eiche	107	18,8	281	24	18	66
Esche	68	3,8	51	1	1	1
Schwarzerle	122	2,6	23	9	—	1
Winterlinde	61	1,2	9	—	—	—
Pappel	3	0,6	10	—	1	1
Hainbuche	21	0,4	2	—	—	—
Flatterulme	2	0,4	5	—	—	—
Hartriegel	9	0,1	0	—	—	—
Sonstige	24	0,5	3	1	1	1
Summe	**418**	**28,3**	**385**	**34**	**21**	**69**

* = Derbholzvolumen aller stehenden Objekte mit einem BHD ≥7 cm und aller liegenden Objekte mit einem Durchmesser am stärksten Ende ≥20 cm. Nähere allgemeine Erläuterungen siehe Anhang

Naturwald Schlenke: Ergebnisse der Probekreisaufnahmen für den Derbholzbestand (2000)

Verjüngungshemmnis Brennnessel

Trotz der günstigen standörtlichen Bedingungen ist → Verjüngung nur in sehr geringer Dichte vorhanden *(Tab. 5.3.4.4_3)*. In den flächendeckenden Brennnesselbeständen gelingt es den Jungpflanzen nicht, sich zu entwickeln. Allerdings könnte auch das Wild einen nicht zu vernachlässigenden Einfluss haben. Um diese beiden Faktoren voneinander trennen zu können, wurde im Jahr 2003 eine Kernfläche wilddicht gezäunt.

Tab. 5.3.4.4_3

Naturverjüngung				
Baumart	**Höhenklasse**			**Summe**
	<0,5 m [N/ha]	0,5–2,0 m [N/ha]	>2,0 m [N/ha]	[N/ha]
Esche	76	2	0	78
Hartriegel	0	37	28	65
Weißdorn	22	4	14	40
Schwarzerle	0	19	1	21
Eiche	11	0	0	11
Hainbuche	0	2	0	2
Sonstige	0	9	3	12
Summe	**108**	**74**	**46**	**228**

Nähere allgemeine Erläuterungen siehe Anhang

Naturwald Schlenke: Ergebnisse der Probekreisaufnahmen für die Naturverjüngung (2000)

Seltene Tierarten

Hinsichtlich der Tierwelt ist die Schlenke nach wie vor ein interessantes Gebiet. Ansammlungen von Teichmuschelschalen lassen auf die Anwesenheit des Fischotters schließen. Wespenbussard und Schwarzmilan sind im Gebiet anwesend oder brüten dort sogar. Unregelmäßige Brutzeitbeobachtungen liegen von Waldwasserläufer und Eisvogel vor. Daneben kommen Kleinspecht, Mittelspecht, Nachtigall und Pirol vor.

Eindeichung führt zu Artenverarmung

U. Lobenstein findet in der Schlenke zwar einen wertvollen Schmetterlingslebensraum mit zahlreichen gefährdeten und schutzbedürftigen Arten. Er betont aber, dass alle Charakterarten des Auenwaldes fehlen, da die typischen Lebensbedingungen nicht mehr gegeben sind und die Ansprüche spezialisierter Arten nicht mehr erfüllt werden können. Die Eindeichung und Trockenlegung haben die ökologischen Verhältnisse nivelliert und eine erhebliche Artenverarmung hervorgerufen.

Bedeutung für die Naturwaldforschung

Als einer der letzten erhaltenen Auenwaldreste in Norddeutschland kommt der Schlenke eine besondere Bedeutung im niedersächsischen Naturwaldnetz zu. Allerdings sind die Entwicklungsbedingungen bisher nur „halbnatürlich", sodass nur eine eingeschränkte Repräsentanz für die äußerst seltene Waldgesellschaft der Hartholzaue gegeben ist. Als Forschungsfragen stehen die Struktur- und Konkurrenzdynamik in der Hartholzaue des nordwestdeutschen Tieflandes sowie die Verjüngung der Baumarten in Abhängigkeit von Brennnessel-Unterwuchs und Wild im Vordergrund. Auch aus Forschungssicht wäre es eine dringliche Maßnahme, die natürliche Überflutungsdynamik wieder zuzulassen.

Die wichtigsten Entwicklungen in den Naturwäldern des Tieflandes

Allgemeine Entwicklungslinien

Jeder Naturwald hat individuelle Merkmale, die in einer spezifischen Geschichte, standörtlichen Ausgangssituation, Waldstruktur und Dynamik zum Ausdruck kommen. Trotz dieser Individualität lässt die Zusammenschau der Ergebnisse allerdings auch allgemeine Entwicklungslinien erkennen, die wie rote Fäden offenbar typisch für eine ganze Gruppe von Naturwäldern sind. Nachfolgend werden diese verallgemeinerbaren Resultate kurz zusammengefasst. Eine vertiefende Synopse sowie praktische Ableitungen für Waldbau und Naturschutz bleiben dem zweiten Band vorbehalten, um dabei zusätzlich die Ergebnisse aus dem Bergland einbeziehen zu können.

Kiefernwälder

Die Kiefernwälder des nordwestdeutschen Tieflandes sind ohne Ausnahme keine → historisch alten Wälder, sondern erst nach der Zeit der Waldverwüstung aus Aufforstung und/oder Anflug entstanden. Noch heute spiegelt also die aktuelle Baumartenzusammensetzung die langfristige Waldgeschichte wider. Dies zeigt einmal mehr, wie wichtig die Recherche des geschichtlichen Hintergrundes für das Verständnis heutiger Entwicklungen ist.

Sukzession Richtung Laubmischwald

In der überwiegenden Zahl der Kiefernwälder vollzieht sich eine → Sukzession in Richtung Laubmischwald. Dabei ist auch die Fichte oftmals stark vertreten. Allerdings hängt ihr Gewicht offenbar erheblich von dem Samendruck aus benachbarten Fichtenforsten ab, wie dies beispielsweise die Unterschiede zwischen den Ehrhorner Dünen und dem Meninger Holz verdeutlichen *(Kap. 5.1.1.3 und 5.1.1.4)*. Die einheimischen Eichenarten spielen in der Sukzession ebenfalls eine wichtige Rolle *(vgl. Kap. 5.1.1.3, 5.2.1.2, 5.2.1.3, 5.3.1.1, 5.3.1.2, 5.3.1.3)*. Ihre Ausbreitung durch → Hähersaaten ist recht effektiv. Sie werden aber durch Wildverbiss häufig vollständig eliminiert (s. Naturwald Ehrhorner Dünen, *Kap. 5.1.1.4*). Damit erweist sich der Faktor „Wild" als eine der wichtigsten Stellgrößen in der Sukzession.

Buchenwälder – Endstadium der Sukzession

Es wird mittlerweile kaum noch bestritten, dass Buchenwälder das Endstadium der Sukzession im nordwestdeutschen Tiefland auch auf den meisten unserer heutigen Kiefernstandorte bilden würden. Die Ergebnisse der Naturwaldforschung bestätigen diese Einschätzung *(Kap. 5.1.1.3, 5.1.1.4, 5.1.1.5)*. Nur in wenigen Kiefern-Naturwäldern wie den Kaarßer Sandbergen *(Kap. 5.1.1.1)* oder dem Barenberg *(Kap. 5.3.1.4)* ist die Buche noch nicht vertreten. Und dass, obwohl sie im Gegensatz zur Eiche nicht über den fleißigen Samentransporteur Eichelhäher verfügt. Nach wie vor ist jedoch nicht geklärt, welche Rolle die Veränderung der → Standortsverhältnisse in den letzten Jahrzehnten bei diesem Prozess spielt. Nach Heidebauernwirtschaft und anderen Übernutzungen haben sich die Oberböden erholt. Der erfolgte → Humusaufbau verbesserte die Nährstoff- und Wasserversorgung in einem entscheidenden Ausmaß. Die flächenhaften Stickstoffeinträge und Waldkalkungen der letzten Jahrzehnte haben unsere Wälder gedüngt und damit natürliche Standortsunterschiede verwischt.

Wirklich arme Standorte sind daher heute eine Seltenheit. Sie werden vor allem durch die Naturwälder Kaarßer Sandberge und Barenberg repräsentiert, in denen sich auch noch Ausprägungen des in seinem Bestand stark bedrohten Flechten-Kiefernwaldes finden. Diese Relikte dürften aber ebenfalls in absehbarer Zeit der weiteren Sukzession unterliegen. Insgesamt muss festgehalten werden, dass mittlerweile die historische Vereinheitlichung der Standortsverhältnisse durch Übernutzungen von einer Vereinheitlichung durch Eutrophierung abgelöst wurde.

Vereinheitlichung durch Eutrophierung

Standortsveränderungen haben auch in den Eichenmischwäldern sowie in den Bruch- und Auenwäldern einen entscheidenden Einfluss. Hier waren und sind es vor allem Entwässerungsmaßnahmen, die dazu geführt haben, dass sich die Extreme des Wasserhaushaltes wie Überstauung und Überflutung abgeschwächt oder auch völlig verloren haben. Ein dramatischer Torfabbau in den → Niedermooren, wie dies am Beispiel des Großen und des Kleinen Giebelmoores belegt werden kann *(Kap. 5.1.4.2)*, ist eine direkte Folge. Allerdings geben diese beiden Gebiete zusammen mit dem Naturwald Bornbruchsmoor *(Kap. 5.1.4.7)* auch Anlass zur Hoffnung: Die dort durchgeführten Renaturierungsmaßnahmen sind offenbar erfolgreich. Es ist also in vielen Fällen lohnend, den Weg in Richtung eines naturnahen Wasserhaushaltes einzuschlagen.

Eichenmischwälder und Feuchtwälder

Der veränderte Wasserhaushalt bleibt nicht ohne Auswirkungen auf die Baumartenzusammensetzung und Waldstruktur. In den Bruchwäldern beginnt sich eine → Strauchschicht aus weniger überflutungstoleranten Arten zu entwickeln (vgl. Naturwald Blütlinger Holz und Bornbruchsmoor, *Kap. 5.1.4.1* und *5.1.4.7*), die einen einsetzenden Baumartenwechsel andeutet. In vielen Eichenmischwäldern verliert sich ein entscheidender Konkurrenzvorteil der Eiche gegenüber der Buche: ihre größere Überflutungstoleranz. Diese Erkenntnis hat weitreichende Folgen für die Interpretation der Walddynamik in grundwassernahen Eichenmischwäldern. Hier ist die Ansicht weit verbreitet, dass es sich bei der deutlichen Zunahme der Buche um ein natürliches Konkurrenzphänomen handelt: Mit nachlassender Förderung der Eiche durch den Menschen setzt sich die Buche als die eigentlich konkurrenzstärkere Baumart durch. Vielfach dürfte allerdings erst die Entwässerung die Voraussetzungen für die vitale Buchenentwicklung geschaffen haben. Unstrittig bleibt allerdings, dass sie auch in den grundwassernahen Eichenmischwäldern ein natürliches Element sein kann. Absterbeerscheinungen in den Naturwäldern Friedeholz *(Kap. 5.3.2.4)* und Bohldamm *(Kap. 5.1.4.3)* sowie die Beschränkung auf erhöhte Kleinstandorte im Naturwald Landwehr *(Kap. 5.1.2.1)* zeigen aber, dass sie der Eiche nicht auf die längere Zeit überstauten Standorte folgen kann. Während die Sukzession in Richtung Buchenwald in den grundwasserfernen Eichenwäldern unzweifelhaft eine natürliche Erscheinung darstellt, spielt also offenbar auf den grundwassernahen Standorten die Entwässerung eine entscheidende Rolle.

Veränderter Wasserhaushalt

Sukzession in Richtung Buchenwald?

Hinzu kommt ein weiterer Faktor, der zu einer Verringerung des Eichenanteils geführt hat, ohne dass Konkurrenz im Spiel war: Vom → Eichensterben waren und sind fast alle Naturwälder mehr oder weniger stark betroffen.

Die scheinbar so einheitliche Entwicklung der Eichenmischwälder in Richtung Buchenwald entpuppt sich damit als ein kompliziertes Beziehungsgeflecht aus Standortsveränderungen, Konkurrenz und Störungen, wie dem Eichensterben.

Kompliziertes Beziehungsgeflecht

Buchenwälder: Verdrängung der Mischbaumarten

In den Buchenwäldern zeigt sich eine Verdrängung der Mischbaumarten im Altbestand wie in der → Verjüngung. Hier ist erst in einer stärker aufgelichteten → Alters- oder Zerfallsphase denkbar, dass andere Baumarten eine Chance zur Entwicklung erhalten. Am Beispiel des Naturwaldes Lüßberg *(Kap. 5.1.3.1)* wird eindrucksvoll deutlich, wie reaktionsfähig selbst die Kronen älterer Buchen sind. Die Lücken aus dem 1972er Orkan werden trotz eines nachfolgenden → Zunderschwammbefalls weiter geschlossen.

Biologische Vielfalt historisch alter Wälder

Hinsichtlich der biologischen Vielfalt wird aus den vorliegenden Ergebnissen einmal mehr der Wert historisch alter Wälder und der Strukturen der Alters- und Zerfallsphase deutlich. Insbesondere die ehemaligen Hutewälder Neuenburger Urwald, Hasbruch, Herrenholz und Baumweg *(Kap. 5.2.2.1, 5.3.2.1, 5.3.2.2, 5.3.2.3)* beherbergen deshalb einen außergewöhnlichen Schatz seltener Arten, weil hier mehrere günstige Bedingungen gegeben sind: eine lange → Habitatkontinuität, hohe Baumalter und ein langer nutzungsfreier Zeitraum. → Totholz und Altbäume mit Höhlen, → Mulmtaschen und vielerlei andere Kleinstrukturen sind reichlich und seit langer Zeit vorhanden, sodass sich auch die hierauf angewiesenen und in ihrem Bestand bedrohten Arten einfinden konnten.

Erstaunliche Totholzvorräte

In Waldmaßstäben gemessen, sind die meisten Naturwälder erst seit kurzem aus der Nutzung genommen. Umso erstaunlicher ist es, welche Totholzvorräte in dieser Zeit gebildet wurden. Die meisten Buchen-Naturwälder der ersten Generation weisen Totholzmengen zwischen 20 und 40 m³ je Hektar auf, bei manchen sind die Vorräte sogar höher. Das Eichensterben hat in vielen Eichenmischwäldern wesentlich zum Totholzaufbau beigetragen. Insgesamt sind die gemessenen Werte überraschend hoch. Sie zeigen, dass sich durch eine Extensivierung von Forstschutz und Nutzung beachtliche Totholzmengen in absehbarer Zeit aufbauen lassen.

Erläuterungen zum Ergebnisteil

Bei der Darstellung der Untersuchungsergebnisse wurde die Form von Abbildungen und Tabellen so weit wie möglich standardisiert. Für die Baumartengruppen wurden gleiche Farben verwendet. Auch die Tabellenstruktur ist möglichst vergleichbar, auch wenn hier verschiedenen Varianten existieren (s. u.). Nachfolgend werden wichtige Erläuterungen für das Verständnis der Abbildungen und Tabellen gegeben.

Grafiken   Bei der Darstellung der Baumartenverteilung und der Altersstruktur werden Artengruppen verwendet. Diese Gruppen beinhalten die folgenden botanischen Arten:
Buche = Rotbuche
Eiche = Trauben- und Stieleiche
Fichte = alle Fichtenarten
Kiefer = alle Kiefernarten
Sonstiges Nadelholz = alle weiteren Nadelholzarten
Weichlaubholz = Laubbaumarten mit Pioniercharakter (Birkenarten, Erlen, Eberesche etc.) und Sträucher
Hartlaubholz = alle weiteren Laubbaumarten wie Esche, Ulmenarten, Ahornarten, Lindenarten etc.

Den Grafiken der Altersstruktur liegen die Daten der letzten → Forsteinrichtung zugrunde. Der Flächenanteil einer Baumartengruppe wurde über den sog. Mischungsanteil im Hauptbestand errechnet. Dies ist der prozentuale Anteil einer Baumart an der Gesamtfläche des Hauptbestandes. Der Hauptbestand ist diejenige Bestandesschicht, auf der zum Zeitpunkt der Waldaufnahme das wirtschaftliche Hauptgewicht liegt. Da in Naturwäldern nicht mehr gewirtschaftet wird, ist davon auszugehen, dass die vorherrschende Schicht als Hauptbestand verschlüsselt wurde.

Tabellen   Für die Tabellen „Strukturdaten" und „Naturverjüngung" wurden bis auf die folgende Ausnahmen keine Baumartengruppen verwendet:
Trauben- und Stieleiche wurden zu Eiche zusammengefasst, Sand- und Moorbirke wurden zu Birke zusammengefasst, alle Baum- und Straucharten mit geringerer Bedeutung wurden der Gruppe „Sonstige" zugeordnet.
Unter Kiefer ist die Waldkiefer und unter Fichte die Gemeine Fichte zu verstehen.

In den „Strukturdaten"-Tabellen wird der lebende Bestand durch die auf einen Hektar bezogenen Kenngrößen Stammzahl (Anzahl Bäume), Grundfläche (Querschnittsfläche aller Bäume in 1,3 m Höhe) und Volumen (Holzvolumen aller Bäume bis zu einem Ast- oder Stammdurchmesser von 7 cm) beschrieben. Vom toten Bestand werden – so weit möglich – die Anzahl stehender toter Bäume und das Volumen des liegenden → Totholzes und des Totholzes insgesamt mitgeteilt.

Die Tabellen „Naturverjüngung" geben die mittlere Anzahl von jungen Bäumen und von Sträuchern mit einem → BHD < 7 cm getrennt nach Höhenklassen je Hektar an. Ausgeschlossen sind Keimlinge, d. h. Pflanzen, die ihr erstes Lebensjahr noch nicht vollendet haben.

Bei den beiden Tabellentypen muss weiterhin unterschieden werden zwischen:
1) Einmaligen Aufnahmen und Wiederholungsaufnahmen
2) Daten aus Kernflächen und Probekreisen
3) Daten der Nordwestdeutschen Forstlichen Versuchsanstalt und Daten der vom Niedersächsischen Forstplanungsamt durchgeführten Betriebsinventur

Unterschiedliche Tabellentypen

Liegen Wiederholungsaufnahmen vor, so werden die jeweils aktuellsten Werte und deren Differenz zur ersten Erfassung dargestellt.

Bei den Strukturdaten handelt es sich um arithmetische Mittelwerte der auf einen Hektar bezogenen Ergebnisse aus allen Probekreisen bzw. Kernflächen-Quadranten. Dabei macht der Tabellenunterschrift deutlich, ob es sich um Probekreis- oder Kernflächenaufnahmen handelt.

Stammen die Daten aus der Nordwestdeutschen Forstlichen Versuchsanstalt, so beziehen sich die Ergebnisse für den stehenden Bestand auf alle lebenden und stehenden Bäume mit einem BHD ≥7 cm. Stammen sie aus der Betriebsinventur, so gilt für den lebenden Bestand ebenfalls die → Kluppschwelle von ≥7 cm. Das Totholz kann jedoch nicht getrennt nach stehenden und liegenden Teilen angegeben werden und wird erst ab einer Durchmessergrenze von 30 cm erfasst. Zudem wird in der Forsteinrichtung eine andere Einteilung für die Höhenklassen bei der → Verjüngungsaufnahme verwendet. Ob die Daten aus der Forsteinrichtung stammen, kann daher an der Tabellenstruktur erkannt werden: Hier gibt es in der „Strukturdaten"-Tabelle nur eine Spalte für die Totholzangaben und es werden bei der Tabelle „Naturverjüngung" statt der Höhenklassen <0,5m, 0,5–2,0m und >2,0m die Klassen <0,5m, 0,5–1,3m und >1,3m verwendet.

Unterschiedliche Erfassung

Für den liegenden Bestand gilt bei den Probekreisdaten der Nordwestdeutschen Forstlichen Versuchsanstalt eine Durchmessergrenze von 20 cm.

In den Kernflächen gilt für die jüngsten Aufnahmen sowohl des stehenden als auch des liegenden Bestandes eine Kluppschwelle von 7 cm. Da bei den Inventuren in den 1970er und 1980er Jahren kein Totholz erfasst wurde, können hierzu keine Werte mitgeteilt werden.

Um die Lesbarkeit der Tabellen zu verbessern, werden mit Ausnahmen der Grundflächenwerte keine Nachkommastellen angegeben. Daher kann es zu kleineren Abweichungen zwischen der Summe der Einzelwerte und den Summen der Spalten bzw. Zeilen kommen. Um echte Nullwerte (nicht vorhanden) von auf Null gerundeten Werten trennen zu können, wird unterschieden zwischen:
„0" = kleiner Wert unter 0,5 (bzw. 0,05 bei der Grundfläche)
„—" = nicht vorhanden.

Bessere Lesbarkeit

Bei den Beschreibungen der Naturwälder wird auch auf deren Schutzstatus eingegangen. Bewusst wurde allerdings der Status als FFH- oder Vogelschutzgebiet nicht erwähnt, da die entsprechende Meldekulisse noch nicht endgültig bestätigt ist. Erst im zweiten Band soll der Schutzstatus nach Natura 2000 zusammenfassend dargestellt werden.

Schutzstatus Natura 2000

Glossar

Altersphase: Phase der Waldentwicklung, in der einzelne Bäume und Trupps beginnen abzusterben. Sie zeichnet sich durch einen Zuwachsrückgang, einen hohen Starkholzanteil und kleinere Bestandeslücken aus.

Anmoor, anmoorig: Nasshumusform, die unter dem Einfluss von langfristig hoch anstehendem Grund- oder Stauwasser entsteht → Humusgehalten zwischen 15 und 30 % und einen meist 20–40 cm mächtigen organischen Horizont aufweist.

atlantisches Klima: → Makroklima.

Aueböden: Bodenbildungen der Fluss- und Bachniederungen, die in Abhängigkeit vom Wasserspiegel des Fließgewässers starken Grundwasserschwankungen und periodischen Überflutungen unterliegen. Bei Überschwemmungen werden in einer nicht eingedeichten Aue vom Fluss transportierte Sedimente abgelagert.

Auenlehm: Lehmige Ablagerung der → holozänen Talauen.

Auenstandorte: Standorte, die der Überflutungsdynamik eines Fließgewässers unterliegen bzw. in früherer Zeit unterlagen.

Ausblasungsmulde: Vertiefung in der Landschaft, die durch Ausblasung und Abwehung durch Wind bei fehlender Vegetation entstanden ist.

autochthon, Autochthonie: Bodenständig, am Fundort entstanden, nicht durch den Menschen eingebracht.

azonale Waldgesellschaft: → Waldgesellschaft, die in mehreren Vegetationszonen unabhängig vom Allgemeinklima in ungefähr gleicher Form auftritt, z.B. Bruch- oder Auenwald. Im Gegensatz dazu ist die zonale Waldgesellschaft in erster Linie vom Allgemeinklima und vom Hauptsubstrat der Bodenbildung abhängig.

Beckenabsätze: Eiszeitliche, vorwiegend feinkörnige Ablagerungen aus Schmelzwässern zumeist in Eisstauseen. Kennzeichnend ist der fehlende bis geringfügige Anteil an organischer Substanz.

Berechtigung: → Nutzungsberechtigung.

Bestandesschichten: Höhenschichtung der Gehölze im Wald. Vegetationskundliche Schichtung: Baumschicht, → Strauchschicht, Krautschicht und Moosschicht; Forstliche Schichtung: Oberschicht, Mittelschicht, Unterschicht, → Nachwuchs und Ansamung oder nach wirtschaftlichen Gesichtspunkten: → Hauptbestand und Nebenbestand (dazu gehören → Zwischenstand und Unterstand).

BHD: → Brusthöhendurchmesser.

Bodentypen: Böden mit gleichem Entwicklungszustand, der durch eine bestimmteHorizontfolgekombination ausgedrückt wird. Terrestrische Bodentypen (z.B. → Braunerde, → Podsol, → Pseudogley) entwickeln sich auf Landböden, semiterrestrische Bodentypen (z.B. → Gley, Aueböden) entwickeln sich unter Grundwassereinfluss.

Braunerde: Bodentyp, mit der Horizontfolge: Mineralischer Oberboden mit → Humusakkumulation (Ah) – Verbraunungshorizont (Bv) – Mineralischer Untergrundhorizont (C) *(Kap. 3.2.3.).*

Brusthöhendurchmesser (BHD): In 1,3 m (Brusthöhe) über der Bodenoberfläche gemessener Durchmesser eines Baumes.

Bulten-Schlenken-Struktur: In Mooren wechseln sich flache nasse Vertiefungen (Schlenken) mit trockeneren Kuppen (Bulten) ab.

Bundesartenschutzverordnung: Aufgrund des Bundesnaturschutzgesetzes (BNatSchG) erlassene Rechtsverordnung zum Schutz wildlebender Tier- und Pflanzenarten. In der Anlage î findet sich eine Liste der in der Bundesrepublik Deutschland geschützten Pflanzen- und Tierarten.

Büschelpflanzung: Pflanzung von mehreren Pflanzen in einem gemeinsamen Pflanzloch, mit dem Ziel, die Anwuchswahrscheinlichkeit zu erhöhen.

Derbholz, Derbholzschwelle: Bäume ab einem → BHD von 7 cm, die ab hier zum Derbholzbestand zählen.

Diversität: → Biodiversität.

Drahtschmiele: *Avenella flexuosa*, Teppiche bildendes Waldgras.

Drenthe-Stadium, drenthestadial: → Saale-Eiszeit.

dystroph: → Nährstoffversorgung.

Eichensterben: Komplexkrankheit an Eichen, die durch das Zusammenwirken von verschiedenen biotischen und abiotischen Schadfaktoren zu Blattverlust und schließlich zum Absterben der Bäume führt. Als biotische Schadfaktoren spielen vor allem der Kahlfraß durch Frostspanner und Eichenwickler sowie der Eichenprachtkäfer ein Rolle. An abiotischen Faktoren sind offenbar extreme Winterfröste oder Trockenheit von Bedeutung *(Kap. 5.1.2.1).*

Einwuchs: Anzahl der Bäume, die in einer bestimmten Periode die → Derbholzschwelle von 7 cm → BHD durch Wachstum überschritten haben.

Elster-Eiszeit: Erste der für Nord-Europa flächenmäßig nachgewiesenen Eiszeiten. Sie wird auf den Zeitraum von vor ca. 480 000 bis 420 000 Jahren datiert. Das Maximum der Vereisung reichte bis an die Mittelgebirge heran und verlief nördlich der Mittelgebirge Harz und Teutoburger Wald und erstreckte sich bis zur Nordsee.

Endmoräne: Wallartige Aufschüttung von Gesteinsmaterial, das vom Gletscher transportiert und an seinem Rand abgelagert wurde. Die Endmoräne kennzeichnet die Linie des weitesten Gletschervorstoßes und ist Bestandteil der → Glazialen Serie.

epiphytisch: auf lebenden oder abgestorbenen Pflanzen lebend, ohne diese zu schädigen.

Eschboden: Boden, der durch das Ausbringen der mit Mist angereicherten → Plaggen auf dem Feld, dem so genannten Esch, entstand. Dadurch bildete sich ein humoser Eschbodenhorizont, der bis zu 150 cm mächtig sein kann.

eutroph: → Nährstoffversorgung.

FFH-Richtlinie: Kurzbezeichnung für die „Richtlinie 92/43/EWG des Rates vom 21. Mai 1992 zur Erhaltung der natürlichen Lebensräume sowie der wildlebenden Tiere und Pflanzen". Die FFH-Richtlinie hat zum Ziel, die Erhaltung der biologischen Vielfalt zu fördern. Im Anhang II der FFH-Richtlinie sind Tier- und Pflanzenarten von gemeinschaftlichem Interesse genannt, für deren Erhaltung besondere Schutzgebiete ausgewiesen werden müssen. Beispiel für eine Tierart der Wälder ist der Eremit *(Osmoderma eremita)*.

Flugsand: Durch den Wind verbreiteter Sand. Im Unterschied zu den Dünen, die in der Eiszeit aufgeweht wurden, wird der Begriff hier für den während der Waldverwüstungsphase verwehten Sand gebraucht.

Forsteinrichtung, Forsteinrichtungswerk: Mittelfristige, periodische Betriebsplanung in einem Forstbetrieb: In Niedersachsen wird in meist 10-jährigem Abstand der Waldzustand erhoben und eine Nutzungsplanung für die nächsten 10 Jahre abgeleitet. Inventur und Planung werden im Forsteinrichtungswerk festgehalten.

frisch: → Wasserhaushalt.

gebietsfremd: Absichtlich oder unabsichtlich in Gebiete außerhalb des natürlichen Lebensraums eingeführt, z. B. Douglasie in Deutschland.

Geest: Von niederdeutsch gest = trocken, unfruchtbar. Bezeichnung für die höher gelegenen, durch eiszeitliche Ablagerungen (Endmoränen, Grundmoränen oder Sander) geprägten Landschaftsteile in Norddeutschland.

Geomorphologie: Wissenschaft von den Formen der Erdoberfläche, den sie beeinflussenden Kräften und Prozessen.

Geschiebe: Bezeichnung für das abgerundete Gesteinsmaterial bzw. Geröll, welches von einem Gletscher transportiert wird.

Geschiebedecksand: Auf eiszeitlichem Frostboden durch Bodenfließen, Ausschlämmung bzw. Ausblasung der Feinsubstanz entstandene Sandbildung unterschiedlicher → Korngrößen von → Schluff bis zu Blöcken. Er kommt meist als < 1 m mächtige Deckschicht auf → Geschiebelehm oder → Schmelzwassersand vor.

Geschiebelehm: Carbonatfreier, bindiger, eiszeitlich abgelagerter Boden bzw. entkalkter → Geschiebemergel.

Geschiebemergel: → Grundmoränenmaterial aus einem ungeschichteten und schlecht sortierten Gemisch aus Gesteins- und Mineralbodenbruchstücken aller → Korngrößen in meist bindiger, karbonathaltiger Grundmasse.

Geschiebesand: Von Gletschern in der Eiszeit abgelagerter Sandboden. Dazu gehören auch die → Schmelzwassersande.

glaziale Serie: Nach geologischen und geomorphologischen Regeln angeordnete Formen und Sedimente, die durch die Vergletscherung eines Gebietes entstanden sind. Eine vollständige glaziale Serie entsteht an Eisrandlagen und zeigt in Norddeutschland die Abfolge: → Grundmoräne – → Endmoräne – Sander – → Urstromtal. *(→ Kap. 3.2.1)*.

Gley: → Grundwasserbeeinflusster Bodentyp mit der Horizontfolge: Mineralischer Oberboden (A) – Grundwasserbeeinflusster Mineralbodenhorizont mit Oxidationsmerkmalen (Go) – Grundwasserbeeinflusster Mineralbodenhorizont mit reduzierenden Verhältnissen (Gr) *(Kap. 3.2.3)*.

grundfeucht, grundfrisch: → Wasserhaushalt.

Grundfläche = Bestandesgrundfläche: Summe der Querschnittsflächen aller Bäume eines Bestandes in 1,3 m (Brusthöhe, → BHD); Angabe in m² pro Hektar *(→ Kap. 7)*.

Grundmoräne: Eiszeitlich entstandene Landschaft aus unter dem Gletschereis abgelagerten Locker- und Festgesteinsmassen. Sie ist ein Bestandteil der → Glazialen Serie. Das typische Sediment der Grundmoräne ist der → Geschiebemergel, den der ehemalige Gletscher ablagerte *(→ Kap. 3.2.1)*.

Grundwasserbeeinflussung, grundwasserbeeinflusst: → Wasserhaushalt.

Habitatkontinuität: Kontinuierliches Vorhandensein eines bestimmten Lebensraumes.

Hähersaat: Verbreitung vor allem von Eicheln durch den Eichelhäher: Im Herbst sammelt er Baumsamen, um sie als Vorräte in der Erde oder unter dem Laub zu verstecken. Ein Teil dieser Früchte kann zu Bäumen heranwachsen.

Hauptbaumart: Baumart, auf der laut → Forsteinrichtung das Schwergewicht der Forstwirtschaft liegt. Hier: dominierende Baumart.

Hauptbestand: → Bestandesschicht, auf der laut → Forsteinrichtung das Schwergewicht der Bewirtschaftung liegt. Hier: dominierende Bestandesschicht.

Heister: Bezeichnung für in Pflanzgärten herangezogene, ca. 1,5 bis 3 m hohe, junge Laubbäume.

historisch alter Wald: Waldflächen, die, unabhängig von aktuellem Bestandesalter und der Baumartenzusammensetzung, mindestens seit mehreren Jahrhunderten kontinuierlich mit Wald bestockt sind (Wulf & Kelm 1994). Zur Feststellung der Kontinuität werden historische Karten herangezogen.

Hochflutlehm: Während der Weichseleiszeit durch breitflächig fließende Gewässer bei verminderter Stömungsgeschwindigkeit abgelagerter Lehm (tonig bis feinsandiger Schluff) meist ohne humose Anteile.

Hochmoor: (= Regenmoor) Uhrglasförmig gewölbtes, sauerstoff- und extrem nährstoffarmes, ständig feuchtes Moor aus Torfmoosen ohne Kontakt zum Grundwasser. Die extreme Nährstoffarmut und der niedrige pH-Wert dieses Lebensraumes bedingen eine hoch spezialisierte und einzigartige Flora und Fauna mit einer Vielzahl gefährdeter Arten. Durch künstliche Entwässerung und Torfabbau sind in Deutschland viele Hochmoore stark beeinträchtigt bzw. zerstört worden.

Hochwald, Hochwaldwirtschaft: Ein aus → Naturverjüngung oder Pflanzung hervorgegangener Wald, bei dem die Bäume erst in voll erwachsenem Zustand genutzt werden (→ Mittelwald, → Niederwald).

Holozän: Jüngste Epoche der Erdgeschichte, die vor etwa 11 500 Jahren mit dem Rückgang des Eises begann. Sie folgte auf das → Pleistozän und dauert bis heute an.

Humus: Alle in und auf dem Boden befindlichen abgestorbenen und in Zersetzung befindlichen pflanzlichen und tierischen Stoffe sowie deren organische Umwandlungsprodukte.

Hutewald, Hutewaldrelikt, Hutewaldwirtschaft: Historische Waldnutzungsform: für die Weide von Schweinen, Rindern, Schafen, Ziegen etc. genutzter Waldbestand.

Jahresmitteltemperatur: Mittelwert der mittleren Tagestemperaturen für das Jahr.

Jahresschwankung der Lufttemperatur, mittlere; Jahrestemperaturspanne: Differenz zwischen der wärmsten und der kältesten Monatsmitteltemperatur. Ausdruck für die thermische Kontinentalität bzw. Ozeanität eines Gebietes: je größer die Jahrestemperaturspanne desto kontinentaler das Klima (→ Makroklima).

Jungpleistozän: → Pleistozän.

Kluppschwelle: → Brusthöhendurchmesser, ab dem der Durchmesser eines Baumes gemessen wird.

kontinental: → Makroklima.

Konvention über die biologische Vielfalt: „Die Konvention über die biologische Vielfalt hat drei Ziele: die Erhaltung biologischer Vielfalt (conservation), die nachhaltige Nutzung ihrer Bestandteile (sustainable use) sowie ausgewogene und gerechte Beteiligung an den Vorteilen aus der Nutzung genetischer Ressourcen für diejenigen, die diese Ressourcen bereitstellen (benefit-sharing)." (Bundesministerium für wirtschaftliche Zusammenarbeit und Entwicklung 2002).

Kopfhainbuche, Kopfweide: → Kopfholznutzung.

Kopfholznutzung: Historische Nutzungsform, bei der die Äste (meist von Weiden oder Hainbuchen) zur Gewinnung von Laub und jungen Trieben als Viehfutter oder zum Korbflechten genutzt wurden, sodass die charakteristische Kopfbaumform entstand.

Korngröße: Zur Kennzeichnung der Bodenart des Feinbodens wird nach dem Durchmesser der Bodenteilchen unterschieden:
Ton: < 0,002 mm,
Schluff: 0,002 bis 0,063 mm,
Sand: 0,063 bis 2 mm,
Kies: 2 bis 63 mm,
Steine 63 bis 200 mm,
Blöcke 200 bis über 630 mm.

Krattwald: Wald aus bizarr geformten, krüppelwüchsigen Bäumen, der durch das ständige Abfressen der jungen Triebe sowie → Niederwaldwirtschaft entstand.

Kurhannoversche Landesaufnahme: Kartenwerk (Originalmaßstab 1 : 21 333), das zwischen 1764 und 1786 durch Offiziere des Hannoverschen Ingenieurkorps aufgenommen wurde.

Laubstreu: → Streu.

Lauenburger Ton: Jüngstes dunkelgraues, ➔ schluffig-feinsandiges Sediment der Elster-Eiszeit, das von Schmelzwässern als Gletschertrübe herantransportiert und in ehemaligen Seebecken abgesetzt wurde. In der Küstenregion, z.B. bei Oldenburg, Zetel und Jever, ist der oberflächennah und daher leicht abzubauende „Lauenburger Ton" die Grundlage für die Ziegelindustrie *(Kap. 5.2)*.

Löss, Lössbörde: Eiszeitliches nach Windverfrachtung unter trockenen Klimabedingungen im Vorfeld der Gletschergebiete abgelagertes, sehr feinkörniges Material unterschiedlichen Verwitterungsgrades. Lössgeprägte Landschaften heißen Börden (z.B. Hildesheimer Börde) und werden aufgrund ihrer hohen Fruchtbarkeit in erster Linie landwirtschaftlich genutzt. Im Wald findet man meist geringer mächtige Lössauflagen.

LÖWE-Programm: Programm zur Langfristigen Ökologischen Waldentwicklung der Niedersächsischen Landesregierung von 1991. In den darin enthaltenen 13 Grundsätzen wird die Bewirtschaftung der Landesforsten nach ökologischen Gesichtspunkten verbindlich vorgeschrieben.

LÖWE-Waldschutzgebiet: In Grundsatz 8 des ➔ LÖWE-Programms wird die repräsentative Auswahl von Waldflächen vorgeschrieben, in denen typische und seltene ➔ Waldgesellschaften Niedersachsens gesichert werden sollen. In Waldschutzgebieten bestimmt der Schutzzweck, ob und wie ein Gebiet bewirtschaftet werden soll. Folgende Waldschutzgebietskategorien gibt es in Niedersachsen: Naturwirtschaftswald, Lichter Wirtschaftswald mit ➔ Habitatkontinuität, Generhaltungsbestände, Kulturhistorischer Wirtschaftswald, Sonderbiotope und Naturwald.

Makroklima: Großklima, das von der Meereshöhe, der geografischen Breite und der Lage innerhalb des Systems der atmosphärischen Zirkulation und zu den Ozeanen bestimmt wird. Ein atlantisches bzw. ozeanisches Großklima ist durch eine geringe ➔ Jahresschwankung der Lufttemperatur, eine lange kühle Vegetationszeit, milde Winter mit wenig Schnee, hohe Jahresniederschläge mit einem Maximum im Herbst und Winter gekennzeichnet. Ein Kontinentalklima zeichnet sich durch eine große Jahresschwankung der Lufttemperatur, eine kurze, warme Vegetationszeit, strenge kalte und schneereiche Winter und eine geringe Höhe der Jahresniederschläge mit einem Maximum im Sommer aus.

Marsch: Nacheiszeitlich durch das Ansteigen des Meeresspiegels entstandene Gebiete an den Meeresküsten und entlang der Flüsse. Die Marschlande zeichnen sich durch fruchtbare Böden und einen hohen Grundwasserspiegel aus. Erst durch die intensive Entwässerung konnten die Marschen landwirtschaftlich genutzt werden.

Mast: Starke Fruchtproduktion von Bäumen, deren Früchte zur ➔ Schweinemast genutzt wurden (Mastbäume), i.d.R. Eiche und Buche. Jahre mit starker Fruchtproduktion werden Mastjahre genannt.

mesotroph: ➔ Nährstoffversorgung.

Mesozoikum: Erdmittelalter, Zeitalter der Dinosaurier. Erdzeitalter, das vor 251 Millionen Jahren begann und vor 65,5 Millionen Jahren endete und sich durch ein tropisches Klima und den Beginn der Kontinentaldrift auszeichnete. Es wird in die geologischen Perioden ➔ Trias, Jura und Kreide gegliedert *(Kap 3.2.1)*.

Mittelwald: Typische Form der Waldbewirtschaftung bis Ende des 19. Jh. Ein Mittelwald besteht aus 2 Bestandesschichten: dem Unterholz, das wie beim ➔ Niederwald aus Stockausschlägen erwächst und regelmäßig zur Brennholzgewinnung genutzt wird, und dem darüber stehenden ➔ Oberholz in Form großer und breitkroniger Bäume, die der Produktion von Bauholz und Früchten für die ➔ Schweinemast dienen.

Mulm: ➔ Humusähnliches Endprodukt der Holzzersetzung. Mulmhöhlen sind mit Mulm gefüllte Fäulnishöhlen in Bäumen.

nachhaltig, Nachhaltigkeit: Wirtschaftsweise, bei der die Bedürfnisse der gegenwärtigen Generation befriedigt werden, ohne die Fähigkeit der zukünftigen Generation zu gefährden, ihre eigenen Bedürfnisse befriedigen zu können (nach Club of Rome: Grenzen des Wachstums). Im forstlichen Sinne: Prinzip eines Forstbetriebes, dauernd und optimal die vielfältigen Leistungen des Waldes, wie Holzerzeugung, Holzerträge, Schutz- und Erholungsfunktionen, hervorzubringen.

Nachwuchs: Gehölzpflanzen der ➔ Verjüngung.

Nährstoffversorgung: Zur Beurteilung der ökologischen Eigenschaften eines Standortes wird seine Nährstoffversorgung eingeschätzt bzw. im Labor bestimmt.

In Niedersachsen wird die Nährstoffversorgung der Waldstandorte folgendermaßen abgestuft:

- dystroph, sehr schwach versorgt: Basensättigung unter 5 % im Unterboden (sehr selten), z.B. unverlehmte Sande, weiße Dünen, voll wassergefüllte (intakte) Hochmoore
- oligotroph, schwach versorgt: Basensättigung 5 bis 10 % im Unterboden, z.B. Sande mit Resten von Feinsubstanz, gelbe und graue Dünen, teilentwässerte ➔ Hochmoore
- schwach mesotroph, mäßig versorgt: Basensättigung 5 bis 40 % im Unterboden, z.B. ➔ Geschiebedecksande, durch nährstoffreiches Grundwasser beeinflusste Sande, humusbeeinflusste Dünen, Moore mit ständig wasserfreiem Oberboden

- gut mesotroph, ziemlich gut versorgt: Basensättigung 20 bis 80 % im Unterboden, z.B. Geschiebelehme, → Sandlöss, durch nährstoffreiches Grundwasser beeinflusste Sande
- eutroph, gut versorgt: Basensättigung 40 bis 90 % im Unterboden, z.B. → Geschiebemergel, → Auen- und → Niedermoorstandorte
- sehr gut versorgt: Basensättigung 80 bis 100 % im Unterboden (selten), z.B. Geschiebemergel ohne wesentliche Versauerung mit intaktem Humushaushalt.

natürliche Waldgesellschaft: → Waldgesellschaft.

Naturverjüngung: Aus natürlichem Samenfall entstandener → Nachwuchs eines Baumbestandes.

Niedermoor: Moor, das bei hoch anstehendem Grundwasser, im Einflussbereich von Quellen oder durch die Verlandung von Stillgewässern entsteht. Sauerstoffmangel bedingt eine herabgesetzte Zersetzung von Pflanzenteilen und begünstigt die Torfbildung. Die natürliche Vegetation der Niedermoore sind der Bruchwald oder die Feuchtwiese.

Niederwald, Niederwaldwirtschaft: Älteste Form der geregelten Waldbewirtschaftung, bei der der Wald in relativ kurzen Zeitabständen (20–40 Jahre) meist zur Brennholzgewinnung flächig abgeholzt wird und sich immer wieder von selbst aus → Stockausschlägen und → Naturverjüngung erneuert (Kap. 3.1).

Nutzungsberechtigungen, Nutzungsrechte, Berechtigung: Ehemaliges Recht einer

Markgenossenschaft bzw. Dorfgemeinschaft zur Nutzung des gemeinschaftlichen Eigentums (Allmende). Typische Nutzungsberechtigungen im Wald (Forstberechtigungen) waren z.B. Waldweide (→ Schweinemast), Holz- und → Streunutzung. Ende des 19. Jh. wurden die Nutzungsberechtigungen vielfach durch die Teilung der Allmenden (Markenteilung oder Verkoppelung) bzw. durch Veräußerung an die Gemeindeglieder abgelöst.

Oberschicht: Oberste → Bestandesschicht.

Oberständer, Oberholz: Obere Bestandesschicht eines → Mittelwaldes.

Oldenburgische Vogteikarte: Topographisches Kartenwerk des Oldenburger Landes im Maßstab 1 : 20 000, das zwischen 1791 und 1799 entstand.

oligotroph: → Nährstoffversorgung.

Ortstein: Stark verfestigter, geschlossener Horizont eines → Podsols.

Pionierbaumarten: Baumarten, die die Fähigkeit besitzen, Rohböden und Freiflächen als erste zu besiedeln. Meist handelt es sich um Lichtbaumarten, die viele leichte Samen produzieren, die über den Wind verbreitet werden, z.B. Birke.

Pionierwald, Pionierstadium: → Sukzession.

Plaggen, Plaggenstich, Plaggenwirtschaft: Plaggen sind rechteckige, durchwurzelte Oberbodenstücke mit einer Gras- oder Heidekrautvegetation von rund 4–6 cm Stärke. Sie wurden in Nordwestdeutschland und in den östlichen Niederlanden vom 9. Jh. bis in die Mitte des 19. Jh., teilweise bis in die 1930er Jahre, auf ackerbaulich nicht genutzten Flächen gestochen und als Streu für die Ställe verwendet. Zusammen mit dem Mist bildete das Material einen organischen Dünger, der auf die Felder aufgebracht wurde (→ Eschboden). Die für den Plaggenstich genutzten Flächen degenerierten zu Heideflächen. Mit dem zunehmenden Einsatz von Mineraldüngern wurde die Plaggenwirtschaft eingestellt.

Pleistozän, Jung-, Alt-: = Eiszeitalter. Erdgeschichtliche Epoche vor ca. 1,8 Millionen bis 11 500 Jahren, die durch die Eiszeiten geprägt wurde. Der älteste und längste Abschnitt des Pleistozäns ist das Altpleistozän, das vor ca. 1,8 Millionen Jahren begann und vor etwa 0,78 Millionen Jahren endete. Dazu zählen die → Elster- und die → Saale-Eiszeit. Das Jungpleistozän ist der jüngste und zugleich kürzeste Abschnitt des Pleistozäns. Es begann vor rund 130 000 Jahren und umfasst die Eem-Warmzeit sowie die → Weichsel-Eiszeit.

plenterartig: Der Struktur eines Plenterwaldes ähnlich. Ein Plenterwald ist durch intensive menschliche Bewirtschaftung entstanden und zeichnet sich dadurch aus, dass gleichzeitig auf kleiner Fläche Bäume aller Dimensionen vom Keimling bis zum Altbaum anzutreffen sind.

PNV, potenzielle natürliche Vegetation / Waldgesellschaft / Waldvegetation: Gedachte höchstentwickelte Waldvegetation (→ Schlusswald), die mit den gegenwärtigen Standortsbedingungen – seien sie natürlich oder anthropogen irreversibel verändert – im Einklang steht und vom Menschen nicht mehr beeinflusst wird. Sie wird als schlagartig eingeschaltet gedacht, sodass der Zeitfaktor ausgeschaltet ist und alle → Sukzessionsstadien, die zu einer gedachten höchstentwickelten Vegetation hinführen würde, unberücksichtigt bleiben (nach Arbeitskreis Forstliche Standortsaufnahme 1996).

Podsol: Bodentyp mit der Horizontfolge: Organischer Horizont (O) – sauer gebleichter, mineralischer Oberbodenhorizont (Ae) – mit Sesquioxiden angereicherter Mineralbodenhorizont (Bs) – mit Huminstoffen angereicherter Mineralbodenhorizont (Bh) – Mineralischer Untergrundhorizont (C). Die Entwicklung von Podsolen wird durch Nährstoff exportierende Nutzungsarten (→ Plaggenwirtschaft, → Streunutzung) begünstigt (Abb. 3.2.3_1).

Podsol-Braunerde: → Braunerde mit stark ausgeprägten → Podsol-Merkmalen.

Primärsukzession: → Sukzession auf exponierten Landflächen, die vorher nicht von einer Lebensgemeinschaft beeinflusst worden sind.

Probekreisinventur: Erhebung von Baummerkmalen (Baumart, → BHD, Höhe etc.) auf systematisch verteilten permanenten Stichprobeflächen im Wald. Wiederholte Probekreisinventuren erlauben durch den Vergleich der erhobenen Daten Rückschlüsse auf die Veränderungen der Waldstruktur.

Pseudogley: Bodentyp mit der Horizontfolge: Mineralischer Oberbodenhorizont (A) – stauwasserleitender Horizont (Sw) – wasserstauender Horizont (Sd), der einen schroffen Wechsel zwischen Nass- und Trockenphasen aufweist *(Abb. 3.2.3_1)*.

Qualmwasser: = Druckwasser. Wasser, das bei Überschwemmung unter den Deichen hindurchdrückt und wieder an die Oberfläche tritt.

Reinbestand: Waldbestand, der nur aus einer Baumart besteht oder in dem Mischbaumarten weniger als 10 % Anteil haben.

Rendzina: Bodentyp mit der Horizontfolge: Mineralischer Oberbodenhorizont mit → Humusakkumulation (Ah) – mit Karbonat angereicherter mineralischer Untergrundhorizont (cC) *(Abb. 3.2.3_1)*.

Ried, Rieder: Bezeichnung für torfiges, mit Röhricht und Schilf bzw. Riedgräsern bewachsenes Moorgebiet. In der Pflanzensoziologie: Vegetationsbestand mit Dominanz von Sauergräsern oder Binsengewächsen.

Rohhumus: Durch extrem verlangsamte Streuzersetzung entstandene → Humusform mit meist niedrigem pH-Wert und schlechter → Nährstoffversorgung.

Rote Liste: Verzeichnis gefährdeter Tier- und Pflanzenarten in einem abgegrenzten Gebiet. Grundlage jeder Roten Liste bilden die Gefährdungskategorien ausgestorben oder verschollen, vom Aussterben bedroht, stark gefährdet, gefährdet und potenziell gefährdet.

Saale-Eiszeit, Saale-Vereisung: Mittlere der drei größeren Vergletscherungen vor ca. 230 000 bis 130 000 Jahren, benannt nach dem Elbe-Nebenfluss Saale. Die Saale-Eiszeit brachte in drei großen Gletschervorstößen, dem Drenthe I-, Drenthe II- (Vorstöße bis an den Niederrhein und Großbritannien) und dem → Warthe-Stadium (Vorstoß bis in die Lüneburger Heide), eine maximale Vereisung der Norddeutschen Tiefebene, die im Süden bis an die Mittelgebirgsschwelle reichte.

Sandlöss: Durch den Wind verbreiteter Grob-Schluff bis Feinsand (→ Korngröße).

Schleimfluss (-Krankheit): Komplexkrankheit der Buche, die mit braunen bis schwärzlichen, feuchten Flecken auf der Rinde der Stämme beginnt und zum Absterben der Rinde bzw. der Bäume führen kann.

Schluff, schluffig: → Korngröße.

Schlusswald, Schlusswaldgesellschaft: = Klimaxvegetation. Hypothetische, vom Großklima bestimmte Endstufe ungestörter Vegetationsentwicklung (→ Sukzession).

Schmelzwassersand: Durch eiszeitliche Schmelzwasserströme abgelagerter Sand mit meist nur geringem Lehmanteil.

Schweinemast: Historische Waldnutzungsform bis ins 20. Jh., bei der Schweine in den Wald getrieben wurden, um mit herabgefallenen Eicheln, Bucheckern und Nüssen gemästet zu werden (→ Nutzungsberechtigung).

sommertrocken: → Wasserhaushalt.

Standort, forstlicher: Gesamtheit der für das Wachstum der Waldbäume wichtigen Umweltbedingungen, wie sie im Gelände durch Lage, Klima und Boden bestimmt werden. Zu den Umweltbedingungen, die den forstlichen Standort ausmachen, zählen nur solche, die in überschaubaren Zeiträumen einigermaßen konstant bleiben oder einem regelmäßigen Wechsel unterworfen sind.

Standortskartierung, Forstliche: Ausscheidung von → Standortstypen im Gelände an Hand von vegetationskundlichen und geologisch-bodenkundlichen Abgrenzungskriterien nach einem einheitlichen Schema. Die Ergebnisse der Forstlichen Standortskartierung werden in Standortskarten und Standortskartierungswerk niedergelegt und dienen der Waldbau-Planung.

Standortsgradient: Standortsübergang von feucht bis trocken (→ Wasserhaushalt) oder von dystroph oder oligotroph bis eutroph (→ Nährstoffversorgung).

standortsheimisch: Auf einem Standort von Natur aus vorkommend.

Standortstyp: Zusammenfassung ähnlicher → Standorte zu lokalen ökologischen Einheiten, die in ihren waldbaulichen Möglichkeiten, in ihrer Gefährdung und ihrer Ertragsfähigkeit annähernd gleich sind.

staufeucht, staufrisch, staunass: → Wasserhaushalt.

Stauwasserstandort: Standorte mit mindestens zeitweiligem Wasserüberschuss (→ Wasserhaushalt).

Stockausschlag: Bildung von neuen Trieben aus den Stöcken genutzter oder gebrochener Bäume. Die Vermehrung durch Stockausschlag wird insbesondere bei der → Nieder- und Mittelwaldwirtschaft genutzt.

Störungszeiger: Pflanzenarten, die eine Störung des Standortes durch den Menschen anzeigen.

Strauchschicht: Gehölzschicht zwischen ca. 1,50 und ca. 5 m Höhe.

Streu: Frisch abgefallene Blätter oder Nadeln von Waldbäumen.

Streuabbau: → Streuzersetzung.

Streunutzung: Sammeln von → Laub- und Nadelstreu zur Nutzung als Einstreu in den Viehställen. Altes → Nutzungsecht der Dorfgemeinschaft.

Streuzersetzung: Abbau der → Streu durch Bodenorganismen. Die Abbaugeschwindigkeit ist abhängig von Streuqualität, Zusammensetzung und Aktivität der Zersetzer sowie bodenchemischen und bodenphysikalischen Faktoren.

Stüh, Stühbusch: Buschiger, lockerer bis lichter Krummholzwald aus Eichen-Birken(-Buchen)- → Stockausschlag auf ärmeren, oft auf trockeneren Standorten.

subatlantisch: Atlantisches Klima mit Übergängen zum Kontinentalklima (→ Makroklima).

subkontinental: Kontinentalklima mit Übergängen zum atlantischen Klima (→ Makroklima).

Sukzession, sukzessionale Entwicklung: Gerichtete Abfolge verschiedener Pflanzengesellschaften am selben Ort. Beginnt eine Waldsukzession auf weitgehend vegetationsfreien Flächen, so durchläuft sie verschiedene Sukzessionsstadien von der Pioniervegetation über die erste Pionierwaldgesellschaft (→ Pionierbaumart) und Folgewaldgesellschaften zur → Schlusswaldgesellschaft (= Klimaxvegetation).

Sukzessionsstadium: → Sukzession.

Totholz: Abgestorbene, liegende oder stehende Bäume oder Baumteile.

Totholzinventur: Erfassung von Menge, Dimension und Zersetzungsgrad von → Totholz.

Trias: Geologisches Zeitalter des Erdmittelalters (Mesozoikum), von 210–250 Millionen Jahren vor heute. Zur Trias gehören die Serien bzw. Gesteine Buntsandstein, Muschelkalk und Keuper.

Überhalt: Bäume der vorhergehenden Waldgeneration, die von der Endnutzung ausgenommen wurden.

Ulmensterben: Absterben von Ulmen durch eine Pilzinfektion, die durch den Ulmensplintkäfer übertragen wird.

Unterstand: Unter dem → Hauptbestand wachsende Bäume (→ Bestandesschichten).

Urstromtal: Breite Talniederung, die in der Eiszeit beziehungsweise am Rande des skandinavischen Inlandeises durch das mehr oder weniger eisrandparallele Abfließen der Schmelzwasser gebildet wurde. Sie zählt zur → glazialen Serie und ist häufig durch große Sedimentmächtigkeiten (vor allem Sand und Kies) gekennzeichnet. Urstromtäler besitzen meist eine ausgedehnte, ebene Talsohle und relativ flache, niedrige Talhänge *(Kap 3.2.1)*.

vegetativ, Vegetative Vermehrung: Nichtgeschlechtliche Vermehrung über Stecklinge, Bewurzelung von Zweigen, Wurzelbrut oder → Stockausschlag.

Verjüngung: Natürliche (= → Naturverjüngung) oder künstliche (durch Saat oder Pflanzung) Erneuerung eines Waldbestandes durch Gehölzpflanzen.

Volumen, Holzvolumen: Rauminhalt von Bäumen bzw. Baumbeständen; Angabe in m³ je Hektar.

Vorrat: → Volumen.

Waldgesellschaft, natürliche: hier im Sinne von → potenzielle natürliche Waldgesellschaft verwendet.

Warthestadium, warthestadial: → Saale-Eiszeit.

Wasserhaushalt: Das Wasserangebot bestimmende Variablen, wie Niederschlag, Verdunstung und Transpiration. In Niedersachsen wird die Wasserversorgung der Waldstandorte in Wasserhaushaltsstufen eingeteilt:

1. Grundwasserstandorte:

Standorte mit Grundwassereinfluss. Stufen gegliedert nach Grundwasserstand (GW) unter der Geländeoberfläche (uGOF):

- schwach bis sehr schwach grundwasserbeeinflusst: GW > 150 cm uGOF
- mäßig grundwasserbeeinflusst / grundfrisch: GW 100–150 cm uGOF
- stark grundwasserbeeinflusst: GW 60–100 cm uGOF
- sehr stark grundwasserbeeinflusst: GW 30–60 cm uGOF

2. Stauwasserstandorte:

Standorte mit mindestens zeitweiligem Wasserüberschuss. Stufen gegliedert nach Stand, Dauer und Schwankungsbereich des Stauwassers:

- staunass: ganzjährige Staunässe, wenig ausgeprägter Wechsel zwischen mehr und weniger vernässten Phasen
- schwächer wechselfeucht bis staufrisch: tiefer sitzende Staunässe, geringer bis mäßiger Wechsel zwischen mehr und weniger vernässten Phasen
- stärker wechselfeucht/staufeucht: ziemlich flach bis mäßig tief sitzende Staunässe und mäßig ausgeprägter Wechsel zwischen Vernässung und Austrocknung des Oberbodens
- sehr stark wechselfeucht/wechseltrocken: relativ flach sitzende Staunässe und scharfer Wechsel zwischen Vernässung und Austrocknung des Oberbodens

3. Grund- und stauwasserfreie Standorte:

Stufen gegliedert nach der nutzbaren Wasserspeicherkapazität (nWSK) bezogen auf den Hauptwurzelraum. Dabei sind die Wasserhaushaltsstufen abhängig von Substrat und Schichtung des Bodens:

- sehr frisch und nachhaltig frisch: 180–200 mm nWSK
- frisch bis vorratsfrisch: 130–180 mm nWSK
- mäßig frisch: 100–130 mm nWSK
- mäßig sommertrocken: 70–100 mm nWSK
- trocken (sommertrocken): <70 mm nWSK

wechselfeucht: → Wasserhaushalt.

Weichsel-Eiszeit, Weichsel-Kaltzeit, Weichsel-Vereisung: Jüngste der in Nord- und Mitteleuropa aufgetretenen großräumigen Vergletscherungen durch das skandinavische Inlandeis. Sie kann auf den Zeitraum von vor ca. 115 000 bis 10 000 Jahren datiert werden.

Wölbacker: Relikte einer historischen Ackerbauform, die in der Frühzeit und im Mittelalter in Mitteleuropa verbreitet war. Dabei legte man 8 bis 15 m breite und in Gefällerichtung über 100 m lange Ackerstreifen an, in deren Mitte der Boden bis zu einem Meter Höhe zusammengepflügt wurde.

Wuchsbezirk: Landschaftsbereich, in dem Klima, Ausgangssubstrate, Topografie, Vegetation oder Landschaftsgeschichte einen weitgehend einheitlichen Charakter besitzen. Wuchsbezirke gliedern ein → Wuchsgebiet (nach Arbeitskreis Forstliche Standortskartierung 1996).

Wuchsgebiet: Großlandschaft, die sich durch Gesteinscharakter, Geländeausformung, Klima und Landschaftsgeschichte von anderen Großlandschaften unterscheidet. Wuchsgebiete werden in Wuchsbezirke untergliedert (nach Arbeitskreis Forstliche Standortskartierung 1996).

Zerfallsphase: Phase der Waldentwicklung mit in Auflösung befindlichen Altholzbeständen. Größere Bestandeslücken sowie ein hoher → Totholzanteil prägen diese Phase.

Zunderschwamm (*Fomes fomentarius*): Weißfäule auslösender Konsolen-Pilz, hauptsächlich Wundparasit an Buche.

Zwischenstand: Bäume, die sich zwar in der → Oberschicht befinden, aber hier von den herrschenden Bäumen unterdrückt werden.

Bibliographie der Naturwälder in alphabetischer Reihenfolge*

Ahlhorner Fischteiche

AKKERMANN, R. und DRIELING, J. (1996): Handbuch Naturschutz und Umweltbildung zwischen Weser und Ems – Institutionen des Umwelt- und Naturschutzes, Gesetze und Verordnungen in Auszügen, Regionale Umweltzentren, Außerschulische Lernstandorte, Nationalpark-Häuser, Naturschutzstationen, Jugendwaldheime, Naturschutzgebiete, Nationalpark Niedersächsisches Wattenmeer. BSH Verlag, Wardenburg, 628 S.

FENSKE, H. (1999): Ahlhorner Fischteiche. Isensee Verlag, Oldenburg, 72 S.

NIEDERSÄCHSISCHES FORSTPLANUNGSAMT (1999): Pflege- und Entwicklungsplan für das Naturschutzgebiet „Ahlhorner Fischteiche". Gutachten, unveröffentlicht, 134 S.

Altes Gehege

ALPERS, R. (1986): Ornithologische Bewertung eines Bachtales der östlichen Lüneburger Heide. Vogelkundliche Berichte aus Niedersachsen, 18 (3), 74–88.

LAMPRECHT, H., GÖTTSCHE, D., JAHN, G. und PEIK, K. (1974): Naturwaldreservate in Niedersachsen. Aus dem Walde, 23, 233 S. und Anhang.

MUHLE, H. (1977): Ein Epiphytenkataster niedersächsischer Naturwaldreservate. Mitteilungen der floristisch-soziologischen Arbeitsgemeinschaft, 19/20, 47–62.

SCHÖFFEL, H. (1990): Das Naturwaldreservat „Altes Gehege". Strukturanalyse eines Laubmischwaldes auf feuchten und reichen Standorten. Diplomarbeit, Universität Göttingen, Institut für Waldbau, unveröffentlicht, 118 S.

Barnbruch

BORCHERS, K. und SCHMIDT, K. (1973): Nachweis der Herkünfte für die derzeitigen Kiefern-Vorkommen im nördlichen Niedersachsen. Aus dem Walde, 21, 427 S.

HENSS, M. (1960): Beobachtungen über die Sperbergrasmücke (Sylvia nisoria) 1959 im Drömling. Beiträge zur Naturkunde Niedersachsen, 13 (2), 52–57.

KÜRSTEN, E. (1986): Zur Problematik der Nutzung und Gestaltung von Waldnaturschutzgebieten in Niedersachsen – erläutert am Beispiel des Naturschutzgebietes Barnbruch bei Wolfsburg. Neues Archiv für Niedersachsen, 35 (4), 367–390.

LATZEL, G. (1980): Zum Vorkommen des Schlagschwirls (Locustella fluviatilis) im Aller-Urstromtal (Barnbruch und Drömling). Vogelkundliche Berichte aus Niedersachsen, 12, 14–20.

LÜDERS, L. (1948): Der Sumpfotter – Putorius lutreola (L.) – im Landschaftsgebiet „Allertal-Barnbruch". Beiträge zur Naturkunde Niedersachsen, 1 (4), 3–4.

NIEDERSÄCHSISCHES FORSTPLANUNGSAMT (2005): Pflege- und Entwicklungsplan für das Naturschutzgebiet „Barnbruch". Gutachten, unveröffentlicht, 86 S.

Baumweg

AKKERMANN, R. und DRIELING, J. (1996): Handbuch Naturschutz und Umweltbildung zwischen Weser und Ems – Institutionen des Umwelt- und Naturschutzes, Gesetze und Verordnungen in Auszügen, Regionale Umweltzentren, Außerschulische Lernstandorte, Nationalpark-Häuser, Naturschutzstationen, Jugendwaldheime, Naturschutzgebiete, Nationalpark Niedersächsisches Wattenmeer. BSH Verlag, Wardenburg, 628 S.

BODE, K. (1979): Naturschutzgebiet Baumweg. Darstellung Oldenburgischer Natur- und Landschaftsschutzgebiete. Gutachten, Staatliches Forstamt Ahlhorn, unveröffentlicht, 14 S.

ELSNER, H. (1997): Ein „Urwald" durch Menschenhand. Wild und Hund, 2, 63–65.

FRIEDRICH, E. A. (1982): Der Urwald Baumweg. In: Gestaltete Naturdenkmale Niedersachsens, Landbuch-Verlag, Hannover, 247 S.

HAUCK, M. (1995): Beiträge zur Bestandessituation epiphytischer Flechten in Niedersachsen. Informationsdienst Naturschutz Niedersachsen, 15 (4), 55–70.

HESMER, H. und SCHROEDER, F.-G. (1963): Die Waldzusammensetzung und Waldbehandlung im Niedersächsischen Tiefland westlich der Weser und in der Münsterschen Bucht bis zum Ende des 18. Jahrhunderts. Decheniana Beihefte, 11, 304 S.

NIEDERSÄCHSISCHES FORSTPLANUNGSAMT (1998): Pflege- und Entwicklungsplan für das Naturschutzgebiet „Baumweg". Gutachten, unveröffentlicht, 33 S.

POTT, R. und HÜPPE, J. (1991): Die Hudelandschaften Nordwestdeutschlands. Abhandlungen aus dem Westfälischen Museum für Naturkunde, 53 (1/2), 313 S.

REINKE, G. (1928): Wanderungen durch das Oldenburger Münsterland, Bd. 6, Vechtarer Dr. & Verl., Vechta, 212 S.

REINKE, G. (1950): Ein Hexenwald. In: Der Oldenburgische Hauskalender, Bd. 60, 31–32.

SCHWUCHOW, T. (1994): Waldökologische Beschreibung und naturschutzfachliche Bewertung des Naturschutzgebietes „Baumweg" (Staatliches Forstamt Ahlhorn). Diplomarbeit, Fachhochschule Hildesheim/Holzminden/Göttingen, Fachbereich Forstwirtschaft, unveröffentlicht, 47 S.

TANTZEN, R. (1938): Naturschutzgebiet Baumweg – Beschreibung als damaliger Landesbeauftragter für Naturschutz. Gutachten, unveröffentlicht.

TAUX, K. (1979): Untersuchung des Vogelbestandes im „NSG Baumweg". Gutachten, unveröffentlicht.

TAUX, K. (1986): Die oldenburgischen Naturschutzgebiete. Holzberg-Verlag, Oldenburg, 303 S.

WEBER, H. (1987): Das Naturschutzgebiet „Baumweg" bei Oldenburg in floristisch-pflanzensoziologischer Sicht. Diplomarbeit, Universität Münster, Fachbereich Geowissenschaften, unveröffentlicht.

WEHAGE, J. (1930): Deutsche Urwälder. Beiträge zur Geschichte und Beschreibung dreier urwaldähnlicher Waldungen im Landesteil Oldenburg. Mitteilungen der Deutschen Dendrologischen Gesellschaft, 42, 249–260.

WEIDENHÖFER, W. (1996): Die Sammlung Georg Kersten's – Zur Käferfaunistik im Weser-Ems-Gebiet. Diplomarbeit, Forstwissenschaftliche Fakultät der Universität Göttingen, unveröffentlicht, 222 S.

WIEPKING, H.-F. (1971): Rettet die Kratteichen im NSG Baumweg. Natur und Landschaft, 45, 386–388.

Bennerstedt
BÜSCHER, E. (1995): Vegetationskundliche Untersuchungen im NSG „Bennerstedt", Forstamt Busschewald, Betriebsbezirk Scharnebeck, mit Vorschlägen zur Pflege und Entwicklung. Gutachten, Niedersächsisches Forstplanungsamt, unveröffentlicht, 35 S.

DIERKING, H. (1992): Untere Mittelelbe-Niederung zwischen Quitzöbel und Sassendorf – Naturschutzfachliche Rahmenkonzeption. Gutachten, Niedersächsisches Landesverwaltungsamt-Naturschutz, unveröffentlicht, 60 S.

KELM, H. J. und STURM, K. (1988): Waldgeschichte und Waldnaturschutz im Regierungsbezirk Lüneburg – Grundlagen und Ziele. Jahrbuch des Naturwissenschaftlichen Vereins für das Fürstentum Lüneburg, 38, 47–82.

KOPERSKI, M. (1994): Die Moosflora des Naturschutzgebietes Bennerstedt (Forstamt Busschewald bei Lüneburg). Gutachten, Niedersächsisches Forstplanungsamt, unveröffentlicht, 15 S.

NIEDERSÄCHSISCHES FORSTPLANUNGSAMT (1995): Ornithologische Untersuchungen des NSG „Bennerstedt". Gutachten, unveröffentlicht, 20 S.

NIEDERSÄCHSISCHES FORSTPLANUNGSAMT (1995): Pflege- und Entwicklungsplan für das NSG „Bennerstedt". Gutachten, unveröffentlicht, 29 S.

Blütlinger Holz
BÜSCHER, E. (1996): Vegetationskundliche Untersuchungen im NSG „Blütlinger Holz". Gutachten, Niedersächsisches Forstplanungsamt, unveröffentlicht, 35 S.

DÖRING-MEDERAKE, U. (1991): Feuchtwälder im nordwestdeutschen Tiefland; Gliederung – Ökologie – Schutz. Scripta Geobotanica, 19, 122 S.

HEISEKE, D. (1980): Naturwald-Reservate der Lüneburger Heide. Allgemeine Forstzeitschrift, 11, 291–293.

KELM, H. J. und STURM, K. (1988): Waldgeschichte und Waldnaturschutz im Regierungsbezirk Lüneburg – Grundlagen und Ziele. Jahrbuch des Naturwissenschaftlichen Vereins für das Fürstentum Lüneburg, 38, 47–82.

LAMPRECHT, H., GÖTTSCHE, D., JAHN, G. und PEIK, K. (1974): Naturwaldreservate in Niedersachsen. Aus dem Walde, 23, 233 S. und Anhang.

MUHLE, H. (1977): Ein Epiphytenkataster niedersächsischer Naturwaldreservate. Mitteilungen der floristisch-soziologischen Arbeitsgemeinschaft, 19/20, 47–62.

Bohldamm

DIERKING, H. (1992): Untere Mittelelbe-Niederung zwischen Quitzöbel und Sassendorf – Naturschutzfachliche Rahmenkonzeption. Gutachten, Niedersächsisches Landesverwaltungsamt-Naturschutz, unveröffentlicht, 60 S.

NIEDERSÄCHSISCHES MINISTERIUM FÜR ERNÄHRUNG, LANDWIRTSCHAFT UND FORSTEN und NIEDERSÄCHSISCHES UMWELTMINISTERIUM (1995): Geplantes Großschutzgebiet Elbtalaue – Niedersächsischer Teilraum – Bestandsaufnahme und Konfliktlösung Forstwirtschaft. Schriftenreihe Waldentwicklung in Niedersachsen, 2, 72 S.

Bornbruchsmoor

MUHLE, H. (1977): Ein Epiphytenkataster niedersächsischer Naturwaldreservate. Mitteilungen der floristisch-soziologischen Arbeitsgemeinschaft, 19/20, 47–62.

NIEDERSÄCHSISCHES FORSTPLANUNGSAMT (2004): Pflege- und Entwicklungsplan für das Naturschutzgebiet Bornbruchsmoor. Gutachten, unveröffentlicht, 56 S.

Braken

KELM, H.-J. (1994): Zur Waldgeschichte des Elbe-Weser-Dreiecks. NNA-Berichte, 3, 50–59.

STUKE, J.-H. (1996): Bemerkenswerte Schwebfliegenbeobachtungen (Diptera: Syrphidae) aus Niedersachsen und Bremen. Beiträge zur Naturkunde Niedersachsen, 49, 46–52.

Brambosteler Moor

BÜSCHER, E. (1994): Vegetationskundliche Untersuchungen im NSG „Brambosteler Moor". Gutachten, Niedersächsisches Forstplanungsamt, unveröffentlicht, 33 S.

LAMPRECHT, H., GÖTTSCHE, D., JAHN, G. und PEIK, K. (1974): Naturwaldreservate in Niedersachsen. Aus dem Walde, 23, 233 S. und Anhang.

NIEDERSÄCHSISCHES FORSTPLANUNGSAMT (1995): Ornithologische Untersuchungen im NSG „Brambosteler Moor". Gutachten, unveröffentlicht, 23 S.

RASPER, M., SELLHEIM, P. UND STEINHARDT, B. (1991): Das Niedersächsische Fließgewässerschutzsystem – Grundlagen für ein Schutzprogramm – Elbe-Einzugsgebiet. Naturschutz und Landschaftspflege in Niedersachsen, 25/1, 324 S.

RAUH, H. P. (1983): Die Libellen (Odonata) des Landkreises Uelzen. Jahrbuch des Naturwissenschaftlichen Vereins für das Fürstentum Lüneburg, 36, 261–268.

Brand

HEISEKE, D. (1980): Naturwald-Reservate der Lüneburger Heide. Allgemeine Forstzeitschrift, 11, 291–293.

KELM, H. J. (1988): Zum Vorkommen von Schwarzspecht (Dryocopus martius L.), Hohltaube (Columba oenas L.) und Rauhfußkauz (Aegolius funereus L.) in Wäldern der Ostheide 1986 und 1987. Jahrbuch des Naturwissenschaftlichen Vereins für das Fürstentum Lüneburg, 38, 99–120.

KELM, H. J. und STURM, K. (1988): Waldgeschichte und Waldnaturschutz im Regierungsbezirk Lüneburg – Grundlagen und Ziele. Jahrbuch des Naturwissenschaftlichen Vereins für das Fürstentum Lüneburg, 38, 47–82.

LAMPRECHT, H., GÖTTSCHE, D., JAHN, G. und PEIK, K. (1974): Naturwaldreservate in Niedersachsen. Aus dem Walde, 23, 233 S. und Anhang.

LOCHOW, A. von (1987): Strukturanalysen in den Buchenwäldern und Buchenmischwäldern der Niedersächsischen Naturwaldreservate. Dissertation, Forstwissenschaftliche Fakultät der Universität Göttingen, 240 S.

MELBER, A. (1995): Die Wanzenfauna (Insecta, Heteroptera) des Hannoverschen Wendlandes (Niedersachsen, Deutschland). Braunschweiger Naturkundliche Schriften, 4 (4), 803–829.

MEYER, P. (1995): Untersuchung waldkundlicher Entwicklungstendenzen und methodischer Fragestellungen in Buchen- und Buchenmischbeständen niedersächsischer Naturwaldreservate (NWR). Dissertation, Cuvillier Verlag, Göttingen, 239 S.

PAPE, V. (1863): Verzeichnis der im Amte Celle wildwachsenden phanerogamischen und gefäßführenden kryptogamischen Pflanzen. Jahresbericht der Naturhistorischen Gesellschaft zu Hannover.

Bruchwald bei Ehrenburg

AKKERMANN, R. und DRIELING, J. (1996): Handbuch Naturschutz und Umweltbildung zwischen Weser und Ems – Institutionen des Umwelt- und Naturschutzes, Gesetze und Verordnungen in Auszügen, Regionale Umweltzentren, Außerschulische Lernstandorte, Nationalpark-Häuser, Naturschutzstationen, Jugendwaldheime, Naturschutzgebiete, Nationalpark Niedersächsisches Wattenmeer. BSH Verlag, Wardenburg, 628 S.

Bullenberge

ASSMANN, T. (2001): Waldlaufkäfer im Naturschutzgebiet Lüneburger Heide: von der Verbreitung zur populationsbiologischen Analyse. NNA-Berichte, 14 (2), 119–126.

BECKER, K. (1995): Paläoökologische Untersuchungen in Kleinmooren zur Vegetations- und Siedlungsdichte der zentralen Lüneburger Heide. Dissertation, Universität Hannover, Fachbereich Biologie, 158 S.

ERNST, G. und HANSTEIN, U. (2001): Epiphytische Flechten im Forstamt Sellhorn –Naturschutzgebiet Lüneburger Heide. NNA-Berichte, 14 (2), 28–85.

HANSTEIN, U. (1997): Die Wälder. In: Naturschutzgebiet Lüneburger Heide, Geschichte – Ökologie – Naturschutz. Schriftenreihe des Vereins Naturschutzpark, Verlag Hauschild, Bremen, 110–126.

HANSTEIN, U. (2001): Beobachtungen an den Bärlappvorkommen im Forstamt Sellhorn, Naturschutzgebiet Lüneburger Heide. NNA-Berichte, 14 (2), 97–105.

HANSTEIN, U. (2004): Der Stühbusch in der historischen Heidelandschaft – Zur Landschaftsgeschichte des Naturschutzgebietes Lüneburger Heide und seiner näheren Umgebung. Jahrbuch des Naturwissenschaftlichen Vereins für das Fürstentum Lüneburg, 43, 9–34.

HANSTEIN, U. und STURM, K. (1986): Waldbiotopkartierung im Forstamt Sellhorn – Naturschutzgebiet Lüneburger Heide. Aus dem Walde, 40, 197 S.

HANSTEIN, U. und WÜBBENHORST, J. (2001): Die Niederschlagsverhältnisse im Niedersächsischen Forstamt Sellhorn. NNA-Berichte, 14 (2), 23–27.

HASTEDT, J. (1998): Pflege- und Entwicklungsplan für das Naturschutzgebiet „Lüneburger Heide". Gutachten, Niedersächsisches Forstplanungsamt, unveröffentlicht, 92 S.

HEINKEN, T. (1995): Naturnahe Laub- und Nadelwälder grundwasserferner Standorte im niedersächsischen Tiefland: Gliederung, Standortsbedingungen, Dynamik. Dissertationes Botanicae, Bd. 239, 311 S.

JAHN, G. (1986): Die natürliche Vegetation. Aus dem Walde, 40, 18–31.

KÖPSELL, R. (2001): Das Niedersächsische Forstamt Sellhorn. NNA-Berichte, 14 (2), 4–8.

LEUSCHNER, C. (1994): Walddynamik auf Sandböden in der Lüneburger Heide. Phytocoenologia, 22 (3), 289–324.

LEUSCHNER, C. und IMMENROTH, J. (1994): Landschaftsveränderungen in der Lüneburger Heide 1770–1985. Dokumentation und Bilanzierung auf der Grundlage Historischer Karten. Archiv für Naturschutz und Landschaftsforschung, 33, 85–139.

MÜLLER, R. und HANSTEIN, U. (1998): Flugsande, Binnendünen und der Strandhafer (Ammophila arenaria (L.) LK.) in der Lüneburger Heide. Jahrbuch des Naturwissenschaftlichen Vereins für das Fürstentum Lüneburg, 41, 161–184.

SCHADE, G. (1960): Untersuchungen zur Forstgeschichte des alten Amtes Winsen an der Luhe. Dissertation, Universität Göttingen, Forstliche Fakultät Hannoversch Münden, 179 S.

STUKE, J.-H. (1995): Die Schwebfliegen Niedersachsens und Bremens. Gutachten, Staatliches Forstamt Sellhorn, unveröffentlicht, 3 S.

STUKE, J.-H. (1996): Bemerkenswerte Schwebfliegenbeobachtungen (Diptera: Syrphidae) aus Niedersachen und Bremen. Beiträge zur Naturkunde Niedersachsen, 49, 46–52.

TEMPEL, H. (2001): Die Waldentwicklung im Bereich des Forstamtes Sellhorn von Mitte des 18. Jahrhunderts bis 1972. NNA-Berichte, 14 (2), 9–22.

Burckhardtshöhe

LAMPRECHT, H., GÖTTSCHE, D., JAHN, G. und PEIK, K. (1974): Naturwaldreservate in Niedersachsen. Aus dem Walde, 23, 233 S. und Anhang.

MEYER, P. (1995): Untersuchung waldkundlicher Entwicklungstendenzen und methodischer Fragestellungen in Buchen- und Buchenmischbeständen niedersächsischer Naturwaldreservate (NWR). Dissertation, Cuvillier Verlag, Göttingen, 239 S.

Drievorden

HESMER, H. und SCHROEDER, F.-G. (1963): Die Gesamtentwicklung des Waldes unter dem Einfluss des Menschen. In: Waldzusammensetzung und Waldbehandlung im Niedersächsischen Tiefland westlich der Weser und in der Münsterschen Bucht bis zum Ende des 18. Jahrhunderts, Decheniana Beihefte 11, 276–281.

Ehrhorner Dünen

ASSMANN, T. (2001): Waldlaufkäfer im Naturschutzgebiet Lüneburger Heide: von der Verbreitung zur populationsbiologischen Analyse. NNA-Berichte, 14 (2), 119–126.

BECKER, K. (1995): Paläoökologische Untersuchungen in Kleinmooren zur Vegetations- und Siedlungsdichte der zentralen Lüneburger Heide. Dissertation, Universität Hannover, Fachbereich Biologie, 158 S.

BILLETOFT, B. (1983): Entwicklungstendenzen im Naturwaldreservat Ehrhorner Dünen. Der Forst- und Holzwirt, 38 (19), 498–501.

CORDES, M. (1999): Inventur einer Kernfläche des Naturwalds Ehrhorner Dünen unter besonderer Berücksichtigung der Buchennaturverjüngung. Diplomarbeit, Fachhochschule Hildesheim/Holzminden/Göttingen, Fachbereich Forstwirtschaft, unveröffentlicht, 48 S.

ELLENBERG, H. (1988): Brutvögel in Naturwaldzellen Niedersachsens. Kartierung der revieranzeigenden Männchen. Gutachten, Niedersächsische Forstliche Versuchsanstalt, unveröffentlicht, 8 S.

ERNST, G. und HANSTEIN, U. (2001): Epiphytische Flechten im Forstamt Sellhorn –Naturschutzgebiet Lüneburger Heide. NNA-Berichte, 14 (2), 28–85.

FINCH, O.-D. (2000): Zönologische und parasitologische Untersuchungen an Spinnen (Arachnida, Araneae) niedersächsischer Waldstandorte. Archiv zoologischer Publikationen, 4, 199 S.

FINCH, O.-D. (2001): Webspinnen (Araneae) aus zwei Naturwäldern des Staatlichen Forstamtes Sellhorn (Lüneburger Heide). NNA-Berichte, 14 (2), 106–118.

GLEBER, W. (1982): Die Großschmetterlinge (Macrolepidoptera, lusceta) im Raum des Naturwaldreservates Ehrhorner Dünen in der Lüneburger Heide. Braunschweiger naturkundliche Schriften, 1 (3), 473–491.

GRIESE, F. (1994): Waldentwicklung in Naturwäldern auf Sandstandorten der Lüneburger Heide. Allgemeine Forstzeitschrift, 11, 576–579.

HANSTEIN, U. (1992): Das Moosglöckchen (Linnaea borealis L.) im Naturschutzgebiet Lüneburger Heide. Jahrbuch des Naturwissenschaftlichen Vereins für das Fürstentum Lüneburg, 39, 205–210.

HANSTEIN, U. (1997): Die Wälder. In: Naturschutzgebiet Lüneburger Heide, Geschichte – Ökologie – Naturschutz. Schriftenreihe des Vereins Naturschutzpark, Verlag Hauschild, Bremen, 110–126.

HANSTEIN, U. (2001): Beobachtungen an den Bärlappvorkommen im Forstamt Sellhorn, Naturschutzgebiet Lüneburger Heide. NNA-Berichte, 14 (2), 97–105.

HANSTEIN, U. (2004): Der Stühbusch in der historischen Heidelandschaft – Zur Landschaftsgeschichte des Naturschutzgebietes Lüneburger Heide und seiner näheren Umgebung. Jahrbuch des Naturwissenschaftlichen Vereins für das Fürstentum Lüneburg, 43, 9–34.

HANSTEIN, U. und STURM, K. (1986): Waldbiotopkartierung im Forstamt Sellhorn – Naturschutzgebiet Lüneburger Heide. Aus dem Walde, 40, 197 S.

HANSTEIN, U. und WÜBBENHORST, J. (2001): Die Niederschlagsverhältnisse im Niedersächsischen Forstamt Sellhorn. NNA-Berichte, 14 (2), 23–27.

HASTEDT, J. (1998): Pflege- und Entwicklungsplan für das Naturschutzgebiet „Lüneburger Heide". Gutachten, Niedersächsisches Forstplanungsamt, unveröffentlicht, 92 S.

HEINKEN, T. (1995): Naturnahe Laub- und Nadelwälder grundwasserferner Standorte im niedersächsischen Tiefland: Gliederung, Standortsbedingungen, Dynamik. Dissertationes Botanicae, Bd. 239, 311 S.

JAHN, G. (1986): Die natürliche Vegetation. Aus dem Walde, 40, 18–31.

KAHNT, H. (1989): Altbestand und Verjüngung in gezäunten Flächen des Naturwaldes „Meninger Holz" im Staatl. Forstamt Sellhorn/Lüneburger Heide. Diplomarbeit, Fachhochschule Hildesheim/Holzminden/Göttingen, Fachbereich Forstwirtschaft, unveröffentlicht, 77 S.

KELM, H. J. und STURM, K. (1988): Waldgeschichte und Waldnaturschutz im Regierungsbezirk Lüneburg – Grundlagen und Ziele. Jahrbuch des Naturwissenschaftlichen Vereins für das Fürstentum Lüneburg, 38, 47–82.

KOHLS, K. (1994): Geobotanische Untersuchungen in Wäldern des Forstamtes Sellhorn (Lüneburger Heide). Diplomarbeit, Systematisch-Geobotanisches Institut der Universität Göttingen, unveröffentlicht, 96 S.

KOPERSKI, M. (1984): Die Moosflora des Naturwaldreservates Ehrhorner Dünen. Gutachten, unveröffentlicht, 8 S.

KOPERSKI, M. (1988): Bryologische Beobachtungen im Staatsforst Sellhorn in der Lüneburger Heide. Jahrbuch des Naturwissenschaftlichen Vereins für das Fürstentum Lüneburg, 38, 157–175.

KÖPSELL, R. (2001): Das Niedersächsische Forstamt Sellhorn. NNA-Berichte, 14 (2), 4–8.

KRETSCHMER, K. (1990): Die Makrofauna (Coleoptera, Diptera) von Laub- und Nadelwäldern in Naturwaldreservaten im Naturschutzgebiet Lüneburger Heide. Diplomarbeit, Zoologisches Institut der Universität Göttingen, unveröffentlicht, 128 S.

KRETSCHMER, K. und SCHAUERMANN, J. (1991): Zur Arthropodengemeinschaft zweier Naturwälder im Forstamt Sellhorn. NNA-Berichte, 4 (2), 150–156.

LAMPRECHT, H., GÖTTSCHE, D., JAHN, G. und PEIK, K. (1974): Naturwaldreservate in Niedersachsen. Aus dem Walde, 23, 233 S. und Anhang.

LEUSCHNER, C. (1994): Walddynamik auf Sandböden in der Lüneburger Heide. Phytocoenologia, 22 (3), 289–324.

LEUSCHNER, C. und IMMENROTH, J. (1994): Landschaftsveränderungen in der Lüneburger Heide 1770–1985. Dokumentation und Bilanzierung auf der Grundlage historischer Karten. Archiv für Naturschutz und Landschaftsforschung, 33, 85–139.

LOHSE, G. A. (1981): Bodenfallenfänge im Naturpark Wilseder Berg mit einer kritischen Beurteilung ihrer Aussagekraft. Jahresberichte des Naturwissenschaftlichen Vereins in Wuppertal, 34, 43–47.

LÜTTIG, G. (1990): Zur Geologie im Raume von Ehrhorn (Blatt Behringen, Nr. 2825 der GK 25 von Niedersachsen). Gutachten, Universität Erlangen-Nürnberg, Institut für Geologie und Mineralogie, unveröffentlicht, 7 S.

MÖLLER, G. (2005): Untersuchung zur Vielfalt holzbewohnender Käferarten in alten Wäldern der Lüneburger Heide. NNA-Abschlussbericht, unveröffentlicht, 83 S.

MÜLLER, M. (1999): Strauchschicht und Verjüngung der Kernfläche 2 des Naturwalds Ehrhorner Dünen unter besonderer Berücksichtigung der Qualität nachwachsender Eichen. Diplomarbeit, Fachhochschule Hildesheim/Holzminden/Göttingen, Fachbereich Forstwirtschaft, unveröffentlicht, 72 S.

MÜLLER, R. und HANSTEIN, U. (1998): Flugsande, Binnendünen und der Strandhafer (Ammophila arenaria (L.) LK.) in der Lüneburger Heide. Jahrbuch des Naturwissenschaftlichen Vereins für das Fürstentum Lüneburg, 41, 161–184.

RUDOLPH, M. (1990): Untersuchungen zur Walddynamik in zwei Kernflächen des Naturwaldreservates „Ehrhorner Dünen" im Staatl. Forstamt Sellhorn. Diplomarbeit, Fachhochschule Hildesheim/Holzminden/Göttingen, Fachbereich Forstwirtschaft, unveröffentlicht, 58 S.

SCHADE, G. (1960): Untersuchungen zur Forstgeschichte des alten Amtes Winsen an der Luhe. Dissertation, Universität Göttingen, Forstliche Fakultät Hannoversch Münden, 179 S.

SCHMIDT, W. (1995): Waldbodenpflanzen als Bioindikatoren niedersächsischer Naturwälder. Forstarchiv, 66, 150–158.

STUKE, J.-H. (1995): Die Schwebfliegen Niedersachsens und Bremens. Gutachten, Staatliches Forstamt Sellhorn, unveröffentlicht, 3 S.

STUKE, J.-H. (1996): Bemerkenswerte Schwebfliegenbeobachtungen (Diptera: Syrphidae) aus Niedersachsen und Bremen. Beiträge zur Naturkunde Niedersachsen, 49, 46–52.

TEMPEL, H. (2001): Die Waldentwicklung im Bereich des Forstamtes Sellhorn von Mitte des 18. Jahrhunderts bis 1972. NNA-Berichte, 14 (2), 9–22.

WINTER, K. (1991): Untersuchungen über die xylobionte Käferfauna in Niedersachsen. NNA-Berichte, 4 (2), 157–162.

WÜBBENHORST, J. (2001): Zur Siedlungsdichte der Spechte in unterschiedlichen Waldbeständen des Forstamtes Sellhorn im Naturschutzgebiet Lüneburger Heide. NNA-Berichte, 14 (2), 127–140.

Forellenbachtal

NIEDERSÄCHSISCHER LANDESBETRIEB FÜR WASSERWIRTSCHAFT UND KÜSTENSCHUTZ – BETRIEBSSTELLEN LÜNEBURG UND STADE – (2001): Gewässergütebericht Elbe 2000. Eigenverlag, Lüneburg, 144 S.

TIESING, P. (1995): Biotopkartierung im Naturschutzgebiet „Forellenbachtal" bei Lüneburg. Diplomarbeit, Fachhochschule Hildesheim/Holzminden/Göttingen, Fachbereich Forstwirtschaft, unveröffentlicht, 114 S.

Franzhorn

BRUNS, C. (1998): Wuchsdynamik, Vitalität und Konkurrenz – Entwicklungen in der Kernfläche 2 des Naturwaldes Franzhorn. Diplomarbeit, Fachhochschule Hildesheim/Holzminden/Göttingen, Fachbereich Forstwirtschaft, unveröffentlicht, 54 S.

KELM, H. J. und STURM, K. (1988): Waldgeschichte und Waldnaturschutz im Regierungsbezirk Lüneburg – Grundlagen und Ziele. Jahrbuch des Naturwissenschaftlichen Vereins für das Fürstentum Lüneburg, 38, 47–82.

KLINGELHÖLLER, D. (1998): Wachstum und Verjüngung eines Buchenaltbestandes im Naturwald Franzhorn. Diplomarbeit, Fachhochschule Hildesheim/Holzminden/Göttingen, Fachbereich Forstwirtschaft, unveröffentlicht, 64 S.

LAMPRECHT, H., GÖTTSCHE, D., JAHN, G. und PEIK, K. (1974): Naturwaldreservate in Niedersachsen. Aus dem Walde, 23, 233 S. und Anhang.

MEYER, P. (1995): Untersuchung waldkundlicher Entwicklungstendenzen und methodischer Fragestellungen in Buchen- und Buchenmischbeständen niedersächsischer Naturwaldreservate (NWR). Dissertation, Cuvillier Verlag, Göttingen, 239 S.

Friedeholz

LAMPRECHT, H., GÖTTSCHE, D., JAHN, G. und PEIK, K. (1974): Naturwaldreservate in Niedersachsen. Aus dem Walde, 23, 233 S. und Anhang.

MEYER, P. (1995): Untersuchung waldkundlicher Entwicklungstendenzen und methodischer Fragestellungen in Buchen- und Buchenmischbeständen niedersächsischer Naturwaldreservate (NWR). Dissertation, Cuvillier Verlag, Göttingen, 239 S.

STETZKA, K. M. und ROLOFF, A. (1996): Nützt Klimaerwärmung winter- und immergrünen Gefäßpflanzen? Allgemeine Forstzeitschrift – Der Wald, 4, 210–212.

Göhrder Eichen

ALPERS, R., GRÜTZMANN, J. und GRÜTZMANN, T. (1976): Der Brutvogelbestand eines Traubeneichen-Buchenbestandes in der Göhrde im Jahre 1973. Vogelkundliche Berichte aus Niedersachsen, 8, 15–23.

BORCHERS, K. und SCHMIDT, K. (1973): Nachweis der Herkünfte für die derzeitigen Kiefern-Vorkommen im nördlichen Niedersachsen. Aus dem Walde, 21, 427 S.

HAUCK, M. (1995): Beiträge zur Bestandessituation epiphytischer Flechten in Niedersachsen. Informationsdienst Naturschutz Niedersachsen, 15 (4), 55–70.

HILDEBRANDT, K. (1989): Der „Breeser Grund". Ein Natur- und Vogelparadies inmitten der Göhrde. Naturschutz und Naturparke, 132, 30–35.

KELM, H. J. und STURM, K. (1988): Waldgeschichte und Waldnaturschutz im Regierungsbezirk Lüneburg – Grundlagen und Ziele. Jahrbuch des Naturwissenschaftlichen Vereins für das Fürstentum Lüneburg, 38, 47–82.

KREMSER, W. (1970): Die Erhaltung und Pflege kulturhistorisch bedeutsamer Waldbilder als gesellschaftliche Aufgabe. Rotenburger Schriften, 33, 7–22.

LAMPRECHT, H., GÖTTSCHE, D., JAHN, G. und PEIK, K. (1974): Naturwaldreservate in Niedersachsen. Aus dem Walde, 23, 233 S. und Anhang.

MEYER, P. (1995): Untersuchung waldkundlicher Entwicklungstendenzen und methodischer Fragestellungen in Buchen- und Buchenmischbeständen niedersächsischer Naturwaldreservate (NWR). Dissertation, Cuvillier Verlag, Göttingen, 239 S.

NIEDERSÄCHSISCHES FORSTPLANUNGSAMT (1997): Konzept zum Pflege- und Entwicklungsplan für das Naturschutzgebiet Breeser Grund im Staatlichen Forstamt Göhrde. Gutachten, unveröffentlicht, 22 S.

Großes und Kleines Giebelmoor

ARBEITSGEMEINSCHAFT BRAUNSCHWEIGER ÖKOLOGEN (2001): Pflege- und Entwicklungsplan Niedersächsischer Drömling; Grundlagenband G5: Fauna. Gutachten, Niedersächsisches Forstplanungsamt, unveröffentlicht, 771 S.

BERNDT, R. (1960): Zur Dispersion der Weibchen von Ficedula hypoleuca im nördlichen Deutschland. Proceedings of the XIIth International Ornithological Congress, Helsinki 1958, 85–96.

BERNDT, R. (1970): Zur Bestandesentwicklung der Greifvögel (Falconiformes) im Drömling. Beiträge zur Vogelkunde, 16 (1/6), 3–12.

BERNDT, R. (1982): Ein Nordluchs Lynx lynx L. 1967 im Niedersächsischen Drömling. Braunschweiger Naturkundliche Schriften, 1 (3), 571–574.

BERNDT, R. und DANCKER, P. (1957): Der Fichtenkreuzschnabel (Loxia curvirostra L.): 1956 Brutvogel im Drömling und Lappwald (Kreis Helmstedt). Vogelkundliche Berichte aus Niedersachsen, 6 (6), 434–436.

BERNDT, R. und RAHNE, U. (1968): Brutvorkommen der Rotdrossel Turdus iliacus im niedersächsischen Drömling. Die Vogelwelt, 89 (6), 215–220.

BERNDT, R. und RAHNE, U. (1975): Der Schlagschwirl (Locustella fluviatilis) im niedersächsischen Drömling. Vogelkundliche Berichte aus Niedersachsen, 7, 93 S.

BERNDT, R. und STERNBERG, H. (1967): Terms, studies and experiments on the problems of bird dispersion. The Ibis, 110, 256–269.

BERNDT, R. und WINKEL, W. (1975): Gibt es beim Trauerschnäpper Ficedula hypoleuca eine Prägung auf den Biotop des Geburtsortes? Journal für Ornithologie, 116 (2), 195–201.

BERNDT, R. und WINKEL, W. (1979): Verfrachtungs-Experimente zur Frage der Geburtsortsprägung beim Trauerschnäpper (Ficedula hypoleuca). Journal für Ornithologie, 120 (1), 41–53.

BERNDT, R. und WINKEL, W. (1979): Zur Populationsentwicklung von Blaumeise (Parus caeruleus), Kleiber (Sitta europaea), Gartenrotschwanz (Phoenicurus phoenicurus) und Wendehals (Jynx torquilla) in mitteleuropäischen Untersuchungsgebieten von 1927 bis 1978. Die Vogelwelt, 100 (1/2), 55–69.

BUCHWALD, K. (1951): Bruchwaldgesellschaften im Großen und Kleinen Moor, Forstamt Danndorf. Angewandte Pflanzensoziologie, 195 (2), 46 S.

BÜSCHER, E. (2001): Pflege- und Entwicklungsplan Niedersächsischer Drömling. Grundlagenband G4: Waldbiotopkartierung und Planung. Gutachten, Niedersächsisches Forstplanungsamt, unveröffentlicht, 310 S.

DEUTSCHER BUND FÜR VOGELSCHUTZ, DEUTSCHER NATURSCHUTZVERBAND und KREISGRUPPE WOLFSBURG (1987): Wiesenvogel-Kartierung 1987 – Brutbericht Ilkerbruch 1987. Gutachten, unveröffentlicht, 14 S.

DÖSCHER, W., FLADE, M. und PEPPLER, H. (1984): Naturschutzplanung Niedersächsischer Drömling. Diplomarbeit, Technische Universität Berlin, Fachbereich Landschaftsplanung, unveröffentlicht, 461 S.

FRIEDRICH, E. A. (1979): Letztes Relikt – Der Drömling. Niedersächsischer Jäger, 24/23, 1141–1142.

HAUNERT, L. (1986): Die subhydridische Besiedlung der Sumpf- und Wasserpflanzen mit Makroinvertebraten in den Entwässerungsgräben des Niedersächsischen Drömlings. Diplomarbeit, Universität Braunschweig, unveröffentlicht, 179 S.

KAISER, T. (2003): Aussagekraft von Bestandesdaten für die Pflege- und Entwicklungsplanung am Beispiel des niedersächsischen Drömlings: Ergebnisse des E+E-Vorhabens „Erprobung alternativer Planungsschritte bei Pflege- und Entwicklungsplänen am Beispiel des niedersächsischen Drömlings" des Bundesamtes für Naturschutz von 1998 bis 2001. Angewandte Landschaftsökologie, 59, 150 S.

KAISER, T. (2004): Die kooperative Pflege- und Entwicklungsplanung als Mittel zur Akzeptanzförderung am Beispiel des Niedersächsischen Drömlings. Natur und Landschaft, 79 (3), 124–129.

LAMPRECHT, H., GÖTTSCHE, D., JAHN, G. und PEIK, K. (1974): Naturwaldreservate in Niedersachsen. Aus dem Walde, 23, 233 S. und Anhang.

LATZEL, G. (1980): Zum Vorkommen des Schlagschwirls (Locustella fluviatilis) im Aller-Urstromtal (Barnbruch und Drömling). Vogelkundliche Berichte aus Niedersachsen, 12, 14–20.

LOBENSTEIN, U. (1987): Untersuchungen zur Schmetterlingsfauna des Giebelmoores im Drömling. Gutachten, Niedersächsisches Landesverwaltungsamt, Fachbehörde für Naturschutz, unveröffentlicht, 22 S.

SANDKÜHLER, K. (2004): Naturschutzgroßprojekt Niedersächsischer Drömling, Teilprojekt Niedersachsen. Natur und Landschaft, 79 (9/10), 416–422.

SEEWALD, C. (1977): Wald- und Grünlandgesellschaften im Drömling (Ostniedersachsen). Dissertationes Botanicae, 41, 94 S.

STRÜVER, H. (1972): Aus der Geschichte des Drömlings/Braunschweig. Heimat, 58 (2), 56–57.

SZIJJ, J., ERZ, W. und PRETSCHER, P. (1974): Feuchtgebiete von internationaler Bedeutung für Wat- und Wasservögel in der Bundesrepublik Deutschland. Ornithologische Mitteilungen, 26 (12), 239–258.

Hagen

DIERKING, H. (1992): Untere Mittelelbe-Niederung zwischen Quitzöbel und Sassendorf – Naturschutzfachliche Rahmen-konzeption. Gutachten, Niedersächsisches Landesverwaltungsamt-Naturschutz, unveröffentlicht, 60 S.

DIERSCHKE, H., DÖRING, U. und HÜNERS, G. (1987): Der Traubenkirschen-Erlen-Eschenwald (Pruno-Fraxinetum Oberd. 1953) im nordöstlichen Niedersachsen. Tuexenia, 7, 367 – 379.

GRIESE, F. (1989): Naturwaldreservate in Niedersachsen. Natur und Landschaft, 64 (12), 559 – 563.

PLINZ, W. (1972): Vorschläge zum Naturschutz im Kreis Lüchow-Dannenberg. Jahresheft des Heimatkundlichen Arbeits-kreises Lüchow-Dannenberg, 3, 181 – 185.

Herrenholz

AKKERMANN, R. und DRIELING, J. (1996): Handbuch Naturschutz und Umweltbildung zwischen Weser und Ems – Institutio-nen des Umwelt- und Naturschutzes, Gesetze und Verordnungen in Auszügen, Regionale Umweltzentren, Außer-schulische Lernstandorte, Nationalpark-Häuser, Naturschutzstationen, Jugendwaldheime, Naturschutzgebiete, Nationalpark Niedersächsisches Wattenmeer. BSH Verlag, Wardenburg, 628 S.

KOCH, F. (1991): Bestandesinventur einer Kernfläche des Naturwaldes Herrenholz im Staatlichen Forstamt Ahlhorn und Ver-gleich mit der Erstaufnahme von 1975. Diplomarbeit, Fachhochschule Hildesheim/Holzminden/Göttingen, Fachbereich Forstwirtschaft, unveröffentlicht, 72 S.

LAMPRECHT, H., GÖTTSCHE, D., JAHN, G. und PEIK, K. (1974): Naturwaldreservate in Niedersachsen. Aus dem Walde, 23, 233 S. und Anhang.

MENKE, N. (2003): Untersuchungen zu xylobionten Käfer-Arten, schwerpunktmäßig den Arten des Anhangs II der FFH-Richt-linie, den prioritären Arten Osmoderma eremita und Lucanus cervus, in den Gebieten NSG WE 085 „Herrenholz" und in potentiellen Gebieten innerhalb des FFH-Gebietes 054 „Herrenholz". Gutachten, Niedersächsisches Landesamt für Öko-logie, unveröffentlicht, 10 S.

NIEDERSÄCHSISCHES FORSTPLANUNGSAMT (1998): Pflege- und Entwicklungsplan für das Naturschutzgebiet „Herrenholz". Gutachten, unveröffentlicht, 25 S.

WEIDENHÖFER, W. (1996): Die Sammlung Georg Kersten's – Zur Käferfaunistik im Weser-Ems-Gebiet. Diplomarbeit, Univer-sität Göttingen, Institut für Forstzoologie, unveröffentlicht, 222 S.

Huntebruch

AKKERMANN, R. und DRIELING, J. (1996): Handbuch Naturschutz und Umweltbildung zwischen Weser und Ems – Instituti-onen des Umwelt- und Naturschutzes, Gesetze und Verordnungen in Auszügen, Regionale Umweltzentren, Außerschu-lische Lernstandorte, Nationalpark-Häuser, Naturschutzstationen, Jugendwaldheime, Naturschutzgebiete, Nationalpark Niedersächsisches Wattenmeer. BSH Verlag, Wardenburg, 628 S.

BÖHME, R., BÖSCHE, M., BRUNE, S., BUHMANN, S., DÖLL, C., GERKEN, K., KOCH, B., LÜST, C., REIFFERT, C., SAUER, B., SCHÄFER, A. und SCHMIDT, V. (2001): Entwicklungsempfehlungen für Kompensationsflächen im Diepholzer Huntebruch. Milieustudie, Universität Oldenburg, Fachbereich Landschaftsökologie, unveröffentlicht, 161 S.

Ihlow

LINDERS, H.-W. (1986): Zur Verbreitung epiphytischer Makroflechten im Landkreis Leer. Drosera, 86 (2), 57 – 70.

LAMPRECHT, H., GÖTTSCHE, D., JAHN, G. und PEIK, K. (1974): Naturwaldreservate in Niedersachsen. Aus dem Walde, 23, 233 S. und Anhang.

MEYER, P. (1995): Untersuchung waldkundlicher Entwicklungstendenzen und methodischer Fragestellungen in Buchen- und Buchenmischbeständen niedersächsischer Naturwaldreservate (NWR). Dissertation, Cuvillier Verlag, Göttingen, 239 S.

NIEDERSÄCHSISCHES FORSTPLANUNGSAMT (1998): Biotopkartierung für das Niedersächsische Forstamt Aurich. Gutachten, unveröffentlicht, 117 S.

SAUERLAND, R. (1987): Die Geschichte des Forstortes Ihlow unter Berücksichtigung der dortigen Siedlungsverhältnisse. Diplomarbeit, Universität Göttingen, Forstwissenschaftlicher Fachbereich, unveröffentlicht, 60 S.

Junkerwerder

DIERKING, H. (1992): Untere Mittelelbe-Niederung zwischen Quitzöbel und Sassendorf – Naturschutzfachliche Rahmen-konzeption. Gutachten, Niedersächsisches Landesverwaltungsamt-Naturschutz, unveröffentlicht, 60 S.

FISCHER, P. (2002): Historische Nutzung der Trockenrasen im Gebiet des Biosphärenreservates „Flusslandschaft Elbe". Archiv für Naturschutz und Landschaftsforschung, 41, 65–95.

FISCHER, P. (2003): Trockenrasen des Biosphärenreservates „Flußlandschaft Elbe". Vegetation, Ökologie und Naturschutz. Archiv naturwissenschaftlicher Dissertationen, Bd. 15, 286 S.

KELM, H. J. und STURM, K. (1988): Waldgeschichte und Waldnaturschutz im Regierungsbezirk Lüneburg – Grundlagen und Ziele. Jahrbuch des Naturwissenschaftlichen Vereins für das Fürstentum Lüneburg, 38, 47–82.

NIEDERSÄCHSISCHER LANDESBETRIEB FÜR WASSERWIRTSCHAFT UND KÜSTENSCHUTZ – BETRIEBSSTELLEN LÜNEBURG und STADE – (2001): Gewässergütebericht Elbe 2000. Eigenverlag, Lüneburg, 144 S.

NIEDERSÄCHSISCHES MINISTERIUM FÜR ERNÄHRUNG, LANDWIRTSCHAFT UND FORSTEN und NIEDERSÄCHSISCHES UMWELT-MINISTERIUM (1995): Geplantes Großschutzgebiet Elbtalaue – Niedersächsischer Teilraum – Bestandsaufnahme und Konfliktlösung Forstwirtschaft. Schriftenreihe Waldentwicklung in Niedersachsen, 2, 72 S.

Kaarßer Sandberge

DIERKING, H. (1992): Untere Mittelelbe-Niederung zwischen Quitzöbel und Sassendorf – Naturschutzfachliche Rahmenkonzeption. Gutachten, Niedersächsisches Landesverwaltungsamt-Naturschutz, unveröffentlicht, 60 S.

FISCHER, P. (2002): Historische Nutzung der Trockenrasen im Gebiet des Biosphärenreservates „Flusslandschaft Elbe". Archiv für Naturschutz und Landschaftsforschung, 41, 65–95.

FISCHER, P. (2003): Trockenrasen des Biosphärenreservates „Flußlandschaft Elbe". Vegetation, Ökologie und Naturschutz. Archiv naturwissenschaftlicher Dissertationen, Bd. 15, 286 S.

FISCHER, P., WAESCH, G. und GÜNZL, B. (2005): Erfassung der Biotoptypen im Naturwaldreservat „Kaarßer Sandberge" unter besonderer Berücksichtigung der Situation von Flechten-Kiefernwäldern. Gutachten, Niedersächsische Forstliche Versuchsanstalt, Göttingen, unveröffentlicht, 28 S.

HABERMANN, M. und SCHMIDT, U. (2004): Mortalität und Regeneration in Kiefernbeständen (Pinus silvestris L.) nach Fraß des Kiefernspanners (Bupalus piniarius L.). Forst und Holz, 59 (4), 170–175.

HEINKEN, T. (1995): Naturnahe Laub- und Nadelwälder grundwasserferner Standorte im niedersächsischen Tiefland: Gliederung, Standortsbedingungen, Dynamik. Dissertationes Botanicae, Bd. 239, 311 S.

NIEDERSÄCHSISCHES MINISTERIUM FÜR ERNÄHRUNG, LANDWIRTSCHAFT UND FORSTEN und NIEDERSÄCHSISCHES UMWELT-MINISTERIUM (1995): Geplantes Großschutzgebiet Elbtalaue – Niedersächsischer Teilraum – Bestandsaufnahme und Konfliktlösung Forstwirtschaft. Schriftenreihe Waldentwicklung in Niedersachsen, 2, 72 S.

ZUM FELDE, T. (1999): Untersuchungen zur Vegetationsstruktur auf Binnendünen und vegetationskundliche Einordnung der Kiefernwälder der Elbtaldünen zwischen Neuhaus und Dömitz. Diplomarbeit, Universität Göttingen, Institut für Pflanzenwissenschaften, unveröffentlicht, 173 S.

Kiekenbruch

LAMPRECHT, H., GÖTTSCHE, D., JAHN, G. und PEIK, K. (1974): Naturwaldreservate in Niedersachsen. Aus dem Walde, 23, 233 S. und Anhang.

BORCHERS, K. und SCHMIDT, K. (1973): Nachweis der Herkünfte für die derzeitigen Kiefern-Vorkommen im nördlichen Niedersachsen. Aus dem Walde, 21, 427 S.

Kienmoor

BONN, S. und WORBES, M. (1991): Klimaeinfluß und abrupte Zuwachsschwankungen von Fichten (Picea abies Karst.) und Kiefern (Pinus sylvestris L.) verschiedener Höhenstufen Niedersachsens. Berichte des Forschungszentrums Waldökosysteme, Reihe B, Bd. 30, 68 S.

BORCHERS, K. und SCHMIDT, K. (1973): Nachweis der Herkünfte für die derzeitigen Kiefern-Vorkommen im nördlichen Niedersachsen. Aus dem Walde, 21, 427 S.

LAMPRECHT, H., GÖTTSCHE, D., JAHN, G. und PEIK, K. (1974): Naturwaldreservate in Niedersachsen. Aus dem Walde, 23, 233 S. und Anhang.

WESSOLEK, G. und FACKLAM, M. (1987): Einfluss von Nutzungsänderungen und Grundwasserabsenkungen auf den Gebietswasserhaushalt des Fuhrberger Feldes. Kali-Briefe, 18 (7), 523–530.

Kistenberg

HARTEL, K. (1911): Die Pflanzendecke der Osenberge. In: Die Osenberge in Wort und Bild. Oldenburger naturkundliche Blätter, 1.

LIMANN, G. (1959): Die Osenberge. Oldenburger Jahrbuch, Bd. 58, 65–94.

Landwehr

DIERKING, H. (1992): Untere Mittelelbe-Niederung zwischen Quitzöbel und Sassendorf – Naturschutzfachliche Rahmenkonzeption. Gutachten, Niedersächsisches Landesverwaltungsamt Naturschutz, unveröffentlicht, 60 S.

DREYER (1927): Bestandesgeschichtliches aus der preußischen Staatsoberförsterei Dannenberg. Zeitschrift für Forst- und Jagdwesen, 59 (9), 513–536.

EBRECHT, L. und SCHMIDT, W. (2001): Naturwaldforschung in der „Pretzetzer Landwehr" im ostniedersächsischen Flachland. Berichte der Reinhold-Tüxen-Gesellschaft, 13, 229–233.

FINCH, O.-D. (2000): Zönologische und parasitologische Untersuchungen an Spinnen (Arachnida, Araneae) niedersächsischer Waldstandorte. Archiv zoologischer Publikationen, 4, 199 S.

FISCHER, P. (2002): Historische Nutzung der Trockenrasen im Gebiet des Biosphärenreservates „Flusslandschaft Elbe". Archiv für Naturschutz und Landschaftsforschung, 41, 65–95.

FISCHER, P. (2003): Trockenrasen des Biosphärenreservates „Flußlandschaft Elbe". Vegetation, Ökologie und Naturschutz. Archiv naturwissenschaftlicher Dissertationen, Nümbrecht, Bd. 15, 286 S.

HAUCK, M. (1995): Beiträge zur Bestandessituation epiphytischer Flechten in Niedersachsen. Informationsdienst Naturschutz Niedersachsen, 15 (4), 55–70.

KELM, H.-J. (1996): Die Brutvögel des Naturwaldes Pretzetzer Landwehr – Ergebnisse einer Bestandesaufnahme 1990. Lüchow-Dannenberger Ornitholgische Jahresberichte, 14, 5–47.

KELM, H. J. und STURM, K. (1988): Waldgeschichte und Waldnaturschutz im Regierungsbezirk Lüneburg – Grundlagen und Ziele. Jahrbuch des Naturwissenschaftlichen Vereins für das Fürstentum Lüneburg, 38, 47–82.

LAMPRECHT, H., GÖTTSCHE, D., JAHN, G. und PEIK, K. (1974): Naturwaldreservate in Niedersachsen. Aus dem Walde, 23, 233 S. und Anhang.

MEYER, P. (1995): Untersuchung waldkundlicher Entwicklungstendenzen und methodischer Fragestellungen in Buchen- und Buchenmischbeständen niedersächsischer Naturwaldreservate (NWR). Dissertation, Cuvillier Verlag, Göttingen, 239 S.

NASS, D. (1991): Bestandesinventur einer Kernfläche des Naturwaldes Landwehr im Staatlichen Forstamt Lüchow und Vergleich mit den vorhergehenden Aufnahmen. Diplomarbeit, Fachhochschule Hildesheim/Holzminden/Göttingen, Fachbereich Forstwirtschaft, unveröffentlicht, 58 S.

NIEDERSÄCHSISCHES MINISTERIUM FÜR ERNÄHRUNG, LANDWIRTSCHAFT UND FORSTEN und NIEDERSÄCHSISCHES UMWELTMINISTERIUM (1995): Geplantes Großschutzgebiet Elbtalaue – Niedersächsischer Teilraum – Bestandsaufnahme und Konfliktlösung Forstwirtschaft. Schriftenreihe Waldentwicklung in Niedersachsen, 2, 72 S.

OTTO, H.-J. (1998): Sukzession potentiell natürlicher Wälder im niedersächsischen Elbtal. Forst und Holz, 53 (13), 403–409.

SCHMIDT, W. (1999): Naturwaldreservate als Referenzflächen für Wirtschaftswälder – Untersuchungen in der Landwehr (NFA Dannenberg). Gutachten im Auftrag des Niedersächsischen Ministeriums für Ernährung, Landwirtschaft und Forsten, unveröffentlicht, Göttingen, 19 S.

SCHMIDT, W. (2000): Eiche, Hainbuche oder Rotbuche? – Zur Vegetation und Baumartenzusammensetzung von stau- und grundwasserbeeinflußten Wäldern des nordwestdeutschen Tieflandes. Ergebnisse aus den Naturwäldern Hasbruch und Pretzetzer Landwehr. Tuexenia, Bd. 20, 21–43.

VOLGER, C. (1956): Forstgeschichtliche Untersuchungen zu Fragen der natürlichen Holzartenverbreitung aus dem Hannoverschen Wendlande. Allgemeine Forst- und Jagdzeitung, 145–154.

ZÖRNER, M. (2000): Untersuchung der Käfer erkrankter Stieleichen (Quercus robur L.) in der Pretzetzer Landwehr und im Seybruch, Landkreis Lüchow-Dannenberg. Gutachten, Niedersächsisches Forstamt Dannenberg, unveröffentlicht, 18 S.

ZÖRNER, M. (2003): Untersuchungen zur xylobionten Käferfauna an der Stieleiche (Quercus robur Linnaeus, 1753) unter besonderer Berücksichtigung des Gesundheitszustandes der Bäume und der Höhenexposition. Dissertation, Verlag ad fontes, Hamburg, 216 S.

Lohn

BROHMANN, F. (1928): Geschichte von Bevensen und Kloster Medingen unter Berücksichtigung des alten Amtes Medingen. Magistrat, Bevensen, 350 S.

HAGEDORN, J. (1964): Geomorphologie des Uelzener Beckens. Göttinger Geographische Abhandlungen, 31, 200 S.

LAMPRECHT, H., GÖTTSCHE, D., JAHN, G. und PEIK, K. (1974): Naturwaldreservate in Niedersachsen. Aus dem Walde, 23, 233 S. und Anhang.

MEYER, P. (1995): Untersuchung waldkundlicher Entwicklungstendenzen und methodischer Fragestellungen in Buchen- und Buchenmischbeständen niedersächsischer Naturwaldreservate (NWR). Dissertation, Cuvillier Verlag, Göttingen, 239 S.

STETZKA, K. M. und ROLOFF, A. (1996): Nützt Klimaerwärmung winter- und immergrünen Gefäßpflanzen? Allgemeine Forstzeitschrift – Der Wald, 4, 210–212.

Lüßberg

BORCHERS, K. und SCHMIDT, K. (1973): Nachweis der Herkünfte für die derzeitigen Kiefern-Vorkommen im nördlichen Niedersachsen. Aus dem Walde, 21, 427 S.

DIETZEL, R. (1998): Weißfäule der Buche durch den Echten Zunderschwamm (Fomes fomentarius) in nicht bewirtschafteten Altbeständen. Diplomarbeit, Fachhochschule Hildesheim/Holzminden/Göttingen, Fachbereich Forstwirtschaft, unveröffentlicht, 49 S.

KELM, H. J. und STURM, K. (1988): Waldgeschichte und Waldnaturschutz im Regierungsbezirk Lüneburg – Grundlagen und Ziele. Jahrbuch des Naturwissenschaftlichen Vereins für das Fürstentum Lüneburg, 38, 47–82.

LAMPRECHT, H., GÖTTSCHE, D., JAHN, G. und PEIK, K. (1974): Naturwaldreservate in Niedersachsen. Aus dem Walde, 23, 233 S. und Anhang.

MEYER, P. (1995): Untersuchung waldkundlicher Entwicklungstendenzen und methodischer Fragestellungen in Buchen- und Buchenmischbeständen niedersächsischer Naturwaldreservate (NWR). Dissertation, Cuvillier Verlag, Göttingen, 239 S.

OBERSCHELP, M. (1991): Bestand, Strauchschicht, Verjüngung und Totholz in einer Kernfläche des Naturwaldes Lüßberg und ihre Änderungen seit 1977. Diplomarbeit, Fachhochschule Hildesheim/Holzminden/Göttingen, Fachbereich Forstwirtschaft, unveröffentlicht, 75 S.

Maschbruch

BÜSCHER, E. (1994): Vegetationskundliche Untersuchungen im NSG Maschbruch. Gutachten, Niedersächsisches Forstplanungsamt, unveröffentlicht, 36 S.

KOPERKSKI, M. (1994): Die Moosflora des Naturschutzgebietes Maschbruch. Gutachten, Niedersächsisches Forstplanungsamt, unveröffentlicht, 19 S.

Meninger Holz

ALBRECHT, B. (2000): Vegetationskundliche Untersuchungen im Naturwaldreservat Meninger Holz unter besonderer Berücksichtigung der Vegetationsentwicklung. Diplomarbeit, Universität Hamburg, Fachbereich Biologie, unveröffentlicht, 147 S.

ALBRECHT, B. (2001): Vegetationskundliche Untersuchungen im Naturwaldreservat Meninger Holz. NNA-Berichte, 14 (2), 158–166.

ASSMANN, T. (2001): Waldlaufkäfer im Naturschutzgebiet Lüneburger Heide: von der Verbreitung zur populationsbiologischen Analyse. NNA-Berichte, 14 (2), 119–126.

BECKER, K. (1995): Paläoökologische Untersuchungen in Kleinmooren zur Vegetations- und Siedlungsdichte der zentralen Lüneburger Heide. Dissertation, Universität Hannover, Fachbereich Biologie, 158 S.

ELLENBERG, H. (1988): Brutvögel in Naturwaldzellen Niedersachsens. Kartierung der revieranzeigenden Männchen. Gutachten, Niedersächsische Forstliche Versuchsanstalt, Göttingen, unveröffentlicht, 8 S.

ERNST, G. und HANSTEIN, U. (2001): Epiphytische Flechten im Forstamt Sellhorn –Naturschutzgebiet Lüneburger Heide. NNA-Berichte, 14 (2), 28–85.

FINCH, O.-D. (2000): Zönologische und parasitologische Untersuchungen an Spinnen (Archanida, Araneae) niedersächsischer Waldstandorte. Archiv zoologischer Publikationen, 4, 199 S.

FINCH, O.D. (2001): Webspinnen (Araneae) aus zwei Naturwäldern des Staatlichen Forstamtes Sellhorn (Lüneburger Heide). NNA-Berichte, 14 (2), 106–118.

GRIESE, F. (1991): Zu den Bestandesinventuren der Naturwälder „Meninger Holz" und „Staufenberg" im Jahre 1988. In: NNA-Berichte: Naturwälder in Niedersachsen, 4 (2), 123–131.

GRONHOLZ, H. (1995): Die natürliche Ausbreitungstendenz der Buche innerhalb ausgewählter Flächen des staatlichen Forstamtes Sellhorn/Lüneburger Heide. Diplomarbeit, Fachhochschule Osnabrück, Fachbereich Landespflege, unveröffentlicht, 91 S.

HANSTEIN, U. (1990): Die Bedeutung der Bestandesgeschichte für den Naturwald - Das Beispiel „Meninger Holz". Exkursionsführer, unveröffentlicht, 5 S.

HANSTEIN, U. (1991): Die Bedeutung der Bestandesgeschichte für die Naturwaldforschung – Das Beispiel „Meninger Holz". NNA-Berichte, 4 (2), 119–123.

HANSTEIN, U. (1997): Die Wälder. In: Naturschutzgebiet Lüneburger Heide, Geschichte – Ökologie – Naturschutz. Schriftenreihe des Vereins Naturschutzpark, Verlag Hauschild, Bremen, 113–126.

HANSTEIN, U. (2001): Beobachtungen an den Bärlappvorkommen im Forstamt Sellhorn – Naturschutzgebiet Lüneburger Heide. NNA-Berichte, 14 (2), 97–105.

HANSTEIN, U. (2004): Der Stühbusch in der historischen Heidelandschaft – Zur Landschaftsgeschichte des Naturschutzgebietes Lüneburger Heide und seiner näheren Umgebung. Jahrbuch des Naturwissenschaftlichen Vereins für das Fürstentum Lüneburg, 43, 9–34.

HANSTEIN, U. und STURM, K. (1986): Waldbiotopkartierung im Forstamt Sellhorn – Naturschutzgebiet Lüneburger Heide. Aus dem Walde, 40, 197 S.

HANSTEIN, U. und WÜBBENHORST, J. (2001): Die Niederschlagsverhältnisse im Niedersächsischen Forstamt Sellhorn. NNA-Berichte, 14 (2), 23–27.

HASTEDT, J. (1998): Pflege- und Entwicklungsplan für das Naturschutzgebiet „Lüneburger Heide". Gutachten, Niedersächsisches Forstplanungsamt, unveröffentlicht, 92 S.

HEINKEN, T. (1995): Naturnahe Laub- und Nadelwälder grundwasserferner Standorte im niedersächsischen Tiefland: Gliederung, Standortsbedingungen, Dynamik. Dissertationes Botanicae, Bd. 239, 311 S.

JAHN, G. (1986): Die natürliche Vegetation. Aus dem Walde, 40, 18–31.

KAHNT, H. (1989): Altbestand und Verjüngung in gezäunten Flächen des Naturwaldes „Meninger Holz" im Staatl. Forstamt Sellhorn/Lüneburger Heide. Diplomarbeit, Fachhochschule Hildesheim/Holzminden/Göttingen, Fachbereich Forstwirtschaft, unveröffentlicht, 77 S.

KELM, H. J. und STURM, K. (1988): Waldgeschichte und Waldnaturschutz im Regierungsbezirk Lüneburg – Grundlagen und Ziele. Jahrbuch des Naturwissenschaftlichen Vereins für das Fürstentum Lüneburg, 38, 47–82.

KLAUS, J. (1982): Zur Kenntnis der Kleinsäuger des Naturparks Lüneburger Heide. Beiträge zur Naturkunde Niedersachsens, 35, 13–34.

KÖPSELL, R. (2001): Das Niedersächsische Forstamt Sellhorn. NNA-Berichte, 14 (2), 4–8.

KOHLS, K. (1994): Geobotanische Untersuchungen in Wäldern des Forstamtes Sellhorn (Lüneburger Heide). Diplomarbeit, Systematisch-Geobotanisches Institut der Universität Göttingen, unveröffentlicht, 96 S.

KOPERSKI, M. (1988): Bryologische Beobachtungen im Staatsforst Sellhorn in der Lüneburger Heide. Jahrbuch des Naturwissenschaftlichen Vereins für das Fürstentum Lüneburg, 38, 157–175.

KRETSCHMER, K. (1990): Die Makrofauna (Coleoptera, Diptera) von Laub- und Nadelwäldern in Naturwaldreservaten im Naturschutzgebiet Lüneburger Heide. Diplomarbeit, Universität Göttingen, Zoologisches Institut, unveröffentlicht, 128 S.

KRETSCHMER, K. und SCHAUERMANN, J. (1991): Zur Arthropodengemeinschaft zweier Naturwälder im Forstamt Sellhorn. NNA-Berichte, 4 (2), 150–156.

LEUSCHNER, C. (1994): Walddynamik auf Sandböden in der Lüneburger Heide. Phytoconologia, 22 (3), 289–324.

LEUSCHNER, C. und IMMENROTH, J. (1994): Landschaftsveränderungen in der Lüneburger Heide 1770–1985. Dokumentation und Bilanzierung auf der Grundlage historischer Karten. Archiv für Naturschutz und Landschaftsforschung, 33, 85–139.

MEYER, P. und UNKRIG, W. (2001): Bestandes- und Verjüngungsdynamik im Naturwald „Meninger Holz" in den Jahren 1988–1999. NNA-Berichte, 14 (2), 167–174.

MÜLLER, R. und HANSTEIN, U. (1998): Flugsande, Binnendünen und der Strandhafer (Ammophila arenaria (L.) LK.) in der Lüneburger Heide. Jahrbuch des Naturwissenschaftlichen Vereins für das Fürstentum Lüneburg, 41, 161–184.

POPPE, T. (1999): Wiederholungsinventur der Kernfläche 1 im Naturwald Meninger Holz. Diplomarbeit, Fachhochschule Hildesheim/Holzminden/Göttingen, Fachbereich Forstwirtschaft, unveröffentlicht, 59 S.

SCHADE, G. (1960): Untersuchungen zur Forstgeschichte des alten Amtes Winsen an der Luhe. Dissertation, Universität Göttingen, Forstliche Fakultät Hannoversch Münden, 179 S.

SCHMIDT, W. (1995): Waldbodenpflanzen als Bioindikatoren niedersächsischer Naturwälder. Forstarchiv, 66, 150–158.

SCHMIDT, W., KOHLS, K. und GARBITZ, D. (1991): Die Untersuchung von Flora und Bodenvegetation in niedersächsischen Naturwäldern – Beispiele aus dem „Meninger Holz" (Lüneburger Heide) und dem „Staufenberg" (Harz). NNA-Berichte, 4 (2), 138–144.

SCHMIDT-STOHN, G. (1990): Pilzartenliste des Meninger Holzes. Gutachten, Mykologische Arbeitsgemeinschaft Botanischer Verein Hamburg, unveröffentlicht, 3 S.

STUKE, J.-H. (1995): Die Schwebfliegen Niedersachsens und Bremens. Gutachten, unveröffentlicht, 3 S.

STUKE, J.-H. (1996): Bemerkenswerte Schwebfliegenbeobachtungen (Diptera: Syrphidae) aus Niedersachsen und Bremen. Beiträge zur Naturkunde Niedersachsen, 49, 46–52.

TEMPEL, H. (2001): Die Waldentwicklung im Bereich des Forstamtes Sellhorn von Mitte des 18. Jahrhunderts bis 1972. NNA-Berichte, 14 (2), 9–22.

VULLMER, H. (1996): Untersuchungen zum Vorkommen von Moosen in ausgewählten historisch alten Wäldern im Naturschutzgebiet Lüneburger Heide. Gutachten, Alfred Töpfer Akademie, unveröffentlicht.

VULLMER, H. (2001): Moose in (Eichen-)Buchenaltbeständen auf historisch alten Waldstandorten im Naturschutzgebiet Lüneburger Heide. NNA-Berichte, 14 (2), 86–96.

WESTPHAL, C. (2001): Untersuchungen zur Naturnähe von Wäldern im Staatlichen Forstamt Sellhorn. NNA-Berichte, 14 (2), 175–190.

WÜBBENHORST, J. (2001): Zur Siedlungsdichte der Spechte in unterschiedlichen Waldbeständen des Forstamtes Sellhorn im Naturschutzgebiet Lüneburger Heide. NNA-Berichte, 14 (2), 127–140.

Neuenburger Urwald

AKKERMANN, R. und DRIELING, J. (1996): Handbuch Naturschutz und Umweltbildung zwischen Weser und Ems – Institutionen des Umwelt- und Naturschutzes, Gesetze und Verordnungen in Auszügen, Regionale Umweltzentren, Außerschulische Lernstandorte, Nationalpark-Häuser, Naturschutzstationen, Jugendwaldheime, Naturschutzgebiete, Nationalpark Niedersächsisches Wattenmeer. BSH Verlag, Wardenburg, 628 S.

FINCH, O.-D. (2000): Zönologische und parasitologische Untersuchungen an Spinnen (Arachnida, Araneae) niedersächsischer Waldstandorte. Archiv zoologischer Publikationen, 4, 199 S.

FOCKE, W.-O. (1871): Ein Stück deutschen Urwaldes. Oesterreichische Botanische Zeitschrift, 21 (11), 310–315.

HESMER, H. und SCHROEDER, F.-G. (1963): Die Waldzusammensetzung und Waldbehandlung im Niedersächsischen Tiefland westlich der Weser und in der Münsterschen Bucht bis zum Ende des 18. Jahrhunderts. Decheniana Beihefte, 11, 304 S.

KOOP, H. (1982): Waldverjüngung, Sukzessionsmosaik und kleinstandörtliche Differenzierung infolge spontaner Waldentwicklung. In: Dierschke, H. (Hrsg.): Struktur und Dynamik von Wäldern – Internationales Symposium der Internationalen Vereinigung für Vegetationskunde (Rinteln 1981), Verlag Cramer, Vaduz, Seiten: 235–267.

KUNZE, A. (1779): Forstbeschreibungsprotokoll. Handgeschriebenes Original im Landesarchiv Oldenburg, unveröffentlicht.

MENKE, N. (1994): Untersuchungen zur Sukzession xylobionter Käfer an Eichentotholz. Mitteilungen der Deutschen Gesellschaft für allgemeine und angewandte Entomologie, 10 (1–6), 157–160.

NIEDERSÄCHSISCHES FORSTPLANUNGSAMT (1998): Biotopkartierung für das Niedersächsische Forstamt Aurich. Gutachten, unveröffentlicht, 117 S.

NITZSCHKE, H. (1933): Der Neuenburger Urwald bei Bockhorn in Oldenburg. Vegetationsbilder, 23 (6/7), 31 S.

OTTO, S.-F. (1780): Forstbeschreibungsprotokoll. Handgeschriebenes Original im Landesarchiv Oldenburg, Forst-, Jagd- und Fischereisachen, unveröffentlicht.

POTT, R. und HÜPPE, J. (1991): Die Hudelandschaften Nordwestdeutschlands. Abhandlungen aus dem Westfälischen Museum für Naturkunde, Münster, 53 (1/2), 313 S.

SCHULTZ, I. (1961): Vegetationskundliche Untersuchungen im Naturschutzgebiet „Neuenburger Urwald". Wahlfacharbeit Biologie, Universität Lüneburg, unveröffentlicht, 45 S.

SIP, M. (2002): Mitteleuropäische Naturwaldreservate in ihrer forstlichen Entwicklung zu geschützten Gebieten – am Beispiel des Neuenburger Urwaldes in Niedersachsen und des Urwaldes Boubin in Südböhmen. Universitätsverlag Aschenbeck + Isensee, Oldenburg, 297 S.

TANTZEN, E. (1962): Lebensbilder der leitenden Forstbeamten Oldenburgs und Abriß der Entwicklung des oldenburgischen Forstwesens von 1600 bis 1960. Aus dem Walde, 5, 179 S.

TAUX, K. (1986): Die oldenburgischen Naturschutzgebiete. Holzberg-Verlag, Oldenburg, 303 S.

WEHAGE, J. (1930): Deutsche Urwälder. Der Neuenburger Urwald. Mitteilung der deutschen dendrologischen Gesellschaft, 42, 250–253.

WEIDENHÖFER, W. (1996): Die Sammlung Georg Kersten's – Zur Käferfaunistik im Weser-Ems-Gebiet. Diplomarbeit, Universität Göttingen, Institut für Forstzoologie, unveröffentlicht, 222 S.

Nordahner Holz

KELM, H. J. und STURM, K. (1988): Waldgeschichte und Waldnaturschutz im Regierungsbezirk Lüneburg – Grundlagen und Ziele. Jahrbuch des Naturwissenschaftlichen Vereins für das Fürstentum Lüneburg, 38, 47–82.

LAMPRECHT, H., GÖTTSCHE, D., JAHN, G. und PEIK, K. (1974): Naturwaldreservate in Niedersachsen. Aus dem Walde, 23, 233 S. und Anhang.

MEYER, P. (1995): Untersuchung waldkundlicher Entwicklungstendenzen und methodischer Fragestellungen in Buchen- und Buchenmischbeständen niedersächsischer Naturwaldreservate (NWR). Dissertation, Cuvillier Verlag, Göttingen, 239 S.

Schlenke

KELM, H. J. und STURM, K. (1988): Waldgeschichte und Waldnaturschutz im Regierungsbezirk Lüneburg – Grundlagen und Ziele. Jahrbuch des Naturwissenschaftlichen Vereins für das Fürstentum Lüneburg, 38, 47–82.

LAMPRECHT, H., GÖTTSCHE, D., JAHN, G. und PEIK, K. (1974): Naturwaldreservate in Niedersachsen. Aus dem Walde, 23, 233 S. und Anhang.

LOBENSTEIN, U. (1989): Untersuchung der Großschmetterlingsfauna der Ahldener Schlenke, einem ehemaligen Auwald in der Aller-Niederung. Gutachten, Niedersächsisches Landesverwaltungsamt Fachbehörde für Naturschutz, unveröffentlicht, 59 S.

LÖNS, H. (1948): Mein braunes Buch: Heidbilder. Sponholtz, Hannover, 181 S.

REINICKE, J. (1988): Entstehung und Entwicklung des Naturwaldreservates Schlenke im Staatl. Forstamt Walsrode. Diplomarbeit, Fachhochschule Hildesheim/Holzminden/Göttingen, Fachbereich Forstwirtschaft, unveröffentlicht, 48 S.

Schmidts Kiefern

HANKE, U. (1992): Untersuchung einer Primärsukzession auf elsterzeitlichen Sanden in der Osterholzer Geest. Diplomarbeit, Fachhochschule Hildesheim/Holzminden/Göttingen, Fachbereich Forstwirtschaft, unveröffentlicht, 66 S.

Stechpalmenwald

LAMPRECHT, H., GÖTTSCHE, D., JAHN, G. und PEIK, K. (1974): Naturwaldreservate in Niedersachsen. Aus dem Walde, 23, 233 S. und Anhang.

MEYER, P. (1995): Untersuchung waldkundlicher Entwicklungstendenzen und methodischer Fragestellungen in Buchen- und Buchenmischbeständen niedersächsischer Naturwaldreservate (NWR). Dissertation, Cuvillier Verlag, Göttingen, 239 S.

KELM, H. J. und STURM, K. (1988): Waldgeschichte und Waldnaturschutz im Regierungsbezirk Lüneburg – Grundlagen und Ziele. Jahrbuch des Naturwissenschaftlichen Vereins für das Fürstentum Lüneburg, 38, 47–82.

BORCHERS, K. und SCHMIDT, K. (1973): Nachweis der Herkünfte für die derzeitigen Kiefern-Vorkommen im nördlichen Niedersachsen. Aus dem Walde, 21, 427 S.

Streitfeld

BACH, A. (1993): Pollenanalytische Untersuchungen zur spät- und postglazialen Klima- und Siedlungsgeschichte im Landkreis Friesland. Diplomarbeit, Niedersächsisches Institut für historische Küstenforschung Wilhelmshaven, unveröffentlicht, 46 S.

NIEDERSÄCHSISCHES FORSTPLANUNGSAMT (1998): Biotopkartierung für das Niedersächsische Forstamt Aurich. Gutachten, unveröffentlicht, 117 S.

Süsing

BORCHERS, K. und SCHMIDT, K. (1973): Nachweis der Herkünfte für die derzeitigen Kiefern-Vorkommen im nördlichen Niedersachsen. Aus dem Walde, 21, 427 S.

KELM, H. J. und STURM, K. (1988): Waldgeschichte und Waldnaturschutz im Regierungsbezirk Lüneburg – Grundlagen und Ziele. Jahrbuch des Naturwissenschaftlichen Vereins für das Fürstentum Lüneburg, 38, 47–82.

NIEMEYER, T. (1999): Vegetationskundliche Untersuchung im Naturwald „Süsing" (Hohe Heide). Magisterarbeit, Universität Lüneburg, unveröffentlicht, 82 S.

Tüxenfläche

JAWORSKI, G. (1991): Vegetations- und Bestandesuntersuchungen im Naturwaldreservat Tüxenfläche, Lüneburger Heide. Diplomarbeit, Universität Göttingen, Institut für Waldbau, unveröffentlicht, 85 S.

LAMPRECHT, H., GÖTTSCHE, G., JAHN, G. und PEIK, K. (1974): Naturwaldreservate in Niedersachsen. Aus dem Walde, 23, 233 S.

Urwald Hasbruch

AKKERMANN, R. und DRIELING, J. (1996): Handbuch Naturschutz und Umweltbildung zwischen Weser und Ems – Institutionen des Umwelt- und Naturschutzes, Gesetze und Verordnungen in Auszügen, Regionale Umweltzentren, Außerschulische Lernstandorte, Nationalpark-Häuser, Naturschutzstationen, Jugendwaldheime, Naturschutzgebiete, Nationalpark Niedersächsisches Wattenmeer. BSH Verlag, Wardenburg, 628 S.

ASSMANN, T. und STORRE, I. (1999): Laufkäfer, Schnecken, Regenwürmer und Hundertfüßer im Hasbruch. Schriftenreihe Waldentwicklung in Niedersachsen, 8, 106–111.

DENSE, C. und RAHMEL, U. (1996): Fledermäuse im Hasbruch – Ergebnisse der Untersuchung 1996. Gutachten, Staatliches Forstamtes Hasbruch, unveröffentlicht, 25 S.

EHLERS, K. (1926): Der Hasbruch auf der Delmenhorster Geest. Ein Beitrag zur Geschichte des Deutschen Waldes, Bremen, 125 S.

FALINSKI, J. B. (1988): Succession, regeneration and fluctuation in the Bialowieza Forest (NE Poland). Vegetatio, 77, 115–128.

FINCH, O.-D. (1999): Der Hasbruch – Naturkundliche Beschreibung eines norddeutschen Waldes – Webspinnen (Araneae) im Hasbruch. Schriftenreihe Waldentwicklung in Niedersachsen, 8, 129–134.

GEMEINDE GANDERKESEE/GEMEINDE HUDE (1995): Hasbruch. Faltblatt, Eigenverlag.

GLAHN, H. V. (1981): Über den Flattergras- oder Sauerklee-Buchenwald (Oxali-Fagetum) der niedersächsischen und holsteinischen Moränenlandschaften. Drosera, 81 (2), 57–74.

HEINECKE, C. (1998): Tag- und Nachtfalter-Erfassung im Waldgebiet Hasbruch (1995 bis 1997). Gutachten, Staatliches Forstamt Hasbruch, unveröffentlicht, 57 S.

HESMER, H. und SCHROEDER, F.-G. (1963): Die Waldzusammensetzung und Waldbehandlung im Niedersächsischen Tiefland westlich der Weser und in der Münsterschen Bucht bis zum Ende des 18. Jahrhunderts. Decheniana Beihefte, 11, 304 S.

HUECK, K. (1931): Der Wald – Die Pflanzenwelt der deutschen Heimat und angrenzender Gebiete. Verlag Bermühler, Berlin-Lichterfelde, 225 S.

JANSSEN, W. (1982): Jahresrhythmik und Aktivitätsdichte von Carabiden in einem Eichen-Hainbuchenwald (Querco-Carpinetum im Naturschutzgebiet Hasbruch bei Oldenburg/Niedersachsen). Drosera, 82 (1), 33–38.

KOHL, J. G. (1864): Reisen durch das weite Land – Nordwestdeutsche Skizzen. Verlag Neues Leben, Berlin, 376 S.

KOOP, H. (1982): Waldverjüngung, Sukzessionsmosaik und kleinstandörtliche Differenzierung infolge spontaner Waldentwicklung. In: Dierschke, H. (Hrsg.): Struktur und Dynamik von Wäldern – Internationales Symposium der Internationalen Vereinigung für Vegetationskunde (Rinteln 1981), Verlag Cramer, Vaduz, Seiten: 235–267.

MÖLLER, G., BELLMANN A. und ESSER, J. (1995): Dendroentomologische Untersuchungen im Hasbruch bei Bremen unter besonderer Berücksichtigung der Pflege- und Entwicklungsplanung. Gutachten, Staatliches Forstamt Hasbruch, unveröffentlicht, 48 S.

NIEDERSÄCHSISCHES FORSTPLANUNGSAMT (2000): Pflege- und Entwicklungsplan NSG „Hasbruch". Gutachten, unveröffentlicht, 45 S.

NIEDERSÄCHSISCHES MINISTERIUM FÜR ERNÄHRUNG, LANDWIRTSCHAFT UND FORSTEN (1999): Der Hasbruch – Naturkundliche Beschreibung eines norddeutschen Waldes. Schriftenreihe Waldentwicklung in Niedersachsen, 8, 136 S.

PETERS, M. (1997): Vegetationskundliche und ökologische Kennzeichnung von Vegetationstypen des Waldgebietes Hasbruch. Gutachten, Staatliches Forstamt Hasbruch, unveröffentlicht, 15 S.

PETERS, M. (1997): Vorkommen gefährdeter Farn- und Blütenpflanzen im Waldgebiet Hasbruch. Gutachten, Staatliches Forstamtes Hasbruch, unveröffentlicht, 13 S.

POTT, R. und HÜPPE, J. (1991): Die Hudelandschaften Nordwestdeutschlands. Abhandlungen aus dem Westfälischen Museum für Naturkunde, 53 (1/2), 313 S.

RAKOW, A. (1996): Totholzaufnahme, Analyse und Auswertung im Forstort Hasbruch, Staatliches Forstamt Hasbruch. Diplomarbeit, Fachhochschule Hildesheim/Holzminden/Göttingen, Fachbereich Forstwirtschaft, unveröffentlicht, 67 S.

RAKOW, A. (1997): Totholz im Hasbruch. Allgemeine Forstzeitschrift – Der Wald, 17, 927–929.

SCHMIDT, W. (2000): Eiche, Hainbuche oder Rotbuche? – Zur Vegetation und Baumartenzusammensetzung von stau- und grundwasserbeeinflußten Wäldern des nordwestdeutschen Tieflandes. Ergebnisse aus den Naturwäldern Hasbruch und Pretzetzer Landwehr. Tuexenia, Bd. 20, 21–43.

SOYKA, Y. (1998): Flora und Vegetation im Naturwald Hasbruch. Diplomarbeit, Universität Osnabrück, unveröffentlicht, 97 S.

STUKE, J.-H. (1996): Bemerkenswerte Schwebfliegenbeobachtungen (Diptera: Syrphidae) aus Niedersachsen und Bremen. Beiträge zur Naturkunde Niedersachsen, 49, 46–52.

TAPPER, J.-E. (1998): Baumpaare im „Urwald Hasbruch". Eine Untersuchung der Konkurrenz zwischen Eichen und Buchen. Diplomarbeit, Forstwissenschaftliche Fakultät der Universität Göttingen, unveröffentlicht, 77 S.

TAUX, K. (1986): Die oldenburgischen Naturschutzgebiete. Holzberg-Verlag, Oldenburg, 303 S.

WEHAGE, J. (1930): Deutsche Urwälder – Der Hasbruch. Mitteilungen der Deutschen Dendrologischen Gesellschaft, 42, 253–257.

WEIDENHÖFER, W. (1996): Die Sammlung Georg Kersten's – Zur Käferfaunistik im Weser-Ems-Gebiet. Diplomarbeit, Forstwissenschaftliche Fakultät der Universität Göttingen, unveröffentlicht, 222 S.

Darüber hinaus zitiert

ARBEITSGEMEINSCHAFT FORSTEINRICHTUNG (1996): Forstliche Standortaufnahme. IHW-Verlag, Eching bei München, 352 S.

GAUER, J. und ALDINGER, E. (HRSG.) (2005): Waldökologische Naturräume Deutschlands. Forstliche Wuchsgebiete und Wuchsbezirke mit Karte 1:1.000.000. Mitteilungen des Vereins für Forstliche Standortskunde und Forstpflanzenzüchtung, 43, 324 S.

POTT, R. (1999): Lüneburger Heide, Wendland und Nationalpark Mittleres Elbtal. Ulmer Verlag, Stuttgart, 256 S.

SCHEFFER, F. und SCHACHTSCHABEL, P. (1982): Lehrbuch für Bodenkunde. Ferdinand Enke Verlag, Stuttgart, 442 S.

Bildnachweis

A. Chatroux, © Rana dalmatina Photo prise le 09/06/2002 sur Bonnelles dans les Yvelines Grenouille agile – 2003: Abb. 5.1.3.5_6

A. Wevell von Krüger: Abb. 5.3.2.5_1; Abb. 5.3_4

Bundesforschungsanstalt für Forst- und Holzwirtschaft, Potsdam-Institut für Klimafolgenforschung: Abb. 3.2.2_2

C. Hein: Abb. 5.1.1.1_3

C.-F. Streufert: Abb. 5.2.1.2_2

D. Müller: Abb. 5.1.2.6_2; Abb. 5.2.2.3_3; Abb. 5.3.4.4_7

D. Tornow: Abb. 5.3.4.1_3; Abb. 5.3.4.1_8

E. Büscher: Abb. 5.1.4.1_8

F. Griese: Abb. 3.2.1_1; Abb. 5.1.1.4_2; Abb. 5.1.2.5_2; Abb. 5.2.2.1_2; Abb. 5.3.3.2_2; Abb. 5.3.3.2_4; Abb. 5.3.4.1_2, Abb. S. 337

G. Dählmann: Abb. 5.2.3.2_2; Abb. 5.2.3.2_5; Abb. 5.2.3.2_6

G. Jaworski: Abb. 5.1.2.6_5

Gemeinde Nordahn: Abb. 5.2.2.2_6

H. Fenske: Abb. 5.3.4.3_2; Abb. 5.3.4.3_5

J. Marks: Abb. 5.1.4.7_4; Abb. 5.1.4.7_6

J. Meyer: Abb. 5.1.1.6_3

L. Stegink-Hindriks: Abb. 5.3_1

M. Gnodtke: Abb. 5.2_1

M. Heller: Abb. 5.3.4.3_4

N. Menke: Abb. 5.3.2.1_6

Niedersächsische Landesforsten AöR: Abb. 3.1_2; Abb. 3.1_3; Abb. 3.1_4 (mi., re.); Abb. 3.2.3_2; Abb. 5.1_1

Niedersächsischer Landesbetrieb für Wasserwirtschaft, Küsten- und Naturschutz: Abb. 5.1_3; Abb. 5.2_3; Abb. 5.3_3

Nordwestdeutsche Forstliche Versuchsanstalt: Abb. S. 4, Abb. 4.4.1_1; Abb. 5.1.1.3_8

P. Fischer: Abb. 5.1.1.1_2; Abb. 5.1.1.1_4; Abb. 5.1.4.1_5

P. Meyer: Abb. 5.1.1.3_2; Abb. 5.1.3.1_2; Abb. 5.1.3.1_6; Abb. 5.1.3.1_9; Abb. 5.1.3.4_4; Abb. 5.1.3.5_2; Abb. 5.2.2.3_2; Abb. 5.2.3.1_5; Abb. 5.3.1.1_2; Abb. 5.3.2.4_2; Abb. 5.3.2.4_6; Abb. 5.3.4.4_2

R. Steffens: Abb. 2_1; Abb. 3.1_1; Abb. 3.1_4 (li.); Abb. 3.2.3_5; Abb. 4.1_1; Abb. 4.3_1; Abb. 4.4.2_3 ; Abb. 4.4.3_1; Abb. 5.1.1.2_2; Abb. 5.1.1.5_2; Abb. 5.1.2.1_2; Abb. 5.1.2.1_7; Abb. 5.1.2.3_2; Abb. 5.1.2.4_2; Abb. 5.1.3.1_5; Abb. 5.1.3.2_3; Abb. 5.1.3.3_2; Abb. 5.1.4.1_2; Abb. 5.1.4.1_6; Abb. 5.1.4.10_2; Abb. 5.1.4.10_5; Abb. 5.1.4.11_2; Abb. 5.1.4.11_4; Abb. 5.1.4.11_5; Abb 5.1.4.12_2; Abb. 5.1.4.3_2; Abb. 5.1.4.3_4; Abb. 5.1.4.3_7; Abb. 5.1.4.4_4; Abb. 5.2.1.1_2; Abb. 5.2.1.1_4; Abb. 5.2.2.1_5; Abb. 5.2.2.2_2; Abb. 5.2.2.3_5; Abb. 5.2.3.1_2; Abb. 5.2.3.1_8; Abb. 5.2.3.3_2; Abb. 5.2.4.2_2; Abb. 5.3.1.2_2; Abb. 5.3.1.2_4; Abb. 5.3.2.1_2; Abb. 5.3.2.1_3; Abb. 5.3.2.1_7; Abb. 5.3.2.2_2; Abb. 5.3.2.2_3; Abb. 5.3.2.2_7; Abb. 5.3.2.2_8; Abb. 5.3.2.2_9

Scheffer/Schachtschabel: Lehrbuch der Bodenkunde, 1982 © Elsevier GmbH, Spektrum Akademischer Verlag, Heidelberg: Abb. 3.2.3_1

W. Unkrig: Abb. 5.1.1.6_2; Abb. 5.1.2.2_2; Abb. 5.1.2.2_4; Abb. 5.1.3.2_2; Abb. 5.1.3.4_2; Abb. 5.1.4.10_4; Abb. 5.1.4.2_2; Abb. 5.1.4.2_5; Abb. 5.1.4.2_7; Abb. 5.1.4.2_8; Abb. 5.1.4.3_6; Abb. 5.1.4.4_2; Abb. 5.1.4.4_5; Abb. 5.1.4.5_2; Abb. 5.1.4.6_2; Abb. 5.1.4.6_5; Abb. 5.1.4.6_6; Abb. 5.1.4.7_2; Abb. 5.1.4.8_2; Abb. 5.1.4.9_2; Abb. 5.2.1.2_4; Abb. 5.2.1.2_5; Abb. 5.2.1.3_2; Abb. 5.2.2.1_6; Abb. 5.2.4.1_2; Abb. 5.2.4.1_5; Abb. 5.2.4.1_6; Abb. 5.3.1.3_2; Abb. 5.3.1.3_6; Abb. 5.3.1.4_2; Abb. 5.3.1.4_3; Abb. 5.3.2.3_2; Abb. 5.3.2.4_7; Abb. 5.3.2.5_3; Abb. 5.3.2.5_5; Abb. 5.3.2.5_6; Abb. 5.3.3.1_2; Abb. 5.3.3.3_2; Abb. 5.3.4.1_6; Abb. 5.3.4.2_2; Abb. 5.3.4.2_3; Abb. 5.3.4.2_4; Abb. 6_1

Quellennachweis der TK25-Kartenausschnitte

Kartengrundlage: Topographische Karte 1:25.000
Vervielfältigt mit Erlaubnis des Herausgebers: LGN
Landesvermessung und Geobasisinformationen Niedersachsen – D7216

Quellennachweis der TK25-Karten

Abbildung	Titel	TK25-Blattnummer	TK25-Blattname	Ausgabejahr
Abb. 5.1.1.1_1	TK25 Kaarßer Sandberge	2832	Dannenberg (Elbe) Nord	1994
		2732	Jessenitz	1998
Abb. 5.1.1.2_1	TK25 Bullenberge	2825	Behringen	1996
Abb. 5.1.1.3_1	TK25 Ehrhorner Dünen	2825	Behringen	1996
Abb. 5.1.1.4_1	TK25 Meninger Holz	2725	Handeloh	1995
		2825	Behringen	1996
Abb. 5.1.1.5_1	TK25 Braascher Dicke	2931	Zernien	1995
Abb. 5.1.1.6_1	TK25 Kiekenbruch	3329	Wahrenholz	1996
Abb. 5.1.2.1_1	TK25 Landwehr	2933	Gusborn	1994
Abb. 5.1.2.2_1	TK25 Brand	3426	Wathlingen	1996
Abb. 5.1.2.3_1	TK25 Altes Gehege	3129	Wieren	1994
Abb. 5.1.2.4_1	TK25 Ringelah	3428	Müden (Aller)	1995
Abb. 5.1.2.5_1	TK25 Göhrder Eichen	2831	Göhrde	1995
Abb. 5.1.2.6_1	TK25 Tüxenfläche	3027	Fassberg	1994
		2927	Wriedel	1995
Abb. 5.1.3.1_1	TK25 Lüßberg	3128	Suderburg	1994
		3127	Unterlüss	1994
Abb. 5.1.3.2_1	TK25 Stechpalmenwald	2726	Hanstedt	1994
Abb. 5.1.3.3_1	TK25 Ewige Route	2831	Göhrde	1995
Abb. 5.1.3.4_1	TK25 Süsing	2828	Bienenbüttel	1995
Abb. 5.1.3.5_1	TK25 Lohn	2929	Bad Bevensen	1995
Abb. 5.1.4.1_1	TK25 Blütlinger Holz	3032	Lüchow	1994
		3132	Salzwedel	2000
Abb. 5.1.4.10_1	TK25 Forellenbachtal	2828	Bienenbüttel	1995
Abb. 5.1.4.11_1	TK25 Hagen	3133	Pretzier	2000
Abb. 5.1.4.12_1	TK25 Junkerwerder	2832	Dannenberg (Elbe) Nord	1994
Abb. 5.1.4.2_1	TK25 Großes und Kleines Giebelmoor	3531	Oebisfelde	1996
		3431	Parsa	1996
Abb. 5.1.4.3_1	TK25 Bohldamm	2631	Brahlstorf	1998
		2632	Lübtheen	1998
Abb. 5.1.4.4_1	TK25 Bennerstedt	2628	Artlenburg	1994
Abb. 5.1.4.5_1	TK25 Maschbruch	2927	Wriedel	1995
Abb. 5.1.4.6_1	TK25 Kienmoor	3425	Wettmar	1996

Abbildung	Titel	TK25-Blattnummer	TK25-Blattname	Ausgabejahr
Abb. 5.1.4.7_1	TK25 Bornbruchsmoor	3330	Knesebeck	1995
Abb. 5.1.4.8_1	TK25 Brambosteler Moor	3027	Fassberg	1994
Abb. 5.1.4.9_1	TK25 Barnbruch	3529	Gifhorn	1995
		3530	Wolfsburg	1996
Abb. 5.2.1.1_1	TK25 Schmidts Kiefern	2718	Osterholz-Scharmbeck	1995
Abb. 5.2.1.2_1	TK25 Streitfeld	2413	Jever	1993
Abb. 5.2.1.3_1	TK25 Kistenberg	2915	Wardenburg	1993
Abb. 5.2.2.1_1	TK25 Neuenburger Urwald	2613	Neuenburg	1994
		2513	Zetel	1994
Abb. 5.2.2.2_1	TK25 Nordahner Holz	2320	Lamstedt	1997
Abb. 5.2.2.3_1	TK25 Braken	2522	Bargstedt	1994
		2523	Harsefeld	1994
Abb. 5.2.3.1_1	TK25 Franzhorn	2520	Bremervörde	1995
		2519	Frelsdorf	1995
Abb. 5.2.3.2_1	TK25 Ihlow	2510	Aurich (Ostfriesland)	1993
Abb. 5.2.4.1_1	TK25 Wittenheim	2713	Westerstede	1994
Abb. 5.2.4.2_1	TK25 Wehdenbruch	2319	Bederkes	1997
Abb. 5.3.1.1_1	TK25 Dwergter Sand	3113	Molbergen	1997
Abb. 5.3.1.2_1	TK25 Drievorden	3609	Schüttorf	1993
Abb. 5.3.1.3_1	TK25 Neue Forst	3421	Husum	1995
		3521	Rehburg	1996
Abb. 5.3.1.4_1	TK25 Barenberg	3013	Markhausen	1997
Abb. 5.3.2.1_1	TK25 Urwald Hasbruch	2916	Hatten	1993
Abb. 5.3.2.2_1	TK25 Herrenholz	3116	Wildeshausen	1994
		3216	Goldenstedt	1997
Abb. 5.3.2.3_1	TK25 Baumweg	3114	Cloppenburg	1993
Abb. 5.3.2.4_1	TK25 Friedeholz	3117	Twistringen	1994
Abb. 5.3.2.5_2	TK25 Cananohe	3523	Garbsen	1991
		3524	Hannover Nord	1996
Abb. 5.3.3.1_1	TK25 Burckhardtshöhe	3120	Hoya	1994
Abb. 5.3.3.2_1	TK25 Weichel	2822	Rotenburg (Wümme)	1995
Abb. 5.3.3.3_1	TK25 Hau und Bark	3119	Vilsen	1994
Abb. 5.3.4.1_1	TK25 Huntebruch	3416	Lembruch	1997
Abb. 5.3.4.2_1	TK25 Bruchwald bei Ehrenburg	3218	Schwaförden	1995
Abb. 5.3.4.3_1	TK25 Ahlhorner Fischteiche	3014	Garrel	1993
Abb. 5.3.4.4_1	TK25 Schlenke	3223	Hodenhagen	1997